Heinz Höhne
Die Machtergreifung

Deutschlands Weg in die
Hitler-Diktatur

SPIEGEL-BUCH

Dokumentation: Iris Timpke-Hamel

16.–23. Tausend Februar 1983

Umschlagentwurf: SPIEGEL-Titelgrafik
Veröffentlicht im Rowohlt Taschenbuch Verlag GmbH,
Reinbek bei Hamburg, Februar 1983
Copyright © 1983 by SPIEGEL-Verlag
Rudolf Augstein GmbH & Co. KG, Hamburg
Satz Times, Alfred Utesch GmbH, Hamburg
Gesamtherstellung Clausen & Bosse, Leck
Printed in Germany
ISBN 3 499 33039 3

Inhalt

1
Einleitung 7

2
Selbstmord einer Demokratie 27

3
Die Nazis kommen 83

4
Die letzte Chance 159

5
Der 30. Januar 1933 219

6
Die Machtergreifung 267

Anmerkungen 311
Personenregister 329
Literaturhinweise 333

# 1
Einleitung

Am Morgen schien die republikanische Welt noch in Ordnung. Nichts deutete darauf hin, daß dieser Montag, der 30. Januar 1933, ein besonderer Tag sein würde. Die Berliner, die ihre Zeitungen aufschlugen, fanden nur Gewohntes vor: Am Wochenende hatte, wie in jedem Jahr, in den Festsälen des Zoologischen Gartens der Presseball stattgefunden, Deutschlands Eiskunstlauf-Elite war nach London zu den Wettkämpfen um die Europameisterschaften abgereist, und in der Halle am Kaiserdamm hatte erwartungsgemäß Irmgard von Opel auf «Nanuk» beim Jagdspringen um den Großen Preis der Republik die beste Figur gemacht.

Nur der Wetterbericht bot eine kleine Überraschung, die Meteorologen meldeten einen drastischen Wetterumschwung. Im ganzen norddeutschen Küstengebiet war das Thermometer, das am Freitag noch 20 Grad Kälte angezeigt hatte, auf vier Grad Wärme hochgeschnellt, und alle Zeitungen brachten Warnungen vor dem Glatteis, das sich in der Nacht zum Montag gebildet hatte.[1]

Bei so vieler Blauen-Montag-Stimmung konnte man es Hans Vogel, dem Zweiten Vorsitzenden des Vorstandes der Sozialdemokratischen Partei Deutschlands, fast nachsehen, daß er noch etwas schläfrig reagierte, als ihm ein paar Informationen eine aufregende Entwicklung in der Politik signalisierten. Was er da allerdings in seinem Büro in der Lindenstraße 3, dem Sitz der Parteizentrale, von führenden Genossen erfuhr, klang noch recht wirr: Rudolf Breitscheid hatte gehört, der greise Reichspräsident von Hindenburg wolle Adolf Hitler, den Anführer der Nazis, zum Reichskanzler ernennen, falls der bereit sei, eine parlamentarische Mehrheit zusammenzubringen, während wiederum Rudolf Hilferding wissen wollte, Hindenburg habe sich gegen eine Regierung Hitler ausgesprochen.

Hitler in der Reichskanzlei, die Nationalsozialisten an der Macht – das konnte sich der Genosse Vogel nun wirklich nicht vorstellen. Eigentlich war ja der Nationalsozialismus gar kein Thema mehr für ihn und seine Kollegen im Parteivorstand, seit Hitlers Partei bei den letzten Reichstagswahlen einen schweren Rückschlag erlitten hatte. Wie hatte doch der Erste Vorsitzende der SPD, Otto Wels, nach den fünf Wahlkämpfen von 1932 gesagt? «Wir haben im Laufe des Jahres fünf Schlachten geschlagen unter dem Rufe: ‹Schlagt Hitler!›, und nach der fünften war er geschlagen.» Kein Wunder, daß der unter zu hohem Blutdruck leidende Wels Mitte Januar nach dem schweizerischen Ascona abgereist war, um sich dort auszukurieren. Er sah einfach «die Katastrophe nicht vor der Tür stehen».[2]

Nein, Hans Vogel konnte die Aufregung Breitscheids und Hilferdings nicht teilen. Er hatte sich nie so recht an der Gerüchteküche erfreut, die seit dem Sturz des Reichskanzlers Kurt von Schleicher immer abenteuerlichere Versionen über Geheimverhandlungen zwischen Hitler und dem Hindenburg-Favoriten Franz von Papen produzierte. Vogel hielt es da eher mit dem Berliner *Kladderadatsch*, der noch am 29. Januar witzelte: «Was treibt, wenn gefrühstückt habend, vormittags der Nazigrande? Was nach Tisch? Verfließt sein Abend zwischen Lipp und Kelchesrande? Oder Lipp und Köln? Bereichert er so die Partei an Zaster? Oder papert er und schleichert schlau auf dem Berliner Pflaster? ... Wo steckt Hitler, gellt die Frage?»

Allmählich merkte aber auch Vogel, daß sich in der Wilhelmstraße, wo Reichskanzler und Reichspräsident residierten, Gefährliches zusammenbraute. In der Nacht war das Gerücht aufgekommen, Schleicher plane einen Putsch gegen Hindenburg und habe bereits die Potsdamer Garnison alarmieren lassen, und vielleicht erinnerte sich Vogel an das 1931 gegebene Wort des Chefs der Heeresleitung, des Generals Kurt Freiherr von Hammerstein-Equord, die Reichswehr werde es niemals zulassen, daß sich Hitler auf den Stuhl des Reichspräsidenten setze. War es schon so weit? Dem Genossen Vogel war auf einmal unheimlich zumute.

Jetzt wurde auch er nervös. Vogel ließ alle in Berlin erreichbaren Mitglieder des Parteivorstands, die führenden Männer der Reichstagsfraktion und einige Spitzenfunktionäre des sozialdemokratischen Allgemeinen Deutschen Gewerkschafts-Bundes (ADGB) zu einer Sitzung im Reichstag zusammentrommeln, die noch am Vormittag beginnen sollte.

Doch als Vogel, vermutlich kurz nach elf Uhr, die Tür des Sitzungssaals hinter sich zumachte, in der sich die einflußreichsten Sozialdemokraten der Reichshauptstadt versammelten, da sah er sich kaum verhüllter Ratlosigkeit gegenüber. Der Fraktionsvorsitzende Breitscheid verkündete zwar mit gewohntem Scharfblick, die Partei werde nunmehr «vor die Notwendigkeit gestellt werden, die Faschisten aus der Macht zu vertreiben», die meisten seiner Kollegen aber zweifelten daran, daß es schon so spät sei. Hilferding meinte, manches spreche dafür, daß es nicht zu einer Hitler-Regierung, sondern zu einem unpolitischen Beamtenkabinett komme, und auch Vogel fand, die Situation sei «reichlich unklar und dränge jetzt noch nicht zur Entscheidung».[4]

Nur zwei Linke, der Gewerkschaftsvorsitzende Siegfried Aufhäuser und Carl Litke, mochten sich damit nicht zufriedengeben. «Ein Beamtenkabinett wäre doch nur als Platzhalter für Hitler zu bewerten», protestierte Litke. «Wir aber müssen zu Massenaktionen aufrufen. Wir müssen zeigen, was wir wollen.» Da aber wurde Otto Braun, Preußens Ministerpräsident und der «starke Mann» der deutschen Sozialdemokratie, grob. Er warne davor, «etwa irgendwelchen Unsinn zu machen», raunzte Braun, er rate zum Abwarten. Im übrigen scheine ihm doch, daß die ostelbische Herrenklasse, die maßgebenden Einfluß bei Hindenburg habe, «den Malergesellen nicht an die Macht lassen» wolle.[5]

Angesichts solcher Meinungsverschiedenheiten waren die Genossen froh, daß der flinke Friedrich Stampfer, der Chefredakteur des SPD-Zentralblatts *Vorwärts*, schon eine Resolution entworfen hatte, auf die sich alle verständigen konnten. Sie besagte, die Sozialdemokratische Partei Deutschlands sei «bereit, jede Regierung vorbehaltlos zu unterstützen, die sich das Ziel setzt, die Anarchie im Lande zu beenden und rechtsstaatliche, verfassungsmäßige Zustände wiederherzustellen». Die Runde beschloß, die Erklärung möglichst noch in die Abendausgabe des *Vorwärts* zu setzen.

Stampfer nahm das Papier an sich und eilte in den Gang hinaus, um in der nächsten Telephonzelle den Text an die Redaktion durchzugeben. Er hielt schon den Hörer in der Hand, da vernahm er plötzlich vom Gang her «ein wildes Rennen und Rufen». Erst konnte Stampfer nicht richtig verstehen, was die Leute riefen, dann hörte er es ganz deutlich: «Hitler ist Reichskanzler!»[6]

Die Katastrophe war da. Was die deutsche Sozialdemokratie und das immer kleiner gewordene Lager der anderen demokratischen Parteien und Organisationen hatten bekämpfen und verhindern wollen, was freilich auch schon viele Verteidiger der Republik fatalistisch wie ein unvermeidliches Naturereignis hatten kommen sehen, war bittere Realität: Adolf Hitler hatte an der Spitze einer Koalition aus Nationalsozialisten und Erzkonservativen die Schalthebel der Macht besetzt, die Nationalsozialistische Deutsche Arbeiterpartei (NSDAP), 14 Jahre lang fanatische Gegnerin des Weimarer «Systems», war gleichsam über Nacht zur wichtigsten Regierungspartei in Deutschland geworden.

Doch die SPD-Führer im Sitzungssaal des Reichstags hatten die Zeichen der Zeit noch immer nicht richtig verstanden. Für Stampfer, der wieder in den Saal zurückgekehrt war, bedeutete der Machtantritt Hitlers nicht mehr als ein «verlängerter Kapp-Putsch», ja, viele seiner Kollegen waren sich nicht einmal sicher, ob sie recht daran täten, dem Kanzler Hitler eine so große Aufmerksamkeit zu widmen.[7] Nicht Hitler schien ihnen gefährlich, sondern der neue Wirtschafts- und Ernährungsminister Alfred Hugenberg, Vorsitzender der Deutschnationalen Volkspartei (DNVP) und «Haupt der Reaktion» (*Vorwärts*). In ihm witterten die Sozialdemokraten den starken Mann des neuen Regimes, in ihm sahen sie den künftigen Diktator Deutschlands. Auch andere Demokraten verfielen solchem Trugschluß. *Das Junge Zentrum*, ein Blatt der katholischen Jugend, schlug schon Alarm: «Hugenberg regiert, Volk hab' acht!»[8]

So fiel den SPD-Führern in dieser Stunde nichts Originelleres ein, als die Regierung Hitler-Hugenberg-Papen im gewohnten parlamentarischen Stil zu bekämpfen. Sofort beschlossen die Genossen, wie bei der SPD seit Jahren üblich, erst einmal gegen den neuen Kanzler im Reichstag einen Mißtrauensantrag einzubringen, was nun freilich selbst unter Vogels Kollegen einige Heiterkeit auslöste. Dann aber machten sie sich mit allem Ernst an den Entwurf einer Erklärung, mit der sie die Haltung der Sozialdemokratischen Partei zu Hitlers Regierung, dieser «reaktionären großkapitalistischen und großagrarischen Konzentration», fixierten. Aufruf zum Widerstand gegen die braunen und schwarzweiß-roten Republikfeinde, Appell zu Massendemonstrationen für die Demokratie? Die Texter dachten nicht daran. Sie riefen die Adressaten («Arbeitendes Volk! Republikaner!») zu Ruhe und Besonnenheit auf. Kernsatz ihrer Erklärung: «Kaltblütigkeit, Entschlossenheit, Disziplin, Einigkeit und nochmals Einigkeit ist das Gebot der Stunde!»[9]

Als Breitscheid am Nachmittag in «einer der sinn- und zwecklos gewordenen Fraktionssitzungen», wie sie der bayerische SPD-Abgeordnete Wilhelm Hoegner empfand, dem parlamentarischen Fußvolk die Haltung der Partei erläuterte, da mochten ihm die teils erregten, teils enttäuschten Gesichter verraten, daß die Fraktion von ihrer Führung eine andere, eine härtere Reaktion erwartet hatte. Breitscheid aber versicherte immer wieder, die Partei müsse abwarten, sie dürfe ihr Pulver nicht vorzeitig verschießen. Es war die Parole, die er am nächsten Tag auch offiziell ausgab: «Bereit sein ist alles!»[10]

Da drangen am frühen Abend durch die Fenster des Reichstagsgebäudes diffuse Geräusche, die die Abgeordneten zunächst nicht deuten konnten. Einige Besucher aus der Innenstadt klärten sie bald auf: Tausende von Berlinern zogen durch die Straßen in Richtung der Prachtstraße «Unter den Linden», hin zur Wilhelmstraße – aufgerufen von dem nationalsozialistischen Gauleiter Joseph Goebbels, der bereits 25 000 SA-Männer zu einem noch nie dagewesenen Propagandamarsch mit Fackeln und Marschmusik mobilisiert hatte, dem sich auch Einheiten des «Stahlhelm», der deutschnationalen Wehrorganisation, anschlossen. Die Nazis waren ihren Gegnern wieder einmal zuvorgekommen; anstelle des Schwarz-Rot-Golds republikanischer Schutzorganisationen wie des «Reichsbanner» beherrschten das Braun und Grau von SA und Stahlhelm die Straßen Berlins.

Hoegner bekam das zu spüren, als er in der Abenddämmerung mit seinen aus Bayern stammenden Fraktionskollegen am Rand des Tiergartens zum Anhalter Bahnhof ging, von wo aus sie alle die Heimfahrt nach München antreten wollten. «Zahllose Stahlhelmer und SA-Leute strömten gegen das Brandenburger Tor», erinnert sich Hoegner. «Jugend, nichts als Jugend, ohne Bartflaum, frische Knabengesichter, hastig, eifrig, ‹im Dienst›. Sie eilten zum Fackelzug, der an diesem Abend Hindenburg und Hitler dargebracht wurde. Leuchtende Helle kam von der Straße ‹Unter den Linden› her. Wir schlichen müde und zerschlagen von den Aufregungen dieser Tage im Dunkeln dahin. Nur rasch weg von Berlin, wir hatten hier nichts mehr zu suchen!»[11]

Der Bayer war nicht der einzige, den Goebbels' Theatercoup deprimierte. Harry Graf Kessler, Demokrat, Diplomat und Schöngeist, schrieb in sein Tagebuch: «Berlin ist heute nacht in einer reinen Faschingsstimmung. SA- und SS-Trupps sowie uniformierter Stahlhelm durchziehen die Straßen, auf den Bürgersteigen stauen sich die Zuschauer. Im und um den ‹Kaiserhof› tobte ein wahrer Karneval; uniformierte SS bildete vor dem Haupteingang und in der Halle Spalier, auf den Gängen patrouillierten SA- und SS-Leute; als wir nach dem Vortrag herauskamen, defilierte ein endloser SA-Zug im Stechschritt an irgendwelchen Prominenten vorbei ... Der ganze Platz gepfropft voll von Gaffern.»[12]

Verblüfft und entsetzt beobachteten die Anhänger der alten republikanischen Ordnung, wie sehr es die Nationalsozialisten verstanden, Menschenmassen zu mobilisieren und mit immer neuen Parolen anzufeuern. Der Lärm auf den Straßen wollte nicht enden, immer größere Menschenmengen rotteten sich zusammen. Der ehemalige Reichsminister Gottfried Treviranus rief aufgeregt einen Freund in Rostock, den Theologie-Professor Friedrich Brunstäd, an, und der gab seinem Studenten Eugen Gerstenmaier sofort wieder, was er gerade gehört hatte: «In Berlin sei der Teufel los. Mit Fackelzügen und ähnlichem Unsinn werde Hitler gehuldigt. Hoffentlich sei der ganze Spuk bald vorbei.»[13]

Doch ein paar Republikaner hatten längst erkannt, daß der «Spuk» nicht freiwillig weichen werde. Hastig mobilisierten sie Gegendemonstrationen, um den Hitler und Hugenberg nicht die Straße allein zu überlassen. In einigen Städten formierten sich Demokraten aller Art zu Protestaktionen gegen die neuen Herren. Der Berliner Reichsbannerführer Hubertus Prinz zu Löwenstein war stolz darauf, daß zu der von ihm rasch angesetzten Kundgebung seines Ortsvereins Charlottenburg 2000 Menschen kamen, darunter viele Jugendliche. Löwenstein hielt eine kurze Rede. «Kameraden», schrie er, «habt ihr begriffen, daß heute der Zweite Weltkrieg begonnen hat?»[14]

Ähnlich dachten die vielen besorgten Republikaner, die in dieser Nacht nach Berlin fuhren, um die Führung der SPD und des ADGB zu einem geballten Abwehrschlag gegen Hitler und seine Regierung anzuspornen. Parteisekretäre, Gewerkschaftsfunktionäre, Führer des Reichsbanners – sie kamen aus fast allen Gegenden des Landes und riefen nach Taten. Die Parteizentrale in der Lindenstraße konnte sich der Flut von Telephonanrufen und Telegrammen kaum erwehren. Jeder forderte Aktionen, jeder wartete auf das Signal zum Losschlagen, jeder verlangte Rat und Hilfe.

Jetzt war in der Tat die Stunde da, auf die Partei und Gewerkschaft seit Jahren warteten. SPD und ADGB hatten schon lange den Machtantritt der Nazis vorausgesehen, und es war kaum eine Demonstration in der letzten Zeit vergangen, in der nicht Sprecher erklärt hatten, am Tage von Hitlers Kanzlerschaft werde die deutsche Arbeiterklasse nicht nur mit dem Stimmzettel, sondern auch mit der Faust ihre Antwort erteilen. Schon 1932 hatte der Berliner Polizeipräsident Albert Grzesinski öffentlich dazu aufgefordert, Hitler «mit der Hundepeitsche» zu verjagen, und das Reichsbanner, noch wenig vertraut mit der Biographie seines Gegners, hatte proklamiert: «Hinaus endlich aus den Reichsgrenzen mit dem landfremden tschechischen Bastard, dem Aufwiegler Adolf Hitler!»[15]

Keine Gruppe der deutschen Gesellschaft schien für den Widerstand gegen nationalsozialistische Usurpation besser gerüstet zu sein als die der engagierten Republikaner. 3,5 Millionen Angehörige zählte die «Eiserne Front», zu der sich SPD, ADGB und Arbeitersportorganisationen Ende 1931 zusammengeschlossen hatten. Seit Monaten galt in ihren Reihen die Kampfparole: «Heute marschieren wir, morgen schlagen wir!» Den harten Kern der Eisernen Front bildeten die 250 000 Mann der Schutzformationen, kurz «Schufo» genannt, eine militante Elitetruppe des Reichsbanners, deren Angehörige mit ihren Grünhemden, Schulterriemen, blauen Mützen und schwarzen Breecheshosen kaum verbargen, daß sie von der verhaßten SA gelernt hatten.[16]

Die Gründung der Schufo ging auf führende Sozialdemokraten zurück, die Mitte 1931 beschlossen hatten, ein System von Widerstandsorganisationen für den Fall zu schaffen, daß die Nationalsozialisten die Macht an sich reißen würden. Die Zentrale in der Lindenstraße legte ein Funknetz an, dem alle 33 Bezirksorganisationen der Partei angeschlossen wurden – gesteuert von einer Sendestation, die in einem Blockhaus auf einer Havelinsel bei Berlin untergebracht war. Zugleich mietete die Parteizentrale in Berlin konspirative Wohnungen und geheime Ausweichquartiere für den illegalen Kampf; auch wurde eine geheime Wachtruppe aufgestellt, die Pistolen, Karabiner und Maschinengewehre erhielt und den Auftrag hatte, das Haus der Parteiführung gegen einen Überfall des nationalsozialistischen Gegners zu schützen.[17]

Konfidenten des SPD-Vorstandes reisten durch das Land und regten bei örtlichen Parteistellen an, Widerstandszellen zu bilden und Alarmeinheiten aufzustellen. In der Hamburger Bezirksorganisation entstand ein Kampfverband sogenannter Pioniere; darunter verstand man junge Parteimitglieder, die binnen zwei Stunden alarmiert und in allen Gebieten der Hansestadt eingesetzt werden konnten. 5000 solcher Pioniere besaß die Hamburger SPD. In anderen Gebieten wiederum, in Sachsen, Hannover und Magdeburg, schuf die Partei Fünf-Mann-Gruppen für den Kampf im Untergrund; im Bezirk Leipzig hörten allein rund 250 Fünfergruppen auf das Kommando eines illegalen «Oberleiters». Für alle galt die Losung: «Allzeit bereit! Solidarität! Alles für die Freiheit!»[18]

Den größten Wert unter diesen Abwehrorganisationen aber maß der Parteivorstand den Schufo zu, sie waren die eigentlichen Bürgerkriegstruppen der SPD. Unter der Leitung Karl Höltermanns, des energiegeladenen Bundesvorsitzenden des Reichsbanners, hatten die Schutzformationen das militärische Einmaleins gelernt; Instrukteure der Polizei – damals noch weitgehend in der Hand republiktreuer Offiziere – hatten die Schufo für den Kampf im Gelände und für den Häuserkampf gedrillt.[19] Regelmäßige Felddienstübungen, Ausbildung an Gewehr und Maschinengewehr, Sanitäterlehrgänge und Politkurse härteten die Schufo für die gewaltsame Auseinandersetzung mit dem Faschismus. Selbst Krankenstuben für Verwundete und Verpflegungsstationen für die kämpfende Truppe gab es bereits.

Und es fehlte auch nicht an ernstgemeinten Einsatzplänen und ausgeklügelten Alarmsystemen. Höltermann, Perfektionist und zugleich Romantiker der direkten Aktion, sah darauf, daß alles genau festgelegt war. Ein Einsatzplan für den Parteibezirk Magdeburg sah beispielsweise vor, nach einem Putsch oder einer anders gearteten Machtergreifung der Nazis alle Eisenbahnknotenpunkte zu besetzen, Bahnstrecken und Straßen zu blockieren, Brücken zu sprengen und Telephonverbindungen zu kappen. Die Schufo-Einheiten sollten in kürzester Zeit losschlagen können. In Berlin lagen schon die Alarmbefehle bereit, in die nur noch die Uhrzeit eingetragen werden mußte, und in Hannover war jeder Schufo-Hundertschaft ein geheimer Sammelplatz zugeordnet, zu dem die Männer ohne Abzeichen und mit verdeckter Windjacke eilen sollten, sobald Hornsignale zum Einsatz riefen.[20]

Nur mit der Bewaffnung wollte es nicht so recht klappen, denn der Parteivorstand der SPD, immer etwas mißtrauisch gegen Höltermanns «Soldatenspielerei», hatte den Schufo verboten, sich Waffen zu beschaffen. Wels klammerte sich an die Hoffnung, im Ernstfall werde die Schutzpolizei den Verteidigern der Republik ihre Waffendepots öffnen. Höltermann hielt das für eine Ausflucht nervenschwacher Parteifunktionäre und ließ zu, daß sich die Schufo-Leute auf eigene Faust Waffen besorgten. So besaß die Elitetruppe der Demokratie schließlich wenigstens Pistolen, in einigen Fällen auch Karabiner, die meist aus Beständen der Schutzpolizei stammten.

Schufo und Reichsbanner waren jetzt so straff organisiert, daß Höltermann und seine Unterführer nicht länger zögern wollten, die Kampfverbände einzusetzen. Der Schock des 30. Januar 1933 hatte die republikanischen Selbstschutzorganisationen zu hektischer Aktivität provoziert: Die ersten Alarmbefehle für die Widerstandskader wurden hinausgejagt, die Einheitsführer rissen die ihnen schon früher zugegangenen versiegelten Instruktionen auf, alles wartete auf den entscheidenden Befehl zum Einsatz. Derweil kamen Höltermanns geheime Sendboten kaum noch aus den Kleidern; sie beschafften Waffen aus den Gewehrfabriken in Suhl und Zella-Mehlis und dirigierten die meisten Waffentransporte nach Augsburg, Nürnberg, Magdeburg und Hamburg.[21]

Die Anzeichen für ein baldiges Losschlagen gegen die Hitler-Regierung wurden immer konkreter. In Gewerkschaftskreisen beriet man bereits Pläne für einen Generalstreik, und in einigen Fabriken probten die «Hammerschaften», die militanten Betriebskampfgruppen des ADGB, den Aufstand wider Hitler. Auch in Hamburg stellten sich die Genossen auf Bürgerkrieg ein: Eben waren die Maschinengewehre eingetroffen, die zum Schutz des Parteihauses der SPD und der örtlichen ADGB-Zentrale in Stellung gebracht wurden.

Angesichts eines solchen Kampfeifers mochten die Führer von Partei und Gewerkschaft nicht zurückstehen, wie verflogen schien ihre anfängliche Resignation. Selbst die Spitzenfunktionäre des ADGB, die noch im vorigen Jahr, bei dem Staatsstreich des Kanzlers von Papen gegen die rechtmäßige preußische Regierung, das Reichsbanner an einer Gegenaktion gehindert hatten, fanden nun mutige Worte. Der Eisenbahngewerkschaftler Hans Jahn erklärte, bei einem Generalstreik werde keine einzige Lokomotive ausfahren, und Peter Graßmann, Zweiter Vorsitzender des Allgemeinen Deutschen Gewerkschafts-Bundes, beteuerte: «Wir brauchen nur auf den Knopf zu drücken, dann steht alles still.»[22]

Einen Augenblick lang überlegten die Vorstandsgenossen der Sozialdemokratischen Partei Deutschlands noch einmal, ob sie versuchen sollten, die Kommunisten für eine gemeinsame Anstrengung gegen die Nazis zu gewinnen. Einen Tag zuvor hatte die KPD-Führung Walter Ulbricht zum SPD-Vorstand mit dem Angebot geschickt, gemeinsam einen Generalstreik aller kommunistisch-sozialistischen Kräfte zu unternehmen; in Lübeck war es bereits zu einem gemeinsamen Streik gekommen. Doch die Führung der SPD lehnte ab, nicht zuletzt deshalb, weil die KPD (wie schon in den vergangenen Verhandlungen, die Stampfer mit dem Segen der sowjetischen Botschaft geführt hatte) nicht jenen «Nichtangriffspakt» abschließen wollte, von dem die SPD ein Aktionsbündnis zwischen den beiden bisher verfeindeten Parteien abhängig machte: Die Kommunistische Partei Deutschlands sollte sich verpflichten, ihre Haßagation gegen die angeblich «sozialfaschistische» SPD-Führung einzustellen.

Das war eine der großen Schwächen der Demokratie in der Weimarer Republik gewesen: der Bruderkampf zwischen Kommunisten und Sozialdemokraten. Jeder betrachtete den anderen als einen schlimmeren Feind denn die Nazis. Die KPD erging sich in inhaltslosem Revolutionspathos und bekämpfte die SPD als angeblichen Schrittmacher von Reaktion und Faschismus, während sich die SPD-Führung mit lautem Antikommunismus gegen Links abriegelte, um nicht den ganzen Linksflügel ihrer Partei an die KPD zu verlieren. Es war typisch, daß beispielsweise der sozialdemokratische Reichsinnenminister, wenn er in den Jahren 1928/30 im Kabinett über den politischen Radikalismus referierte, ständig die KPD im Visier hatte, niemals aber die NSDAP. So war die SPD-Führung auch jetzt nicht geneigt, auf die Bündnisofferte der Kommunisten einzugehen.

Als sich der Parteiausschuß der SPD am 31. Januar mit Vertretern der Reichstagsfraktion und der Eisernen Front traf, war wiederum die Rede von dem «Bereitmachen für die Aktionen, die sehr rasch notwendig werden können». Jeder verlangte jetzt irgendeine «Aktion», keiner wollte sich an Einsatzbereitschaft vom anderen übertreffen lassen. Graßmann und sein Kollege Wilhelm Stähr erklärten sich solidarisch mit jedweder «Aktion» der Partei: «Wenn Ihr ruft, sind wir da!» Auch Vogel war sich ganz sicher: «Es wird ein Signal gegeben werden.»[23] Doch das Signal, auf das alle warteten, kam nicht.

Denn inzwischen war der Mann nach Berlin zurückgekehrt, der von jeher Aktionsplänen des Reichsbanners skeptisch gegenüberstand: Otto Wels. Zwar ging ihm das Gerücht voraus, er habe aus der Schweiz kurz vor dem 30. Januar Vogel angerufen und verlangt, ein Generalstreik müsse Hitler den Weg in die Reichskanzlei verbauen,[24] doch jetzt wollte er von eben diesem Generalstreik nichts mehr hören. Alle anderen Pläne aber, zumal jene aus der Ecke des «Phantasten» Höltermann, hielt Wels für dilettantisch. Er konnte nicht darüber hinwegsehen, daß sich die Lage drastisch verändert hatte: Bis zum Amtsantritt Hitlers war die Partei davon ausgegangen, daß die Polizei auf ihrer Seite stehen würde, wenn es galt, die Republik vor einem putschistischen Zugriff der Nazis zu schützen. Nun aber stand der gesamte Polizeiapparat unter der Kontrolle Hitlers, der immerhin legal in sein Amt gelangt war. Schlimmer noch, die Reichswehr hielt ebenfalls zu ihm (und SA und Stahlhelm gab es auch noch). Mit ein paar Pistolen, Gewehren und MG gegen Reichswehr, Polizei, SA und Stahlhelm zu kämpfen – das war nicht zu verantworten.

Zudem waren Wels, Breitscheid und die anderen SPD-Führer viel zu überzeugte Demokraten, als daß sie die Frage nach der Legitimität eines Gewaltstreiches gegen die neue Regierung ignorieren konnten. Hinter Hitler standen elf Millionen Wähler, die noch immer die NSDAP (trotz des Rückschlags im November 1932) zur stärksten Partei Deutschlands machten; zusammen mit Hugenbergs DNVP verfügte die Partei über fast die Hälfte aller Reichstagsmandate, die SPD hingegen nur über ein Fünftel. Im Grunde war der Reichstag unhantierbar. Der Preuße Braun meinte, mit diesem Parlament könne doch kein Kabinett regieren, da gehe es nur noch um die Diktatur.[25] Wenn es aber noch einen Parteiführer gab, der – rein rechnerisch – eine Mehrheit im Parlament zustande bringen konnte, dann war es Hitler. Der Reichskanzler hätte leicht über die absolute Mehrheit im Reichstag verfügen können, wäre er auf das Koalitionsangebot des Zentrums und der Bayerischen Volkspartei, die nur allzu gern mitregieren wollten, eingegangen.

Doch Hitler hatte einen anderen, für ihn ungemein typischen Weg eingeschlagen: Er hatte sofort den Reichstag auflösen und für den 5. März Neuwahlen ausschreiben lassen, denn nur durch ein nochmaliges Aufputschen aller Leidenschaften und Instinkte der Massen konnte Hitler hoffen, die Alleinherrschaft der NSDAP zu erreichen und dem Land seinen Willen aufzuzwingen. Die Demokratie-Formalisten an der Spitze der SPD aber konnten an Neuwahlen nichts Schlimmes finden; die Partei von Bebel und Ebert, die ihre ganze Existenz und Größe dem demokratischen Wettkampf mit dem Stimmzettel verdankte, konnte nicht plötzlich gegen Wahlen sein.

Solange sich Hitler, dies die einfache Logik der SPD-Führung, an die Verfassung hielt, durfte die Partei keine außerparlamentarische Aktion unternehmen; sie würde der Partei nur schaden, ja Hitler den willkommenen Vorwand dafür liefern, das zu beginnen, was die Sozialdemokratie unter allen Umständen verhindern wollte – die Zerstörung der Verfassung.

So stand es schon in der Abendausgabe des *Vorwärts* am 30. Januar: «Gegenüber dieser Regierung der Staatsstreichdrohung stellt sich die Sozialdemokratie und die ganze Eiserne Front mit beiden Füßen auf den Boden der Verfassung und der Gesetzlichkeit. Sie wird den ersten Schritt von diesem Boden nicht tun.» Auch konnte die Parteiführung nicht ausschließen, daß es der Wille einer Mehrheit des deutschen Volkes sei, diesen Hitler zu wählen, und gegen den Volkswillen mochte sich kein echter Sozialdemokrat auflehnen. «Wenn diese Regierung», schrieb die *Reichsbannerzeitung*, Höltermanns Verbandsorgan, «eine Mehrheit bekommt, hat das Volk nach demokratischen Gesichtspunkten entschieden.»[26]

Das war gut demokratisch gedacht, es enthielt gleichwohl den katastrophalen Irrtum, der die SPD und die letzten Hilfstruppen der Demokratie ins Unglück stürzen sollte. Denn Wels und seine Freunde verkannten die innerste Natur des Mannes, gegen den sie antraten: Hitler war entschlossen, jede Chance zum Abbau von Demokratie und Rechtsstaat zu nutzen und mit unverhülltem Straßenterror den politischen Gegner zu bekämpfen und zu behindern, noch ehe die Stimmzettel in die Wahlurnen fielen.

Eine solche Argumentation aber hätten die Führer von SPD, ADGB und Eiserner Front gar nicht verstanden, war doch ihr Hauptaugenmerk mitnichten auf Hitler gerichtet. Der Kampf dieser Republikaner galt weniger dem Führer der Nazis und den braunen Bataillonen, sie fochten an gegen den vermeintlichen Möchtegern-Diktator Hugenberg, gegen die feinen Leute vom Herrenklub, gegen «die Reaktion». Hitler aber? Der war nur, so hatte Breitscheid am 31. Januar vor dem Parteiausschuß doziert, ein Gefangener der Reaktionäre und Militärs, bewacht von «mehreren Aufpassern des Reichspräsidenten im Kabinett», die Auftrag hätten, Hitler «Schranken zu setzen und Fesseln aufzuerlegen».

Die Reaktion, das wußte Breitscheid ganz genau, habe «ihre letzte Karte ausgespielt» und «die Söldnerscharen des Faschismus eingesetzt», doch diese Karte werde nicht stechen. Folglich bestand kein Grund zu übermäßiger Sorge. Wie es Grzesinski formulierte: «Wir sind mit Bismarck und Wilhelm fertig geworden, wir werden auch mit der Reaktion von heute fertig.»

Was konnte ihnen schon passieren? Gewiß, eine neue Sozialistenverfolgung im Stil der alten unter dem Eisernen Kanzler war zu befürchten, doch schon die Hexenjagd im Kaiserreich hatte die Arbeiterbewegung mit Bravour und neuer Kraft überstanden. Blieb die Erkenntnis des ADGB-Vorsitzenden Theodor Leipart, es werde wohl alles auf «eine tariflose Zeit, vielleicht gar einen weiteren Abbau der Löhne» hinauslaufen. Aber das schockierte den Gewerkschaftler nicht; schließlich wisse «die deutsche Arbeiterschaft, daß auf eine Periode sozialen Aufstiegs auch einmal ein Rückschlag, ja vorübergehende Erfolge bewußten Rückschritts folgen können».[27]

So stürzte die SPD-Führung Partei, Gewerkschaft und Selbstschutzorganisationen in den Wahlkampf, den sie mit gewohnter Effizienz bestritten. Das Reichsbanner, in dem auch linksliberale Demokraten und Angehörige der Zentrumspartei mitmarschierten, sicherten die Massenkundgebungen ab, die die Sozialdemokratische Partei überall in der Republik veranstaltete, und zahllos waren die Aufmärsche der Eisernen Front, die gegen Reaktion und Faschismus demonstrierte. Selbst Nationalsozialisten mußten erkennen, daß der Elan der demokratischen Arbeiterbewegung ungebrochen war.

Doch bald merkten die Organisatoren der SPD, daß dies kein normaler Wahlkampf mehr war. Stoßtrupps der SA störten systematisch die Wahlkundgebungen der Partei, SPD-Funktionäre wurden auf offener Straße von SA-Männern, die jetzt als «Hilfspolizisten» figurierten, überfallen, und es gab nun allmählich keine SPD-Kundgebung mehr, in der nicht Polizisten auf jedes Wort der Redner aufpaßten und sofort einschritten, wenn sie glaubten, eine «staatsfeindliche» Äußerung gehört zu haben. Viele Kundgebungen der SPD mußten in geschlossene Säle verlegt werden, um den SA-Rollkommandos ihre Störaktionen zu erschweren, wie umgekehrt die SPD-Führung die Genossen dazu anhielt, keine NS-Kundgebungen zu besuchen. Begründung: «Es kann zu Schlägereien kommen, wie das bei den Nazis üblich ist, und das wollen wir nicht . . . Füllt den Nazis nicht die Säle! Dazu sind wir nicht da.»[28]

Trotz des wachsenden Terrors der Nationalsozialisten ließen sich die Wahlorganisatoren der SPD nicht einschüchtern. Der Eiserne-Front-Redner Fritz Solmitz rief den Teilnehmern einer Kundgebung in Lübeck zu: «Seid ihr ein zusammengelaufener Haufen, der auseinanderströmt, wenn der erste Schuß fällt? Das Gegenteil ist wahr!» Immer wieder spornten führende Sozialdemokraten ihre Anhänger zum Kampf für die Erhaltung der Republik an; die Sprecher der Partei wurden nicht müde, von ihren Wählern und

Freunden Bekennermut und Standhaftigkeit zu verlangen. Der Lübecker *Volksbote* sekundierte: «Nicht ohne Opfer werden wir unser Ziel erreichen. Die Soldaten der Republik wissen, wofür diese Opfer gebracht werden müssen.»[29]

Von Woche zu Woche aber war der Opfergang für die Partei und ihre Organisationen schwerer zu ertragen. In Preußen verboten die Behörden eine SPD-Zeitung nach der anderen wegen angeblicher staatsgefährdender Veröffentlichungen, und der Schock des Reichstagsbrandes, sofort den Kommunisten zur Last gelegt, war für Hitler willkommener Anlaß, die Grundrechte der Bürger außer Kraft zu setzen. Tausende von KPD-Funktionären wurden verhaftet, wobei auch gleich mancher Sozialdemokrat verschwand, verschleppt in eine jener Prügelstätten in Kellern und Garagen, in denen SA-Männer «Marxisten» auf übelste Art quälten.

Wen will es wundern, daß in einer solchen Atmosphäre des Terrors und der Furcht bei den Wahlen am 5. März ein paar Tausende alter SPD-Wähler den Urnen fernblieben? Gleichwohl erzielte die Partei einen respektablen Erfolg; ein einziges Mandat ging ihr verloren, ihre Stellung blieb unerschüttert. Auch die Zentrumspartei und die Bayerische Volkspartei hielten ihre Stellungen.

Das änderte freilich nichts am Wahltriumph der Nationalsozialisten: Die Partei Hitlers hatte zwar nicht die heißersehnte absolute Mehrheit erhalten, wohl aber noch einmal fast sechs Millionen Stimmen hinzugewonnen – genug, um sich gemeinsam mit der DNVP eine Reichstagsmehrheit zu sichern.

Inmitten des Triumphgeschreis der «nationalen Revolution» aber hatte die Sozialdemokratische Partei noch einmal eine Sternstunde, die unvergessen bleibt, solange Menschen nach Freiheit und Selbstverwirklichung streben. Es war der 23. März 1933, der Tag, an dem der in die Krolloper verlegte Reichstag über das Ermächtigungsgesetz abstimmen sollte, mit dem Hitler auf vier Jahre diktatorische Vollmachten für sich und seine Regierung verlangte. Die Lage der Partei war trostlos: Die Zentrale in der Lindenstraße hatte fast alle ihre Verbindungen zu den Bezirksorganisationen im Land verloren, eine Welle von Austrittserklärungen überspülte die Partei, durch die Zeitungsverbote der Behörden war die SPD nahezu sprachlos geworden, die Sozialdemokratie einiger ihrer besten Köpfe beraubt – Braun in die Schweiz geflohen, Wilhelm Sollmann von Nazis schwer mißhandelt, Carl Severing verhaftet, Julius Leber beim Betreten des Reichstags in Fesseln abgeführt.[30] Die hysterischen Sprechchöre der bewaffneten SA-Männer vor der Krolloper bedrohten jeden, der sich gegen Hitler stellen wollte.

Da erhob sich Otto Wels von seinem Platz und begann, mit Hitler abzurechnen. Die Regierung, erklärte er, könne zwar Sozialdemokraten wehrlos, aber nicht ehrlos machen. Wels: «Wir deutschen Sozialdemokraten bekennen uns in dieser historischen Stunde feierlich zu den Grundsätzen der Menschlichkeit und Gerechtigkeit, der Freiheit und des Sozialismus. Kein Ermächtigungsgesetz kann Ihnen die Macht geben, Ideen zu zerstören, die ewig und unzerstörbar sind.» Hitler war so verblüfft, daß er alle Haltung verlor. Er sprang auf und zeterte los: «Sie werden nicht mehr gebraucht! . . . Deutschlands Stern ist im Aufsteigen, der Ihre im Untergehen. Ihre Stunde hat geschlagen.»[31]

Wie staunten aber die Freunde von Wels, als der Mann, der eben noch dem Regime eine schneidende Abfuhr erteilt hatte, im Interesse des gleichen Regimes ins Ausland fuhr, um sozialistische Bruderparteien und deren Medien zur Mäßigung ihrer «Greuelpropaganda» (NS-Jargon) gegen das neue Deutschland zu bewegen! Auch andere Spitzenfunktionäre der SPD reisten in andere Länder, um «dort aufklärend zu wirken», wie der Hitler-Paladin Göring das nannte: Stampfer besuchte Prag und Wien, Paul Hertz tauchte in Kopenhagen auf – mit Sonderpässen, die ihnen Göring beschafft hatte. Als jedoch die Sozialistische Arbeiter-Internationale ihre heftigen Attacken auf Hitlers Regime nicht einstellte, erklärte Wels seinen Austritt aus der Organisation, was er freilich später nur als eine «persönliche» Geste gedeutet wissen wollte.[32]

In Wahrheit war es der Beginn einer Politik der Anpassung, die die SPD in immer heiklere Situationen bringen mußte. Nach und nach bröckelte die antifaschistische Position der Sozialdemokratie ab: In Landtagen und Stadträten trennten sich «deutsch-sozialistische» Gruppen von der Partei, Ende März sagte sich der ADGB von der SPD los und feierte den eben von der Regierung Hitlers zum «Feiertag des deutschen Volkes» erklärten 1. Mai als einen «Tag des Sieges», und selbst die große Tat der Sozialdemokratie, das Nein gegen das Ermächtigungsgesetz, zerfaserte in der Anpassungstaktik der einzelnen SPD-Landtagsfraktionen, die das Gesetz, wie Erich Matthias urteilt, «ablehnten, aber dabei mit beschwichtigenden Erklärungen, die fast wie Entschuldigungen klangen, um gut Wetter baten».[33]

Am Ende stimmte sogar die Reichstagsfraktion für die Außenpolitik Hitlers, kurz bevor die Partei verboten wurde, doch da war die deutsche Sozialdemokratie «keine gesellschaftliche Kraft mehr, sondern ein auseinanderfallender Kadaver, ... der Untergang, die Kapitulation der sozialistischen Idee», wie sich ein führender Berliner Jungsozialist 1934, bereits im Untergrund, notierte. Die alte Partei war tot, doch der Schock wirkte noch lange nach: Für jeden Sozialdemokraten, aber nicht nur für ihn, blieb die nationalsozialistische Machtergreifung, so ein anderer SPD-Funktionär, «ein Erlebnis, das ihn sein ganzes weiteres Leben niemals verlassen wird. Wie oft haben wir von jungen Genossen gehört: ‹Und wenn ich ein Greis werde, das vergesse ich nicht!›»[34]

Im Exil und in der Illegalität begann eine hektische Suche nach den Schuldigen der Katastrophe und den Ursachen des Untergangs. Der nach London geflohene Höltermann, um seine «Aktion» gebracht, klagte sogleich die «entnervten und kurzsichtigen Bürohengste», die «geistig-korrupten Weichlinge» im Parteivorstand an, andere sahen im Rechtskurs der Partei die eigentliche Ursache des Unglücks; die meisten deuteten auf Wels, was der nun freilich «ebenso dumm wie verlogen» fand.

Immer dringlicher stellte sich die Frage, wie es gekommen war, daß eine der größten Arbeiterbewegungen der Welt dem Nationalsozialismus erlegen war, wie es sich erklärte, daß eine scheinbar moderne Demokratie nahezu widerstandslos zusammengebrochen war.

Ja, wie war es gekommen? Die Fragen brennen und bohren, seit Hitler vor 50 Jahren seine Herrschaft errichtete, die einer ganzen Welt zur Verderbnis geriet.

Seither ist ein schier unübersehbarer Strom historiographischer Arbeiten erschienen, die Antwort geben wollen. Ihre Resultate sind so vielfältig wie die Zahl ihrer Autoren. «Versailles und Moskau», sagte der alte Braun knapp, als er gefragt wurde, wer an dem Untergang der Weimarer Republik schuld sei.

Der Hitler-Forscher Konrad Heiden wiederum entdeckte, die Schuldigen seien die traditionellen Nichtwähler gewesen, die sich von den Nazis hätten mobilisieren lassen, und ein CDU-Kultusminister fand, die Nationalsozialisten seien durch die Jugend an die Macht gekommen. Immer länger wurde die Liste der Verursacher: Die Weltwirtschaftskrise war schuld gewesen, der alte Obrigkeitsstaat, ein unausrottbarer Militarismus, die Unfähigkeit der Parteien und natürlich «der Dämon», wie ihn der Historiker Michael Freund gleichsam als Schlüsselbegriff einer ganzen Literatur nannte – Hitler.

Jüngere Historiker dagegen, die des Deutschen Vorliebe für Hinterzimmerstorys kennen, verlegten sich mehr auf Verschwörerisches. Axel Kuhn sah einen Kreis um den Fabrikanten Wilhelm Keppler als eine Art Kommandostand des Unternehmens «Machtergreifung», während andere den Herrenklub bevorzugten und wiederum andere einen Kreis um die Zeitschrift *Die Tat*.

Ein buntes Bestiarium von Schuldigen tat sich auf: Schwerindustrielle, Generale, Kleinbürger – sie alle sollten fleißig am Untergang der Weimarer Republik mitgewirkt haben.

Doch solche Erklärungsversuche, wie nützlich und reizvoll sie im Einzelnen sein mögen, greifen zu kurz. Erst die Ergebnisse einer in den letzten Jahren vertieften Sozial- und Strukturforschung machen es heute möglich, die Geschichte der nationalsozialistischen Machtergreifung aufzuschreiben. Es ist eine Geschichte der menschlichen Irrtümer und gesellschaftlichen Fehlentwicklungen, eine Geschichte der Zufälle und Automatismen.

Es ist die Geschichte einer Demokratie ohne Demokraten, eines Parteienstaates, der keiner sein wollte. Manches wird dem Leser nur allzu bekannt vorkommen: Der Abfall der Jugend vom Staat, die mangelnde Kompromißfähigkeit der gesellschaftlichen Gruppen, die Verkrustung der Parteien – Hinweise darauf, daß George Santayanas Wort nie so richtig war wie heute: «Wer die Vergangenheit nicht kennt, ist dazu verurteilt, sie zu wiederholen.»

2
Selbstmord einer Demokratie

Im Haus 27 der Matthäikirchstraße nahe dem Berliner Tiergarten erstrahlte Festbeleuchtung, die Gäste hatten bereits an der Tafel Platz genommen. Zu den Gastgebern kam man gern, denn Carl von Schubert, Staatssekretär im Auswärtigen Amt, und seine Frau Renata zählten zu den Stars der republikanischen Society. Die «schöne, elegante, impertinente Aristokratin», wie sie ein Kritiker einmal genannt hatte, warf noch einen letzten Blick über den langen Tisch, dann gab sie das Zeichen, das Essen aufzutragen.

Eben wurde die Suppe gereicht, da näherte sich ein Diener einem der Gäste. Er beugte sich vor und flüsterte: «Herr Abgeordneter werden vom Büro des Reichspräsidenten am Telephon gewünscht.» Gottfried Treviranus, konservativer Abgeordneter im Reichstag und ehemaliger Kapitänleutnant, erhob sich und machte eine entschuldigende Handbewegung zur Dame des Hauses hin, die anerkennend mit dem Kopf nickte und dabei spöttelte: «Darf man gratulieren?» Doch «Trevi» wehrte ab: «Sicher nicht mir, und ich wüßte nicht, wem sonst!»

Als Treviranus den Telephonhörer aufhob, vernahm er die spröde Stimme des Staatssekretärs Otto Meißner, eines der einflußreichsten Männer der Republik, ohne dessen Rat und Einflüsterungen Reichspräsident und Generalfeldmarschall Paul von Hindenburg keinen politischen Schritt tat. Meißner machte es kurz: «Kabinett ist nach Mitteilung des Reichskanzlers zurückgetreten. Der Herr Reichspräsident wünscht Herrn Dr. Brüning morgen früh um neun Uhr wegen Neubildung der Regierung zu sprechen. Wir haben ihn nicht erreichen können. Können Sie uns helfen, ihn zu finden?»[1]

Treviranus konnte. Er wußte, daß Heinrich Brüning, der Fraktionsvorsitzende der Zentrumspartei im Reichstag, im Weinpalast «Rheingold» in der Potsdamer Straße saß, vermutlich mit einigen Parteifreunden, die er dort hatte treffen wollen. Treviranus erklärte sich bereit, seinen Freund Brüning zu informieren, und ging sofort los. Erst auf dem Weg ins «Rheingold» konnte er so richtig verarbeiten, was er gerade gehört hatte: Die Fünf-Parteien-Regierung der Großen Koalition unter dem Sozialdemokraten Hermann Müller war gescheitert, die hektischen Bemühungen um ihre Rettung waren umsonst gewesen. Brüning war kaum noch ins Bett gekommen, oft hatte er bis in die frühen Morgenstunden mit den Vertretern der zerstrittenen Koalitionsparteien verhandelt, um den Eklat zu verhindern; dabei war der «Brüning-Kompromiß» herausgekommen, dem schließlich jede Partei zugestimmt hatte. Jetzt aber hatte die SPD-Fraktion einen Rückzieher gemacht und den eigenen Kanzler desavouiert.

Was aber würde, so spekulierte Treviranus, aus Deutschland werden, wenn die Sozialdemokraten im Parlament nicht mehr mitspielten und sich nur noch auf Opposition verlegten? Dann gab es für keine Regierung mehr eine Majorität im Reichstag, dann konnte in Deutschland kaum noch parlamentarisch regiert werden. Doch noch ehe Treviranus solche Überlegungen zu Ende gebracht hatte, stand er schon im «Rheingold», vor einer «Koje», in der zwei Männer und zwei Frauen saßen.

Die beiden Zentrums-Damen Helene Weber und Christine Teusch und der ehemalige Reichskanzler Joseph Wirth sahen den Ankömmling neugierig an, während der vierte von ihnen etwas schwerfällig, fast feierlich aufstand. Der Mann trug einen seltsamen dunklen, an katholische Priesterkleidung erinnernden Anzug, dazu einen hohen Stehkragen mit schwarzer Krawatte, was der ganzen Figur etwas Düsteres, Mönchhaftes verlieh: Heinrich Brüning.

Treviranus zog den Freund an einen freien Tisch und richtete ihm aus, was ihm Meißner aufgetragen hatte. Brüning war nicht begeistert, doch der nachgekommene Wirth redete auf ihn ein: «Mit Hermann Müller ist es aus. Hindenburg hat schon recht: Heinrich, du mußt ans Ruder. Ich nehme das A.A.» Ärgerlich verbat sich Brüning solche Einmischung. «Daraus wird nichts», erklärte er, «wenn überhaupt, dann geht Treviranus in das A.A. Ich werde dem Reichspräsidenten als natürliche Lösung Hugenberg für die Neubildung vorschlagen. Wir bleiben besser in der Hinterhand!»[2]

Die beiden Zuhörer wußten jedoch, daß Brüning die Sache mit dem deutschnationalen Parteichef Alfred Hugenberg nicht ernst meinte. Hindenburg hatte gerade wenige Wochen zuvor Brüning erklärt, mit Hugenberg sei nichts anzufangen, der wolle unbedingt ohne oder gegen die Verfassung regieren. Hindenburg hatte gezürnt: «Hugenberg will nur an die Macht, wenn alles durcheinander ist.»[3] So fiel es Wirth nicht schwer, Brüning im «Rheingold» umzustimmen. Bald hörte Treviranus das erlösende Wort: «Sagen Sie Meißner, ich würde um neun Uhr bei ihm sein!»

Treviranus benachrichtigte den Staatssekretär, dann fuhr er in seine Wohnung. Doch er war noch zu aufgeregt, um Schlaf zu finden. Er konnte sich kaum beruhigen: Brüning endlich Reichskanzler!

Treviranus wanderte ziellos in seiner Bibliothek umher und blieb plötzlich vor einem Buch stehen, das er aus dem Regal herauszog. Es war ein Band aus Leopold von Rankes Werk «Zwölf Bücher preußischer Geschichte». Treviranus schlug die Stelle auf, in der Ranke über die berühmte Begegnung zwischen König Wilhelm und Bismarck im September 1862 berichtete, wo der Monarch dem Junker die Frage stellte, ob er in dem Verfassungskonflikt zwischen Krone und Landtag um die Armeereform die Interessen seines Königs bis zum bitteren Ende vertreten werde. Ob Hindenburg morgen Brüning mit einer ähnlichen Frage konfrontieren würde? Treviranus sah Parallelitäten: In beiden Fällen schien es ihm darum zu gehen, ohne oder gar gegen ein unhantierbar gewordenes Parlament zu regieren.[4]

Doch selbst so üppige Phantasie reichte nicht aus, um Treviranus ahnen zu lassen, daß er einen wichtigen, ja, einen verhängnisvollen Tag deutscher Geschichte erlebt hatte. Denn dieser 27. März 1930 sollte sich später als der eigentliche Todestag der Weimarer Demokratie erweisen. Da war es nicht nur um das Ende einer Regierungskoalition und um einen Kanzlerwechsel gegangen. Der 27. März 1930 eröffnete die Ära des Regierens ohne parlamentarische Mehrheiten, schlimmer noch: Er besiegelte das Schicksal des ganzen Parteienstaates. Die Deutsche Republik lebte zwar noch ein paar Jahre weiter, aber das parlamentarisch-demokratische System hatte sein Herzstück verloren. Eine abschüssige Bahn war betreten, die unaufhaltsam, wenn auch nicht unvermeidlich-automatisch zur Machtergreifung Adolf Hitlers führte.

Nicht erst der 30. Januar 1933 stürzte Deutschland ins Unglück, die Fahrt in die Katastrophe hatte bereits drei Jahre früher begonnen, zu einer Zeit, da Hitlers Bewegung noch gar nicht ins Zentrum deutscher Politik getreten war und auch nicht das Elend der Wirtschaftskrise das Land erschütterte. 1930 war das Jahr gewesen, in dem sich nahezu alles entschieden hatte.

Nach außen hin deutete jedoch kaum etwas auf den kommenden Zusammenbruch der deutschen Demokratie hin. 1930 schien der Weimarer Parteienstaat gefestigter als früher, die Zeitbombe des politischen Radikalismus weitgehend entschärft. Hitlers NSDAP verfügte nur über 12 Sitze im 491-Mandate-Reichstag, die Kommunisten besaßen 54. Auch das Lager der konservativ-autoritären Republikfeinde war dezimiert; Hugenbergs DNVP waren in der letzten Reichstagswahl 30 Mandate verloren gegangen. Eine darauf folgende Abspaltung gemäßigter DNVP-Abgeordneter unter dem ehemaligen Hugenberg-Vertrauten Treviranus hatte die Partei noch zusätzlich geschwächt. Kein Zweifel: Die Gegner der Republik von rechts und links waren im Reichstag noch nie so schwach vertreten gewesen.

Auch der Alpdruck von Versailles, der Druck des vergiftenden Streits um «Erfüllungspolitik» oder «Widerstand» gegen das Friedensdiktat der Sieger des Ersten Weltkriegs, war von der Republik nahezu gewichen. Deutschland spielte in der europäischen Politik wieder mit, die meisten Deutschen waren mit den Leistungen ihrer Diplomaten auf dem Parkett des Genfer Völkerbundes nicht unzufrieden, und nichts verriet deutlicher die Beruhigung im Land als die Tatsache, daß ein von der äußersten Rechten inszeniertes Volksbegehren gegen das neue, revidierte Reparationsabkommen, das den Namen des amerikanischen Industriellen Owen D. Young trug, kläglich gescheitert war.

Die Wirtschaft schien ebenfalls wenig Anlaß zu einer Alarmstimmung zu bieten. Die im Oktober 1929 mit dem Zusammenbruch der New Yorker Börse einsetzende Weltwirtschaftskrise hatte auf Deutschland noch nicht voll durchgeschlagen, noch war man guter Hoffnung, eines Tages mit der Rezession, vor allem mit dem Dauerproblem der Arbeitslosigkeit und ungenügender Zuwachsraten der Industrieproduktion fertig werden zu können. Nur in der Landwirtschaft kriselte es bereits, doch das nahm die Öffentlichkeit nicht so tragisch – das ewige Gegreine der Grünen Front und ihrer lautstarken Lobby hatten die meisten Politiker und Publizisten gründlich satt.

Doch unter der Oberfläche republikanischer Selbstzufriedenheit ertönte ein gefährliches Grollen und Rumoren, das allerdings zunächst nur feinere Ohren wahrnahmen. «Täuscht nicht alles», schrieb der Nationalökonom Gustav Stolper im *Volkswirt* Ende 1929, «so muß das Jahr 1930 . . . die Krisis der deutschen Demokratie bringen.» Es ging schon das Schlagwort von der «Staatskrise» um, und unterschwellig war das Gefühl verbreitet, Parlamentarismus und Demokratie hätten abgewirtschaftet, von den Parteien könne keine Heilung, keine Reform kommen. Die *Deutsche Allgemeine Zeitung* forderte fast verzweifelt: «Es muß endlich gut regiert, es muß endlich überhaupt regiert werden.»[5]

Selbst in den Köpfen standfester Demokraten formierte sich die Überzeugung, daß die Politiker der Republik so nicht weiterwursteln dürften. «Jeder fühlt die Schwäche und Ohnmacht. Ohnmacht unseres ganzen Regierungssystems», schrieb der württembergische Staatspräsident Eugen Bolz, einer der führenden Männer der Zentrumspartei, am 11. März 1930 an seine Frau. «Ich bin längst der Meinung, daß das Parlament die schweren innerpolitischen Fragen nicht lösen kann. Wenn ein Diktator für zehn Jahre möglich wäre – ich würde es wünschen.» Um ein paar Tage danach erschrocken hinzuzufügen: «Diktatur! Bewahre uns das Schicksal davor!»[6]

Andere Demokraten reagierten noch heftiger, noch bitterer. Der Liberale Ernst Müller-Meiningen polterte: «Staat nennt sich heute etwas, was sich als Volksstaat ausgibt, was aber nichts anderes ist als die jeweiligen an der Macht sitzenden Parteien und ihre Führer ... Eine ungeheure Gleichgültigkeit, Müdigkeit, ja ein wahrer Ekel vor dem ganzen politischen Treiben – eine ungeheure Gefahr für die demokratische Republik – hat die weitesten Kreise erfaßt und den politischen Sinn, den der Krieg geweckt hatte, zunächst erstickt.» Auch sensible Ausländer wie Harold Nicolson, Botschaftsrat an der britischen Botschaft in Berlin, merkten, daß die Unzufriedenheit der Deutschen mit ihrer Demokratie wuchs. Das verstand Nicolson nur zu gut, seit er im Reichstag gewesen war. Das sei ja nun wirklich, notierte Nicolson, «das Verrückteste, Ordinärste und Lauteste, was ich je gesehen habe».[7]

Die Demokratie war in Gefahr, und einige wußten es. Die Deutschen hatten nicht viel Glück mit der Demokratie gehabt, die ihnen 1918 im Schatten der militärischen Niederlage ohne sonderliche eigene Mühe in den Schoß gefallen war. Keiner mochte diese Demokratie so recht, kaum einer glaubte an sie; zeitlebens fand sie «keine Identität mit sich selbst», wie der Historiker Golo Mann formulierte. Nicht einmal die Sozialdemokraten, die von einer feindseligen Propaganda, meist zu Unrecht, mit ihr identifiziert wurden, liebten sie so ganz von Herzen, hatten sie doch eine sozialistische Demokratie gewollt, nicht die «bürgerliche», die sie dann bekommen hatten.

Die Historiker mußten später zu allerlei qualvollen Epitheta greifen, um der Nachwelt zu verdeutlichen, wie wenig populär «Weimar» gewesen war. «Zufalls-Republik», «ein Provisorium», «eine Verlegenheit» – keine Vokabel schien ihnen zu angestrengt, die ganze Malaise auszudrücken, die damals Millionen Deutsche empfunden hatten. Erst im Terror des Dritten Reiches merkten manche von ihnen doch noch, was sie an der vielgescholtenen Republik mit ihren großzügigen Freiheiten und ihren Bemühungen um sozialen Ausgleich gehabt hatten, doch da war es zu spät. Niemand konnte nachreichen, was sie dem demokratischen Staat an Engagement und Loyalität verweigert hatten.

Gewiß, es hatte 1918/19 eine demokratische Revolution gegeben, aber sie war, wie Ralf Dahrendorf urteilt, «nicht als ein befreiendes Ereignis empfunden» worden.[8] Sie konnte es gar nicht, denn sie war ins Leere gestoßen; die alte Monarchie stellte sich nicht zum Kampf, sie brach einfach lautlos zusammen, von niemandem verteidigt. Nur, die meisten ihrer gesellschaftlichen Strukturen blieben erhalten, wodurch sich die vielen Probleme, mit denen der Kaiserstaat nicht fertig geworden war, in die Republik einschleppten, verschlimmert noch durch die Folgen und Lasten des verlorenen Krieges.

So war eine politisch-soziale Welt entstanden, die unsicher und desorientiert auf Wunder wartete: eine Industriegesellschaft, die nicht erwachsen werden wollte, im Klassenkampfdenken erstarrte Arbeitnehmer- und Arbeitgeberverbände, eine im Kaiserreich geprägte Generation politischer Honoratioren und Funktionäre, ein in seinem Selbstbewußtsein tödlich getroffener Mittelstand, eine wettbewerbsfeindliche Industrie, eine Landwirtschaft, die an Überproduktion und Übervölkerung litt, eine sich aus den Traditionsreserven der Monarchie nährende Bürokratie, und dazu jene beiden Mächte, die betont Distanz zur Republik hielten und ihr schließlich zum Verhängnis wurden – das Militär, seines monarchischen Bezugspunktes beraubt, gleichwohl weiterhin der vorindustriellen Welt verhaftet und immer auf der Flucht vor der politischen Wirklichkeit, und eine Jugend, die keinen Sinn für den kleinbürgerlichen Tugendkatalog der «Alten» hatte und sich in ihrer Sehnsucht nach Veränderung und Gemeinschaftserlebnis nicht verstanden fühlte.

Ein solches Knäuel konträrer Interessen und absurder Fehlentwicklungen mußte jede Demokratie in Atemnot bringen, wieviel mehr aber die deutsche, die von ihren Bürgern noch gar nicht richtig eingeübt worden war und immer wieder durch die unterschwellige Diktaturpropaganda von Vertretern des untergegangenen Obrigkeitsstaates entmutigt wurde. Mochten Gewerkschaften oder fortschrittliche Bürgergruppen noch so oft versuchen, die Probleme anzupacken – sie blieben in den Ansätzen stecken.

Hatte die Republik überhaupt je eine Chance zum Überleben gehabt? Wer auf Walther Rathenaus Diktum baut, daß die Wirtschaft «unser Schicksal» sei, wird die Frage verneinen müssen. Selten war eine Demokratie durch ihre wirtschaftlichen Grundfakten so eindeutig zum Scheitern verurteilt wie diese: Die von den Weltkrieg-I-Siegern auferlegten Reparationsleistungen, der Verlust von Exportmärkten, die Erschöpfung von Industrie und Rohstoffen, die mangelhafte Kapitalbildung, die durch die deutschen Gebietsverluste bewirkten Produktionseinbußen, die erhöhten Risiken auf dem Geld- und Kreditmarkt – mit solchen Fesseln und Behinderungen konnte kein Land wirtschaftlich gesunden.

Deutschland war weit mehr als vor dem Krieg vom Export abhängig, doch die Exportquoten lagen in den zwanziger Jahren niedriger als jene in der Zeit vor 1914. Im Vergleich zur Kaiserzeit wurde weniger investiert, das wirtschaftliche Wachstum fiel nach Berechnungen des Wirtschaftswissenschaftlers Knut Borchardt «geringer aus, als man es nach den erheblichen Wachstumsverlusten der Kriegs- und Nachkriegszeit hätte erwarten können». Dabei bedurfte Deutschland dringend der Steigerung seiner Industrieproduktion, denn es mußte nach dem Krieg mit geringerer Industriekapazität und einem verkleinerten Raum bei vermehrter Bevölkerung produzieren; durch Versailles hatte es sieben Prozent seiner Industrieunternehmen verloren, ferner 75 Prozent der Eisenerzgewinnung und 26 Prozent der Bleierzeugung eingebüßt.[9]

Als dann auch noch die Kapitalströme aus dem Ausland geringer wurden, traf es voll den deutschen Arbeiter. Das Arbeitslosenproblem wurde zum Krebsgeschwür der Republik. Das Millionenheer der Arbeitslosen wollte nicht weichen, in keinem Jahr seit 1926 war «die jahresdurchschnittliche Arbeitslosenzahl unter 1,3 Millionen ermittelt worden, nicht einmal im Spitzenjahr des Produktionszuwachses 1927» (Borchardt).

Wie die Industrie, so konnte auch die Landwirtschaft ihrer Probleme nicht Herr werden. Sie kam aus ihrem selbstmörderischen Kreislauf nicht mehr heraus: zu mächtige Großgrundbesitzer vor allem im Osten, die sich mit allen

Mitteln gegen die Rationalisierung ihrer unrentabel arbeitenden Güter wehrten, zu viele Kleinbauern, die den Wettbewerb mit der Einfuhr aus Übersee nicht bestehen konnten, und dazu die existenzzerstörende Kluft zwischen Industrie- und Agrarpreisen, zwischen den Einkommen der Beschäftigten beider Wirtschaftszweige. Kein Wunder, daß der Soziologe Theodor Geiger Anfang der dreißiger Jahre errechnete, fast 60 Prozent der Bauern würden von einem Proletariereinkommen leben.

Kaum einer aber zeigte der Landwirtschaft einen Ausweg aus ihrer Sackgasse. Der amerikanische Sozialhistoriker David Schoenbaum fand es später «charakteristisch für die Weimarer Wirtschaftspolitik, daß eine subventionierte industrielle Entwicklung Ostdeutschlands durch Ausnutzung seiner reichen Wasserkraftreserven nie ernsthaft in Erwägung gezogen wurde»,[10] und nicht einmal an eine gründliche Verbesserung der Infrastruktur der ostdeutschen Landwirtschaft wurde gedacht.

Hier offenbarte sich eine Unbeweglichkeit, die auch schon auf andere Bevölkerungsschichten übergegriffen hatte. Sie entlud sich in einer bitteren «Verneinung der Industriegesellschaft» (Schoenbaum) – so etwa bei den Einzelhändlern, die dem harten Konkurrenzdruck durch Einheitspreisgeschäfte und Warenhäuser oft nicht gewachsen waren und statt sich auf neue Wettbewerbsbedingungen einzustellen, ihre Interessenverbände in Marsch setzten, die allen Ernstes verlangten, die Expansion der Warenhäuser zu stoppen und die bestehenden schärfer zu besteuern. Was ihnen auch in einigen Fällen durchaus gelang.

Ähnlich heftig kämpften die einflußreichen Angestelltengewerkschaften gegen die Konkurrenz der Arbeiter, von denen sie eine «Deklassierung» ihrer Klientel befürchteten, und gegen die rücksichtslosen Rationalisierungsmaßnahmen der Unternehmen. Die Angestellten litten unter einer hohen Arbeitslosigkeit: Zwischen 1923 und 1928 war die Zahl der Bankangestellten von 320 000 auf 100 000 heruntterrationalisiert worden; im September 1928 gab es unter den Angestellten 80 000 Unterstützungsempfänger, zwei Jahre später waren es schon 261 000. Unvergessen auch der Kahlschlag in den Reihen der öffentlichen Bediensteten in der Stabilisierungskrise von 1923/24. Damals hatten nahezu auf einen Schlag 750 000 Staatsdiener ihre Stellung in Reich, Ländern und Gemeinden verloren![11]

Probleme über Probleme, doch sie wären im Laufe der Zeit lösbar gewesen, hätte die Republik über energische, tatfrohe Politiker und innovationsfreudige Parteien verfügt. Doch in diesem «stillschweigenden System der Verantwortungsflucht, der Neutralisierung der politischen Verantwortung», das dem liberalen Volkswirtschaftler Alexander Rüstow als ein Kernstück der Weimarer Demokratie erschien, gediehen nur tüchtige Verbandssekretäre und verdiente Honoratioren, die sich nicht gerade in das Scheinwerferlicht der kritischen Öffentlichkeit drängten.

Diese Parteien waren reine Klassen- und Interessenparteien, ihren Führern ging es denn auch nur um die Sache der eigenen Klientel. Waren sie an der Regierung und in Gefahr, wegen einer unpopulären Politik das Vertrauen ihrer Klientel zu verlieren, so schieden sie lieber aus dem Kabinett aus, als daß sie ihre Gefolgschaft irritierten. Beteiligung an einer Regierung war für eine Partei keineswegs immer ein erstrebenswertes Ziel; sie galt oft nur als ein Mittel, die gefährdeten Interessen der Partei vor anderen Konkurrenten zu schützen. Die SPD beispielsweise konnte sich nie darüber einig werden, ob die proletarischen Interessen nun in der Opposition oder in der Regierung besser zu vertreten seien; um Schlimmeres im Sinne der Partei zu verhüten, ging die SPD dann gelegentlich in die Regierung, als eine «negative Regierungspartei», wie der Linkssozialist Paul Levi das nannte. Stolper erkannte: «Es gibt überhaupt keine Regierungsparteien, es gibt nur Oppositionsparteien.»[12]

Die deutschen Parteien hatten nie gelernt, politische Verantwortung zu üben. Im Obrigkeitsstaat Bismarcks und Wilhelms II. waren sie von Regierungsmacht und Exekutive ausgeschlossen gewesen. In den Hinterzimmern der Macht wirkten allerdings einige von ihnen mit und beteiligten sich an den Partei- und Stimmblöcken im Reichstag, ohne die selbst die parlamentarisch nicht verantwortlichen Kanzler des autoritären Kaiserreiches nicht regieren konnten. Bismarck, der Zuchtmeister des Zweiten Reiches, brachte den Parteien eine schreckliche Lektion bei, die sie nicht vergaßen: wie man politischen Einfluß ausüben kann, ohne öffentliche Verantwortung übernehmen zu müssen.

Nur eines lernten sie dabei nicht: die Kunst und Notwendigkeit des Kompromisses. Da sie in der Rolle der Opposition blieben und keine öffentliche Verantwortung übernahmen, mußten sie sich auch nicht mit Konkurrenten und Gegnern messen, arrangieren, ausgleichen. Diese Rolle gefiel den Parteien so gut, daß sie gar nicht die Chance nutzten, das wilhelminische System zu demokratisieren und das Prinzip der vollen Ministerverantwortlichkeit durchzusetzen.

Das Kaiserreich brach zusammen, die Parteien – nun zum Teil unter anderem Namen – formierten sich neu, doch die Scheu vor Verantwortung und Kompromiß blieb.

Am ehesten arrangierten sich noch die Parteien, die als «Paria des Kaiserreiches» (so der Historiker Hagen Schulze) im monarchischen Obrigkeitsstaat lange Zeit einen schweren Stand gehabt hatten. Das war die Sozialdemokratische Partei Deutschlands (SPD), eine klassenbewußte Partei, gestützt auf die nichtkatholische Arbeiterschaft einschließlich der sozialistischen Gewerkschaften, Teile der Angestelltenschaft und einer kleinen Schicht von Beamten. Das war ferner die Zentrumspartei, ein Verband aus konfessionell gebundenen Arbeitern und Bürgern, und das war die Deutsche Demokratische Partei (DDP), eine Bürger- und Intellektuellenpartei, in der sich die Reste des Linksliberalismus sammelten.[13]

Die drei Parteien rauften sich trotz aller Meinungsdifferenzen zur «Weimarer Koalition» zusammen, so genannt, weil sie in der 1919 in Weimar tagenden Nationalversammlung, dem verfassunggebenden Parlament, über eine Dreiviertelmehrheit verfügten und sich zu einem Regierungsbündnis vereinigt hatten, mit dem sie nun die Republik steuern und befestigen wollten.

Doch das Unglück wollte, daß die Wähler nicht mitmachten und mit ihrem Stimmzettel die Weimarer Koalition lahmlegten. Bei den Wahlen zum ersten Reichstag der Republik im Juni 1920 verlor die Koalition der demokratischen

Parteien ihre absolute Mehrheit. Es war das endgültige Aus für jeden Versuch einer großangelegten Demokratisierung des noch immer obrigkeitsstaatlich gestimmten Landes. Die SPD büßte fast die Hälfte ihrer Wählerschaft ein (sie kam nur noch auf 21,7 Prozent), die DDP verlor sogar noch mehr als die Hälfte, die Zentrumspartei verlor ein Drittel ihrer Wähler. Das Wahlergebnis kündigte für alle Demokraten eine düstere Zukunft an: die Republik ohne Republikaner.

Jetzt aber kam es entscheidend darauf an, ob die Politiker der Weimarer Koalition genügend flexibel waren, um gemeinsam mit anderen Parteien ihre parlamentarische Basis zu erweitern. Das war für die Unterhändler der Koalition wenig erheiternd, denn als Mehrheitsbeschaffer kamen nur zwei rechte Parteien in Frage: Die Deutsche Volkspartei (DVP), ein Zusammenschluß traditionalistischer Rechtsliberaler mit der Rückendeckung westdeutscher Schwerindustrieller, hatte gegen die Weimarer Verfassung votiert und hielt die Monarchie für «die beste Staatsform», während die Deutschnationale Volkspartei (DNVP), eine Sammlungsbewegung des rechtskonservativen Bürgertums, noch härtere Position bezog und im Grund *die* republikfeindliche Partei war.

Die Sozialdemokraten hatten denn auch keinerlei Lust, mit der «Reaktion» zu verhandeln, und blendeten sich mehrere Jahre lang aus der Reichspolitik aus. Auch ein Bündnis mit der äußersten Linken war nicht möglich, denn die KPD blieb ein wütender Gegner des sozialdemokratischen Reformismus, ganz zu schweigen davon, daß eine Koalition mit diesem Ableger Moskaus nicht mehrheitsfähig war. Nur die Zentrumspartei, lediglich in kulturpolitischen Fragen festgelegt und sonst an jeder Regierungsbildung interessiert, zeigte sich nach allen Seiten offen, was sie zur permanenten Regierungspartei der Weimarer Republik machte. Ihre Bandbreite von Rechts nach Links enthielt Bewegungsraum genug, den Zentrumspolitikern zu ermöglichen, eine Große Koalition oder auch eine Bürgerkoalition zu zimmern, mal mit der DVP, mal mit der DNVP, mal mit allen beiden und der DDP dazu.

Doch die Koalitionen dauerten nie lange, nach kurzer

Stimmergebnisse der Wahlen zur Nationalversammlung (1919) und zu den Reichstagen der Weimarer Republik

	19. Jan. 1919	6. Juni 1920	4. Mai 1924	7. Dez. 1924	20. Mai 1928	14. Sept. 1930	31. Juli 1932	6. Nov. 1932	5. März 1933
	Zahl der gültigen Stimmen / Stimmanteile in Prozent								
NSDAP	—	—	—	—	809 771 / 2,6	6 406 924 / 18,3	13 779 111 / 37,4	11 737 391 / 33,1	17 277 185 / 43,9
DNVP	3 121 479 / 10,3	4 249 100 / 15,1	5 696 368 / 19,5	6 205 324 / 20,5	4 380 029 / 14,2	2 457 572 / 7,0	2 186 661 / 5,9	3 131 657 / 8,9	3 136 752 / 8,0
DVP	1 345 638 / 4,4	3 919 446 / 13,9	2 694 317 / 9,2	3 049 215 / 10,1	2 678 207 / 8,7	1 577 411 / 4,5	436 014 / 1,2	661 794 / 1,9	432 312 / 1,1
Zentrum und BVP	—	5 018 345 / 17,8	4 861 027 / 16,6	5 250 169 / 17,4	4 656 445 / 15,2	5 185 716 / 14,8	5 792 507 / 15,7	5 326 583 / 15,0	5 498 457 / 13,9
DDP seit 1930 DSP	5 641 825 / 18,5	2 333 741 / 8,3	1 655 049 / 5,7	1 917 764 / 6,3	1 504 148 / 4,9	1 322 028 / 3,8	373 338 / 1,0	339 613 / 1,0	334 232 / 0,9
SPD	11 509 048 / 37,9	6 104 398 / 21,7	6 008 713 / 20,5	7 880 963 / 26,0	9 151 059 / 29,8	8 575 699 / 24,5	7 959 712 / 21,6	7 250 752 / 20,4	7 181 633 / 18,3
USPD	2 317 290 / 7,6	5 046 813 / 17,9	235 141 / 0,8	98 809 / 0,3	20 685 / 0,1	11 651 / 0,0	—	—	—
KPD	—	589 454 / 2,1	3 693 139 / 12,6	2 708 345 / 9,0	3 263 354 / 10,6	4 590 453 / 13,1	5 297 068 / 14,3	5 980 540 / 16,9	4 848 079 / 12,3
Sonstige	6 465 064	935 035	4 437 432	3 173 217	5 084 445	4 830 352	1 057 943	1 043 437	634 665
	Wahlbeteiligung in Prozent								
	89,6	79,2	77,4	78,8	75,5	82,0	84,1	80,6	99,0

PARTEIEN
KPD = Kommunistische Partei Deutschlands; USPD = Unabhängige Sozialdemokratische Partei Deutschlands; SPD = Sozialdemokratische Partei Deutschlands; DDP = Deutsche Demokratische Partei, später Deutsche Staatspartei; ZBVP = Zentrum mit Bayerischer Volkspartei; DVP = Deutsche Volkspartei; DNVP = Deutschnationale Volkspartei; NSDAP = Nationalsozialistische Deutsche Arbeiter-Partei

Sonstige:
u. a. Linke Kommunisten; Sozialistischer Bund; Deutschsozialistische Partei; Lausitzer Volkspartei; Polnisch-Katholische Partei Oberschlesiens; Nationale Minderheiten; Nationaldemokratische Volkspartei; Freibund des Handwerks, Kleinhandels und Gewerbes; Deutsche Kulturpartei der geistigen Berufe, Angestellten und Beamten; Handel, Handwerk, Hausbesitz und Radikale Deutsche Staatspartei; Christlich-Soziale Reichspartei bzw. Christlich-Soziale Volksgemeinschaft; Christlich-Sozialer Volksdienst (Evangelische Bewegung); Evangelische Volksgemeinschaft (Evangelische Partei Deutschlands) und Evangelischer Volksdienst (Evangelische Gesinnungsgemeinschaft); Christlich-Nationale Bauern- u. Landvolkpartei und Sächsisches Landvolk (Deutsches Landvolk); Landliste (Landbund); Völkisch-Nationaler Block; Deutsch-völkische Freiheitspartei; Nationalsozialistische Freiheitsbewegung

Zeit waren sie zerbrochen. Die Deutschen kamen aus dem Karussell der Regierungskrisen und Kabinettswechsel nicht mehr heraus; in den neun Jahren bis 1928 verbrauchten sich 15 Regierungen, jede einzelne dauerte durchschnittlich nicht länger als sieben Monate. Stresemann drohte: «Die nächste Große Koalition wird der letzte Versuch mit einer Großen Koalition sein.» Das war 1926/27, doch das Spiel ging weiter.

Schon kleinste Streitfragen genügten, eine Regierung in eine wochenlange Krise zu stürzen. Kaum war eine Regierung gebildet, da gab es irgendwo einen Parteiflügel, der sich übergangen fühlte und dessen Anhänger begannen, die eigenen Minister aus der Koalition herauszuschießen. Zuweilen schickten die Fraktionen auch nur «Beobachter» in die Kabinette, die nicht als offizielle Vertreter der Partei galten und daher leichter desavouiert werden konnten. Die Fraktionen wachten streng darüber, daß sich ihre ins Kabinett entsandten Vertreter an die Maximen der Partei hielten; selbst ein Reichskanzler wog da nicht viel. Über den Kanzler Müller notierte Brüning das Wort, er sei «von der eigenen Partei langsam zu Tode gequält» worden.[14]

In diesem Spiel waren die Minister meist nur Marionetten der Fraktion, die sie rücksichtslos der Parteiräson opferte. Absurd das Theater, das die SPD-Fraktion im Reichstag 1923 mit dem Genossen Wilhelm Sollmann aufführte. Er durfte im August jenes Jahres in Stresemanns Große Koalition eintreten und dort als Innenminister einen harten Kurs der Staatsautorität einschlagen, der ihm den Beifall des Reichskanzlers einbrachte. Plötzlich aber beschloß die Fraktion, die Regierung wieder zu verlassen. Jetzt mußte Sollmann im Reichstag den Part des großen Anklägers gegen die angeblich so autoritäre Politik Stresemanns übernehmen und Wortführer des Mißtrauensantrages werden, den die SPD mit Erfolg an der Seite jener DNVP einbrachte, die ihr bis dahin ein Synonym für schwärzeste Reaktion gewesen war.[15]

Selten hatten Parteien ein so frivoles Spiel mit ihren Ministern und mit der Öffentlichkeit getrieben wie die der Weimarer Republik. Das «merkwürdige Drängen aus der parlamentarischen Verantwortung heraus», das der Historiker Karl Dietrich Erdmann der SPD attestiert, war nicht nur der Sozialdemokratie zu eigen; auch andere Parteien scheuten davor zurück, sich in die staatliche Pflicht nehmen zu lassen – nicht umsonst sprach der DDP-Vorsitzende Erich Koch-Weser von «der Selbstsucht der Parteien».[16]

Sie schoben nicht selten die Verantwortung auf den Reichspräsidenten ab, wobei sie sich eine Konstruktion zunutze machten, durch die die Weimarer Verfassung praktisch in zwei Teile gespalten worden war: in eine Verfassung für schönes Wetter und eine Art Reserveverfassung für schlechte Zeiten. Artikel 48 der Verfassung räumte nämlich dem Reichspräsidenten das Recht ein, in Notsituationen bei Störung oder Gefährdung der öffentlichen Sicherheit und Ordnung eigene Dekrete, sogenannte Notverordnungen, zu erlassen, die volle Gesetzeskraft besaßen; zwar mußte der Reichstag sie nachträglich billigen, aber der Reichspräsident konnte eine ihm ungünstige parlamentarische Mehrheit unter Druck setzen – durch Androhung des Artikels 25, der ihm die Macht gab, den Reichstag aufzulösen und Neuwahlen auszuschreiben.

Das gab dem ganzen Regierungs- und Verfassungssystem etwas Doppelköpfiges: In «normalen» Zeiten regierte das Reichskabinett, in schwierigen der Reichspräsident. Je weniger aber die Parteien Lust dazu hatten, die Probleme und Konflikte unter sich zu lösen, desto stärker wurde die Macht des Präsidenten.

Es mochte noch kein sonderlicher Grund zur Sorge sein, solange ein so instinktsicherer Republikaner wie der Sozialdemokrat Friedrich Ebert, einer der Väter des Weimarer Staates, an der Spitze des Systems stand. Auch er verfolgte allerdings das Treiben der Parteien einschließlich seiner eigenen mit wachsendem Unmut. Nach dem Sturz des Kabinetts Stresemann durch die SPD im November 1923 ließ er sich deren Fraktionsführer kommen und stauchte sie zusammen: «Was Euch veranlaßt, den Kanzler zu stürzen, ist in sechs Wochen vergessen, aber die Folgen Eurer Dummheit, die werdet Ihr noch in zehn Jahren spüren.»[17] Doch seit 1925 saß ein Mann ganz anderer Art im Reichspräsidentenpalais:

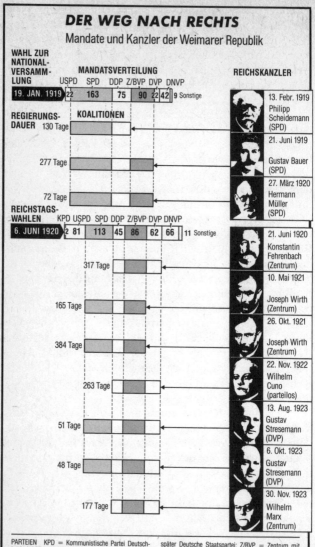

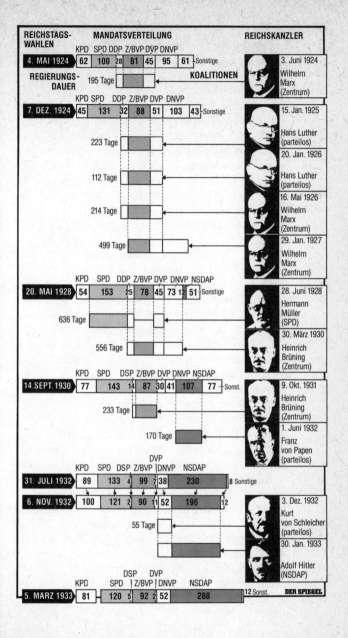

Der Altpreuße Hindenburg, aufgewachsen in der Denk- und Gefühlswelt des Obrigkeitsstaates, hatte ein tiefverwurzeltes Mißtrauen gegen alle Parteien und hörte nur zu gern auf Einflüsterer, die für ihn schon die Rolle eines deutschen MacMahon bereithielten, eines Ersatz-Kaisers, der (ähnlich wie der französische Marschall, der auch der zweite Präsident einer Nachkriegsrepublik gewesen war) zur Integrationsfigur aller republikfremden Kräfte werden sollte.

Doch die Parteien ignorierten die sich hier zusammenballende Gefahr und riefen fleißig nach dem Präsidenten, wenn sie am Ende ihres Lateins waren – nach dem Motto, das der Historiker Michael Stürmer so umschreibt: «Parlamentarismus ist gut, direkte Demokratie muß man der SPD zugestehen, aber wenn es ernst wird, dann braucht man den Präsidenten.»[18]

Der Artikel 48, von den Verfassungsvätern nur für den Fall bürgerkriegsähnlicher Störungen der öffentlichen Ordnung und Sicherheit gedacht, verkam zu einem billigen tagespolitischen Rezept kompromißunfähiger Politiker. Man brauchte sich nicht besonders anzustrengen, es gab ja immer den 48, der aus aller Verlegenheit heraushelfen konnte. Selbst SPD-Minister, gemeinhin hochmoralische Gegner jedweder Diktatur, fanden später nichts Erschreckendes an dem Gedanken, parlamentarisch schwierige Gesetze mit dem Diktaturartikel im Reichstag durchzusetzen, und ahnten nicht, wie sehr sie damit der dann eines Tages tatsächlich errichteten Präsidialdiktatur den Weg ebneten.

So erstickte auch der Artikel 48 die ohnehin schon geringe Bereitschaft der Politiker zum Kompromiß und Interessenausgleich. Die Parteien setzten ihre sterilen Machtspiele ungehemmt fort und wurden nun vollends zu Interessenverbänden einer kleinen Clique von Berufspolitikern, die an den wirklichen Bedürfnissen der Gesellschaft vorbeiagierten. Die Führungen der Parteien waren längst zu Oligarchien erstarrt, Ansätze zu einer regeren Mitarbeit des Parteivolks in den Gremien verkrüppelt.

Es war typisch, daß sich die Parteien immer mehr an den Denkkategorien der Vorkriegszeit orientierten. An die Spitze der Parteien gelangten wilhelminische Figuren: Im

Oktober 1928 wurde der Geheime Finanzrat Alfred Hugenberg, ein Mann aus der Gedankenwelt der westdeutschen Schwerindustrie, der an die Restitution des Bismarckstaates glaubte, zum Vorsitzenden der DNVP gewählt, deren Hauptfinanzier er schon lange gewesen war, und zwei Monate später erkor sich die Zentrumspartei den ultrakonservativen Trierer Prälaten und Kirchenrechtler Ludwig Kaas zu ihrem Vorsteher.

Selbst die Parteibürokraten der SPD dachten nur noch mit Wehmut an die Zeiten unter Wilhelm. Da hatte die Partei noch Elan gehabt, da hatte sie Kampf- und Opfermut einer ungehemmten Opposition und eine bedenkenlose Zukunftsgläubigkeit besessen. Der republikanische Alltag aber deprimierte die Genossen. Die organisatorische Brillanz der 20 000 bezahlten Funktionäre konnte nicht darüber hinwegtäuschen, daß die Partei alt geworden war; der Führungsstil des Parteivorstandes bürokratisch, fast autoritär, die Leitungsgremien überaltert (Durchschnittsalter des Parteivorstandes: 50 bis 55 Jahre im Gegensatz zu knapp 40 im Jahr 1890), die Anhänger nicht genügend aktiviert, kein Sinn für innerparteiliche Demokratie, neue Wählerschichten nicht erschlossen.[19]

Wen will es da wundern, daß die erdrückende Mehrheit der Bevölkerung dieser Parteien herzlich überdrüssig war? Für die meisten Deutschen, die noch immer dem Ideal des unpolitisch-autoritären Ordnungsstaates anhingen, waren die Parteien immer «eine ärgerliche Sache» gewesen, wie Hagen Schulze sagt. So radikal aber hatte man in Deutschland die Parteien noch nie satt gehabt. «Schluß mit der Fraktionswirtschaft», forderte die *Frankfurter Zeitung*, und die *Deutsche Allgemeine Zeitung* konstatierte: «Eine tiefe Sehnsucht nach Leitung und Autorität geht durch das Volk.»[20] Diktaturpläne wurden die große Mode, jeder wußte einen noch besseren Weg, mit autoritären Mitteln die Probleme des Vaterlandes zu meistern, allen aber war eines gemeinsam: das fast pseudoreligiöse Verlangen nach dem Führer, der Wundergestalt, die von den Übeln dieser Welt erlöst.

Das klingt heutigen Demokraten ungeheuerlich, auch ihre Vorläufer nervte das Gerede vom Führer, glaubten sie doch mit dem Staatsrechtler Hans Kelsen, eine Demokratie sei gleichbedeutend mit Führerlosigkeit. Die Historiker machten sich denn auch später viel Mühe, um den Nachweis zu erbringen, die Führerideologie sei ausschließliches Gedankengut der deutschen Rechten gewesen. Sie gingen bis zu den Bünden der bürgerlich-antibürgerlichen Jugendbewegung in der Zeit vor dem Ersten Weltkrieg zurück, in denen der Führerkult zuerst Ausdruck gefunden hatte, die Überzeugung, es gebe «keine wahre Gemeinschaft ohne einen, der sie anführt und ihr Sinn und Richtung gibt», wie Kurt Sontheimer interpretierte.[21]

Doch solche Ahnenforschung geht an dem politischen Alltag der Deutschen in der Weimarer Republik vorbei. Die Diktaturseligkeit der Rechten verstand sich sozusagen von selbst; was die Führersehnsucht aber so beklemmend und erst richtig zu einer Erscheinung des Zeitgeistes machte, war die Tatsache, daß ihr so viele Demokraten erlagen. Theodor Haubach, ein sozialdemokratischer Journalist und Politiker, der später seine Demokratietreue im Widerstand gegen Hitler mit dem Tod bezahlte, entwarf das Modell einer «Führerdemokratie», und es fehlte nicht an Demokraten, die von einer «Republik über den Parteien», ja einer militanten «zweiten Republik» träumten – in der Optik des Historikers Karl Rohe deutliche Indizien dafür, «daß das Unbehagen am Weimarer ‹Parteienstaat› bereits die republikanischen Kerntruppen selbst erfaßt hatte».[22]

«Seit Jahren haben wir nach dem Führer gerufen. Heute haben wir ihn. Folgen wir ihn» – das stammt nicht von einem Nationalsozialisten, der Hitler preist, es stammt vielmehr von dem Zentrumsvorsitzenden Kaas, der seinen Parteifreund Brüning als Führer empfiehlt.[23] Denn das gehörte nun zum neuen Stil der Republik: Jeder bessere Politiker und Parteimann wollte jetzt Führer sein.

Der Führerkult schlug viele Demokraten derartig in seinen Bann, daß sie gar nicht merkten, wie sehr sie schon faschistischen Leitbildern folgten. Manchen hätte auch diese Erkenntnis nicht erschreckt, galt doch gerade der größte Faschist der Zeit als ein Mann, von dem die Weimarer Demokratie viel lernen könne. Vor allem demokratische Intellektuelle waren von ihm fasziniert, der offenbar Diktatur und Führertum recht intelligent handhabte: Benito Mussolini.

Rom wurde zum Mekka demokratischer Pilger, die ehrfürchtig studierten, wie ein sonderbarer, aber angeblich großer Mann ein Land «führerhaft» regierte. «Er schafft ohne Pause», schrieb Theodor Wolff, Chefredakteur des *Berliner Tageblatt*, gemeinhin ein strenger demokratischer Sittenrichter, «stampft Schöpfungen aus dem Boden, reißt mit seiner ungeheuren Energie unablässig sein Gefolge mit sich – diese Werke müssen doch bleiben, können nicht weggeleugnet werden!» Thomas Mann war begeistert und schickte Wolff eines seiner Bücher mit der Widmung: «Zum Dank für den Mussolini-Artikel, und nicht nur für den.»[24]

Die Energie des faschistischen Duce schien Demokraten vorbildhaft, und bald gehörte es zur Qualifikation eines deutschen Politikers, das Zeug zu einem Mussolini zu haben. Ein deutscher Mussolini zu sein – das war ein erstrebenswertes Ziel. Zwar hatte sich Hitler schon 1922 als «Deutschlands Mussolini» ausrufen lassen, doch da gab es bessere Bewerber. Er wisse sicher, schrieb Hermann Müller an den Genossen Braun, «wie man von bürgerlich-wirtschaftlicher Seite in Dir den deutschen Mussolini . . . glaubt erwachsen zu sehen».[25] Und wenn deutsche Behörden effizient arbeiteten, dann war das nicht etwas Selbstverständliches, sondern halt «Geheimrats-Mussolinismus».

So gearteter Führerkult lockte auch eine Jugend an, die mit dem altväterischen Honoratiorenstil demokratischer Parteien und Politiker nichts anfangen konnte. «Führertum» war das große Schlüsselwort, auf das junge Menschen seit Jahren warteten. Die Jugend hatte von allen Gruppen der Gesellschaft wohl die innigste Sehnsucht nach erlebtem Führertum und bündischer Gemeinschaft, die so wenig von den republikanischen Institutionen und Organisationen befriedigt wurde. Die überwältigende Mehrheit der Jugend hatte sich schon früh von diesem Staat abgekehrt, die «Republik der Älteren und der Alten» (so der Historiker Hannsjoachim W. Koch) war nicht die ihrige. Die Statistiken besagten es deutlich: Von den 19 Millionen Jugendlichen Deutschlands gehörten 1931 etwa 55 000 zur Sozialistischen

Arbeiterjugend und 500 000 zur «Freien Gewerkschaftsjugend», 600 000 zu den evangelischen Jugendverbänden, 1,7 Millionen zu den katholischen Organisationen, 250 000 zu den Jugendverbänden der Rechten.[26]

Das entzog den demokratischen Parteien wichtigste Revitalisierungskräfte. Parteien ohne Jugend – das mußte für die Demokratie verhängnisvoll sein. Die SPD hatte es bereits an sich selber zu spüren bekommen: 1907 waren etwa 75 Prozent ihrer Mitglieder jünger als 40 Jahre gewesen, 1930 aber waren es nur noch 44 Prozent.[27] Wo aber blieben die aktivistischen Teile der deutschen Jugend, wenn nicht bei den demokratischen Parteien? Nicht, oder besser: noch nicht in erster Linie bei den Nazis, wie eine Legende glauben machen will. Wohl aber überall dort, wo Entschiedenheit und Emotion, wo romantisch-irrationale Militanz und ein bißchen Abenteurermut verlangt war.

Das waren die Selbstschutzorganisationen der Parteien, Relikte aus der Zeit des deutschen Bürgerkrieges Anfang der zwanziger Jahre, die jetzt zu neuem Leben erwachten. Ob deutschnationaler Stahlhelm oder nationalsozialistische Sturm-Abteilung (SA), ob kommunistischer Roter Frontkämpfer-Bund oder das demokratische Reichsbanner Schwarz-Rot-Gold: Sie transportierten, wie verschieden sie auch sein mochten, einen aggressiven Antiintellektualismus und vulgären Militarismus in die deutsche Innenpolitik, unbedenklich genug, das Interesse der kompromißloses Engagement suchenden Jugend auf sich zu lenken.

Tausende von Jugendlichen traten in die Selbstschutzorganisationen ein und wirkten in diesen paramilitärischen Verbänden dabei mit, die ohnehin schon harten, niemals ausgeglichenen gesellschaftlichen Gegensätze noch durch eine Dimension der Gewalttätigkeit zu verschärfen. Die meisten Mitglieder der SA gehörten zu den Altersgruppen zwischen 18 und 25 Jahren, und nicht viel anders war es bei ihren linken Gegnern. In die Reihe des Reichsbanners strömten so viele Jugendliche, daß der Parteivorstand der SPD hier schon eine jung-aktivistische Konkurrenz zur überalterten Partei heranwachsen sah und die Werbung für den Reichsbanner einzudämmen versuchte.[28]

Die meist jugendliche Aggressivität der Selbstschutzorganisationen machte diese zu Instrumenten des politischen Terrors, zu Bürgerkriegsarmeen. Gewaltsamkeit bestimmte immer mehr das politische Leben der Republik. «Jede politische Auseinandersetzung», so die britische Historikerin Eve Rosenhaft, «konnte zu einem Aufruhr werden, und gegenseitige Überfälle und Versammlungssprengungen waren die unumgänglichen Begleiterscheinungern jeder größeren politischen Kampagne.»[29] Die Rollkommandos der SA und die Proletarischen Hundertschaften der Kommunistischen Partei erfanden immer neue Formen des Terrors, doch auch die demokratischen Konkurrenten standen ihnen in Aggressivität kaum nach. Die Entwicklung des Reichsbanners bewies das deutlich.

Ursprünglich hatte das Reichsbanner, in dem sich noch einmal die alte Weimarer Koalition verwirklichte, aller Gewaltsamkeit und Militarisierung entsagt. Ihre Führung, die anfangs keine sein wollte, sondern nur ein Vorstand nach demokratischer Vereinsmanier, hatte das Marschieren «nach militärischer Art» verboten und untersagt, die Kommandosprache des preußisch-deutschen Militärs zu verwenden und Felddienstübungen im Stil des Stahlhelm zu veranstalten. Damit konnten sich jedoch die biederen Vorstandsgenossen nicht lange halten, bald mußten sie sich auch auf jugendliche Militanz umstellen. Der Führerkult galt daraufhin beim Reichsbanner nicht weniger als bei SA und Stahlhelm, und der Vorliebe der Deutschen fürs Militärische wurde auch hier eifrig Reverenz erwiesen.[30]

Die Jugend bekam, was sie angeblich wollte: Marschmusik, Fahnen, Uniformen, Trommeln, Geländespiele, Schießübungen, Schlägereien mit dem politischen Gegner. Das Soldatische war Trumpf, im Reichsbanner ebenso wie in der SA und im Stahlhelm. Sprache und Denken waren hochgradig militarisiert; da gab es kein Vorgehen, sondern einen «Sturmangriff», da stand die «Front» der Demokraten, da waren «Kämpfer» gefragt oder gar «Soldaten der Republik», da mußte der Gegner «vernichtet» werden und sein «Verdun» erleben. Befehl und Gehorsam galten als höchste Werte, die Orders wurden auch im Reichsbanner nie in

Zweifel gezogen – auch die RB-Kämpfer waren und blieben «Krieger, die in Bürgerzimmern kampieren», wie Ernst Jünger formulierte.

Das Reichsbanner kannte zwar nicht die barbarische Intoleranz seiner rechtsradikalen Gegner, aber es war auch auf die Vernichtung des Feindes aus. Für das Reichsbanner existierte eine eiserne «Grenze, jenseits der es keinen Kompromiß, nur mehr Sieg oder Niederlage gab . . .; sie lag genau dort, wo der eigene, höchst einseitig und dogmatisch interpretierte Republikanismus mit anderen politischen Ideen zusammenstieß» – so der Historiker Rohe, der wohl beste Kenner der Selbstschutzorganisation.[31]

So manifestierte sich auch in diesem Teil der Gesellschaft der Mangel an Kompromißfähigkeit und am Aufeinanderzugehen. Eine Hundertschaft ungelöster Probleme, verantwortungsscheue Parteien, Abseitsstehen wichtiger Sozialgruppen, Militarisierung der Politik – das waren schlechte Vorbedingungen für die Lösung der großen Staats- und Gesellschaftskrise, die nun immer deutlicher auf die Republik zukam.

Niemand wußte später so recht, wie die Krise angefangen hatte, kaum einer hatte sie kommen sehen. Die meisten wähnten sich noch in dem, was die Historiker später die Stabilitätsphase der Weimarer Republik nannten. Dann aber war die Krise auf einmal da.

Begonnen hatte sie mit einem Akt der Hoffnung, mit einer Demonstration scheinbarer Konsolidierung: der Reichstagswahl vom 20. Mai 1928. Die Sozialdemokraten hatten die Verluste vergangener Wahlen wieder wettgemacht und sogar Sitze hinzugewonnen, sie besaßen jetzt fast ein Drittel aller Reichstagsmandate; DDP und Zentrum brachten immerhin noch 87 Mandate zusammen, so daß die Weimarer Koalition beinahe noch einmal eine Chance erhielt – sie hatte die absolute Mehrheit nur um wenige Mandate verfehlt. Mit der DVP aber ließ sich, zumindest zahlenmäßig, bequem eine Große Koalition bilden, und dazu bestand auch einige Neigung bei der SPD.

Prompt richtete sich aller Augenmerk auf den Sozialdemokraten, der seit Monaten zur Bildung einer Großen Koalition einschließlich der SPD aufgerufen hatte, in der er das einzig realistische Mittel zur Festigung der Republik sah. Otto Braun, der sechsundfünfzigjährige Ministerpräsident von Preußen, galt als eine Art Geheimtip der Sozialdemokratischen Partei; der gebürtige Königsberger, ehemalige Steindruckerlehrling und Führer der ostpreußischen Landarbeiterbewegung, seit März 1920 mit kurzen Unterbrechungen Chef einer Landesregierung der Weimarer Koalition, hatte das Zeug zum Staatsmann.[32] Selbst seine konservativen Gegner mußten ihm zugestehen, daß er das «rote» Preußen vorbildlich regierte, und es gehörte zu den wenigen Glücksfällen dieser Republik ohne Fortune, daß Preußen die Hauptbastion der Demokratie war und blieb.

Braun hatte sich auch schon einen Plan zurechtgelegt, mit dem er versuchen wollte, preußische Solidität in das nervenaufreibende Durcheinander der Berliner Kabinettswechsel zu bringen. Es war allerdings ein verfassungspolitisch abenteuerlicher Plan: Braun wollte Reichskanzler werden und zugleich seinen preußischen Ministerpräsidentenposten behalten, also gleichsam Preußen und Reich in einer Personalunion vereinigen. Das sah aus, als habe da jemand den Gordischen Knoten des deutschen Föderalismus durchgeschlagen, litt doch die Republik nicht zuletzt an den ständigen Reibereien zwischen den beiden Berlin, den in der gleichen Wilhelmstraße residierenden Regierungen Preußens und des Reiches, die meist von höchst unterschiedlichen Koalitionen besetzt waren. Doch der Braun-Plan hatte kaum Aussicht, jemals verwirklicht zu werden; die Regierungschefs der süddeutschen Länder, die ohnehin meinten, daß das zwei Drittel des deutschen Staatsgebietes bedeckende Preußen zu groß geraten sei und das föderalistische Gleichgewicht störe, hätten dem Projekt schwerlich zugestimmt, und auch Hindenburg, wie sich bei anderer Gelegenheit zeigen sollte, war heftig dagegen.

Der Plan wurde jedoch nie ernsthaft erörtert, denn die Führer der SPD dachten gar nicht daran, den Genossen Braun in die Reichskanzlei zu lassen. Der SPD-Vorsitzende Otto Wels, immer etwas neidisch auf den «starken Mann» der Partei, fand es schon unerträglich genug, daß Braun in

Preußen regierte, als gebe es keinen Parteivorstand; noch stärker aber mißfiel ihm die Vorstellung, daß nun ausgerechnet dieser Mann, der für die Parteibürokratie immer ein Außenseiter gewesen war, auch noch im Reich regieren sollte. Wels wußte solchem «Unsinn» rasch ein Ende zu setzen.

Kaum hatten sich die führenden Männer der SPD und des Allgemeinen Deutschen Gewerkschafts-Bundes (ADGB) am 25. Mai in Brauns Berliner Dienstwohnung getroffen, um die Konsequenzen des für die Partei so erfreulichen Wahlergebnisses zu besprechen, da belehrten sie den Gastgeber kühl, daß er als Reichskanzler nicht in Frage komme. Braun gab sofort nach und unternahm keinen Versuch, den Parteivorstand umzustimmen.[33] Schon in dieser Stunde erwies sich, was später dem demokratischen Preußen zum Verhängnis werden sollte: daß Otto Braun mitnichten der eisenharte Mann war, für den ihn seine Freunde und die politische Publizistik der Zeit hielten.

Statt des Preußen Braun erkoren sich die Spitzengenossen einen schwachen, farblosen Mannheimer zum Kanzlerkandidaten, von dem der Parteivorstand kaum Eigenwilliges zu befürchten hatte. Hermann Müller, gerade 52 Jahre alt geworden, Sohn eines Fabrikanten und ehemaliger SPD-Redakteur, seit 1906 im Parteivorstand und seit 1920 Mitvorsitzender der Reichstagsfraktion, war von März bis Juni 1920 Kanzler der letzten Weimarer Koalition gewesen und wollte es gern wieder werden, obwohl ihm die Kenner kaum eine Befähigung dazu attestieren wollten. Dem Diplomaten Graf Kessler, der ihn für unfähig hielt, machte er «den Eindruck eines etwas naiven, anständigen ... Mannes, etwa von der Sorte, die ein solides, mittleres Handlungshaus anständig leiten könnte», und die preußische SPD-Abgeordnete Toni Jensen störte die Wurschtigkeit, mit der Müller alle Krisen in der Partei überstand: «Immer negativ, immer im Rückzug, kein Angriff, keine Verteidigung unserer Position.»[34]

Müller hatte das Unglück gehabt, als Außenminister am 28. Juni 1919 den Versailler Friedensvertrag unterzeichnen zu müssen, was ihm die deutschen Nationalisten nie verziehen. Als der britische Botschaftsrat Nicolson ihn einmal im

Reichstag reden hörte, überkam ihn ein tiefes Mitleid mit der hilflosen Figur auf der Regierungsbank. «Die Deutschnationalen», schrieb der Brite in sein Tagebuch, «unterbrachen ihn mit dem Ruf ‹Versailles-Müller!› Der Arme. Ich hörte wieder das Stampfen seiner Füße auf dem Parkett des Vorsaales [in Versailles], als man ihn wie einen Verbrecher zur Urteilsverkündung hereinführte.» Aber gerade sein Verhalten in Versailles machte ihn dem Kollegen Brüning sympathisch, für ihn war der Patriot Müller ein «sehr mutiger und pflichtbewußter Mann». Auch Hindenburg, der viel von Pflichten hielt, mochte Müller. Hindenburg: «Nur schade, daß er ein Sozi ist!»[35]

Das war der Mann, der nun versuchte, eine Große Koalition zusammenzubringen. Am 12. Juni 1928 holte sich Müller von Hindenburg den offiziellen Auftrag zur Bildung einer Regierung, kurz danach nahm er Verbindung mit den anderen Parteien auf. Schon die ersten Vorgespräche offenbarten indes, daß keine der infrage kommenden fünf Parteien (SPD, Zentrum, DDP, DVP und Bayerische Volkspartei) rechte Lust hatte, sich mit Regierungsverantwortung zu belasten. Sie wollten sich nicht mit dem von Müller skizzierten Regierungsprogramm identifizieren und lehnten formale Koalitionsabsprachen ab; allenfalls waren sie bereit, Mitglieder ihrer Partei als «Einzelpersönlichkeiten» oder als «Verbindungsmänner» in das Kabinett zu entsenden.

Selbst die SPD wollte ihren Kanzler nicht vorbehaltlos stützen, denn der im Sommer 1920 begonnene «Prozeß zunehmender innerer Distanzierung von der ... als ‹bürgerlich› bezeichneten Demokratie», wie der Historiker Hans Mommsen sagt, war noch immer nicht gestoppt. Manche Genossen in der SPD-Fraktion fanden es verwerflich, sich mit dem Klassenfeind an einen Tisch zu setzen, und Müller bekam immer wieder die Warnung zu hören, er solle ja nicht in die «bürgerliche» Unart zurückfallen, die Regierung wichtiger zu nehmen als Interessen der Partei.[36]

So blieb Müller nur die Möglichkeit, ein «Kabinett der Köpfe» zusammenzustellen. Als er es nach fünf Wochen geschafft hatte, war mancher gute Kopf dabei: Stresemann, der Dauer-Außenminister der Republik, übernahm sein altes Ministerium, der Sozialdemokrat Carl Severing, als langjähriger preußischer Innenminister bewährt, trat an die Spitze des Reichsinnenministeriums, und der Nationalökonom Rudolf Hilferding, zugleich ein marxistischer Theoretiker von Rang, wurde Reichsfinanzminister. Ein parteiloser Soldat kam noch hinzu: Generalleutnant a.D. Wilhelm Groener, der letzte Erste Generalquartiermeister der alten Armee und einer der Gründungsväter der Republik, trat als Reichswehrminister in das Kabinett ein.

Am 3. Juli stand Müller mit seinem Kabinett vor dem Reichstag und erläuterte das Regierungsprogramm. «Die Rede war langweilig», notierte ein Zuhörer, und der Weimar-Chronist Schulze berichtet, über dem Ganzen habe «ein Flair von Tristesse» gelegen. Das *Berliner Tageblatt* schrieb: «Ein Kabinett mit eingebauter Dauerkrise.»[37] Die erste Krise ließ nicht lange auf sich warten.

Bei einer der nächsten Kabinettssitzungen erinnerte Reichswehrminister Groener daran, daß es aus der Zeit des vorangegangenen Kabinetts noch einen Vorgang gebe, der dringend der Erledigung harre; das Kabinett müsse beschließen, wann mit dem Bau des Panzerschiffes A begonnen werden solle. So nannte die Marineleitung den ersten der Zehntausendtonner, die allmählich die alten Linienschiffe ersetzen sollten. Der Bau der A war bereits im März 1928 zusammen mit dem Marineetat vom Reichstag genehmigt worden – gegen die Stimmen der SPD. Da aber der Reichsrat, die Vertretung der Länder, einige Monate zuvor unter dem Drängen des Antimilitaristen Braun die Streichung der ersten Baurate beschlossen hatte, war vom Kabinett zugesagt worden, den Baubeginn auf den Herbst zu verschieben und ihn dann noch einmal neu festzulegen. Und das mußte nun geschehen – meinte Groener.[38]

Müller erschrak. Die Aufrüstung der Marine, wie bescheiden auch immer, war nun das Letzte, womit er den Genossen in der Reichstagsfraktion kommen konnte. Die Reichsmarine kam für die meisten Sozialdemokraten gleich hinter dem Beelzebub. Die illoyale Haltung der Marine im Kapp-Putsch, die Rolle von Marineoffizieren bei Mordanschlägen gegen republikanische Politiker und in gegenrevolutionären Coups, die Verhöhnung von Demokratie und Republik in den Kasinos und Schulen der Reichsmarine, die dunklen Geschäfte des schließlich aufgeflogenen Kapitäns zur See Walter Lohmann, der die ihm anvertrauten Staatsgelder dazu benutzt hatte, seine Finger in Filmgesellschaften, Werftfabriken und Banken zu stecken, die geheimen, weil verbotenen Aufrüstungsaktivitäten der Marineleitung im Ausland – das war bei der SPD noch alles unvergessen. Jede nationalistische Torheit im deutschen Seeoffizierkorps weckte in der SPD-Führung neue Zweifel an der Republiktreue der Marine.[39]

Zudem gab es in der SPD eine lautstarke Gruppe extremer Marxisten und Pazifisten, der nichts unsinniger vorkam, als eine Marine zu unterhalten. Das hatte Folgen: Wann immer der Marineetat beraten wurde, wenn der Bau neuer Kriegsschiffe zur Diskussion stand oder Personalfragen der Marine erörtert wurden – die Sozialdemokratische Partei Deutschlands lehnte stets ab. Ihre Sprecher mochten nicht einmal Ausgaben für Reparaturen des vorhandenen Schiffsmaterials zustimmen und verlangten eine kräftige Reduzierung des Offizierkorps, getreu der Losung, die der SPD-Abgeordnete Franz Künstler ausgegeben hatte: «Die Kriegsflotte ist vollkommen überflüssig, Deutschland kann ohne Marine seine Küsten schützen.»[40]

Und einer solchen Partei sollte er, Hermann Müller, zumuten, den Bau des Panzerschiffs A hinzunehmen? Er konnte sich gut ausmalen, was in der Fraktion passieren würde, wenn das bekannt wurde. Schließlich hatte die Partei die letzten Wahlen mit der Kampfparole «Kinderspeisung statt Panzerkreuzer!» bestritten, und die hatte ihr viele Stimmen eingebracht.

Doch Groener blieb hartnäckig. Er hatte seine Gründe, an dem Projekt «Panzerschiff A» festzuhalten, obwohl er selber seine Zweifel hatte, ob nun die A das geeignete Schiff sei, um (wie die offizielle Begründung der Marine lautete) die Polen vor Angriffen in der Ostsee abzuschrecken. «Ich bin kein kritikloser Flottenschwärmer», sagte Groener gern zum Entsetzen von Marineoffizieren. Die Marine – das war auch noch so eine Institution aus der Vergangenheit, die ihren Platz im neuen Staat bisher nicht gefunden hatte. Ihre Führer phantasierten noch immer von einer deutschen Weltmacht und einer Großkampfflotte, wollten sich gar den Zutritt zu dem exklusiven Klub der großen Seemächte erzwingen – mit einem hochmodernen Panzerschiff, das den bisherigen Typen alliierter Flotten, wie der Verfechter des Panzerschiffs, der Kapitän zur See Wilfried von Löwenfeld, formulierte, «stets in einer Richtung überlegen ist, nämlich den Linienschiffen an Geschwindigkeit . . ., den Kreuzern an schwerem Kaliber».[41]

Das klang zwar dem biederen Schwaben Groener alles recht phantastisch, dennoch stellte er sich hinter das Projekt. Denn das Panzerschiff A war ihm eine Art Lehrstück für die deutsche Öffentlichkeit, die lernen sollte, wieder etwas mehr in militärischen Kategorien zu denken. Das Reichswehrministerium war längst dazu übergegangen, ein konkretes, genau kontrolliertes Aufrüstungsprogramm in Angriff zu nehmen – man sieht, das angeblich so harte «Schanddiktat» von Versailles hatte doch nicht alle deutschen Großmachtillusionen ramponiert.

Und der General Groener hatte noch einen persönlichen Grund, den Plan für das Panzerschiff A so energisch zu verfolgen. Ihm schien es höchst opportun, daß die nationalistische Opposition einmal sah, wie kompromißlos er militärische Interessen vertrat. Die hatte ihm noch immer nicht verziehen, daß er es gewesen war, der den Kaiser zum Rücktritt gezwungen und das historische Bündnis der Armee mit Ebert initiiert hatte, das zum eigentlichen Gründungsakt der Republik geworden war. Er hatte den Vormittag des 9. November 1918 im Kaiserlichen Hauptquartier in Spa noch gut in Erinnerung. Da hatte er, Wilhelm Groener, einer der wenigen liberal gesonnenen Generale des Kaisers, dem obersten Kriegsherrn kühl erklärt: «Das Heer wird unter seinen Führern und kommandierenden Generälen in Ruhe und Ordnung in die Heimat zurückmarschieren, aber nicht unter dem Befehl Eurer Majestät, denn es steht nicht mehr hinter Eurer Majestät.»[42] Hindenburg war erstarrt – und froh, daß ein anderer ihm die Arbeit abgenommen hatte.

Das sollten ihm die anderen aber nun nicht immer wieder

vorhalten, auch deshalb das Panzerschiff A. Der General Groener verlangte im Kabinett des Kanzlers Müller, endlich einen Beschluß zu fassen. Groeners Argumente müssen überzeugend genug gewesen sein, Müller gegen seine Interessen handeln zu lassen. Am 10. August 1928 beschloß das Kabinett, mit dem Bau des Panzerschiffs sofort zu beginnen.

Da aber zeigte die SPD-Fraktion drastisch, was ihr ein sozialdemokratischer Reichskanzler wert war. Ein Sturm der Entrüstung fegte durch Reichstag und Presse, die Partei verlangte, die SPD-Minister zur Rechenschaft zu ziehen. Braun rief Müller an und kanzelte ihn wütend ab, worauf der Rivale nur verlegen erwiderte, der Reichspräsident habe halt so gedrängt und der Reichsfinanzminister keine Bedenken gehabt. Dann kam das Schlimmste: Die SPD-Fraktion beorderte Müller und Hilferding zum 18. August in den Reichstag und bereitete den beiden «ein Scherbengericht, das seinesgleichen suchte» (Schulze).

Ein Feuerwerk heftiger Anklagen prasselte auf Müller und Hilferding nieder, kein Mitglied der Fraktion hielt mit seinem Ärger zurück. Selbst die Müller-Kritikerin Toni Jensen wunderte sich über den dabei offenbarten «Mangel an Solidarität, dieses Mißtrauen gegen die Leute, zu denen man doch das Vertrauen hatte, sie in die Regierung zu schikken». Hilferding verteidigte sich mit keinem Wort, während Müller wieder einmal mit seiner berühmt-berüchtigten Wurschtigkeit reagierte. Müller: «Wenn Ihr wollt, gut, dann treten wir aus der Regierung aus.»[43]

Doch so leicht ließen ihn die Spitzengenossen nicht davonkommen. Die Fraktion stellte am 31. Oktober im Reichstagsplenum den Antrag, den Bau des Panzerschiffs A einzustellen und das dadurch freigewordene Geld für die Kinderspeisung zu verwenden, und beschloß zudem, für die Abstimmung Fraktionszwang zu verhängen. So mußten Müller und die SPD-Minister, als Abgeordnete ihrer Fraktion, am 16. November 1928 gegen ihren eigenen Kabinettsbeschluß stimmen. Das hatte es in der deutschen Parlamentsgeschichte noch nicht gegeben: einen Kanzler, den die eigene Fraktion zwang, sich zum Gespött der Nation zu machen. Ihm blieb nur der Triumph, daß die Mehrheit des

Reichstags den Antrag der SPD ablehnte – Panzerschiff A wurde gebaut.[44]

Damit war nicht nur «das Ansehen des Parlaments tief heruntergebracht worden», wie die *Frankfurter Zeitung* kritisierte, das Prestige des Reichskanzlers war auf den Nullpunkt gesunken. Diesem Kabinett konnte man offenbar alles zumuten – Anlaß für die nächste Krise, die Anfang 1929 folgte. Die Zentrumspartei fand plötzlich, sie sei nicht stark genug im Kabinett vertreten, und verlangte nun statt des einen ihr zugebilligten Ministeriums gleich deren drei. Das aber sah wiederum die DVP als einen Anschlag gegen ihre Position im Kabinett an und legte sich quer. Ergebnis: Die Zentrumspartei zog in den ersten Februartagen ihren Minister zurück und kündigte dem Kabinett die Gefolgschaft auf.

Das war freilich nur Taktik, die auch gleich durchschaut wurde. «Das Zentrum», schrieb DDP-Chef Koch-Weser, auch er Minister im Kabinett, in sein Tagebuch, «wittert Morgenluft. Es sind Kreise in ihm, die wieder in die Regierung hinein möchten, wenn es gelingt, die DVP hinauszudrängen und das Außenministerium für Herrn Kaas oder Herrn Wirth zu erobern.»[45] Müller aber versuchte verzweifelt, die Zentrumspartei ins Kabinett zurückzulocken; gerade eben war es ihm endlich gelungen, Koalitionsabsprachen mit den vier anderen Parteien zu treffen, nun geriet ihm wieder alles durcheinander.

Schließlich sprang Stresemann seinem Kanzler bei und berief zum 26. Februar eine Sitzung des Zentralvorstands der DVP nach Berlin ein, um die Partei zu einer kompromißbereiteren Haltung gegenüber dem Zentrum zu gewinnen. Doch da kam er bei seinen Parteifreunden schlecht an.

Der vergangene Winter war hart gewesen, die Zahl der Arbeitslosen noch nie so angestiegen wie diesmal. Im Februar 1929 waren bei den Arbeitsämtern drei Millionen Arbeitslose registriert, 20 Prozent der Gewerkschaftsmitglieder waren arbeitslos.[46] Die DVP-Politiker konnten sich schon ausrechnen, was passieren würde: Die Unterstützungsgelder der Reichsanstalt für Arbeitsvermittlung und Arbeitslosenversicherung würden nicht ausreichen, um das

Heer der Arbeitslosen zu befriedigen, weitere Gelder aus dem längst erschöpften Reichshaushalt müßten angefordert werden, der Staat Kredite aufnehmen – und am Ende würden die Unternehmer, etwa durch Erhöhung der Beitragszahlungen in die Kasse der Reichsanstalt, die Zeche zahlen müssen. Das aber würden die Herren in den Vorstandsetagen der deutschen Industrie, aus denen die Gelder für die Partei kamen, gar nicht gern sehen.

Folglich, so gingen die Überlegungen der DVP-Strategen weiter, kam es entscheidend darauf an, die Position der Partei im Kabinett zu halten, ja, zu verstärken, vor allem gegenüber der SPD, die mit Sicherheit nicht säumen würde, eine Anhebung der Unternehmerbeiträge zu verlangen. Für diese Auseinandersetzung galt es sich gut vorzubereiten, und da störte nichts so sehr wie Stresemanns Appell zu Kompromiß und Konzessionen. Der Zentralvorstand ließ den Parteivorsitzenden abblitzen.

Der inzwischen todkranke Reichsaußenminister erkannte, daß dies nicht mehr seine Partei war. Die DVP, wetterte Stresemann, sei eine «reine Industriepartei» geworden, die ganzen Grundlagen des parlamentarischen Regierungssystems seien verderbt; das Ende der Persönlichkeit in der Politik drohe, es gelte, noch in letzter Stunde eine Reform des Parlamentarismus gegen den «Parteigeist» durchzusetzen. Mit der korrumpierten DVP wollte das Stresemann allerdings nicht mehr versuchen, mit dieser Partei war er fertig. Er beschloß, die DVP zu verlassen.

Ihm entging freilich dabei, daß auch auf der anderen Seite der Parteigeist schon in aggressivste Wallung geraten war. In der SPD-Zeitschrift *Die Gesellschaft* drohte ein Genosse, der sich Georg Decker nannte, der DVP die Mobilmachung des proletarischen Volkszorns («Kampffront der Demokratie») an, falls die Partei nicht aufhöre, die sozialen Errungenschaften der Republik zu sabotieren. «Wenn sie», schrieb Decker, «koalitionsfähig mit der Sozialdemokratie sein will, muß sie auf die Unterwühlung der Demokratie verzichten, und sich in den Fragen der Sozialpolitik ebenso auf den Boden der Tatsachen stellen, wie sie es in der Frage der Regierungsform getan hat.»[47]

Noch gröber waren die Töne, die vom Parteitag der SPD in Magdeburg im Mai ertönten. Dort trat der stärker gewordene Linksflügel der Partei zum Sturm auf die Koalitionspolitik der SPD-Führung an und verlangte den Abbruch aller Kooperation mit dem Staat des Klassenfeindes. «Im Interesse der Partei, im Interesse des Proletariats: Heraus aus der Reichsregierung!» forderte der SPD-Abgeordnete Kurt Rosenfeld, der seine Genossen animierte, «die richtigen Konsequenzen zu ziehen, rechtzeitig, bevor weitere Belastungen der Partei eingetreten sind». Zwar konnten sich die Linken auf dem Parteitag nicht durchsetzen, aber auch die Parteiführung ließ erkennen, daß sie nicht mehr viel Lust zum Mitregieren hatte. Viele waren schon dabei, «ohne sich allzu tiefen Gedanken hinzugeben, in die bequemen Wasser lieber alter Oppositionsherrlichkeit» zurückzusegeln, wie später der Abgeordnete Julius Leber schrieb.[48]

Unverkennbar war denn auch in Magdeburg, daß die Parteiführung bereits begonnen hatte, sich auf einen Rückzug aus der Regierungsverantwortung einzustellen. Schließlich könne man der Partei, rief Breitscheid aus, nicht zumuten, zur Rettung des parlamentarischen Systems «jedes Opfer zu bringen». Deutlicher konnte gar nicht zum Ausdruck kommen, wie unsicher die große demokratische Partei der SPD in ihrem Verhältnis zur parlamentarischen Ordnung geworden war. Müller und seine Minister standen ziemlich allein da mit ihren feierlichen Appellen, über Parteiinteressen doch nicht das Wohl des ganzen Staates zu vergessen. Da kamen sie aber bei dem Delegierten Wendt an die falsche Adresse. Wendt: «Ich halte dieses Über-den-Parteien-Stehen der Regierung für einen Rückfall in die bürgerlich-liberale Mentalität.»[49]

Keiner der entscheidenden SPD-Führer erkannte die Gefahrenzeichen, sie alle hielten, wie der Historiker Werner Conze urteilt, «die Augen vor dem letzten Ernst der ‹Krise des Parlamentarismus› verschlossen». An die akute Gefährdung des Parteienstaates mochte keiner von ihnen glauben. Der Zentrumsführer Wirth hatte als einer der wenigen Klarsehenden im Februar geschrieben, der «ganze Spuk der letzten Wochen» sei nichts anderes als «der Vorbote des Faschismus», doch die führenden Sozialdemokraten sahen keine braune Gefahr. Es war typisch, daß der sozialdemokratische Reichsinnenminister Severing in seinen Vorträgen im Kabinett über den politischen Radikalismus niemals Hitlers Partei erwähnte,[50] und wenn Sozialdemokraten eine Gefahr erblickten, so allenfalls die durch den Klassenfeind, der für sie zunächst einmal das Gesicht der Deutschen Volkspartei trug.

So blieben die Parteien der Großen Koalition weiterhin zerstritten, setzten das alte Spiel um Einfluß und Macht fort. Das Kabinett Müller, in das nun die Zentrumspartei (mit drei Ministern) zurückgekehrt war, wäre schon im Sommer 1929 geplatzt, hätte nicht plötzlich die Außenpolitik ein handlungsfähiges Kabinett erheischt.

Die Reparationspolitik, die große, bedrückende Erblast des verlorenen Krieges, war wieder aktuell geworden. 1928 war die Hochkonjunktur jäh in eine Rezession umgeschlagen, was die Reichsregierung genötigt hatte, einen Ausweg aus dem selbstmörderischen Wirrwarr der alliierten Reparationsforderungen zu suchen. Bis dahin hatte der Dawes-Plan von 1924 gegolten, ein interalliiertes, nach dem US-Bankier Charles Dawes genanntes Abkommen, das Deutschland die Pflicht auferlegte, auf unbestimmte Zeit hinaus jährlich Reparationszahlungen in Höhe von 2,4 Milliarden Mark an die Siegermächte zu leisten. Aus ihren Überschüssen allein konnte die deutsche Wirtschaft diese Summe nicht aufbringen; die Amerikaner erleichterten daher den Deutschen die Zahlungen durch Auslandskredite, vor allem durch die in den USA gezeichnete Dawes-Anleihe. Die Rezession in Deutschland aber ramponierte dieses System; die Republik geriet in Zahlungsschwierigkeiten, überall deutlich erkennbar: Die geringer fließenden Kapitalströme aus dem Ausland machten die Lösung der deutschen Zahlungsbilanzprobleme noch heikler, Arbeitslosigkeit und Lohnkonflikte derangierten die öffentlichen Haushalte.

Da aber Amerika kein Interesse haben konnte, «seine Kredite in einem bankrotten Land zu wissen», wie es ein Kenner umschreibt,[51] benutzten der Reichskanzler Müller und seine Minister die Rezession dazu, die Amerikaner zu einem für Deutschland günstigeren Reparationsabkommen zu gewinnen. Washington war interessiert, und so trafen sich Deutsche und Amerikaner im September 1928 in Genf, wo Müllers Beauftragte ihre Wünsche vorbrachten: Festlegung einer Gesamtsumme (sie war bisher von den Alliierten immer verweigert worden), geringere Jahreszahlungen, baldige Räumung des von den Alliierten noch besetzten Rheinlands.

Man einigte sich auf eine Sachverständigenkonferenz, die am 9. Februar 1929 in Paris unter dem Vorsitz des amerikanischen Bankiers Young zusammentrat. Auf der deutschen Seite des Verhandlungstisches saß der renommierteste Finanzmann der Republik, der ebenso legendenumwobene wie unberechenbare Reichsbankpräsident Hjalmar Schacht, den viele Deutsche für einen Zauberer, zumindest für den Schöpfer der neuen Reichsmark von 1923 hielten. Er und seine Kollegen, meist Männer der westdeutschen Schwerindustrie, handelten einen neuen Abzahlungsmodus aus: 2,05 Milliarden Mark in jährlichen Raten bis 1988, dazu eine amerikanische Anleihe.

Was außenpolitisch blieb, holte Gustav Stresemann in zähen Verhandlungen heraus. Die Alliierten erklärten sich bereit, das Rheinland noch 1930 zu räumen. Es war der letzte Erfolg des einzigen profilierten Staatsmannes der Weimarer Republik – ein paar Monate später, am 3. Oktober, war er tot, 51 Jahre alt, gestorben an den Folgen eines Schlaganfalls. Der gallenkranke Kanzler hielt die Trauerrede, «gut, aber schwunglos», wie Kessler notierte, nicht ohne prophetisch hinzuzufügen: «Er selbst sah wie ein Todeskandidat aus, mager und gelb.»[52] (Müller starb im März 1931.)

Gleichwohl mußte der Reichskanzler mit dem Young-Abkommen vom 7. Juni 1929 zufrieden sein, der neue Reparationsplan war der erste Erfolg seiner Regierung.

Da fegte ein Wirbelsturm über die Finanzmärkte der Welt, ausgelöst durch einen Kurssturz von Millionen amerikanischer Aktien, wie ihn die Geschichte noch nicht erlebt hatte. Allein am 29. Oktober 1929, dem «Schwarzen Dienstag», setzte die New Yorker Börse 16,4 Millionen Aktien um.⁵³ Nicht nur Millionen kleiner Sparer in den USA waren schwer getroffen, die ganze Finanz- und Wirtschaftswelt war in Mitleidenschaft gezogen. Panik ging um – auch im Kabinett des Reichskanzlers Müller.

Kein Land Europas war so von der amerikanischen Wirtschaftsmacht abhängig wie Deutschland. Vor dem Ersten Weltkrieg war Deutschland ein Kapitalausfuhrland gewesen, jetzt lebte es wesentlich vom ausländischen Kapital, und das hieß praktisch: von amerikanischem Geld. Es nahm eine Schlüsselrolle im deutschen Investitionsprozeß ein. Dollarkredite hielten die Wirtschaft in Gang, ohne die Deutschland die Reparationsschulden nicht bezahlen konnte, amerikanische Produktionsmethoden beherrschten die deutsche Industrie. Was würde aus Deutschland werden, wenn die US-Kredite ausblieben?

Schon das Schicksal der Young-Anleihe genügte, um Müller und Hilferding in Angstzustände zu versetzen. Nach dem Börsenkrach konnte die Young-Anleihe in den USA nicht mehr reibungslos, sondern nur noch mit Verlusten verkauft werden; Deutschland geriet in Gefahr, seine Kreditwürdigkeit zu verlieren. Und die brauchte es jetzt mehr denn je, da der ganze Reichshaushalt in einem erbärmlichen Zustand war. Es fehlten 1,5 Milliarden Mark, zudem war die Reichsanstalt für Arbeitsvermittlung und Arbeitslosenversicherung schon in schwere Bedrängnis geraten. 1927, auf dem Höhepunkt der Konjunktur, hatte man den Finanzbedarf der Arbeitslosenversicherung aufgrund einer jahresdurchschnittlichen Arbeitslosenzahl von 800 000 errechnet, jetzt aber standen 2,8 Millionen Arbeitslose vor den Toren der Arbeitsämter!⁵⁴

Hilferding mühte sich nach Kräften, neues Geld heranzuschaffen. Er nahm bei der New Yorker Bank Dillon Read einen kurzfristigen Kredit auf, er verhandelte über einen weiteren Kredit mit dem schwedischen Zündholzkönig Ivar Kreuger, er arbeitete neue Steuerpläne aus, er ersann sich ein Sofortprogramm zur Linderung der Finanzkrise. Aber das alles konnte den brillanten, zuweilen freilich schwer erträglichen Doktor Schacht nicht überzeugen, von dessen Reichsbank das Kabinett Müller immer stärker abhängig wurde. Schacht hatte seine Unterschrift unter das Young-Abkommen von der Zusicherung des Reichskanzlers abhängig gemacht, umgehend die Wirtschafts- und Finanzpolitik zu ändern, die Schacht für höchst reformbedürftig hielt.

Hilferding dachte in den Kategorien einer strengen Spar- und Deflationsprolitik, und die, davon war Schacht überzeugt, würde Deutschland niemals aus der Rezession herausführen. Jetzt aber zeigte Hjalmar Schacht, wie unangenehm er werden konnte, wenn man nicht auf ihn hörte. Er eröffnete einen Denkschriftenkrieg gegen die Reichsregierung, er warf ihr eine falsche Wirtschaftspolitik vor, er mobilisierte Industrielle zum Kampf gegen das Kabinett, er wollte jetzt auch nicht mehr den Young-Plan hinnehmen.[55]

Doch der Reichsfinanzminister blieb auf seinem Kurs. Als im Dezember die Reichskasse so leer war, daß die Auszahlung der Beamtengehälter gefährdet schien, legte der Finanzminister im Kabinett sein Sofortprogramm vor: Heraufsetzung der Tabaksteuern, Erhöhung der Beiträge von Arbeitnehmern und Arbeitgebern zur Arbeitslosenversicherung von drei auf dreieinhalb Prozent. Da brachen die alten Gegensätze im Kabinett wieder auf: Der Reichsarbeitsminister Rudolf Wissell warf dem Sozialdemokraten Hilferding vor, er treibe die Politik der Deutschen Volkspartei, und alarmierte die SPD-Fraktion, den Genossen Finanzminister zurückzupfeifen. Die Fraktion reagierte aufgeregt, denn Wissell war Vorstandsmitglied des ADGB und die Allianz mit den Gewerkschaften das Heikelste, was es in der Partei gab. Schon auf dem Magdeburger Parteitag hatte *Vorwärts* -Chef Stampfer gesagt, im Falle eines Konflikts zwischen Regierung und Gewerkschaften müsse die SPD nach dem Grundsatz handeln: «Partei und Regierung sind zwei, aber Partei und Gewerkschaften sind eins.»[56]

Breitscheid zweifelte denn auch prompt, ob Hilferdings Programm Aussicht auf Verwirklichung habe, was die Auseinandersetzungen im Kabinett nur noch verschärfte. Hilferding sah sich schon von seiner Partei im Stich gelassen; er reagierte verbittert. Von Tag zu Tag mehr wurde das Kabinett zu einem Schlachtfeld des Klassenkampfes.

Der Kanzler verlor allmählich die Geduld, was bei ihm

schon viel hieß, und trat die Flucht nach vorn an. Am 12. Dezember 1929 legte Müller dem Reichstag das Hilferdingsche Sofortprogramm vor, obwohl er wußte, daß die vorgesehenen Beitragserhöhungen noch zu gering waren. Die Abstimmung über das Sofortprogramm endete mit einem Fiasko für die Regierung: Von den 301 Abgeordneten der fünf Koalitionsparteien stimmten nur 222 für das Programm und damit für die Regierung. Deutlicher konnten die Parteien ihr Desinteresse an der Großen Koalition nicht bekunden. Kanzler Müller hatte seine Mehrheit im Reichstag verloren, er war am Ende.[57]

Jeder andere Politiker wäre in diesem Fall zurückgetreten, nicht so das Stehaufmännchen Müller. Er wußte sogleich gute Gründe zum Weitermachen zu nennen: die drohende Staatskrise, das noch nicht ratifizierte Young-Abkommen, das Haushaltsdefizit. Die Parteien im Reichstag aber waren auch nicht an einer Gegenkoalition interessiert und ließen Müller weiterwursteln.

Der Reichskanzler wußte nicht, daß ihn die stechenden Augen eines kahlköpfigen Mannes mit fahlem, etwas gedunsenen Gesicht verfolgten, der in einem Gebäudekomplex der Berliner Bendlerstraße saß und darüber nachdachte, wie man das Kabinett Müller wieder loswerden könnte. «Am besten, wenn der Regierungskurs nach rechts geht», schrieb er sich auf ein Blatt Papier, und wer ihn genauer kannte, traute ihm durchaus die Fähigkeit zu, einen Kanzler zu stürzen und durch einen anderen zu ersetzen – für so weitreichend hielt man das Netz seiner Kontakte und Querverbindungen, das von Presse und Parteien bis zum Haus des Reichspräsidenten reichte. Die Leute übertrieben nicht: Kurt von Schleicher sollte eine der Schicksalsfiguren der Republik werden.

Der siebenundvierzigjährige Generalmajor von Schleicher, Chef des Ministeramtes im Reichswehrministerium und von seinem geistigen Ziehvater Groener gern «mein ‹Kardinal in politicis›» genannt, galt als der Mann, dem alles gelinge und der alles wisse. Er hatte einen brennenden Ehrgeiz, unterhielt über die Abwehrabteilung Informanten in Parteizentralen und Redaktionsbüros und hatte fast alle

Spitzenposten des Ministeriums mit ehemaligen Kriegskameraden besetzt.[58]

Schleichers schnoddriger Kasinoton verleitete oberflächliche Beobachter zu der Meinung, er sei ein grundsatzloser Intrigant, den nur Macht interessiere. Bei einem Essen im Haus des Industriellen Otto Wolff, der in dem Ruf stand, unbequeme Leute zu bestechen, hob Schleicher nach der Suppe den Teller hoch und fragte lauthals über den Tisch hinweg: «Wo ist die Million, Herr Wolff?» Der britische Historiker John Wheeler-Bennett erhebt ihn denn auch zum «bösen Genius der späteren Weimarischen Periode», er habe «eine ausgesprochene Vorliebe für das Abwegige und Arglistige» gehabt: «Zur Besessenheit gewordene Lust an der Intrige.»[59]

Das Zerrbild hat keine Ähnlichkeit mit dem kultivierten Offizier, der seinen Freunden ein durchaus zuverlässiger Partner war, gern in die Oper ging und bei Künstlern beliebt war. Stadtbekannt waren seine Herrendiners in dem Feinschmeckerlokal von Otto Horcher, berühmt auch die Marzipantorte, mit der er sich regelmäßig am Geburtstag des toten Friedrich Ebert, den er gut gekannt hatte, bei dessen Witwe einfand, die gewiß weder Macht noch Information zu vergeben hatte. «Da saßen sie beide auf dem Sofa», erzählt ein Zeuge, «und redeten von dem Verstorbenen. Ein einträchtiges Paar.»[60]

Tatsächlich hob sich Kurt von Schleicher deutlich von der Masse seiner Standes- und Berufsgenossen ab, die sich trotzig-aggressiv von der Republik fernhielten und sich in reaktionären Wunschträumen verloren. Er war ein Rationalist seines Handwerks, er setzte auf Professionalismus, er glaubte an Vernunft, Berechenbarkeit und militärisch-gesellschaftliche Gesamtkonzepte. Nichts war ihm fremder, als den angeblich guten alten Zeiten der Monarchie nachzutrauern, und wenn es einen Grundtenor in seinen zahlreichen Instruktionen, Reden und Mitteilungen an die Reichswehr gab, dann war es der Appell, die Realität zu akzeptieren, und diese Realität hieß in Deutschland: Republik, Versailles, 100 000-Mann-Heer.

Das Rechnen hatte der Offizierssohn aus Brandenburg

bei Groener gelernt, der schon auf der Kriegsakademie, als Schleicher neben dem feschen Gardeulanen Franz von Papen saß, sein Lehrer gewesen war. Der Oberstleutnant Groener hatte ein Faible für den jungen Hauptmann und holte ihn 1914, als Schleicher zum Großen Generalstab abkommandiert wurde, in seine Eisenbahnabteilung. Schleicher erfuhr rasch, was Grenzen militärischer Macht sind; er rechnete in Transporträumen, Schienenlängen, Bahnkapazitäten. Über Deutschlands Siegeschancen machte er sich keine großen Illusionen, als der Erste Weltkrieg kam, in Schleichers Jargon «eine Operette, aber im Hintergrund eine ganze Schwadron Apokalyptischer Reiter».[61]

Er blieb an Groeners Seite, der in ihm einen «Wahlsohn» sah, diente auf politischen Verwaltungsposten im Stab der Obersten Heeresleitung (OHL) während der Ära Hindenburg-Ludendorff und war der unbekannte Major, der an dem historischen 10. November 1918 dabei war, als der Ludendorff-Nachfolger Groener im Hauptquartier von Spa am Telephon das Bündnis mit Ebert besiegelte. Doch er merkte rasch, daß die meisten seiner Kameraden gar nicht begriffen hatten, was mit und in Deutschland geschehen war. Die meisten Führer der Reichswehr, nach dem Zusammenbruch der Monarchie orientierungslos geworden, marschierten gleichwohl im alten Geist weiter; das Bündnis Groener-Ebert war für sie nur ein Akt der Machtteilhabe gewesen, nicht Anfang einer «neuen existentiellen Bindung» an den Staat, der ihnen in seiner republikanischen Form «nicht viel mehr [bedeutete] als eine Übergangserscheinung», wie der Historiker Klaus-Jürgen Müller analysiert.[62]

Entsprechend illusionär waren die militärischen Zukunftspläne, die sie entwarfen. General Hans von Seeckt, der Chef der Heeresleitung, projektierte allen Ernstes nach dem Vorbild des alten Heeres eine Großmachtarmee in Stärke von 63 Divisionen, mit der er Deutschland ohne Rücksicht auf die politischen und wirtschaftlichen Gegebenheiten wieder bündnisfähig machen wollte, und es fehlte auch nicht an Plänen, die schon einen baldigen Revisionskrieg gegen Polen anvisierten. Dazu formierten sich im Dunkel der Illegalität allerlei paramilitärische Organisationen der Rechten, drittklassige Rüstungsfirmen und zwielichtige Auslandsverbindungen, die sämtlich am Tag X das deutsche Kampfpotential verstärken sollten.

Den Rationalisten Schleicher dünkte all dies Kinderkram, militärisch nutzlos und politisch gefährlich, weil jede Aufdeckung der «Schwarzen Reichswehr» dem Land schaden mußte. Er fand gleichgestimmte Kameraden, die sich zu einer «Fronde», wie sie sich selber nannten, zusammenschlossen und gegen die bisherige Reichswehrpolitik Front machten. Joachim von Stülpnagel, Otto Hasse, Erich Freiherr von dem Bussche-Ippenburg, Schleicher, Ferdinand von Bredow, Kurt Freiherr von Hammerstein-Equord und andere formulierten ein neues Programm: Schluß mit der illegalen Militärpolitik, volle Offenheit gegenüber der Regierung, langfristige Konzepte militärischer Rüstung.[63]

Solange freilich Seeckt noch im Amt war, gaben sich die Frondeure bescheiden. Sie machten Bestandsaufnahme, kappten die auffälligsten Verbindungen zu den paramilitärischen Organisationen, schränkten die konspirativen Verbindungen zum Ausland ein. Sie lichteten das Dickicht der illegalen Waffenlager und begannen wie moderne Manager zu rationalisieren und zu zentralisieren. Das Ergebnis ihrer Überprüfung war kläglich: Statt Seeckts Phantasiearmee gab es eine Sieben-Divisionen-Reichswehr, deren Waffen- und Munitionsvorrat gerade ausreichte, eine polnische Invasionstruppe eine Stunde lang aufzuhalten! Doch Seeckt zeigte sich unbelehrbar. Erst als der General im Herbst 1926 über eine politische Torheit stürzte (er hatte die Teilnahme eines Hohenzollernprinzen in Uniform an Manövern der Reichswehr zugelassen) und ihm der gemütlich-populäre Generalleutnant Wilhelm Heye folgte, sahen die Reformer den Weg zu einer neuen Rüstungspolitik frei.

Heye selber übernahm die Initiative. Im Februar 1927 enthüllte er dem Reichskanzler Wilhelm Marx, welche geheimen Waffenlager die Reichswehr besitze, und stellte den Antrag, die Reichsregierung möge die Kosten dieser gegen den Versailler Vertrag verstoßenden Rüstung in den Reichshaushalt übernehmen. Marx und seine Minister waren einverstanden. Da aber niemand außerhalb der Regierung von der illegalen Rüstung erfahren durfte, sollte sie auch dem Reichstag gegenüber verschleiert werden. Die Fragen dieser Rüstungsgelder wurden intern, durch einen Staatssekretärausschuß, geregelt – eine klare Verletzung der Verfassung, denn das Kontrollrecht über den Staatshaushalt stand dem Reichstag zu.[64]

Eine Regierung der Republik hatte damit eine Aufrüstungspolitik in Gang gesetzt, die später von Hitler nur übernommen und beschleunigt werden mußte, um seinen machtpolitischen Zielen zu dienen. Die republikanischen Politiker, welcher Farbe auch immer, sahen darin nichts Bedenkliches, spiegelte doch die Rüstungspolitik der Reichswehr nur wider, was Konsens nahezu aller deutschen Parteien war: festzuhalten «an der Leitvorstellung, daß das Deutsche Reich einen Anspruch auf die Rolle einer im machtpolitischen ... Sinne voll souveränen Großmacht in Europa, tendenziell auch in der Welt habe» (so der Historiker Andreas Hillgruber).[65]

Heyes Offiziere beeilten sich, diese Vorstellung in ein erstes konkretes Rüstungsprogramm umzusetzen. Ein Vier-Jahres-Plan sah vor, Gerät und Munition für ein 21 Divisionen starkes Kriegsheer und für 34 Verbände zu schaffen, die vorwiegend aus Freiwilligen der örtlichen Bevölkerung im Grenz- und Landesschutz eingesetzt werden sollten. Was die eigentliche Sensation dieses Programms ausmachte, war sein gesamtgesellschaftlicher Rahmen: Hier ging es nicht mehr um einen eng begrenzten militärischen Sektor, vielmehr sollten alle Teile der Gesellschaft auf den Verteidigungsfall vorbereitet werden – das ganze Verkehrswesen, die Industrie, die grenznahe Verwaltung und so weiter. Es war, so der Historiker Wilhelm Deist, der zum erstenmal «systematisch betriebene Versuch, die unendlich vielfältigen, sich gegenseitig bedingenden Faktoren einer von modernen industriellen Fertigungsverfahren bestimmten militärischen Rüstung in einem zielgerichteten Programm aufeinander abzustimmen, ein Novum in der deutschen Heeresgeschichte, das nur mit der Entwicklung des deutschen Flottenbaues unter Tirpitz verglichen werden kann».[66]

Das bedingte jedoch, daß die Reichswehrführung mit den

Politikern, Wirtschaftlern und Staatsorganen eng zusammenarbeitete. Das Rüstungsprogramm war nur mit der Republik zu verwirklichen, nicht gegen sie; die Zeit der antirepublikanischen Ressentiments und Exzesse mußte endgültig vorbei sein, ein Techtelmechtel mit den Republikfeinden und ihren zwielichtigen Organisationen durfte es nicht mehr geben.

Das verstand von den Soldaten keiner besser als der pensionierte General Groener, den der Kanzler Marx im Januar 1928 an die Spitze des Reichswehrministeriums stellte. Groener erteilte seinem Wahlsohn Schleicher, den er im Ministerium sogleich wieder an sich zog, die Weisung, die Arbeiten an dem Rüstungsplan beschleunigen und kabinettsreif machen zu lassen. Schleicher wachte darüber, daß kein Tolpatsch die Arbeit an dem sensiblen Unternehmen störte und durch Rückfall in die Unarten der Schwarzen Reichswehr die Politiker erschreckte. Dazu schuf er sich, was seine vielen Gegner das «System Schleicher» hießen.

Schleicher sorgte dafür, daß seine Freunde die Schlüsselposten des Ministeriums besetzten; so wurde Oberst von dem Bussche-Ippenburg Chef des Wehramtes und der Generalmajor von Stülpnagel Chef des Heerespersonalamtes. Meist waren es Freunde aus der gemeinsamen Dienstzeit im feudalen 3. Garderegiment zu Fuß oder in der Obersten Heeresleitung Hindenburgs, der auch aus dem Regiment stammte – Anlaß für den Ausruf eines Kenners, nun seien ja wieder «die Leute der letzten O.H.L., die schon einmal die Karre in den Dreck gefahren haben, am Ruder».[67]

Blieb nur noch der Posten des Chefs des Truppenamtes (i. e. des Generalstabs), auf dem der Generalmajor Werner von Blomberg saß. Der war noch ein Offizier aus der Schule Seeckts, der abenteuerliche Vorstellungen von einer deutschen Militärmacht hegte. Bei einem Winterkriegsspiel des Truppenamtes hatte sich Blomberg in den Augen Schleichers restlos decouvriert; bei einer polnischen Invasion, die die deutschen Truppen nicht hatten aufhalten können, erfand er plötzlich eine rettende Intervention des Völkerbundes und der Sowjetunion zugunsten Deutschlands. Für Schleicher stand fest: Der Phantast Blomberg muß weg![68]

Als im Frühjahr 1929 ruchbar wurde, Blomberg habe an der Übung einer früher von der Reichswehr unterstützten, inzwischen aber verbotenen paramilitärischen Organisation teilgenommen, ließ Schleicher ihn kommen und bedeutete dem Truppenamtchef «mit dürren Worten» (Blomberg), er sei nicht mehr zu halten und müsse den Abschied nehmen. Doch Heye wollte Schleicher diesen Triumph nicht lassen; Heye verfügte Blombergs Versetzung nach Ostpreußen, wo er Wehrkreiskommandeur wurde. An die Stelle Blombergs hievte Schleicher seinen Freund Hammerstein-Equord, auch er aus dem 3. Garderegiment.

Die Intervention zugunsten Blombergs vergaß Schleicher dem General Heye nicht, Ende 1930 war auch er fällig, obwohl im Ministerium der Spruch umging, Heye sei nur noch «eine Puppe, die tanzt, wie Chef M[inister] Amt, Stülp[nagel] und v.d. B[ussche] pfeifen». Wer aber wurde Heyes Nachfolger? Kein anderer als der Freund Hammerstein-Equord. Ein alter Regimentskamerad, der Schleicher «zum Equord» gratulierte, erkannte, «daß 4. G. R. z. F. nicht bloß in der alten Zeit, sondern auch in der neuen Trumpf ist.»[69]

Inzwischen war das Rüstungsprogramm fertiggestellt, Groener hatte es gebilligt. Im September 1928 legte er es dem Kabinett der Großen Koalition vor. Der Reichskanzler Müller und die übrigen Minister hatten keine Bedenken, den Start der deutschen Aufrüstung zu genehmigen. Hermann Müller galt ohnehin, im Gegensatz zu den meisten Mitgliedern der sozialdemokratischen Reichstagsfraktion, als ein wehrfreudiger Mann; der Streit um das Panzerschiff A hatte es deutlich gezeigt.

Aber gerade diese Affäre ließ in Schleicher den Zweifel aufkeimen, ob Müller der geeignete Kanzler sei, das ehrgeizige Rüstungsprojekt des Militärs in der Öffentlichkeit zu vertreten und durchzusetzen. Hinter dem schwachen Müller sah Schleicher immer mehr die gewaltige Figur des Militär-Gegners Braun auftauchen, der wiederholt versucht hatte, das Panzerschiffprojekt zu torpedieren. Das konnte nicht ohne Einfluß auf die künftige Haltung Müllers und seiner Minister sein. «Denn spurlos», schrieb Schleicher am 3. September 1928 an Groener, «ist der Panzersturm an der Zivilcourage der S.P.D.-Minister natürlich nicht vorübergegangen, und der starke Mann in Preußen hat das Seinige getan und wird es weiter tun, um dem Kanzler in allen militärischen Fragen das Leben sauer zu machen.»[70]

Braun war schon wieder kräftig dabei, sich mit dem Kanzler und der Reichswehrführung anzulegen. Am 26. April 1929 hatte die Reichsregierung «Richtlinien für den Grenz- und Landesschutz» beschlossen, die die Zusammenarbeit zwischen den Behörden und der Reichswehr bei Aufbau und Ausbildung der für die Landesverteidigung vorgesehenen Freiwilligenverbände festlegte. Doch die preußische Regierung weigerte sich, die Richtlinien für das Land zu akzeptieren. Braun schrieb an den Reichsinnenminister Severing: «Gegen einen Angriff von außen bildet diese Spielerei keinen Schutz, innerpolitisch involviert sie indessen die Gefahr des Bürgerkrieges.»[71]

Das war ein alter Streit zwischen Preußen und der Reichswehr: Die sozialdemokratische Führung des Landes hatte sich immer dagegen gewehrt, daß sich die Reichswehr bei der Sicherung der Landesgrenzen auch und vor allem der paramilitärischen Organisationen der Rechten, der sogenannten Wehrverbände, bediente; Brauns Leute sahen hier eine große Gefahr für die Demokratie heranwachsen, zumal wenn diese Republikfeinde auch noch Waffen der Reichswehr in die Hände bekamen. Die Männer in der Bendlerstraße beteuerten zwar, sie hätten alles unter Kontrolle, doch das glaubten ihnen die roten Preußen einfach nicht – zu viele Zwischenfälle im Landesschutz sprachen dagegen.

Nun aber – und das war der Sinn der neuen Richtlinien – wollte die Reichswehr bei der Territorialverteidigung möglichst ohne die Mitarbeit der nationalistischen Wehrverbände (Stahlhelm, SA, Wehrwolf, Jungdeutscher Orden usw.) auskommen und auf andere Freiwilligenreservoirs der örtlichen Bevölkerung zurückgreifen, doch Braun blieb skeptisch. Er kannte sein Preußen besser als die Dekretschreiber der Regierung Müller. Man konnte zwar auf dem Papier festlegen, die rechtsextremistischen Organisationen von der Werbung für den Landes- und Grenzschutz fernzuhalten, sie würden gleichwohl mitwirken, weil sie eine Schlüsselrolle im Leben der ostdeutschen Bevölkerung spielten. Schließlich waren diese Verbände, so bestätigt der Historiker Michael Geyer, «gesellschaftliche Realität und durch keine Verordnung aus der Welt zu schaffen».

Hinter Brauns Opposition stand freilich mehr als nur die Furcht vor der militanten Rechten. Ihm paßte die ganze Richtung nicht. Mochte den Ministerpräsidenten manchmal auch ein fast schon krankhaftes Mißtrauen gegen Militärs beherrschen und zu manchem grotesken Fehlurteil veranlassen, in einem entscheidenden Punkt sah er schärfer als die meisten Zeitgenossen: Der Pazifist Braun erkannte, daß das Rüstungsprogramm der Bendlerstraße praktisch auf eine Militarisierung der Gesellschaft hinauslief, wie es sie nur im Ersten Weltkrieg gegeben hatte. «Eine durchaus moderne Variante des totalen Krieges» nennt es Geyer,[72] und so sah es auch Braun: Die ganze Gesellschaft wurde in das Rüstungsprogramm des Reichswehrministeriums einbezogen. Und dagegen stellte sich Otto Braun mit aller Macht.

Er gab der preußischen Verwaltung einen Wink, die Wünsche der Reichswehr dilatorisch zu behandeln. Braun ließ erklären, die Richtlinien der Reichsregierung würden nicht für Preußen gelten, und wo immer die Landesschutzoffiziere der Reichswehr erschienen, machten die preußischen Bürokraten Schwierigkeiten. Sie wollten den Grenzschutz nicht in allen, sondern nur in drei Wehrkreisen zulassen, sie bestanden auf einer strengen Unterscheidung von Landes- und Grenzschutz, sie verlangten Abbruch jedweder Beziehungen zwischen Reichswehr und Wehrverbänden.

Allmählich wurde Groener wütend, ihm mißfiel, daß der Reichskanzler nichts gegen Brauns «Sabotage» unternahm. Es sei doch, schrieb Groener an Müller, «mit der Autorität des Reiches unvereinbar, daß das größte deutsche Land ... einem klaren Kabinettsbeschluß mehr oder minder passiven Widerstand entgegensetzt und sich einer offiziellen und verantwortlichen Mitarbeit zu entziehen versucht».

Da bedurfte es nur noch der Querelen im Kabinett Müller, um in dem General von Schleicher die Überzeugung zu wecken, mit dieser Regierung sei nichts mehr anzufangen. Für Schleicher war es eine ausgemachte Sache, daß Müller gehen müsse, und wenn der Kanzler es nicht begreife, dann werde er, Kurt von Schleicher, nachhelfen. Denn er hatte bereits eine neue Regierung konzipiert:[73] ohne die Parteien, allein gestützt auf den Diktaturartikel 48 und die Autorität des Reichspräsidenten. Ein «Hindenburg-Kabinett» nannte er das.

Nicht einen Augenblick stellte sich Schleicher die Frage, woher er oder die Reichswehrführung das Recht nahm, derart grob in das Verfassungsleben einzugreifen. Niemand hatte den General von Schleicher in eine politische Funktion gewählt, nirgendwo trug er öffentliche Verantwortung. Doch nach der langen Zeit preußisch-deutscher Militärherrschaft und eines oft grotesken Soldatenkults fragte kaum noch einer in Deutschland nach der Legitimität einer Reichswehrpolitik. Gerade in der Republik war man an militärische Interventionen gewöhnt: Das Militär war Ebert 1918 zu Hilfe gekommen, die Reichswehr hatte 1923 gegen Separatisten und Umstürzler eingegriffen. Für einen Mann wie Groener war es nicht einmal eine Entartung der Demokratie, wenn er diesen ungeheuerlichen Satz aussprach: «Im politischen Geschehen Deutschlands darf kein Baustein mehr bewegt werden, ohne daß das Wort der Reichswehr ausschlaggebend in die Waagschale geworfen wird.»[74]

Schleicher war entschlossen dazu. Schon im Frühjahr 1929, bei Müllers erster großer Regierungskrise, hatte der General seine Fühler zu Politikern ausgestreckt, die nicht abgeneigt waren, an einem neuen Kabinett mitzuwirken. Damals schwebte ihm allerdings noch eine parlamentarische Mehrheitsregierung vor, ohne Sozialdemokraten, dafür an deren Stelle Deutschnationale minus «blöde Hugenbergianer» (Groener). Das war das Konzept einer Mitte-Rechts-Regierung. Schleicher sah eine Chance dazu, zumal er oft am Abend in seiner Wohnung am Matthäikirchplatz mit dem DNVP-Abgeordneten Gottfried Treviranus zusammensaß und darüber nachgrübelte, wie man das Gros der deutschnationalen Reichstagsfraktion von den Anhängern Hugenbergs absprengte. Er bot sogar 300 000 Mark aus einem Geheimfonds der Reichswehr an – zum Aufbau einer deutschnationalen Spalterpartei.[75]

Der ehemalige Minensuchboot-Kommandant Treviranus hörte das nicht gern, er war allzu lange von Hugenberg finanziell abhängig gewesen, dessen Gut Rohbraken bei Rinteln in der Nähe der Treviranus-Domäne Varenholz lag. Er benötigte einige Zeit, bis er sich von dem Gutsnachbarn, der schon mit Vater Treviranus geschäftlich zusammengearbeitet, freigemacht hatte, auch ideologisch, obwohl er noch immer politischer Beauftragter des Parteivorsitzenden Hugenberg war. Aber inzwischen hatte sich Treviranus mit anderen Jungkonservativen der DNVP zu einer volkskonservativen Gruppe zusammengeschlossen; auf dem nächsten Parteitag wollten sie mit Krach ausscheiden.[76]

Schleicher ließ diese Aktion weiterlaufen, aber er peilte jetzt immer entschlossener eine von den Parteien unabhängige Präsidialregierung von Hindenburgs Gnaden an. Doch wer sollte Kanzler werden? Einer seiner politischen Konfidenten, der Oberstleutnant Friedrich Wilhelm Freiherr von Willisen, wie Schleicher ein ehemaliger Groener-Schüler von der Kriegsakademie, kannte da jemanden aus dem Ersten Weltkrieg. Mit dem Leutnant Brüning, Führer der MG-Scharfschützenabteilung 12, hatte er bei den Abwehrkämpfen in Frankreich im Sommer 1918 zusammengelegen und seither auch weiterhin Kontakt gehalten; Brüning war Mitglied der Zentrumsfraktion im Reichstag, einer der wichtigsten Männer der Partei.

Nach Ostern 1929 traf sich Schleicher mit Brüning, doch die beiden Männer hatten es schwer miteinander. Der schnoddrige Pferde- und Frauenfreund Schleicher fand kaum Zugang zu dem hageren Mann mit dem asketischen, blassen Gelehrtengesicht, der steif vor ihm saß und vor lauter Vorsicht – oder war es Taktik? – jede eindeutige Äußerung mied. Jesuit, dachte Schleicher, denn der Protestant konnte es sich nicht anders vorstellen, als daß ein Katholik bei den Jesuiten und deren Ordengründer Ignatius von Loyola in die Lehre gegangen sei. Wenigstens hatte Brüning bei Schleicher einen Spitznamen weg: «Ignaz».[77]

Schleicher war gleichwohl von Brünings Persönlichkeit so beeindruckt, daß er in allen einflußreichen Zirkeln für eine Kanzlerkandidatur des Zentrumspolitikers Stimmung machte. Vor allem im Reichspräsidentenpalais fiel ab Sommer 1929 häufiger Brünings Name, wenn das 3. Garderegiment zu Fuß unter sich war: Vater Hindenburg, Sohn Oskar, der es freilich nur bis zum Oberstleutnant gebracht hatte, und Schleicher. Nur der vierte im Bunde störte etwas, aber den verschlagenen Juristenverstand des Staatssekretärs Otto Meißner benötigten die drei, und einer mußte doch auch erfahren, wie schlau der General von Schleicher sei. Papa Hindenburg: «Halten Sie sich an den General von Schleicher. Das ist ein kluger Mann und versteht viel von der Politik.»[78]

Was Schleicher nun vortrug, leuchtete dem Präsidenten durchaus ein. Auch er hatte keine rechte Lust mehr, mit den Sozis zu regieren, und seine besten Freunde, die Großagrarier in der Nachbarschaft seines ostpreußischen Gutes Neudeck, hielten ihm schon lange vor, er lasse sich viel zu häufig mit Sozialdemokraten ein, gehe gar mit Herrn Braun auf die Jagd! Zudem fand auch er schlimm, was die Koalitionsparteien da mit dem braven Müller aufführten. So war Paul von Hindenburg nur allzu geneigt, einmal ohne die Parteien zu regieren. Die Sache hatte nur einen Haken: Brüning sperrte sich, Kanzler zu werden.

Heinrich Brüning hatte in der Tat Bedenken. Er konnte nicht einer Regierung in den Rücken fallen, die von seiner eigenen Partei getragen wurde, und er hatte zudem seine Zweifel, daß der Kanzler schon amtsmüde sei. Noch stärker aber irritierten ihn die offenkundigen Diktaturpläne Schleichers; er, Brüning, glaubte ernsthaft, daß das parlamentarische Regierungssystem noch eine Chance hatte. Immerhin konnte man versuchen, so Brünings Überzeugung, den Parlamentarismus im Sinne Stresemanns zu reformieren. Ein Präsidialkabinett war allenfalls ein letzter Ausweg aus der Krise.

Doch Schleicher hörte nicht auf, Brüning zu umgarnen. Im Dezember setzte er den Reichspräsidenten auf Brüning an: Auf einer Gesellschaft im Haus des Reichskanzlers erschien Hindenburg und stapfte suchend herum; auf einmal rief er laut: «Da ist er ja, den ich suche!» und marschierte auf den erschrockenen Zentrumsmann zu. Doch Brüning blieb standhaft. Auch das betonte Augenzwinkern des alten Herrn konnte Brüning nicht verlocken, mit ihm mal ins Nebenzimmer zu gehen, um die Kanzlerfrage zu erörtern.[79]

Als Müller nach der Abstimmungsniederlage im Reichstag völlig am Ende schien, unternahm Schleicher wieder einen Versuch, den inzwischen zum Fraktionsvorsitzenden avancierten Brüning für seine Pläne zu gewinnen. Im Haus des Vermittlers Willisen in der Charlottenburger Giesebrechtstraße fragte ihn der General am 27. Dezember, ob er bereit sei, als Reichskanzler die nächste Regierung zu übernehmen. Begründung: «Müller . . . hat die Zügel in seiner Partei nicht in der Hand, ist müde und kränkelt. Not tut sobald als möglich ein Präsidialkabinett, vom Reichspräsidenten in alleiniger Verantwortung gestellt, das mit Artikel-48-Vollmacht notfalls den Reichstag nach Hause schicken kann, ohne Neuwahlen auszuschreiben, bis die Krise ausläuft!» Mit einiger Erregung, so erinnert sich Treviranus, der dabei war, «zerpflückte er [Brüning] Schleichers Argumente nacheinander». Sein Hauptargument: Müller sei Manns genug, die Krise im Amt zu überstehen, notfalls könne auch er eine Zeitlang mit dem 48 regieren.

Brüning war von Schleichers hartnäckigem Drängen verstimmt. Noch draußen auf der Straße nahm er Treviranus beiseite und warnte ihn: «Machen Sie ja Schleicher keine Hoffnungen, daß ich auf seine abwegigen Pläne eingehen würde. Er ist unweise.» Auch Schleicher hatte verstanden, am nächsten Morgen rief er Treviranus an: «Ihr Freund Ignaz ist nicht zu gebrauchen.» Nur Groener war optimistisch. Am 4. Januar 1930 schrieb er an einen Freund: «So warten wir in Ruhe ab, was 1930 bringen wird. Schleicher wird jedenfalls nicht eingewickelt. Wie wenig kennst Du Schleicher!»[80]

Was folgte, war ein hektisch-bizarrer Wettkampf zwischen Schleicher und Brüning um das Müller-Kabinett. Denn je verbissener der «Kardinal in politicis» zum Sturz der Regierung drängte, desto eifriger produzierte der Zentrumsmann eine Formel nach der anderen, um den Bruch der Großen Koalition zu verhindern. Viel Zeit blieb ihm allerdings nicht, denn die Streitereien im Kabinett nahmen immer mehr zu. Der Konflikt hatte weitere Opfer gefordert: Finanzminister Hilferding hatte inzwischen mit seinem Staatssekretär die Regierung verlassen, der DVP-Politiker Paul Moldenhauer war Nachfolger geworden – Grund für verstärktes Mißtrauen der SPD, die den Klassenfeind auf dem Vormarsch wähnte.

Am 29. Januar griff Brüning ein. Er nötigte den Kanzler, einem Junktim zwischen den Ratifizierungsgesetzen, die sich aus dem Young-Abkommen ergaben, und der Haushaltsverabschiedung zuzustimmen. Die Zentrumspartei, so erklärte ihm Brüning, werde ihr Votum für die Young-Gesetze im Reichstag nur abgeben, wenn vorher das Problem des Haushaltsnachtrags für 1929 und des Etats für 1930 befriedigend im Sinne einer strengen Sanierungspolitik geregelt sei. Das war zwar Erpressung, aber zu einem guten Zweck. Mit diesem Manöver wollte Brüning das Kabinett festigen. Er ging davon aus, daß die Parteien der Großen Koalition zusammenbleiben würden, solange die Young-Gesetze noch nicht verabschiedet seien, und er wollte deshalb die Lebensdauer des Kabinetts verlängern, bis der eigentlich existenzbedrohende Konflikt, der Streit um die Arbeitslosenversicherung, ausgestanden war. Gelang dies, so Brünings Kalkulation, dann war das Kabinett gerettet, zumindest bis zum Herbst 1930.[81]

Anfangs schien Brünings Taktik zu wirken. Die Ratifizierungsgesetze wurden vorbereitet, während sich Finanzminister Moldenhauer daran machte, eine rettende Formel für den Haushaltskonflikt zu finden. Er tüftelte eine Lösung aus: Er wollte die der Reichsanstalt für Arbeitsvermittlung und Arbeitslosenversicherung fehlenden Beträge für die Arbeitslosenversicherung erbringen durch Verkauf von Reichsbahnvorzugsaktien und eine Erhöhung der Beiträge auf vier Prozent.

Das Kabinett war einverstanden, am 5. März 1930 stimmten alle Minister zu. Brüning war schon so optimistisch, daß er sein Junktim aufgab. Am 12. März konnten die Young-Gesetze im Reichstag mit einer sicheren Mehrheit passieren. Doch kaum war diese letzte Klammer des Kabinetts und der Großen Koalition gefallen, da prallten die alten Gegensätze wieder aufeinander. Die DVP desavouierte ihren eigenen Finanzminister und wollte auf keinen Fall der Lösung vom 5. März zustimmen. Von Tag zu Tag verschärfte sich der Ton der Unternehmerpartei. «DVP treibt Katastrophenpolitik», empörte sich die *Frankfurter Zeitung*.

Die Auseinandersetzungen wurden so hemmungslos, daß die Vernünftigen im Kabinett nur noch einen Ausweg wußten: weitermachen mit dem Diktaturartikel des Reichspräsidenten. Es war ein verzweifeltes Argument im Mund von Demokraten. Bereits am 3. März hatte Severing im Kabinett beantragt, der Reichskanzler möge sich vom Reichspräsidenten die Ermächtigung holen, den Reichstag aufzulösen und bis zu den Neuwahlen mittels präsidialer Notverordnungen aufgrund von Artikel 48 zu regieren. Das schien jetzt immer mehr der Ausweg aus der Selbstlähmung der Parteien zu sein. Auch der ehemalige Reichsinnenminister Wilhelm Külz, ein Deutsch-Demokrat, hatte in einem offenen Brief an Müller ähnliche Gedanken geäußert.[82]

Die Aussicht aber, daß Müller mit dem Diktaturartikel regieren könne, provozierte Schleicher zu einer Gegenaktion. Er hatte gerade erfahren, daß Hindenburg tatsächlich mit dem Gedanken umgehe, Müller mit dem Notstandsartikel weiteramtieren zu lassen. Das aber mußte seine ganzen Pläne zunichte machen, denn als Folgen sah Schleicher, wie er seinem Adjutanten diktierte: «R.P. [Reichspräsident] nimmt wieder offiziell für S.P.D. und gegen D.V.P. Stellung. Eine eventuelle Auflösung [des Reichstages] erfolgt gegen die Rechte ... Großer Machtauftrieb bei S.P.D.»

Umgehend machte er sich auf den Weg, um im Reichspräsidentenpalais zu intervenieren. Vor Hindenburg polemisierte er gegen die SPD, die kein Vertrauen verdiene. Er hielt eine Anklagerede, für die er sich schon Stichworte aufgeschrieben hatte: «Sabotage des Landesschutzes durch Preußen ... Unterirdischer Kampf Preußens gegen Wehrmacht ... Aufbauschung von kleinen Zwischenfällen ... Einmischung in Befehlsgewalt des R.W.Min. [Reichswehrministers].» Er brachte sein altes Gegenprogramm wieder vor, auch hierfür gab es schon Stichworte: «Beim Platzen dieser Regierung ... nicht Reichstag auflösen, sondern Bildung einer neuen Regierung auf überparteilicher Grundlage. Dazu Ernennung von Brüning oder Scholz, falls Br. aus irgendeinem Grunde absagt, zum Kanzler.»[83]

Doch Schleicher machte sich umsonst Sorgen, Meißner war längst dabei, den alten Herrn endgültig zur Wendung gegen die Sozialdemokratie zu bewegen. Schon am 15. Januar 1930 hatte der Staatssekretär dem deutschnationalen Grafen Westarp skizziert, wie die nächste Regierung aussehen müsse: «a) antiparlamentarisch, also ohne Koalitionsverhandlungen und Vereinbarungen, b) antimarxistisch; ... durchaus erforderlich, zum mindesten auf einige Zeit hinaus, den sozialdemokratischen Einfluß auszuschalten.» Spätestens ab etwa 20. März war auch Hindenburg entschlossen, in Zukunft ohne SPD zu regieren.

Meißner beeilte sich, möglichst rasch und genüßlich Hindenburgs neuen Kurs bekannt zu machen. Als noch alle versuchten, die starrsinnige Haltung der Deutschen Volkspartei zu überwinden, da stachelte Meißner noch die DVP-Führer zur Intransigenz auf mit der Erklärung, sie sollten ruhig ihre Position bewahren, damit die Regierung zur Demission veranlaßt werden könne, und als das Kabinett, das Ende schon vor Augen, für einen kurzen Augenblick noch überlegte, ob es sich als «Notgemeinschaft» dem Reichstag «in offener Feldschlacht» stellen solle, bewaffnet mit dem Artikel 48, da war es wieder der Staatssekretär Meißner aus dem Reichspräsidentenpalais, der die Minister belehrte, «daß der Herr Reichspräsident mit einer Meinungsäußerung zur Sache im gegenwärtigen Stadium der Dinge zurückhalten» wolle.[84]

Brüning aber hatte noch einmal versucht, das Kabinett zu retten. Tagelang verhandelte er mit Parteiführern und Ministern, um eine Formel zu finden, die es der Großen Koalition erlaubte weiterzumachen.

Endlich, am 27. März 1930, hatte er einen Kompromiß mit den Kollegen erarbeitet. Er besagte, das Reich werde für die fehlenden Gelder der Reichsanstalt aufkommen, die Beitragserhöhung solle vorläufig entfallen; stelle sich heraus, daß die Reichszuschüsse und die eigenen Mittel der Reichsanstalt nicht ausreichten, dann müsse man neue Wege suchen, wozu auch eine Beitragserhöhung zählen könne. Das war so weich, daß dem Kompromiß sogar die DVP zustimmen konnte.

Befriedigt ging der Zentrumsmann am 27. März gegen Mittag mit zwei Freunden in sein Stammlokal, das «Schwarze Ferkel», um den Erfolg ein bißchen zu feiern. «Nach langen Wochen konnte ich zum erstenmal wieder aufatmen», erinnerte sich Brüning später. Es war ein fataler Irrtum, denn fast zur gleichen Stunde spielten sich dramatische Szenen in der sozialdemokratischen Reichstagsfraktion ab: Die Linken und Gewerkschaftler, angeführt von dem aufgeregten Rudolf Wissell, liefen Sturm gegen den Brüning-Kompromiß und verlangten den Austritt der SPD aus der Regierung.

Stundenlang rangen die Genossen miteinander, keiner wollte dem anderen nachgeben. Wissell sah den ganzen Sozialstaat gefährdet, es gehe um den «Abbau der Leistungen», während Hilferding darin nichts als eine groteske Dramatisierung der Sachfrage erblickte. Am Ende stimmte nahezu die ganze Fraktion gegen den Brüning-Kompromiß und damit gegen ein Verbleiben der Sozialdemokratischen Partei in der Regierung. Es war die «endgültige Absage an die unabhängige Verantwortlichkeit des Kanzlers und der Minister» (Conze), es war das Ende sozialdemokratischer Regierungspolitik in der Weimarer Republik. Wie ein Verzweiflungsschrei klang Rudolf Hilferdings Wort: «Es ist nicht gut, aus Furcht vor dem Tode Selbstmord zu verüben!»[85]

Als Brüning kurz darauf, zu spät informiert, in das Fraktionszimmer der SPD im Reichstag eilen wollte, trat ihm der Abgeordnete Stefan Meier-Baden entgegen. Meier: «Es ist alles aus. Wissell hat dagegen gekämpft, Hermann Müller war müde.»[86] In der Tat, es war aus. Der demokratische Parteienstaat hatte einen Schlag erhalten, von dem er sich nie wieder erholen sollte, und es blieb der grausame Witz, daß wegen eines halben Prozents irgendeines Sozialbeitrages erwachsene Menschen eine ganze Republik aufs Spiel setzten.

Kurt von Schleicher aber hatte auf der ganzen Linie gesiegt. Die Sozialdemokratie schied aus der Reichspolitik aus, und er bekam seinen Kanzler Brüning. «Ihr Mann, Ihr Werk, ich gratuliere», sagte Theodor Wolff zu Schleicher.[87] Der General lächelte. Er wußte es noch nicht: Am 27. März 1930 begann die Fahrt in die deutsche Katastrophe.

3
Die Nazis kommen

Der alte Mann bewegte sich schweratmend in seinem Sessel und erhob sich allmählich. Mit der einen Hand stützte er sich etwas unbeholfen auf die Schreibtischplatte, halb vornüber gebeugt stand er da, als horche er in sich hinein. Dem jüngeren Mann, der respektvoll von seinem Stuhl aufgesprungen war und auf ein Wort wartete, schien es, als wolle der Alte «noch etwas Schweres sagen». Doch Paul von Hindenburg hielt die Audienz für beendet.

Plötzlich machte er einen Schritt nach vorn und ergriff mit beiden Händen die Hand seines Besuchers, um sie minutenlang nicht mehr frei zu geben. Ihm traten Tränen in die Augen. Dann sagte er doch noch etwas: «Alle haben mich im Leben verlassen, Sie müssen mir versprechen, mit Ihrer Partei mich am Ende meines Lebens nicht im Stich zu lassen.»[1]

Der Besucher errötete. Ihn überkam ein «Gefühl tiefsten Mitleids» mit dem Greis, der ihm den Eindruck «der Verlassenheit, fast einer Hoffnungslosigkeit» vermittelte. Das schien dem Besucher seltsam, war doch kein Deutscher in dieser Zeit mehr verehrt worden und populärer gewesen als er: Paul von Beneckendorff und von Hindenburg, 84 Jahre alt, Reichspräsident und Generalfeldmarschall, Sieger von Tannenberg und Deutschlands eigentlicher Regent im Ersten Weltkrieg, elffacher Ehrendoktor und Ehrenbürger von 172 deutschen Städten, «einer der Schutzgötter des Volkes, herabgestiegen aus dem legendenumwobenen Walhall», wie ein französischer Bewunderer formulierte.[2]

Gewiß, die Polit-Strategen der Rechtsparteien hatten dem alten Mann schweres Unrecht angetan, als sie ihn 1925, eigentlich gegen seinen Willen, aus der wohlverdienten Pensionärsruhe aufgestört und als Präsidentschaftskandidaten der Rechten durchgepaukt hatten. Niemand war weniger für einen politischen Posten geeignet als der Feldmarschall, der nie über den Horizont eines durchschnittlichen preußischen Offiziers des 19. Jahrhunderts hinausgelangt war. Doch auch im Präsidentenpalais tat Hindenburg seine Pflicht, wie er sie nicht anders kannte: zuverlässig, nervenstark, wortkarg und so verfassungstreu, daß kaum noch einer an diesem monarchistischen Hüter der Republik Anstoß nahm, dessen Beispiel so manchen rückwärtsgewandten Beamten veranlaßt hatte, seinen Frieden mit dem neuen ungeliebten Staat zu machen.

Ein solcher Mann von «allen» verlassen? Den Besucher dünkte das unerklärlich, denn er wußte nicht, daß es noch einen anderen Hindenburg gab: den Gralshüter des eigenen Mythos, der kleinlich-pedantisch über seine Interessen wachte und der keine Bedenken hatte, sich von Unternehmern das einst den Hindenburgs gehörende Gut Neudeck in Ostpreußen einfach schenken zu lassen.[3] Dieser Hindenburg geriet oft in weinerliche Stimmung, in der er gern den Undank einer Welt bejammerte, die nun sogar schon an seinem militärischen Ruhmesschild kratzte und von Tannenberg nicht mehr wußte, als daß er während der Schlacht immer gut geschlafen habe.

Hinter den Stimmungstiefs steckte nicht selten der nichtsnutzige Oskar, der sechsundvierzigjährige Sohn des Reichspräsidenten, dem die Kameraden schon während des Krieges im Hinblick auf seinen berühmten Vater den Spitznamen «1:100 000» gegeben und den die Führer des Reichswehrgruppenkommandos I, zu dessen Stab der Oberstleutnant gehörte, nur allzu bereitwillig ins Präsidentenpalais zu Adjutantendiensten bei dem alten Herrn abgeschoben hatten. Dort stachelte er den Vater häufig gegen angebliche Neider und Kritiker auf, und der dritte im Palast, Staatssekretär Otto Meißner, hatte dann alle Mühe, den Präsidenten wieder zu besänftigen.

Davon wußte der Besucher nichts, ihm schien die Welt der Hindenburgs noch in Ordnung. Er klappte leise die Hacken zusammen, verbeugte sich leicht und sagte so feierlich, wie er nur konnte: «Sie können sich darauf verlassen, daß meine Freunde und ich in den entscheidenden Stunden des Vaterlandes, jetzt – so wie immer – das Staatsoberhaupt nicht im Stich lassen werden. Uns kommt es nicht auf Ämter, sondern auf das Vaterland an. Darum werden wir . . . vorwärtsdrängen auf dem Wege notwendiger Reformen. Ich glaube, daß wir das schaffen.»

Der Reichspräsident war's zufrieden. Er hielt immer noch die Hand des jüngeren Mannes. Jetzt ließ er sie los und sagte: «Also Sie verlassen mich nicht, was auch kommen mag. Gott schütze Sie!»[4]

Der Besucher war Heinrich Brüning und die Begegnung mit Hindenburg Mitte Dezember 1929 war für ihn so etwas wie ein Schlüsselerlebnis, das ihn Ende März 1930 trotz aller Bedenken bewog, nach dem Sturz des Kabinetts Müller Reichskanzler und Chef einer Regierung von Hindenburgs Gnaden zu werden. Der Weltkrieg-I-Leutnant Brüning stand wie kaum ein zweiter Politiker in Deutschland im Banne des Hindenburg-Mythos; er rechnete es sich zeitlebens zur Ehre an, mit seiner MG-Scharfschützenabteilung 12 zum unmittelbaren Schutz von Hindenburgs Oberster Heeresleitung gehört zu haben.[5]

Brüning war jedoch zu sehr Politiker, um sich von seiner Verehrung für Hindenburg den Blick verstellen zu lassen. Er neigte ohnehin nicht zum Gefühlsüberschwang. Der Abkömmling einer alten Osnabrücker Patrizierfamilie, 1885 in Münster geboren, Sohn eines Essigfabrikanten, war ein eher grüblerischer Typ, mißtrauisch und öffentlichkeitsscheu, immer in Eile und auf Distanz zu den meisten Menschen. Frauen bedeuteten ihm wenig, er führte ein karges Junggesellenleben, was Spötter zu der Story animierte, bei seinem Einzug in das Reichskanzlerpalais habe er einen einzigen Koffer bei sich gehabt.

Selbst wenn er im «Schwarzen Ferkel», in der Kaiserzeit Stammlokal der Generalstabsoffiziere, oder im «Rheingold» bei einer Zigarre und einem Glas Wein saß, waren immer Parteifreunde dabei, mit denen Hochpolitisches zu besprechen war. Heinrich Brüning nutzte den ganzen Tag, um voranzukommen und Karriere zu machen: fleißig, unauffällig, mit seiner präzisen Aktenkenntnis ein unentbehrlicher Gehilfe einflußreicher Chefs. Die hatten ihm den Weg nach oben bereitet, zunächst der katholische Sozialpolitiker

Carl Sonnenschein, dessen Referent Brüning 1919 geworden war, dann der linke Zentrumspolitiker Adam Stegerwald, der ihn als Privatsekretär ins preußische Wohlfahrtsministerium mitnahm und später im Deutschen Gewerkschaftsbund unterbrachte, einem Verband christlicher Arbeiter, Angestellter und Beamter, Gegengewicht zum sozialistischen ADGB; ab 1921 leitete Brüning den Verband als Geschäftsführer. Stegerwald brachte ihn auch in die Politik: Vom Mai 1924 an vertrat der Zentrumsabgeordnete Brüning den Wahlkreis 7 (Breslau) im Reichstag, wo er sich rasch als Finanzexperte profilierte.

Sein nimmermüdes Präsenzwissen und sein beträchtliches Talent zum Taktieren und Finassieren sicherte ihm auch den Aufstieg in den Führungszirkeln der Zentrumspartei. Der Vorsitzende Kaas, dessen geistliche Pflichten und Interessen ihn oft von der Partei fernhielten, erkor sich Brüning zum Stellvertreter, auch die Reichstagsfraktion vertraute sich immer mehr seiner Führung an. Er galt als ihr wichtigster Wortführer, lange bevor ihn die Fraktion am 5. Dezember 1929 zu ihrem Vorsitzenden wählte.

Brüning hatte einen großen Traum, den wohl kein Zeitgenosse dem so zugeknöpften Mann zugetraut hätte. Ihm schien, als sei er vom Schicksal dazu auserwählt, die Monarchie nach Deutschland zurückzubringen und die Republik durch eine zeitgemäße Variante des Bismarckstaates abzulösen. Er wollte Hindenburg, diesen «von Gott gesandten Mann», wie Brüning ihn einmal nannte, zum Präsidenten auf Lebenszeit wählen lassen, zu einem Reichsverweser, der die Rückkehr der Hohenzollern auf den Thron vorzubereiten habe.[7] Das war ihm der höhere historische Sinn eines «Hindenburg-Kabinetts».

Hindenburg und Sozialdemokratie – das waren und blieben auch die Kardinalprobleme des Reichskanzlers Brüning. Denn die Instruktionen aus dem Reichspräsidentenpalais und die Stichworte des Drahtziehers Schleicher ließen keinen Zweifel daran, daß von nun an in Deutschland ohne die Sozialdemokraten regiert werden sollte, allein gestützt auf die Autorität Hindenburgs. Das aber konnte nicht im Interesse Brünings liegen.

Brüning hatte eine natürliche Scheu davor, ohne oder gar gegen eine parlamentarische Mehrheit und nur mit dem Diktaturartikel 48 zu regieren. Sein Kampf um die Erhaltung der Großen Koalition hatte das deutlich bewiesen. Regierte er ohne den Reichstag, dann war er völlig abhängig von Hindenburg und das hieß praktisch: von der Kamarilla Oskar-Meißner-Schleicher. Das mußte Brüning um jeden Preis vermeiden. Folglich mußte er versuchen, trotz der mageren 148 Stimmen, die ihn im 491-Mandate-Reichstag unterstützten, sich von Fall zu Fall eine parlamentarische Mehrheit zu sichern, und dazu benötigte er die Sozialdemokratische Partei. Wenn Brüning schon nicht mit ihr regieren durfte (und das war die Auflage Hindenburgs), dann wollte er wenigstens in wichtigen Einzelfragen mit der SPD zusammenarbeiten.

Doch die SPD gab ihm keine Chance. In ihrer Reichstagsfraktion waren Rechte und Linke so miteinander zerstritten, daß sie sich nur noch im Negativen einigen konnten. Ein Ritual lief fortan ab, das nicht ohne groteske Züge war: Sobald eine neue Regierung gebildet war, erklärte die SPD-Fraktion, daß sie dagegen sei, um intern zu entdecken, daß die vorangegangene Regierung eigentlich gar nicht so übel gewesen war.

Der Historiker Karl Rohe fand später eine skurrile Ablaufskala sozialdemokratischer Mißtrauensanträge: «Brüning wurde aufgewertet angesichts der Wirklichkeit Papens. Selbst an Papen entdeckte man gewinnende Züge, als der ‹Bürogeneral Schleicher› die politischen Geschäfte übernahm, und von Hitler aus gesehen, blickte man auf die Ära Schleicher wie auf ein goldenes Zeitalter zurück.»[8] Die ewigen Mißtrauensanträge verdeckten nur die Rat- und Tatenlosigkeit der sozialdemokratischen Führung. «Zwar redete man viel und oft von der bedrohten Demokratie», erkannte später das SPD-Fraktionsmitglied Julius Leber, «aber das war doch nur Wind für Agitation und Propaganda. Zu praktischen Schlußfolgerungen irgendwelcher Art für die politische Haltung von Partei und Fraktion kam es nicht. Man stand in der Opposition, das genügte.»[9]

Den Taktiker Brüning schreckte das freilich nicht ab. Er

konnte sich vorstellen, daß Sozialdemokraten wie Braun oder Severing über den Kurs ihrer Partei entsetzt waren. Auf sie baute Brüning, vor allem auf den preußischen Ministerpräsidenten.

Otto Braun war wütend über das sinnlose Treiben der Spitzengenossen im Reichstag. In ohnmächtigem Zorn wetterte er gegen den «sturen Gewerkschaftsdoktrinarismus» des ADGB, der die Partei zum Bruch mit der Großen Koalition gezwungen habe, und dem Parteivorsitzenden Wels hielt er vor, er habe die Parteiräson über das Interesse an der Erhaltung der Demokratie in Deutschland gestellt.[10]

Braun hielt weiterhin engen Kontakt zu Brüning, denn er hatte einen ganz existentiellen Grund, den Kanzler nicht zu verärgern. Der Preuße saß am kürzeren Hebel. Braun durfte nie ausschließen, daß Brüning die preußische Zentrumspartei dazu bewegen könne, die Koalition mit der SPD aufzukündigen; dann war die Regierung Braun erledigt, dann hatte die Sozialdemokratische Partei ihre größte Domäne verloren, denn im Gegensatz zur Reichsregierung gab es für Braun keinen rettenden Artikel 48. Und was Braun wußte, wußte natürlich auch Brüning: Er konnte versuchen, durch Pressionen auf Braun die SPD im Reichstag zum Einlenken zu bewegen.

Braun fand denn auch nichts dabei, seinen Genossen in der SPD-Führung eine begrenzte Zusammenarbeit mit der Reichsregierung zu empfehlen. Brüning aber benutzte die Verbindung zu Braun, um sich noch von einem anderen Ballast weitgehend zu entlasten, der auch aus dem Haus Hindenburg stammte. Gleich zu Beginn hatte der Reichspräsident dem Kanzler eröffnet, er solle den deutschnationalen Abgeordneten Martin Schiele mit der Leitung des Landwirtschaftsministeriums betrauen und unbedingt etwas für die ostdeutsche Landwirtschaft tun.[11] Brüning wußte, daß dies dem alten Herrn ein sogenanntes Herzensbedürfnis war; Hindenburgs Freunde, die ostpreußischen Großagrarier, rannten ihm in Neudeck die Türen ein mit flammenden Appellen, die Landwirtschaft nicht vor die Hunde gehen zu lassen. Ein ominöses Wort machte die Runde: Osthilfe.

Für Linke, aber auch für biedere Republikaner war «Osthilfe» ein Reizwort; das roch ihnen nach politischer Korruption, war gleichbedeutend mit der rücksichtslosen Erhaltung von Macht und Privilegien einer Klasse, die sich überlebt hatte, der ostelbischen Großgrundbesitzer. Die Kritiker übersahen dabei jedoch, daß es sich bei der Osthilfe um ein ernsthaftes Problem handelte, die Strukturkrise der ostdeutschen Landwirtschaft. Sie war nicht das Ergebnis von Dummheit und Bosheit irgendwelcher Feudalherren, sondern weitgehend durch Natur, Geographie und die Weltwirtschaft bedingt. Ungünstige Transportverhältnisse, mangelhafte Produktionsbedingungen, unvorteilhaftes Klima, Marktferne des Produktionsgebiets, Überangebot auf den Agrarmärkten der Welt – unter solchen Belastungen mußte jede Landwirtschaft in die Krise geraten.

Ergebnis: Die ostdeutsche Landwirtschaft war «in erschreckender und eindeutiger Weise» (Hans Raupach) verschuldet.[12] Der Staat versuchte zu helfen, wo immer er konnte. Seit 1922 gab es ein Ostpreußen-Programm, das allein aus dem Reichshaushalt 300 Millionen Mark zur Modernisierung der Transportmittel zur Verfügung stellte.[13]

Das alles aber genügte den Interessenvertretern der Landwirtschaft nicht. Mit ihren lautstarken Organisationen, allen voran der Reichslandbund, drängten sie die Reichsregierung zu immer größeren Staatszuschüssen und zu einem zöllnerischen «Agrarschutz», der zusehends in einen unverhüllten Agrarprotektionismus umschlug.

Besonders heftig reagierte die Agrarlobby, als die Reichsregierung noch unter Kanzler Müller im März 1930 ein Wirtschafts- und Liquidationsabkommen mit Polen unterzeichnete, das die Einfuhr bestimmter Quoten polnischer Agrarprodukte in Deutschland erlaubte. Hindenburg geriet dabei so unter den Druck seiner Agrarfreunde, daß er sich bemüßigt fühlte, in einer «Osterbotschaft» eine rasche Hilfsaktion für die ostdeutsche Landwirtschaft anzukündigen. Martin Schiele, der Präsident des Reichslandbundes, entwarf Ende März ein Mindesthilfsprogramm: Verstärkung des Zollprotektionismus, Vergrößerung des Agrarkreditvolumens, Bereitstellung von jährlich 200 Millionen Mark auf die Dauer von fünf Jahren.[14]

Eben diesen Schiele, Ziegeleibesitzer und Rittergutspächter im Kreis Rathenow, ein in der Kulissenschieberei der Grünen Front wohlerfahrener «Schlaumeier» (Treviranus), hatte nun Hindenburg als Landwirtschaftsminister auserwählt. Der deutschnationale Hugenberg-Gegner Schiele war der Aufpasser Hindenburgs im Kabinett – Grund für Brüning, ihn zu isolieren, ohne dabei aber den Agrarfreund Hindenburg zu provozieren. Und dabei sollte ihm unfreiwillig der Sozialdemokrat Braun helfen.

Das machte Brüning so: Er zog die ganze «Osthilfe», wie nun das Unterstützungsprogramm genannt wurde, an sich, richtete dafür im Reichskanzleramt eine «Oststelle» ein und berief zur Überwachung des Programms Reichskommissare, die ihm persönlich unterstellt waren. Da aber die Osthilfe nicht ohne die Mitarbeit der preußischen Behörden abgewickelt werden konnte, ließ Brüning die Regierung Preußens kontaktieren und anfragen, ob sie zur Kooperation bereit sei. Brauns Minister waren nicht abgeneigt, denn eben hatte Otto Klepper, der neue Präsident der Preußischen Zentralgenossenschaftskasse («Preußenkasse»), eine Osthilfe der Regierung Braun skizziert, die das Ziel verfolgte, Subventions- und Strukturmaßnahmen miteinander zu verbinden. Der Sozialdemokrat Klepper ging von der These aus, die Krise der ostdeutschen Landwirtschaft sei in erster Linie eine Krise des ostelbischen Großgrundbesitzes; er wollte daher eine vom Staat zentral gesteuerte Auffangorganisation für bankrotte, unrentable Großbetriebe schaffen, deren Boden landwirtschaftlichen Siedlungsprojekten zugewiesen werden sollte.[15]

Davon wollten natürlich die hochkonservativen Agrarlobbyisten nichts wissen, doch Brüning, als westfälisch-katholischer Sozialpolitiker ohnehin kein Bewunderer der ostelbischen Großgrundbesitzer, nutzte den Klepper-Plan für sich. Preußen und Reich vereinbarten enge Zusammenarbeit, zwei Kommissare, jeweils ernannt von der Reichsregierung und der preußischen Staatsregierung, sollten das Programm leiten, und bald war auch eine gemeinsame Finanzhilfe in Aussicht.

Dem Reichskanzler war es gar nicht unlieb, daß Preußen

den als Reichskommissar vorgesehenen Ernährungsminister nicht akzeptieren wollte. Mit diesem Wortführer der Grünen Front, die gegen den Klepper-Plan Sturm lief, mochte die preußische Regierung nicht zusammenarbeiten. Brüning fand eine elegante Lösung: An Schieles Stelle ernannte er den Hindenburg-Favoriten Treviranus zum Reichskommissar, der den roten Preußen willkommen war. Schiele aber war zunächst einmal ausgetrickst – so lautlos, daß ein Berliner Konfident der westdeutschen Schwerindustrie nur vermuten konnte, hier seien «allerhand unterirdische Kräfte am Werk».[16]

So schien denn Brüning alle Fäden in der Hand zu haben, als er mit seiner Regierung begann, das wichtigste Problem anzugehen, an dem die Große Koalition gescheitert war: die Sanierung des Reichshaushalts. Er war in einem desolaten Zustand. Von einem Haushaltsjahr zum anderen waren die Fehlbeträge durch allerlei fragwürdige Improvisationen und halbe Maßnahmen vor der Öffentlichkeit verschleiert worden, doch die immer schärfer werdende Wirtschaftskrise mit ihren emporschnellenden Arbeitslosenzahlen hatte die Stunde der Wahrheit gebracht. Jetzt mußte gehandelt werden. Brüning und Finanzminister Moldenhauer setzten sich zusammen, um erst einmal die ärgsten Löcher zu stopfen. Sie arbeiteten Deckungsvorlagen für den Reichshaushalt des Jahres 1930 aus, die umgehend dem Reichstag vorgelegt werden sollten.[17]

Als Breitscheid, offenbar angestoßen von Braun, bei Brüning erschien und ihm namens der SPD-Fraktion andeutete, seine Genossen seien notfalls unter gewissen Bedingungen bereit, für die Deckungsvorlagen der Regierung zu stimmen, demonstrierte der Reichspräsident, was er von einer Zusammenarbeit mit der Sozialdemokratie hielt. Dann müsse man eben, ließ Hindenburg durch seinen Staatssekretär dem Kanzler ausrichten, bei der Deckungsvorlage «eine schärfere Lösung ins Auge fassen».[18] Das war deutlich; Hindenburg und die Leute um ihn herum würden alles unternehmen, um Brüning an einem parlamentarischen Zusammenspiel mit der SPD zu hindern.

Blieb Brüning nur die verzweifelte Hoffnung, die Parteien im Reichstag würden intelligent genug sein, seine Notlage zu durchschauen und ihm Abstimmungsniederlagen zu ersparen, die die letzte Hemmschwelle auf dem Weg in die unverhüllte Präsidialdiktatur beseitigen müßten. Nach solchen Niederlagen, das mußte laut Brüning allen Parteien klar sein, konnte nur die Reichstagsauflösung und das Regime der Notverordnungen folgen, da der Reichstag zu einer regierungsbildenden Mehrheit nicht mehr fähig war. Brüning hatte in seiner Regierungserklärung deutlich genug gewarnt: «Es wird der letzte Versuch sein, die Lösung mit *diesem* Reichstage durchzuführen.»[19]

Doch Brüning hatte Glück. Die Deckungsvorlagen wurden am 12. und 14. April von einer knappen Mehrheit im Reichstag akzeptiert, das Kabinett konnte einen ersten parlamentarischen Sieg feiern. Sofort setzte der Kanzler seinen Finanzminister Moldenhauer an die Aufgabe, eine weitere, vergrößerte Deckungsvorlage zu erarbeiten. Doch kaum hatte der DVP-Minister ein Programm entworfen, da «wiederholte sich . . . das alte, verhängnisvolle Spiel» (so der Historiker Conze), das schon die Regierung der Großen Koalition ruiniert hatte:[20] Die Deutsche Volkspartei, auch diesmal wieder im Kabinett vertreten, stellte sich gegen ihren eigenen Minister und verwarf alles, worin sie eine Beeinträchtigung von Unternehmerinteressen sah.

Moldenhauer trat zurück und überließ das Finanzministerium dem Deutsch-Demokraten Hermann Dietrich, der rasch ein neues Deckungsprogramm zur Hand hatte. Es sah ein «Notopfer» für Ledige, Festangestellte und Aufsichtsräte und einen fünfprozentigen Zuschlag zur Einkommensteuer vor. Auch das mißfiel den DVP-Kämpen, die nun mit einem Gegenprogramm aufwarteten, dem nur zu deutlich anzumerken war, woher es stammte. Programmforderungen der DVP: fort mit der unbeschränkten Darlehenspflicht des Reiches gegenüber der Arbeitslosenversicherung, her mit einer unterschiedslosen Bürgersteuer für alle! Erst allmählich einigte sich das Kabinett darauf, beide Programme zusammenzufügen und vor den Reichstag zu bringen.

Dietrichs Programm aber lockte wieder die Sozialdemokraten an, die Brüning bedeuteten, ihre Fraktion könne vielleicht dafür stimmen. Allerdings müsse, das machten sie zur Bedingung, die Bürgersteuer fallen, die für Sozialdemokraten indiskutabel sei. Das manövrierte den Kanzler in eine böse Zwickmühle: Ging er auf die Offerte der SPD-Fraktion ein, dann verlor er automatisch die DVP als Regierungspartner, ohne freilich zugleich die Sozialdemokratische Partei an das Kabinett fesseln zu können; ignorierte er das SPD-Angebot, so war ihm die parlamentarische Niederlage gewiß, denn zur Mehrheit im Reichstag fehlten ihm 30 Stimmen.[21]

Brüning verhandelte noch mit der SPD, als die Scharfmacher in der Umgebung Hindenburgs eine Mine gegen den Mann legten, den sie hinter allen SPD-Kontakten des Kanzlers vermuteten: gegen Braun. Irgendwer im Reichspräsidentenpalais hatte entdeckt, daß noch immer der Erlaß des preußischen Innenministeriums vom 8. Oktober 1929 galt, durch den die Landesverbände Rheinland, Industriegebiet und Westfalen des deutschnationalen Stahlhelm verboten worden waren; die Manöver dieses Wehrverbandes hatten die Regierung Braun so verärgert, daß sie die Organisation einfach verboten hatte – unter Berufung auf die Entwaffnungsartikel des Versailler Friedensvertrages.[22] Rechtlich war das in Ordnung gewesen; ob auch politisch klug, stand auf einem anderen Blatt: Hindenburg war Ehrenmitglied des Stahlhelm.

Genau dies machten sich nun die Gegenspieler Brünings im Präsidentenpalais zunutze. Sie redeten solange auf den alten Herrn ein, bis auch der fand, das Stahlhelm-Verbot sei eine unerhörte Herausforderung des Reichspräsidenten. Im Nu war die Hindenburg-Order formuliert, die den Kanzler hieß, dafür Sorge zu tragen, daß bis Anfang Juli der Stahlhelm in Westdeutschland wieder zugelassen sei und an den Feiern zur Befreiung des Rheinlands von der Herrschaft der Alliierten (durch das Young-Abkommen bewirkt) teilnehmen könne.

Doch Braun zeigte sich stur und warf Brünings Sendboten, den Reichsinnenminister Wirth, der ihm die Bitte des Kanzlers vortragen sollte, zum Büro hinaus. Preußen weigerte sich, das Stahlhelm-Verbot aufzuheben. Prompt folgte, was der Braun-Biograph Hagen Schulze «eine offensichtliche Kriegserklärung des Reichspräsidenten» nennt.[23] Hindenburg erteilte seinem Kanzler die Weisung, sofort die Aufhebung des Stahlhelm-Verbots durchzusetzen, andernfalls werde er nicht zu den Befreiungsfeiern im Rheinland erscheinen. Der erschrockene Brüning eilte zu Braun; gemeinsam überlegten sie, wie dieser Querschuß aus dem Haus Hindenburg abzuwehren sei.

Obwohl Braun wußte, was auf dem Spiel stand, war er daran interessiert, sein Gesicht zu wahren. Er wollte nur reagieren, wenn die Bundesführung des Stahlhelm die Rechtmäßigkeit des Verbots anerkenne und allen militärischen Bestrebungen abschwöre; erst dann werde er, Braun, einen Stahlhelm-Antrag auf Aufhebung des Verbots positiv entscheiden lassen.[24] Die Stahlhelmer dachten natürlich gar nicht daran, auf diese Bedingungen einzugehen. Die Krise schwelte weiter. Vor allem Oskar von Hindenburg ließ nicht ab, seinen Vater gegen Braun aufzuhetzen. Ergebnis seines Ränkespiels: ein Brief des Reichspräsidenten an Braun, der – wäre er abgeschickt worden – eine mittelschwere Verfassungskrise ausgelöst hätte. In diesem Schreiben erklärte nämlich Hindenburg, das Stahlhelm-Verbot sei unrechtmäßig verhängt worden.[25]

Nun wurde es aber Brüning zuviel, er verweigerte die (verfassungsmäßig vorgeschriebene) Gegenzeichnung des Briefes. Er ließ das Schreiben zurückgehen und bat, einige Sätze umzuformulieren. Doch die Männer im Präsidentenpalais ignorierten den Kanzler und lancierten den Brief in die Presse; am nächsten Tag stand er in allen Zeitungen. Brüning griff zum letzten Mittel. Er trommelte die Führer der preußischen Zentrumspartei zusammen und ließ sie Braun mit der Drohung, notfalls die Koalition mit der SPD aufzukündigen, solange unter Druck setzen, bis der Ministerpräsident nachgab und das Stahlhelm-Verbot aufhob. Chronist Schulze interpretiert: «Die Weiterexistenz der Weimarer Koalition in Preußen war wichtiger als ein Rechtsstandpunkt.»[26]

Die Mühe Brünings schien sich gelohnt zu haben, die Verabschiedung des Haushalts im Reichstag gesichert. Als der

Reichskanzler am 15. Juli dem Parlament eine Deckungsvorlage präsentierte, war zwar wieder die umstrittene Bürgersteuer dabei, dennoch zeigte sich die SPD-Fraktion bereit, die Vorlage nicht scheitern zu lassen; Müller und Breitscheid hatten ihren Kollegen eingeschärft, lieber das Brüning-Programm zu schlucken als eine Auflösung des Reichstags zu riskieren. Entsprechend verhielten sich die sozialdemokratischen Abgeordneten beim Votum: Dank ihrer Stimmenthaltung wurde der erste Teil der Deckungsvorlage angenommen. Am nächsten Tag war der zweite Teil dran.

Da lief in der SPD-Fraktion das Gerücht um, hinter dem Hindenburg-Brief in der Stahlhelmsache stecke Brüning, er habe das Schreiben redigiert und gebilligt. Von da an galt der Reichskanzler Brüning bei Sozialdemokraten als ein widerlicher Heuchler; hier bemühe er sich um die Hilfe der Fraktion, dort aber intrigiere er gegen den Genossen Braun. Sofort stand der Entschluß fest: keine Stimme für diesen Kanzler, keine Tolerierung seiner Regierung! Noch am nächsten Tag, dem 16. Juli, übten sie Rache. Die SPD-Abgeordneten halfen dabei, den zweiten Teil der Deckungsvorlagen niederzustimmen; mit 256 gegen 204 Stimmen lehnten sie das Programm der Regierung ab.[27]

Wie erstarrt saß Brüning auf der Regierungsbank und sah bewegungslos in den Sitzungssaal. Der Reichskanzler wußte: Er war parlamentarisch am Ende, jetzt führte kein Weg mehr am Regieren mit Notverordnungen und Diktaturregeln vorbei. Kurz darauf stand Brüning im Reichspräsidentenpalais und ließ sich die Vollmacht erteilen, mit dem Artikel 48 zu regieren. Am 17. Juli fanden die Abgeordneten des Reichstages auf ihren Plätzen den Abdruck einer Verordnung des Reichspräsidenten, die der Regierung erlaubte, ihr Deckungsprogramm gemäß Artikel 48 der Reichsverfassung in Angriff zu nehmen.

Doch die Selbstzerfleischung des deutschen Parlaments ging weiter. Keine Macht der Welt zwang die Reichstagsabgeordneten, über die Notverordnung des Reichspräsidenten sofort abzustimmen. Jeder Parlamentarier wußte, was einer Ablehnung der Notverordnung durch den Reichstag folgen würde. «Stürzen Sie diese Regierung bzw. treiben Sie es zur

Auflösung des Reichstags», rief Wirth den Abgeordneten zu, «dann laufen Sie das Risiko, von der Krise des Parlamentarismus in die Krise des Systems der Demokratie zu verfallen.»

Die Lust zum großen Scherbengericht aber ließ die Gegner der Regierung im Reichstag nicht ruhen; am 18. Juli 1930 erzwangen sie die Abstimmung über die Notverordnung. Noch einmal versuchten Brüning und seine Minister die Katastrophe aufzuhalten, ein Abgeordneter nach dem anderen wurde von ihnen und ihren Anhängern bearbeitet. Eine winzige Hoffnung bestand, das Gros der deutschnationalen Fraktion auf die Seite der Regierung zu ziehen. Als schließlich die Abstimmung stattgefunden hatte, fehlten den Regierungsparteien ganze acht Stimmen: 236 Abgeordnete lehnten die Notverordnung ab.[28]

Acht Stimmen oder nicht – der Parlamentarismus in Deutschland war endgültig am Ende. Mit einer fahrigen Bewegung griff Brüning auf seinem Platz zu der roten Mappe, in der traditionsgemäß die Auflösungsorder des Reichspräsidenten aufbewahrt wurde, und las dem Plenum die Verordnung über die Auflösung des Reichstags vor.

Einen Augenblick lang lag Totenstille über dem Plenarsaal des Reichstages. Dann schrien ein paar kommunistische Abgeordnete: «Nieder mit Hindenburg!» und stimmten die Internationale an, sonst aber, berichtet Schulze, «herrschte bei den übrigen Parteien eisiges, betretenes Schweigen».[29] Noch am Abend beschloß das Reichskabinett, die Neuwahlen zum Reichstag auf den 14. September festzulegen. Keiner ahnte, daß dieser Tag die Heraufkunft einer neuen, schrecklichen Ära in Deutschland bringen würde. Der 18. Juli und der 14. September 1930 – zwei weitere Tage im schwarzen Kalender deutscher Irrwege.

Kamen Brüning keine Bedenken, in so krisengeschüttelter Zeit Wahlleidenschaften zu entfesseln, war er sich nicht der explosiven, fast vorrevolutionären Stimmung in Deutschland bewußt? Der Reichskanzler wußte nichts davon. Seine Welt war der parlamentarische Ausschuß und der kleine Polit-Zirkel, die breite Öffentlichkeit hatte er immer gemieden. Sein Temperament neigte zu autoritär-bürokratischen Lösungen, er dachte in Personen, Verbindungen, Querverbindungen, Interessen, Privilegien; er war in seinem Element, wenn er in den Hinterzimmern der Macht komplizierte Schachzüge ausdachte und Strategien plante. Die Stimmungen einfacher Menschen, ihre Instinkte und Vorurteile, ihre Phobien und Haßkomplexe? Heinrich Brüning kannte sie nicht.

Brüning war so in seine Akten vertieft, daß er kaum aufsah, als der Reichspräsident mit seinem Gefolge ins Rheinland reiste und sich dort als Befreier von den alliiierten Besatzern feiern ließ. Ein anderer Kanzler, der wie Brüning den schwierigsten Wahlkampf seines Lebens vor sich hatte, hätte nicht so reagiert; er hätte sich an den Mythos Hindenburg geklammert, hätte im Schutz des «Vaters des Vaterlandes» den Kampf ums politische Überleben organisiert. Nicht so der Kanzler Brüning. Er ließ den Alten fahren, er blieb in Berlin. Brüning kannte alles in der Politik, nur nicht die Gesetze der modernen Massendemokratie.

Als er jedoch Hindenburg wiedersah, durchfuhr ihn ein tiefer Schrecken. Es war der 24. Juli, als er mit seinem Freund Treviranus am Bahnhof Friedrichstraße stand und auf die Rückkehr des Reichspräsidenten wartete. Der Zug aus Westdeutschland rollte allmählich in den Bahnhof ein, die Wartenden zogen höflich ihre Hüte. Hindenburg stieg langsam aus dem Salonwagen aus, Schritt um Schritt, assistiert von seinem Sohn. Brüning ging auf den Präsidenten zu, doch der sah ihn nur fremd und verständnislos an. Hindenburg erkannte ihn nicht. Oskar von Hindenburg räusperte sich und sagte: «Hier ist der Herr Reichskanzler mit dem Minister Treviranus.» Der Alte murmelte etwas, aber sprach nicht. Der Sohn wiederholte seinen Satz, ohne Erfolg.[30]

In diesem Augenblick wußte Brüning: Schlaganfall. «Über Nacht war er greisenhaft geworden», schrieb Brüning später, «das eröffnete düstere Ausblicke für die Zukunft.» Die schwere Gehirnsklerose, an der Hindenburg litt, machte ihn zumindest zeitweise geschäftsunfähig. Am Vormittag war er noch einigermaßen ansprechbar, aber am Nachmittag, spätestens ab 17 Uhr, dämmerte er vor sich hin und war für keine Entscheidung mehr erreichbar. Aber selbst in den frischen Augenblicken Hindenburgs erkannte Brüning an ihm immer mehr «die absolute Unfähigkeit, neue politische Situationen zu begreifen».[31]

Das machte Brüning noch mehr als bisher abhängig von dem guten Willen Oskar von Hindenburgs und des Staatssekretärs Meißner, die freilich nicht selten davor zurückschreckten, Verantwortung zu übernehmen. Zudem verbat sich der Präsident deren Einmischung, zu Brüning flüsterte er: «Mein Sohn hat in der Politik nichts zu melden.»[32] Da blieben dem Reichskanzler nur noch Schleicher und Groener, auf deren Hilfe er angewiesen war, wenn es galt, Entscheidungen des Reichspräsidenten zu erlangen.

Die beiden Generale wie auch ihre nächsten Mitarbeiter aber neigten dazu, das Hindenburg-Problem zu ignorieren und sich in Selbstbetrug und Zweckoptimismus zu üben. «Es geht uns z.Zt. sehr gut», wußte der General von Hammerstein-Equord nach der Aufzeichnung eines Teilnehmers auf einer Kommandeurstagung zu fabulieren, «wir haben den Feldmarschall als R[eichs-] Pr[äsidenten], einen ausgezeichneten Mann als R[eichs-]Kanzler, der neben seinen sonstigen Fähigkeiten auch außerordentlich viel Herz für alles Mil[itärische] hat (im Krieg M. G. Komp. Chef), einen Minister, der für unsere parlamentarische Vertretung hervorragend ist.»[33]

Die Formulierungen verraten, daß sich die Männer um Schleicher in einer Welt bewegten, die nicht realitätsbezogener als jene Brünings war. Auch das Spitzelsystem des Abwehrchefs Ferdinand von Bredow konnte ihnen nicht vermitteln, wie brisant die Stimmung im Lande war. Sie wußten kaum, was in ihrer eigenen Truppe vorging.

Solche Männer hatten keine sonderliche Lust, sich auch noch die Probleme des Reichskanzlers Brüning aufzuladen. Sie sahen keinen Anlaß zur Sorge. «Mit dem Kanzler ist es ausgezeichnet zu arbeiten», schrieb Groener an einen Freund, «ich habe mit ihm einen festen Pakt geschlossen, und solange der Reichspräsident mit uns geht, werden wir mit dem Parlament so oder so fertig werden.»[34] Das war zakkig formuliert, doch die Wirklichkeit sah anders aus: Groener und sein Stichwortgeber Schleicher ließen den Kanzler allein, konfrontiert mit einer immer mehr in Panik ausartenden Wirtschaftskrise, die Brüning in den Griff zu bekommen versuchte, wie er es verstand – und er verstand es kaum.

«Er war ein Mann besten Wollens, aber geringer ökonomischer Kenntnisse und ohne wirtschaftspolitische Phantasie», urteilt der Historiker Wilhelm Treue.[35] Dabei galt der Dr. Brüning als ein Finanzexperte seiner Partei, er war durchaus wirtschaftswissenschaftlich vorgebildet. Er hatte gelernt, daß jede Wirtschaftskrise ein Selbstreinigungsprozeß sei, den der Staat nicht stoppen könne, sondern allenfalls beschleunigen müsse, damit die Wirtschaft desto eher wieder aus der Talsohle herauskomme. Mithin sei es, auch das hatte sich Brüning gemerkt, Aufgabe der Wirtschafts- und Finanzpolitik in einer Phase des Abschwungs, Staat und Wirtschaft der abwärts gerichteten Konjunkturbewegung anzupassen – durch Deflationspolitik, will sagen: durch Ausgabendrosselung und Steuererhöhung.

Genau das tat nun der Kanzler Brüning und setzte damit, wie es ein Chronist der Wirtschaftskrise umschreibt, «eine Spirale des Niedergangs in Bewegung, die von vielen als Gottesurteil hingenommen wurde».[36] Löhne und Einkommen sanken, die Umsätze gingen zurück, die Einfuhren blieben aus, der Lebensstandard wurde ruiniert, die Arbeitslosigkeit nahm ständig zu. Das Makabre an dieser Orgie der Unvernunft aber war, daß sie von Brüning und seinesgleichen unter Anrufung der höchsten Vernunft betrieben wurde, glaubte der Kanzler doch ernsthaft, stets die wirtschaftswissenschaftliche Weisheit an seiner Seite zu haben, etwa nach dem Motto: Es muß uns erst noch schlechter gehen, ehe es uns wieder besser geht.

Das war ein fataler, ein katastrophaler Irrtum. Die Wirtschaftskrise hatte längst ein solches Ausmaß erlangt, daß jede Deflationspolitik zur weiteren Lähmung der ökonomischen Kräfte führen mußte. Im Mai 1930 waren von den 21 Millionen Arbeitnehmern in Deutschland drei Millionen ohne Beschäftigung (anderthalb Jahre später werden es fünf Millionen sein), die Kreditzinsen kletterten auf 12 Prozent, die industrielle Erzeugung schrumpfte auf zwei Drittel des

Standes von 1928 zusammen. Und bald rechnete Albert Vögler, der Vorstandsvorsitzende der Vereinigten Stahlwerke, seinen Kollegen aus, «daß wir heute einen Tiefstand haben, der etwa der Erzeugung des Jahres 1902 entspricht, einen Rückschlag um 30 Jahre».[37]

Statt durch antizyklische Maßnahmen, durch Steuersenkungen und Staatsaufträge, wieder Vertrauen zu schaffen, verschärfte Brüning die Krise noch weiter – durch neue Restriktionen. «Je mehr Brüning», so der Historiker Golo Mann, «vom Körper der deutschen Wirtschaft abschnitt, um ihn der gekürzten Decke anzupassen, desto kürzer wurde die Decke.»[38] Tausende von Konkursen und Stillegungen, immer wieder neue Entlassungen, Rückgang der Abgaben an die Sozialversicherung, Ansteigen der Selbstmordraten, schließlich Verelendung und ganz primitiver Hunger: Eine Wirtschaft wurde ruiniert, eine ganze Gesellschaft verkam.

Scheinbar harmlose Berichte und Annoncen in den Zeitungen, dramatische Industriellen-Erklärungen und Dekrete der Regierungen fügten sich zu einem Mosaik gesellschaftlich-wirtschaftlichen Untergangs zusammen: Die *Deutsche Allgemeine Zeitung* meldete, ein Berliner Gaststättenunternehmer gebe «Mittagessen auf Teilzahlung» allen «Leuten, die sich in einer nur vorübergehenden Geldverlegenheit befinden», und ein anderer Reporter hielt fest, die Inanspruchnahme des Staatlichen Leihamts in Berlin sei «ins Märchenhafte gestiegen»: 1925 habe das Amt 100 000 Kunden gehabt, 1929 dagegen 170 000.[39]

Aus dem Bericht der *Deutsche Allgemeine Zeitung* über eine Demonstration von Arbeitslosen vor den Wärmehallen in der Berliner Ackerstraße: «Da die Wärmehallen überfüllt waren, konnte ein großer Teil der Arbeitslosen nicht eingelassen werden. Es sammelten sich über 200 Personen an, die auf der Straße allerlei Unfug verübten und die Polizei zu provozieren versuchten. Schließlich entspann sich eine Schlägerei, die das Einschreiten der Polizeibeamten erforderlich machte. Die Arbeitslosen griffen die Polizeibeamten an.»[40]

«Am Dienstag», so eine Meldung aus dem *Göttinger Tageblatt*, «erschoß der Kaufmann und Kapitän a. D. Staufer in seiner Wohnung seine Ehefrau. Als kurz darauf sein zwölfjähriger Sohn von der Schule heimkam, tötete er auch diesen. Hierauf brachte er sich selbst einen lebensgefährlichen Schuß bei. Er starb im Krankenhaus. Der Grund zur Tat ist in wirtschaftlicher Notlage zu suchen.» Ein Bericht aus der Reichshauptstadt besagte: «Wegen Ausbleiben der Weihnachtseinkäufe haben in Berlin innerhalb weniger Tage fünf Berliner Geschäftsleute Selbstmord verübt. Erich Kästner reimte:

> Habt Sonne in sämtlichen Körperteilen,
> und wickelt die Sorgen in Seidenpapier!
> Doch tut es rasch. Ihr müßt euch beeilen.
> Sonst werden die Sorgen größer als ihr.[41]

Und immer neue Zahlen des Schreckens, neue Statistiken des Niedergangs: Der Industrielle Carl Duisberg beschwor im Januar 1930 «die ständig steigende Ziffer der Zusammenbrüche, die mit 8956 in den ersten elf Monaten 1929 ebenfalls schon längst die Vorjahresziffer von 7360 in den ersten elf Monaten 1928 überschritten hat», und am 28. August 1930 berichtete das *Göttinger Tageblatt*, daß «von 8035 Unternehmen [der Eisen- und Stahlindustrie] 1197 den Betrieb eingestellt haben; 145 sind in Konkurs; es sind also 16 Prozent der Produktionsstätten der verarbeitenden Industrie ausgefallen.»[42]

Doch mehr noch als solche Zahlen und Berichte drückte die Alltäglichkeit des Elends die Menschen nieder, führte zum Zerfall gesellschaftlicher Konventionen. Die anhaltende Massenarbeitslosigkeit zerfraß jede Art von Moral, sie zerstörte allmählich gewohnte Formen menschlichen Zusammenlebens. Die unkontrollierte Prostitution, die ramponierte Gesundheit der Menschen, die Gefährdung der Jugend, der meist kaum noch politisch begründete Terror auf Straßen und in Sozialheimen – sie waren Zeichen beklemmenden Verfalls einer Nation, die sich ihre Ordnung immer so sehr zugute gehalten hatte.

Der Historiker Rudolf Vierhaus hat «Kulisse und äußere Form dieser Stimmung in all ihren Schattierungen der Verbitterung, der Unlust, der ‹Miesigkeit›, des Pessimismus» beschrieben. Dazu gehörten, sagt er, «die Dürftigkeit und Abgenutztheit von Kleidung und Mobiliar, die Ungepflegtheit, der Verfall der Häuser, die Trostlosigkeit von billigen Wirtshäusern und kleinen Läden ohne Angebot und Kundschaft, von Bahnhofshallen und Vorstadtkinos, . . . ferner dazu das Herumlungern der Männer auf den Straßen, Plätzen und in öffentlichen Parks, die dadurch für die Bessergestellten, für Mädchen, Frauen und Kinder etwas Bedrohliches erhielten». Der erzwungene Konsumverzicht war zum «fatalistischen Verzicht auf Pflege und Aufrechterhaltung äußerer Ordnung» geworden, hatte eine Welt kreiert, in der die Auffassung um sich griff, Anstrengung und Bemühung lohnten sich nicht mehr.[43]

Vor diesem Hintergrund tobte ein neuer Klassenkampf, der lautlose, bittere Krieg zwischen den beiden Klassen, die die Wirtschaftskrise hatte entstehen lassen: zwischen jenen, die Arbeit hatten, und denen, die keine hatten. Vierhaus notiert: «Wohin man blickte: soziale Gegensätze, Mißtrauen und Anklagen gegen andere Gruppen, Korruption und noch mehr Korruptionsverdacht, Drohung des sozialen Bürgerkriegs und Angst vor ihm.»[44]

Wer nach einiger Zeit des Aufenthalts im Ausland wieder nach Deutschland zurückkehrte, merkte, daß sich im Land etwas radikal verändert hatte. «Die Stimmung, die dir wie ein Pesthauch aus jedem Gespräch, ausnahmslos aus jedem, entgegenschlägt, sechzigmillionenfache Mischung aus Besorgtheit, Unruhe, Müdigkeit, Ratlosigkeit, Widerwillen, Erbitterung und Hysterie – diese Stimmung, unbeschrieben und schwer beschreibbar, ist ein Übel für sich», erkannte der linksliberale Publizist Leopold Schwarzschild im August 1930. Für ihn stand fest, «ein brennender Durst nach Veränderung» gehe durch Deutschland.[45]

In diese zerklüftete Landschaft sozialer Hoffnungs- und Trostlosigkeit sickerten immer mehr die Vortrupps einer nationalistischen Glaubens- und Erweckungsbewegung ein, die eben jenen brennenden Durst so vieler Menschen zu stillen versprach. «Volksgemeinschaft» hieß die Botschaft, die ihre in seltsame braune Uniformen gekleideten Anhänger verkündeten, und an ihrer Spitze marschierte ein Mann, den sie Führer, Genie, Befreier nannten. Die Nationalsozialistische Deutsche Arbeiterpartei, abgekürzt NSDAP, war unter Adolf Hitler angetreten, Staat und Gesellschaft zu erobern.

Wie keine andere Partei in der Republik wußte die NSDAP Unmut, Enttäuschungen und Hoffnungen der Gesellschaft zu artikulieren, wie kein anderer Redner seiner Zeit verstand es Hitler, geheimste Sehnsüchte und Wünsche der Massen aufzuspüren, ihnen Ausdruck zu geben und sie zugleich zu Treibsätzen seiner Bewegung zu machen. «Das ist das Wunder unserer Zeit», rief er einmal ekstatisch aus, «daß ihr mich gefunden habt, daß ihr mich gefunden habt unter so vielen Millionen! Und daß ich euch gefunden habe, das ist Deutschlands Glück!»[46]

Doch die «reale soziale Veränderungsdynamik, die hinter dem Nationalsozialismus stand» (so der Historiker Martin Broszat), war anderer Art als jene marxistischer Bewegungen. Hitlers Propagandisten bauten darauf, daß es den Menschen in Deutschland nicht nur um Revolution, sondern auch um Restauration ging, denn die Opfer der Wirtschaftskrise hatten nicht vor, plötzlich Proletarier zu werden, mochten sie auch inzwischen materiell auf Proletarierniveau abgesunken sein. Das garantierte der NSDAP den sicheren Massenerfolg: Sie wurde die große Nutznießerin des deutschen Elends, weil sie «dem gleichzeitigen Verlangen nach Kontinuität *und* Veränderung, das breite Schichten der Bevölkerung erfüllte, am meisten entsprach», wie Broszat formuliert.[47]

Für diese Rolle war die Partei prädestiniert. Sie war ideologisch schwammig genug, vieles miteinander vereinbaren zu können: den Veränderungsdrang der Jugend mit dem Erhaltungstrieb der Bauern, die warenhausfeindliche Abwehrpolitik des Kleinhandels mit den Konsuminteressen des neuen Mittelstands, die Privilegienfreude der Beamten und Angestellten mit den Aufstiegswünschen der Arbeiterschaft. In solcher Vielgelenkigkeit kam zum Ausdruck, daß sich die NSDAP von den Klassen- und Interessenparteien in einem entscheidenden Punkt unterschied: Sie war eine Volkspartei, die erste der deutschen Geschichte.

Nach der von der NSDAP herausgegebenen «Parteistatistik» setzte sich die Partei im Jahr 1930 aus folgenden Gruppen zusammen: 26,3 Prozent Arbeiter, 24 Prozent Angestellte, 18,9 Prozent Selbständige, 7,7 Prozent Beamte, 13,2 Prozent Bauern, 1,9 Prozent Rentner, 3,6 Prozent Hausfrauen, ein Prozent Studenten und Schüler sowie ein schwer bestimmbarer Rest.[48] «Trotz des Ungleichgewichts von Arbeitern und Mittelständlern», so bilanziert der Historiker Detlef Mühlberger, «war die NSDAP eine echte Volkspartei. Sie sicherte sich die Unterstützung aus allen sozialen Schichten der deutschen Gesellschaft.»[49]

Die Erkenntnis ist nicht neu. Schon der linke Sozialdemokrat Carlo Mierendorff erkannte 1930, daß es gewisse Gruppen in der Arbeiterschaft gebe, die eine Disposition für nationalsozialistische Parolen hätten und «hitlerreif» seien,[50] und auf einer Tagung hessischer Jungsozialisten in Mainz Anfang März 1930 erklärte ein Redner, daß «weitere Schichten der Arbeiterschaft heute in einem starken Sympathieverhältnis zu den Nationalsozialisten stehen».

Die Volkspartei-Ideologie ging auf die Münchner Anfänge der Partei nach dem Ersten Weltkrieg zurück, als die NSDAP zum erstenmal ihre Rolle als Mobilisator deutschen Unbehagens eingeübt hatte. Das war die Zeit des verlorenen Krieges und der wirtschaftlichen Rückständigkeit Bayerns gewesen, die Zeit des noch weitgehend ländlich bestimmten Münchens, das gerade die Schreckensmonate der roten Räterepublik hinter sich hatte und in das ein buntes, hochexplosives Gemisch aus politischen Flüchtlingen, entwurzelten Bürgern, anpassungsunwilligen Ex-Soldaten und Abenteurern aller Art strömte – idealer Nährboden für allerlei diffuse Gruppen, Sekten und Zirkel, die sich in dieser klassischen, schon im 19. Jahrhundert virulent gewordenen Ecke des kleinbürgerlich-völkischen Antisemitismus eine Welt ohne Klassen und Juden zusammenphantasierten, eine angeblich spezifisch deutsche Staats- und Gesellschaftsordnung, die sie mal «deutsch-sozial», mal «national-sozial» und gelegentlich auch schon «national-sozialistisch» nannten.

Anklang fanden solche Ideen auch in einer Schicht

Münchner Handwerker und verbürgerlichter Arbeiter, die weitgehend noch vom Land stammten und sich ungern gewerkschaftlich organisieren ließen; meist arbeiteten sie zu außertariflichen Lohnsätzen, fast immer in bestimmten Zweigen des öffentlichen Dienstes wie der Post oder der Eisenbahn. In der Eisenbahn-Hauptwerkstätte München war der Werkzeugschlosser Anton Drexler beschäftigt, der eines Tages auf die Idee kam, man müsse einmal eine «richtige», will sagen: eine nichtmarxistische Arbeiterpartei gründen, und es dann mit einigen Kollegen von der Bahn auch wirklich tat.

So entstand am 5. Januar 1919 die Deutsche Arbeiterpartei (DAP), ein Grüppchen, das auch bald eine Art Ideologie fand. Die Sehnsucht nach einem «deutschen Sozialismus» lag gleichsam in der Luft; zudem hatte Drexler in seiner Berliner Lehrzeit schmerzlich erlebt, wie man mit nicht gewerkschaftlich organisierten, noch um gesellschaftliche Anerkennung ringenden Arbeitern umsprang. Ihm schien es daher nur selbstverständlich, daß die DAP die Aufgabe habe, den «gelernten und ansässigen Arbeiter» aus der Zwangsjacke des Proletariers zu befreien und zum Bürger zu machen. Drexler hatte noch eine andere Vorstellung: «Aus den politisch Obdachlosen, die zu Hunderttausenden unter den Beamten, Kleinbürgern und Arbeitern aus Unzufriedenheit mit ihren alten Parteien entstanden sind, soll ein neuer ‹nationaler Bürgerbund› entstehen.»[51]

Den Rest des Programms lieferten ihm die Ereignisse der Zeit. In der Münchner Räterepublik (Februar bis Mai 1919) hatten einige Juden führende Rollen gespielt, der Münchner Volkszorn richtete sich auch gegen die saftigen Profite, die ein paar jüdische Kriegsgewinnler (neben vielen nichtjüdischen) eingesteckt hatten – für Drexler Anlaß genug, das Programm seiner DAP noch um eine Teufelsfigur zu bereichern, den «kapitalistischen Juden und dessen Trabanten», wie er sie nannte. Fortan gebärdete sich die DAP wild antisemitisch, und wenn es etwas gab, durch das sie sich von anderen Parteien unterschied, so war es ihr hysterisches Geschrei gegen die «goldene Internationale» oder die «400 Rathenaus», die angeblich die Welt beherrschten.[52]

Aber selbst dieser Antisemitismus wäre blaß-papieren geblieben, hätte er sich nicht mit der Aggressivität einer verlorenen Generation heimgekehrter, in ihrem Selbstwertgefühl tief verwundeter Frontsoldaten und der gereizt-verstockten Protesthaltung weitester Bevölkerungskreise verbunden, die um keinen Preis Deutschlands Niederlage im Krieg anerkennen wollten. So wurde «der» Jude zur Schlüsselgestalt, die scheinbar alles erklärte, alles verschuldet hatte: den Untergang der monarchischen Ordnung, die blutige Räteherrschaft, die Geißel «Versailles».

Keiner aber unter den Ex-Soldaten, die (nach einem Wort Ernst von Salomons) «der Krieg niemals entließ, die ihn immer im Blute tragen werden», und die damals durch die Straßen Münchens streunten, konnte den jüdischen «Erreger» aller Übel dieser Welt plastischer beschreiben als der ehemalige Gefreite Adolf Hitler. Schon in seinen politischen Durchhalte-Reden vor der Truppe hatte er sich dieser künstlichen und doch so anschaubaren Figur bedient, des ewigen Juden, der als Verursacher hinter allen Krankheiten der modernen Zivilisation stecke und den brutal zu entfernen nichts als ein Akt der Gesunderhaltung des eigenen Volkes sei.

Ein solcher Mann mußte von den antisemitischen Tiraden der DAP angezogen werden, fast automatisch lenkten ihn die Schritte zum Vereinslokal der Partei, in dem er schließlich im September 1919 auftauchte und eine erste Probe seines rednerischen Talents gab. Drexler stieß einen neben ihm sitzenden Parteifreund an und flüsterte: «Mensch, der hat a Gosch'n, den kunnt ma braucha!»[53] Die Partei nahm ihn.

Es war allerdings nicht der ehrgeizzerfressene, machtgierige Hitler aus den populären Führer-Biographien, sondern der Hitler, wie ihn seine Umgebung damals kennenlernte: ein unsicherer, eigenbrötlerischer Mann, verantwortungsscheu, nicht gewohnt, sich mit anderen auseinanderzusetzen, und ganz sicher nicht der Führertyp, der er nach der noch heute zäh geglaubten Legende von Anbeginn gewesen sein soll. Ihm wäre damals nicht in den Sinn gekommen, die Autorität des Parteivorsitzenden Drexler in Frage zu stellen; für ihn blieb die Hauptsache, daß er reden durfte.

Erst allmählich begann Hitler, sich ein eigenes Programm zu schaffen. Das dürftige DAP-Vokabular eignete er sich rasch an, dann tat er ein paar selbständige Überlegungen hinzu und las sich aus den Programmen und Redematerialien gegnerischer Parteien manches zusammen. Was ihm noch fehlte, holte er sich bei der Kommunikation mit der Menge, deren heimliche Wünsche und Emotionen er herausspürte wie kein anderer Redner in München. So entstand Zug um Zug seine Botschaft, ein hochexplosives Gemisch aus Anklage und Weltheilung: Denunziation von «Marxismus» und «Judentum», für ihn Inbegriff aller Schäden der modernen Industriegesellschaft, Brandmarkung von «Versailles», Synonym der deutschen Niederlage, Verheißung der «Volksgemeinschaft», Zentralbegriff neuer nationalistischer Dynamik im Zeichen der Klassenversöhnung.

Hitler steigerte sich immer mehr hinein in die Pose des Missionars, der seinem Volk den Weg in das neue Land weist, und viele sahen ihn schon damals als den wirkungsvollsten Trommler der «Bewegung», den Wegbereiter der «nationalen Erneuerung Deutschlands». In der Tat: Die Menschen strömten zusammen, wenn sein Name auf den Plakaten stand, die eine Kundgebung der Deutschen Arbeiterpartei ankündigten, und es war stets ein Ereignis, eine «Gaudi», sobald Hitler an das Rednerpult trat, um abzurechnen mit dem «jüdischen Bolschewismus», der «Berliner Verbrecherrepublik», dem «blutgierigen Kapitalismus». Dann stand er verzückt vor der gebannt lauschenden Menge, den Feind im Griff, das Paradies schon erschauend, jeder Zoll der Seher des Kommenden, als der er sich stilisierte.

Seine Reden und Versammlungen zogen Tausende in die Partei, die DAP wuchs von Monat zu Monat. Sie war bald die stärkste Partei Münchens und drang nun, wieder von Eisenbahnkollegen Drexlers getragen, über die Grenzen der Hauptstadt hinaus; die ersten Ortsgruppen auf dem Land entstanden. Die Partei veränderte und vergrößerte sich, sie wurde zusehends eine Landpartei: 53,7 Prozent ihrer Mitglieder kamen vom Lande, 22,1 Prozent saßen in Kleinstädten und 24,2 Prozent in den Großstädten.[54] Das verband die Partei mit der ganzen ländlichen Welt konservativer Einwohnerwehren und rechtsradikaler Wehrorganisationen, deren Führer davon träumten, aus Bayern eine antirepublikanische «Ordnungszelle» zu machen, aus der heraus man eines Tages die verhaßte Berliner Republik stürzen könne.

Die DAP sah sich von allerlei Möchtegern-Putschisten umschwärmt, die sich ihrer relativ breiten Basis bedienen wollten, denn sie besaß eine soziologische Vielgestaltigkeit, wie sie keine andere Partei in Bayern kannte. Ihre frühesten Mitgliedslisten weisen aus, daß unter den Parteigenossen 27,6 Prozent Arbeiter waren, 20,9 Prozent Selbständige, 18,3 Prozent Angestellte und 10,9 Prozent Beamte.[55] Eine so breitgefächerte Gefolgschaft lockte das kleine Häuflein der Wehrorganisationen an, die im Halbdunkel von Soldatenspielerei und Fememorden dahinvegetierten und Anschluß bei einer «nationalen» Partei suchten, die ihnen das Personal für ihre putschistischen Pläne stellen konnte.

Auch die Mobilmachungsplaner der Schwarzen Reichswehr interessierten sich plötzlich für die DAP und animierten die Parteileitung, aus Parteigenossen eine paramilitärische Organisation aufzustellen. Ein kleiner Mann mit einem zerschossenen, geröteten Gesicht namens Ernst Röhm, Hauptmann im Reichswehrgruppenkommando 4, beschaffte Waffen und Gerät, ehemalige Marineoffiziere übernahmen die Ausbildung des Wehrverbandes, die Parteileitung steuerte einen Namen dazu: Sturm-Abteilung (SA). Sie figurierte in den Plänen der Reichswehr als ernsthafte Truppe: Das SA-Regiment München unter seinem Kommandeur Hermann Göring, einem ehemaligen Fliegeroffizier, verfügte über Artilleriehundertschaften, Kavalleriezüge und Infanterieeinheiten.

Hitler aber blieb davon merkwürdig unberührt, Organisatorisches interessierte ihn nicht. Drexler und seine Freunde merkten, daß für Hitler Politik nicht alles bedeutete. Er war noch jung, gerade 32 Jahre alt, er reiste gern durch die Lande und hatte eine unüberwindliche Scheu vor Schreibtischarbeit; Parteifreunde beanstandeten, daß Hitler keiner geregelten Tätigkeit nachgehe, einen aufwendigen Lebensstil habe und «mit rauchenden Damen im Auto durch München» fahre.[56] Auch Drexler verdroß, daß Hitler an der Verwaltungsarbeit der Partei nicht teilnahm. Er war einfach nicht zu bewegen, zu den Sitzungen des Parteiausschusses zu erscheinen oder gar, was ihm Drexler wiederholt angeboten hatte, Mitglied dieses höchsten DAP-Gremiums zu werden.

Nicht einmal an der Formulierung des 25 Punkte umfassenden Parteiprogramms mochte er sich beteiligen, dieses später zu Unrecht vielbelächelten Papiers, das doch eigentlich schon alles enthielt, was dann die ideologische Sprengkraft des deutschen Faschismus ausmachte: den Judenhaß, die Forderung nach Raumeroberung, das Verlangen nach einem deutschen Sozialismus («Brechung der Zinsknechtschaft»). Als am 24. Februar 1920 im «Hofbräuhaus» vor 2000 Anhängern das Programm und der Beschluß verkündet wurde, die DAP in Nationalsozialistische Deutsche Arbeiterpartei umzubenennen, war Hitler nur als zweiter Redner vorgesehen.[57]

Dem Mann, der schon im Krieg die Beförderung zum Unteroffizier ausgeschlagen und bei dem kein Vorgesetzter jemals Führereigenschaften erkannt hatte, wäre nichts sonderbarer vorgekommen als die Vorstellung, er könne dereinst Führer dieser Partei werden. Sein Metier war die Propaganda, das Aufpeitschen von Massen, die Vision, die Vorbereitung des langen Marsches in die Zukunft. Aber anführen würde er diesen Marsch nicht, dessen war Hitler ganz sicher, anführen würde ihn ein Größerer, auf dessen Erscheinen er noch wartete.

«Wir sind ja alle ganz kleine Johannesnaturen. Ich warte auf den Christus», sagte Hitler zu einem ehemaligen Pfarrer,[58] und Albrecht Tyrell, dem die Geschichtsschreibung diese drastische Korrektur des gängigen Hitler-Bildes verdankt, fand eine Fülle von Dokumenten, die Hitlers Führerscheu belegen. Der Publizist Max Maurenbrecher notierte sich im Mai 1921 einen Hitler-Ausspruch: «Er sei wohl der Agitator, der Massen zu sammeln verstehe. Aber er sei nicht der Baumeister, der Plan und Aufriß des neuen Gebäudes bildhaft klar vor seinen Augen sieht und mit ruhiger Festigkeit in schöpferischer Arbeit einen Stein auf den anderen zu legen vermag. Er brauche den Größeren hinter sich, an dessen Befehl er sich anlehnen dürfe.»[59]

Als jedoch zwei Monate später die Gefahr drohte, daß eine ihm unwillkommene Fusion zwischen der NSDAP und einer Konkurrenzpartei zustande kommen und ihn aus seiner agitatorischen Schlüsselposition verdrängen würde, da meldete Hitler plötzlich Führerambitionen an. Er mobilisierte seine Anhänger und verlangte am 14. Juli in einem Ultimatum an den Parteiausschuß: «Sofortige Einberufung einer außerordentlichen Mitgliederversammlung binnen acht Tagen, gerechnet von heute ab, mit folgender Tagesordnung: Der derzeitige Ausschuß der Partei legt seine Ämter nieder, bei der Neuwahl desselben fordere ich den Posten des Ersten Vorsitzenden mit diktatorischer Machtbefugnis.»[60]

Einen Tag später kapitulierte der Parteiausschuß – «in Anerkennung Ihres ungeheuren Wissens, Ihrer, mit seltener Aufopferung und nur ehrenamtlich geleisteten Verdienste für das Gedeihen der Bewegung». Hitler wurde am 29. Juli 1921 zum Ersten Vorsitzenden der NSDAP gewählt und diktierte der nach dem Vereinsrecht organisierten Partei eine Satzung auf, die Drexlers Schöpfung zu einer autoritären Führerpartei machte. Zwar war ein sechsköpfiger Ausschuß als Parteivorstand vorgesehen, doch schrieb sich Hitler «weitesten Spielraum» bei der Führung und das Recht zu, «unabhängig von Majoritätsbeschlüssen des Ausschusses» Entscheidungen fassen zu dürfen (Paragraph 7 der Satzung).[61]

Hitlers Claqueure beeilten sich, die Ära des Führerkults in der NSDAP einzuläuten. Hermann Esser rief noch am selben Abend in einer Versammlung im Zirkus Krone, «unser Führer» sei da, und Rudolf Heß stimmte im Parteiblatt, dem *Völkischen Beobachter*, am 11. August die erste jener fanatischen Hitler-Elogen an, denen noch Tausende folgen sollten. «Seid ihr», schrieb Heß, «wirklich blind dagegen, daß dieser Mann die Führungspersönlichkeit ist, die allein den Kampf durchzuführen vermag? ... Hitlers Wesen ist reinstes Wollen; seine Kraft beruht nicht nur auf Rednergabe, sondern in gleichem Maße auf bewundernswertem Wissen und klarem Verstand.»[62]

Hitler indes nahm das Führergeschwätz seiner Gehilfen

nicht ernst. Er war Parteivorsitzender mit diktatorischen Vollmachten, aber ein oder gar *der* Führer war er nicht. Hitler wähnte nach wie vor, daß noch ein «Größerer» kommen werde, um die Leitung der «nationalen Bewegung» zu übernehmen.

Selbst als sich im Sommer 1923 die innenpolitischen Verhältnisse in Bayern zuspitzten und alles auf einen Putschversuch der rechtsradikalen Verbände einschließlich der NSDAP und der erzkonservativen Regierung Bayerns gegen das «rote» Berlin hindeutete, sah sich Hitler nicht in der Rolle eines Diktator-Anwärters. Für ihn stellte sich «die Frage: ist die geeignete Persönlichkeit da? Unsere Aufgabe ist es nicht, nach der Person zu suchen. Die ist entweder vom Himmel gegeben oder ist nicht gegeben. Unsere Aufgabe ist, das Schwert zu schaffen, das die Person brauchen würde, wenn sie da ist. Unsere Aufgabe ist, dem Diktator, wenn er kommt, ein Volk zu geben, das reif ist für ihn».[63]

Nicht einmal der berühmte Pistolenschuß Hitlers gegen die Decke des «Bürgerbräukeller», mit dem er am Abend des 8. November 1923 die bayerische Politiker-Elite erschreckte, sollte ihm die Führung des Putsches sichern. Für Hitler war der Schuß nichts anderes als «die Initialzündung», getreu der Absprache unter den führenden Berlin-Gegnern, «daß an einer Seite die Auslösung kommt und daß dann die große Lawine ins Rollen kommt», wie Hitler später vor Gericht erklärte.[64] Denn er hatte schon einen Größeren rufen lassen: den Feldherrn Ludendorff.

Mithin war der Putsch des 8./9. November 1923 nicht Hitlers erster Versuch der Machtergreifung, wie die Historiker lange Zeit wähnten, nicht eine Generalprobe für den 30. Januar 1933. Hitler blieb seiner Trommler-Rolle treu; schon im Oktober 1923 hatte er sich geschworen, «mein Ziel, das ich mir selbst gestellt, nicht aus den Augen [zu] verlieren, Wegbereiter zu sein der großen deutschen Freiheitsbewegung, die uns die Einigung nach innen und außen bringen soll».[65]

Erst im «Feldherrnhügel», dem Sondertrakt der Festungshaftanstalt Landsberg am Lech, begann Hitler, in die Rolle des Führers zu schlüpfen. Der Häftling Hitler, wegen

Hochverrats von dem Münchner Volksgerichtshof im Frühjahr 1924 zu fünf Jahren Festungshaft verurteilt, sah sein Leben grundlegend verändert: Der Beifall, den seine pathetischen Einlassungen und Verteidigungsreden vor Gericht bei den Parteigenossen ausgelöst hatten, der schier nicht mehr abreißende Strom der Fanpost aus allen Teilen Deutschlands und nicht zuletzt die Verehrung, die er in Landsberg unter den Mithäftlingen und sogar unter dem Gefängnispersonal genoß, versetzten ihn in den Wahn, selber der auserwählte Führer zu sein, auf den er so lange Zeit gewartet hatte.[66]

In der Zelle 7 machte sich Hitler daran, mit zwei Fingern auf einer klapprigen Schreibmaschine sein bisheriges Leben umzuschreiben. Seite um Seite stilisierte er sich zu dem Führer der «nationalen Bewegung» empor, der – von allen Deutschen erhofft – nur auf seine Stunde wartet. Ein phantastischer Anblick, wie sich da ein Mann selber umfrisiert: Alle Unsicherheiten und Sackgassen seines Lebens schwanden dahin, Präzision und Logik traten an ihre Stelle, vergessen war, was ihn von Jugend an irritiert hatte. In «Mein Kampf» war es dann nachzulesen; da hatte er schon in Wien die «jüdische Gefahr» erkannt, da war ihm im Krieg bereits die Notwendigkeit des deutsch-britischen Bündnisses aufgegangen, da war er von Anbeginn der NSDAP ein zielsicherer Führer gewesen, da hatte er auch den Lebensraumkrieg gegen die Sowjetunion, dieses fürchterlichste Produkt Landsberger Meditationen, längst ins Auge gefaßt.

Und während er noch all dies zu Papier brachte, praktizierte er bereits seine neue Rolle – unter Mithäftlingen und Wärtern. Jeder eingelieferte Nationalsozialist mußte sich sofort bei Hitler zum Rapport melden. «Ich war kaum dazu gekommen, mich in meiner Zelle umzusehen», erzählt der Parteigenosse Hans Kallenbach, «als der Angeklagte Nr. 2, Emil Maurice, erschien und mir den Befehl überbrachte, unverzüglich beim Führer zur Meldung zu erscheinen.»[67]

Selbst die Beamten des Münchner Justizministeriums und einige Staatsanwälte spielten, unbewußt, bei Hitlers Führerstilisierung mit. Notiz der Münchner Staatsanwaltschaft I vom 3. Dezember 1923: «Der Schäferhund des Hitler darf bei der Besprechung mitgeführt werden.» Auch die emsige Korrespondenz, die Hitler mit der Außenwelt pflegte, diente fast ausschließlich seinen Führerambitionen.[68]

Doch als Hitler, vorzeitig entlassen, im Dezember 1924 wieder auf freiem Fuß war, bekam er schnell zu spüren, daß Führerautorität und martialische Sprüche allein die inzwischen verbotene NSDAP nicht wieder in Schwung bringen konnten. Die Partei war nicht nur in zwei miteinander rivalisierende Blöcke, die Großdeutsche Volksgemeinschaft und die Nationalsozialistische Freiheitsbewegung, zerfallen, zwischen ihnen rochierten auch noch unzählige Gruppen, Cliquen und Verbände, die sich kaum auf einen gemeinsamen Nenner bringen ließen.

Hitler ließ sich jedoch nicht einschüchtern. Zäh, geduldig und nicht ohne diplomatische Geschicklichkeit fügte er einen Teil wieder zum anderen. Er bereiste Ortsgruppe um Ortsgruppe in Bayern, schwor selbst unwilligste Unterführer auf sich ein und hatte bald alles wieder zusammen. Inzwischen hatte Hitler durch das feierliche Versprechen, nie wieder zu putschen und sich streng an die Legalität zu halten, von der bayerischen Regierung die Genehmigung zur Neugründung der NSDAP erwirkt, und so konnten schließlich die zerstrittenen Unterführer bei der Taufe der neu-alten Partei im «Bürgerbräukeller» vor 4000 jubelnden Parteigenossen am 27. Februar 1925 Versöhnung feiern und ihrem Adolf Hitler ewige Treue schwören.

Alles schien wieder in bewährter Ordnung: die Partei auf den Führer eingeschworen, der Nationalsozialismus auf seine Heilslehre und seinen Erlöser ausgerichtet, der Führungsapparat fest in Hitlers Griff. Die von Hitler ernannten Gauleiter in der Provinz hatten allen Grund, dem Führer für ihre neubestätigte Macht dankbar zu sein. Auch in der Verwaltungszentrale der Partei in Münchens Schellingstraße saßen «hitlertreue Bürokraten ohne politische Ambitionen» (so der Historiker Wolfgang Horn), die keinen anderen Ehrgeiz kannten als den, ihrem Führer bedenkenlos zu dienen.[69] Der Geschäftsführer Philipp Bouhler, der Schatzmeister Franz Xaver Schwarz, der Parteiverleger Max Amann – die Hitler-Paladine waren unter sich.

Auf einmal aber meldeten sich aus Nord- und Westdeutschland Parteigenossen zu Wort, die mit dem Hitlerkult gar nicht einverstanden waren. Ein NS-Unterführer protestierte: «So war es nicht gemeint. Hier kommt erst die Sache, dann die ihr dienenden Personen. Nur so waren wir bereit, Hitler die unbestrittene erste Führung zu überlassen.» Was sich da an Widerspruch regte, war freilich mehr als eine Parteiquerele. Hier artikulierte sich eine Bewegung, die zum erstenmal dem Nationalsozialismus so etwas wie intellektuelles Niveau und jene soziale Schubkraft verlieh, an der letztlich (neben Hitlers Rednermagie) die Weimarer Demokratie zugrundegehen sollte.

Ihre Vertreter und Agitatoren saßen in den Großstädten des Nordens und Westens und hatten sich in den Kopf gesetzt, das Gerede vom «deutschen Sozialismus» ernst zu nehmen; ohne die Arbeiterschaft, so fanden sie, gerate Hitlers ländlich-vorstädtische Bayernpartei in die Gefahr, «auf die Ebene einer radikalisierten Nur-Antisemiten- und Kleinbürger-Partei abzurutschen», wie eines ihrer Blätter, die *Berliner Arbeiterzeitung*, schrieb.[70] Für die sozialen Oberschichten hatten sie nichts übrig, die SPD lehnten sie als eine «in Wahrheit bürgerliche Partei» ab, und ihre Kritik an der Revolution von 1918 galt «nicht dem 9. November, weil er zuviel, sondern weil er zu wenig brachte». Sie formulierten so radikal, daß der General Groener schon meinte, ihre Auffassungen unterschieden «sich in nichts von denen der Kommunisten».

Was sie da aussprachen, mußte auch Hitler in helle Empörung versetzen. «Unser Kampf gilt nicht der Republik, die wir bejahen», schrieben sie, verlangten «die wirtschaftliche Revolution, die Nationalisierung der Wirtschaft» und erträumten sich einen «Bund der unterdrückten Völker», an dessen Spitze Deutschland und das rote Rußland gemeinsam gegen die «Sklaverei» des Völkerbundes marschieren sollten.[71]

Hinter solchen Formulierungen stand ein Kreis junger Nationalsozialisten, die im NS-Gau Rheinland-Nord nach dem Sturz des dortigen Gauleiters in die örtliche Parteiführung gelangt waren. Der Gaugeschäftsführer Joseph Goebbels, der spätere Gauleiter Karl Kaufmann, der Zahnarzt Helmut Elbrechter und der ehemalige Freikorpsführer Franz Pfeffer von Salomon wollten dem Nationalsozialismus ein revolutionäres Profil geben.

Ihr eigentlicher Wortführer aber saß auf dem Lande, in Bayern, und es machte für Hitler die Sache nicht besser, daß dieser Mann einer seiner engeren Mitarbeiter war: Gregor Straßer. Der dreiunddreißigjährige Apotheker aus Landshut, im Ersten Weltkrieg Artillerie-Oberleutnant und dann Freikorps-Führer, NS-Gauleiter in Niederbayern und während Hitlers Haft Anführer der Nationalsozialistischen Freiheitsbewegung, war von seinem Führer Anfang 1925 beauftragt worden, die in Nord- und Westdeutschland verstreuten NS-Gruppen zu beaufsichtigen. Aus der Aufsicht war rasch Partnerschaft geworden, denn Straßer dachte über den Hitlerkult und den provinziellen Nationalsozialismus ähnlich wie die Hitzköpfe im Großgau Ruhr.

Straßer und die Rebellen gründeten im Oktober 1925 eine «Arbeitsgemeinschaft der nord- und westdeutschen Gaue der NSDAP» (AG), die sich rasch zu einer Anti-Hitler-Fraktion entwickelte. Der bedächtige Straßer hatte freilich alle Mühe, die wilden Kritiker seines Führers vor unüberlegten Aktionen zu bewahren; als Goebbels beantragte, den «kleinen Bourgeois Adolf Hitler» aus der Partei auszuschließen, stoppte ihn Straßer.[72] Das wurde ihm nun zum Problem, das er zeitlebens nicht lösen konnte: Hitler auszuschalten, ohne die Bande der Loyalität, die ihn mit eben diesem Hitler verknüpften, «unanständig» zu verletzen.

Der Mann aus Landshut machte seinen neuen Freunden klar, daß es zunächst nicht um Hitler, sondern um das Parteiprogramm gehe. Dieses intelligenten Lesern unzumutbare Allerweltspapier, so dünkte es Straßer, müsse dringend revidiert werden, wenn nun die Partei zum Kampf um Wählerstimmen und um die politische Macht antrete; das von Hitler für «unabänderlich» erklärte Programm bedürfe der Präzision und Ergänzung – Ergänzung durch ein Spezialprogramm des «nationalen Sozialismus». Straßer hatte ein solches Programm bereits ausgearbeitet, Ende 1925 legte er es der AG vor.

Nun erwies sich allerdings, daß die Rebellen doch nicht so miteinander übereinstimmten. Pfeffer wetterte, Straßers Vorschläge zeugten von einer «jüdisch-liberal-demokratisch-marxistisch-humanitären Grundauffassung», Ludolf Haase fand, das ganze Programm sei «national-liberal», und ein dritter meinte einfach, Straßer habe «vollendeten Bockmist fabriziert». Dennoch machten sich die westdeutschen Parteigenossen daran, das Straßer-Papier auf einer Konferenz in Hannover Ende Januar 1926 umzuarbeiten. In einem Punkt wurde man sich wenigstens einig: Die Auslegung des Parteiprogramms durch Hitler, ja, seine ganze Art der Parteiführung sei unzumutbar.[73]

Hitler erkannte die ihm drohende Gefahr und reagierte rasch. Jetzt zeigte der Führer der NSDAP, daß er überaus differenziert zu taktieren verstand. Hitler lud die rebellischen Parteigenossen zu einer Führertagung ein, die am 14. Februar 1926 in Bamberg stattfand. Die untereinander uneinigen Frondeure schnitten dabei so miserabel ab, daß es Hitler nicht schwerfiel, sich noch einmal seine absolute Führerstellung und die Unabänderlichkeit des Parteiprogramms bestätigen zu lassen. Straßer gab sich geschlagen, die AG mußte aufgelöst werden.

Doch Hitler paßte auf, daß die abgeschlagenen Gegner nicht als Gedemütigte und Besiegte das Kampffeld von Bamberg verließen. Er hatte seine Sache äußerst konziliant vertreten und jedes scharfe Wort gegen die Widersacher vermieden. Auch hatte Hitler schon während der Tagung begonnen, leicht beeinflußbare Gegner wie Goebbels durch Charme und Versprechungen auf seine Seite zu ziehen. Die größte Überraschung aber traf Straßer: Hitler bot ihm an, die organisatorische Leitung der Partei zu übernehmen und mit ihm gemeinsam den Kampf um die Eroberung der Republik zu führen – Beginn einer steilen Karriere, durch die Gregor Straßer zur Nummer zwei der NSDAP wurde, zu dem Mann, der zeitweilig sogar Hitler in den Schatten stellte.

Taktische Schläue oder Rückfall in die Unsicherheit früherer Jahre? Niemand weiß, was Hitler bewog, Straßer zum Partner zu machen. Er gab ihm den Weg in die Reichsleitung der NSDAP frei: Am 16. September 1926 übernahm Straßer als Reichspropagandaleiter den Parteiapparat, assistiert von einem unauffällig-pedantischen Gehilfen namens Heinrich Himmler, der sofort für Aktenordnung sorgte.

Straßer übernahm die Vorbereitung der Parteitage, er gab der Partei eine einheitliche Gaustruktur, verstärkte die Organisation der Parteispitze und führte regelmäßige Gautage und Reichskonferenzen der Gauleiter ein. Mit jeder organisatorischen Reform, die er nicht selten gegen Hitlers Widerstand erzwang, wuchs der Einfluß von Straßer: Er wurde 1927 «Vorsitzender der Organisation und Propaganda», er sicherte sich ein Mitspracherecht bei der Auswahl von NS-Kandidaten für Landtags- und Reichstagswahlen und forcierte, 1928 auch Reichsorganisationsleiter geworden, den Ausbau einer neuen Leitungszentrale der Parteiführung.[74]

Und je mehr Straßer zum nahezu unumstrittenen Generalsekretär der Partei aufstieg, desto deutlicher wurde auch, daß die Führertagung von Bamberg keineswegs das Schicksal des «linken» Nationalsozialismus besiegelt hatte. Im Gegenteil: Erst der Aufstieg Straßers ermöglichte es den NS-Linken, in zahlreichen Organisationen Fuß zu fassen und örtliche Parteiapparate unter ihre Kontrolle zu bekommen. Das Ruhrgebiet, Hamburg, Sachsen und Thüringen waren Hochburgen der nazistischen Sozialisten, während Berlin als das geistige Zentrum galt, obwohl dort der von den Straßers abgefallene Goebbels als Gauleiter amtierte. Berlin war Sitz des Kampfverlags, eines kleinen Zeitungsimperiums unter der Leitung des irrlichternd-scharfzüngigen Otto Straßer, des jüngeren Bruders von Gregor, der mit seinen zahllosen Blättern von der *Berliner Arbeiterzeitung* bis zu *Der Nationale Sozialist* ganz Norddeutschland publizistisch abdeckte und für linke NS-Kreise eine Art Kultfigur war.

NS-Sozialisten saßen auch in der Führung der «Hitler-Jugend» (HJ), wie sich der «Bund deutscher Arbeiterjugend», die Jugendorganisation der NSDAP, seit Juli 1926 nannte. Ihre Zentrale lag in Plauen, weil sich der ehemalige Jurastudent Kurt Gruber, der erste Reichsführer der HJ, nicht der ihm zu konservativen Reichsleitung in München anvertrauen mochte. Mit ihren Zeitschriften und Pressediensten zählte Grubers Führungsmannschaft zu den lautstärksten Bataillonen des «nationalen Sozialismus». Gruber 1928: «Die Hitler-Jugend ist ... nicht etwa Parteijugend schlechthin, sondern: Die Hitler-Jugend ist die neue Jugendbewegung sozialrevolutionärer Menschen deutscher Art.»[75]

Ein Sozialrevolutionär wollte auch der Balte Adrian von Renteln sein, der 1929 im Auftrag von Straßers Reichsleitung einen «Nationalsozialistischen Schülerbund» (NSS) mit einer eigenen Monatszeitschrift (*Der Aufmarsch*) gründete, der bald zum Schrecken vieler Lehrer wurde. Ein Oberprimaner im *Aufmarsch* gebieterisch: «Macht Platz, ihr Alten! Es dröhnt der Gleichschritt einer neuen Generation.»

Selbst zu der revolutionären Bauernbewegung, die mit ihren Massendemonstrationen und Bombenanschlägen Schleswig-Holstein verunsicherte, hatten schon Otto Straßers Freunde Kontakte aufgenommen. A. Georg Kenstler, Herausgeber der Zeitschrift *Blut und Boden*, wollte von Weimar aus eine zentral von der NSDAP gesteuerte Landvolkorganisation aufbauen, die sich über ganz Deutschland ausbreiten sollte,[76] und Bodo Uhse, später Kommunist und DDR-Autor, propagierte als überzeugter Nationalsozialist: «Es ist in der gegenwärtigen Stunde die Aufgabe des Nationalsozialismus, dem Bauerntum in seiner Verzweiflung klar zu machen, daß es weit weniger radikal ist, eine Dynamitpatrone zur Entzündung zu bringen, als dem System die Wurzeln abzuschlagen, indem man durch nüchterne Arbeit die Vernichtung der gegenwärtigen Herrschaft vorbereitet.»[77]

Mobilisierung der unzufriedenen Jugend, Nutzung der Bauernrevolte, Aufpeitschung sozialistischer Instinkte – fehlte nur noch die Organisation, die dies alles in politische Aktion umsetzte: die Sturmabteilung, die SA. Der Mann stand schon bereit, die Organisation zu schaffen; es war Pfeffer von Salomon. Pfeffer verdankte es Straßers Einfluß, daß er im Sommer 1926 in die Münchner Parteizentrale gerufen worden war, um den Wiederaufbau der SA zu leiten. Doch diesmal war nicht eine paramilitärische Organisation wie einst unter Röhm geplant, diesmal ging es um eine waffenlose Propagandatruppe, die die Botschaft der Partei in alle Winkel Deutschlands bringen und den Sieg über die Gegner erzwingen sollte.

Hitler sah in der SA eine Organisation, die politische Ideen in Kampfkraft verwandeln sollte; die Marschsäulen der SA waren dazu ausersehen, in «einer Art permanenten Wahlkampfes mit terroristischen Mitteln» (so der Historiker Wolfgang Sauer) den Behauptungswillen des demokratischen Gegners zu lähmen.[78] Dies zu leiten und zu organisieren, schien Hitler der einstige Freikorpsführer und Hauptmann Pfeffer der geeignete Mann. Mit Wirkung vom 1. November 1926 wurden ihm als «Oberstem SA-Führer» (OSAF) alle bereits vorhandenen Sturmabteilungen unterstellt; er war zwar gehalten, grundsätzlich Weisungen Hitlers auszuführen, durfte aber die SA-Organisation nach Gutdünken aufbauen.

Wie Hitler und die meisten Deutschen der Zeit war auch Pfeffer von Salomon ein glühender Bewunderer marschierender Kolonnen. Er glaubte an den massenpsychologischen Zwang, der von dem Gleichklang dröhnender Marschtritte und dem roboterhaften Vorrücken disziplinierter Vierer-Reihen ausging. Von Pfeffer stammt auch die enthüllendste Beschreibung nationalsozialistischer Massenhypnose. «Der Anblick einer starken Zahl innerlich und äußerlich gleichmäßiger, disziplinierter Männer, deren restloser Kampfwille unzweifelig zu sehen oder zu ahnen ist», so Pfeffer, «macht auf jeden Deutschen den tiefsten Eindruck und spricht zu seinem Herzen eine überzeugendere und mitreißendere Sprache als Schrift und Rede und Logik je vermag».[79]

Pfeffer hatte allerdings nicht die Absicht, das traditionelle Militär zu kopieren, seine SA stellte er sich als ein sozialistisches Instrument vor. Er war bei den Freikorps gewesen, jenen Freiwilligenverbänden, die sich 1919 nach dem Auseinanderlaufen der alten Armee um jeweils einen populären Offizier gebildet hatten. Deshalb teilte er, nach dem Vorbild der Freikorps, die SA in Gruppen, Trupps, Stürme, Standarten und Brigaden ein und nannte die Anführer einfach nach ihren Einheiten, also: Sturmführer, Standartenführer, Gruppenführer und so weiter. Daß die SA-Männer Braunhemden trugen, war nur ein Zufall; einem SA-Führer war ein größerer Posten von Braunhemden, ursprünglich für die Schutztruppe in Deutsch-Ostafrika bestimmt, angeboten worden, und so war das Braun in die Partei gekommen.

Militärische Hierarchie war auch sonst in der SA verpönt. In einem Sturm durfte ein SA-Mann kein Rangabzeichen tragen, nur ein Dienststellenabzeichen, und strenge Befehle sorgten dafür, daß über die Zusammensetzung einer Gruppe nie von oben, sondern immer nur von unten entschieden wurde. Denn auf die Gruppe kam es an, in der Gruppe war man «auf Leben und Tod» verbunden, in der Gruppe standen die SA-Männer, «die in Not und Handgemenge am besten zueinander passen und am liebsten miteinander kämpfen wollen» (Pfeffer).[80]

Die neue SA sollte jung und revolutionär sein, nur die obersten Kommandoposten mochte Pfeffer nicht unerfahrenen Führern anvertrauen. So kamen doch noch ein paar Berufsmilitärs in die SA, die Viktor Lutze und Walther Stennes, die August Schneidhuber und Paul Dincklage, meist ehemalige Majore und Hauptleute, die nun OSAF-Stellvertreter wurden und sich immer etwas verloren gegenüber den jungen Leuten vorkamen, die scharenweise in die neue SA strömten. Es war eine Parteiarmee der Twens; 70 Prozent der Mitglieder der Berliner SA waren jünger als 26 Jahre und fast 90 Prozent unter 30. «Ihre Führer», hält ein Kenner fest, «waren ebenfalls sehr jung; ein Großteil von ihnen war zu jung, um Offizier im Ersten Weltkrieg gewesen zu sein oder irgendwie Militärdienst geleistet zu haben.»[81]

Das Heer der Braunhemden setzte sich in Bewegung, ein noch nie dagewesener Feldzug voll politischer Aggressivität begann, angetrieben von den rabiaten Kampfsprüchen der NS-Führung. «In uns marschiert die Revolution, jene Revolution des 20. Jahrhunderts, die eine grundstürzende und grundlegende Umwälzung im gesamten Lebensbild der Gegenwart hervorruft», tönte Gregor Straßer. «Wir treiben Katstrophenpolitik, weil nur die Katastrophe, das ist der Zusammenbruch des liberalen Systems, die Bahn freimacht für jenen neuen Aufbau, den wir ‹Nationalsozialismus› nennen.»[82]

Eine Welle wüster Drohungen gegen Republik und Demokratie lief den Marschsäulen der SA voran, jede Order hieß die Braunhemden-Armee, dem Staat brutalsten Kampf anzusagen. Karl O. Paetel, nach der Hitler-Ära ein vielzitierter Deuter des Nazismus, gab in den *Nationalsozialistischen Briefen* die Parole aus: «Keinen Mann diesem System, wenn es Schwierigkeiten hat! Jede Schwächung des Systems ist eine Chance für uns! Und wenn die Spießer dreimal ‹Bolschewismus› zetern und für die Nippes ihrer Komoden zittern, was schert uns das?»[83] Keine Gelegenheit zur Anrempelung republikanischer Politiker wurde ausgelassen, immer wieder drohten die Nazis ihren Gegnern mit Gewalt und Brutalität.

«Sie, meine Herren», rief der sächsische NS-Abgeordnete Manfred von Killinger seinen demokratischen Gegnern zu, «Sie wollen uns Nationalsozialisten den Fehdehandschuh hinwerfen. Tun Sie es ruhig, wir heben ihn lachend auf. Aber hüten Sie sich davor, daß wir Ihnen nicht den Fehdehandschuh eines Tages vorwerfen ... in Form von abgeschlagenen Köpfen Ihrer Oberbonzen.» Und der Gauleiter Brückner drohte schon in der Tonart der späteren Judenmörder: «Ich warne die Juden und ihre staatlichen Organe, irgendwelche Dummheiten zu machen oder gar auf Hitler ein Attentat zu verüben. Wenn auf Hitler ein Attentat erfolgt, dann sterben die Juden in Deutschland massenweise.» (21. Oktober 1929)[84]

Erschrak da niemand vor solchen Tönen, formierte sich da keine Abwehr gegen das heranströmende Barbarentum? Die meisten Menschen in Deutschland steckten tief in ihren Alltagssorgen, und zudem gab es schon allzu viele, die von dem Aufmarsch der Braunen fasziniert waren. Vor allem romantisch-irrationalistisch gestimmte Jugendliche waren beeindruckt und drängten heran, sich mit ihren Generationsgenossen in der SA zu vereinigen.

Die Agitatoren von HJ, Schülerbund und Studentenbund hatten gut vorgearbeitet, aus Klassen und Universitätssälen strömten junge Menschen unter das Hakenkreuz. *Der Auf-*

bruch hatte schon die neue Losung ausgegeben: «Verdoppelt eure Kräfte im Kampfe um einen deutschen Staat! Sorge ein jeder in seiner Klasse, daß kein anständiger deutscher Junge mehr diesem brutalen Sklavensystem, genannt ‹freieste Demokratie aller Zeiten›, innerlich noch huldigt!» Und die Werber von Partei und SA ließen nicht nach, immer neue Aktionen dachten sie sich aus, um die Jugend für Hitler zu gewinnen. Weisung der Gauleitung Oldenburg: «Intensive Werbetätigkeit, hauptsächlich auch Augenmerk auf die Schüler der höheren Klassen der höheren Schulen, da Jünglinge in diesem Alter sehr leicht empfänglich.»[85]

Die eben rekrutierten Jungnazis säumten nicht, es den SA-Rowdies nachzumachen. Sie boykottierten den Unterricht republiktreuer Lehrer, sie überfielen andersgläubige Mitschüler, sie zerstörten Klassenräume. Wo aber die Schulbehörden der Republik einzugreifen versuchten, da tönte ihnen höhnisches Gelächter entgegen. Die Stichworte standen im *Aufmarsch*: «Hört uns auf mit den Phrasen, mit denen wir seit anderthalb Jahrzehnten überfüttert worden sind, wir glauben euch nichts, nichts, nichts.» An den Universitäten gebärdeten sie sich noch aggressiver. Aus einer Nachrichtenzusammenstellung des Reichsinnenministeriums: Kultusminister Becker beim Besuch der Marburger Universität «gröblich beschimpft», in Köln eine NS-Hochschulgruppe wegen Störung der Reichsgründungsfeier verboten, in Heidelberg, Gießen und München Sprengungen von Veranstaltungen durch Nazis, Ausschreitungen rechtsradikaler Studenten an der Berliner Universität.[86]

Entsetzt beobachteten die amtlichen Schützer der Republik, wie immer mehr Jugendliche ins braune Lager abwanderten – so zahlreich, daß die NSDAP zusehends die Züge einer Jugendbewegung annahm. «Die NSDAP», urteilte im Frühjahr 1930 Regierungsrat Bach, der Radikalismus-Beobachter des hessischen Innenministeriums, «ist vor allem die Partei der Jugend. Die Jugend ist an sich zum Radikalismus und zur Opposition geneigt. So erklärt es sich, daß die Mehrzahl der Anhänger der NSDAP nicht über 30 Jahre alt ist.» Dem Reichsbannerführer Prinz zu Löwenstein kam eine furchtbare Ahnung: «Ihre Abwanderung zu den Radikalen ist unter allen innenpolitischen Gefahren, die der Republik drohen, vielleicht die größte.»[87]

Doch der Vormarsch der SA stoppte nicht an Universitäten und Schulen, die braunen Propagandakolonnen schwärmten über Land und drangen in entlegenste Arbeiterviertel, in die sich gemeinhin kein Vertreter einer Rechtspartei traute. Nationalsozialistische und kommunistische Prügelkommandos schlugen aufeinander ein, in den Slums deutscher Großstädte breitete sich Bürgerkriegsstimmung aus: Von nun an sollten die gewaltsamen Auseinandersetzungen zwischen den Radikalen der deutschen Polit-Szene nicht mehr aufhören.

«In steigendem Maße», hielt die Nachrichtenstelle des Reichsinnenministeriums 1929 fest, «haben sich die fanatisierten Anhänger der NSDAP dort, wo sie in der Überzahl waren, terroristischer und brutaler Kampfmittel bedient. Die Erweckung der überaus rohen, ja verbrecherischen Instinkte ließ die Nationalsozialisten in reicher Fülle Gewalttätigkeiten gegen Personen und Sachen, leichte und schwere Körperverletzungen und solche mit tödlichem Ausgange begehen.» Aus einem Polizeibericht: «C. hat am 5.9.30 den Kommunisten Johann Classen erschossen ... hat W. aus einem Trommelrevolver einen scharfen Schuß abgegeben ... mit einem dolchartigen Messer schwer verletzt ... aus einer Pistole geschossen ... trug eine Stahlrute bei sich ... Schläge mit Gummiknüppeln ... erschoß einen Andersdenkenden ...»[88]

Aber selbst diese Orgie der Brutalität blieb nicht ohne Eindruck in den Arbeitervierteln, mancher Proletarier wurde unsicher und ging zu den Braunen, wußten doch vor allem die proletarischen Mitglieder der SA ihre Klassengenossen in den Slums geschickt anzusprechen. SA und Partei hatten auch keine Bedenken, zeitweilig mit den Kommunisten zu paktieren: In einigen Städten Deutschlands nahmen NSDAP- und KPD-Formationen an Erwerbslosendemonstrationen teil, Zeitungen beider Parteien wurden gelegentlich in derselben Druckerei hergestellt, und da konnte Heinz Gollong von der «Freischar Schill» leicht sagen, daß «unsere Zukunft in den Händen der Nationalsozialisten und Kommunisten» ruhe. Appell der HJ in Kiel an junge Kommunisten: «Jugendgenossen! Wir stürzen das alte System. Wir buhlen nicht um Eure Stimmen . . ., sondern Euch selber wollen wir haben! . . . Kommt mit fliegenden Fahnen zu uns in die Deutsche Arbeiterjugend (HJ), kämpft bei uns gegen das alte System, gegen die alte Ordnung, gegen die alte Generation!»[89]

Die Nazis konnten sich auch des Beifalls der Kommunisten sicher sein, wenn sie gegen die «bürgerliche» SPD polemisierten und nichts dabei fanden, die marxistischen Parteien noch links zu überholen. «Das haben die Schurken von der SPD aus dem deutschen Proleten gemacht: Aus ihm, der einmal das Geschick der Welt in Händen hielt», erregte sich *Der Nationale Sozialist*. Die «klare und eindeutige Absage an die Bourgeoisie» war das gemeinsame Ziel, und dieses Ziel konnte «nur im Klassenkampf der Arbeiter gegen das Kapital Wirklichkeit werden» – meinte Paetel.[90]

Das gab der nationalsozialistischen Bewegung eine soziale Schubkraft, die andere Parteien nicht besaßen. Gregor Straßer konnte es deutlich an den wachsenden Mitgliedsnummern ablesen: Im März 1928 waren es 85 464 gewesen, ein Jahr danach 121 178 und wiederum ein Jahr später 207 624, um im folgenden Jahr beinahe schon die halbe Million zu erreichen. Auch bei Wahlen spielte die Partei schon stärker mit, obwohl hier noch der deutliche Erfolg fehlte: Bei den Wahlen in Lippe im Januar 1929 kam die NSDAP auf 3,3 Prozent, bei den Wahlen in Sachsen im Mai auf fünf und in Mecklenburg-Schwerin auf vier Prozent.

Diese mageren Wahlresultate aber nutzte Hitler dazu, die Partei allmählich in eine andere Richtung zu drängen. Die sozialistischen Sprüche der Brüder Straßer gingen ihm auf die Nerven, der Sozialismus hatte für Hitler im politischen Kampf allenfalls Instrumentalcharakter. Ihn dünkte es selbstmörderisch, mit sozialistischen Parolen, die keiner von jenen der Kommunisten unterscheiden konnte, das Bürgertum zu erschrecken und davon abzuhalten, für die NSDAP zu stimmen – und ohne dieses Votum, davon war Hitler überzeugt, würde er in Deutschland nie an die Macht kommen. Konsequenz: Er mußte nach rechts, mußte wählbar werden für das «nationale» Bürgertum, mußte sich arrangieren mit den alten bürgerlich-kapitalistischen Machteliten.

Er hatte schon einen begeisterten Pfadfinder gefunden, der ihm den Weg nach rechts ebnen wollte. Der damals achtzigjährige Geheimrat Emil Kirdorf, Mitbegründer der Gelsenkirchener Bergwerks-AG und Anhänger eines ruppigen Herr-im-Haus-Standpunkts, hatte einmal Hitler reden gehört und die fixe Idee gefaßt, dieser müsse Führer einer großen konservativen Massenpartei werden. Bei einer Begegnung in München am 4. Juli 1927 hatte er Hitler gebeten, ihm doch einmal aufzuschreiben, wie er zu wirtschaftlichen Fragen stehe, und kurz darauf war von Hitler eine kleine Broschüre abgeliefert worden, die den Titel «Der Weg zum Wiederaufstieg» trug.

Was Kirdorf darin las, mußte ihn höchlichst befriedigen. Hitler legte dar, daß vom Nationalsozialismus keine Änderung der Wirtschaftsverfassung zu befürchten sei; die wirtschaftlichen Probleme könnten allein durch einen radikalen Umbau der politischen Ordnung gelöst werden. Er ließ durchblicken, mit sozialen Maßnahmen könne man die Arbeiterschaft für den Nationalismus zurückgewinnen. Resümee: «Der starke nationalistische Staat allein kann einer Wirtschaft Schutz und die Freiheit des Bestehens und der Entwicklung geben.»[91]

Das war nun ungefähr das Gegenteil dessen, was die Unternehmer und ihre PR-Leute täglich in der Straßer-Presse lasen und in den meisten NS-Reden hörten. Hitlers Schrift wurde denn auch von Kirdorf wie eine Geheimsache behandelt und nur an ausgewählte Adressaten verteilt, gleichwohl tat sie ihre Wirkung: Die westdeutschen Schwerindustriellen wurden auf einen offenbar unternehmerfreundlichen Hitler aufmerksam. Kirdorf lud daraufhin 14 Industrielle in sein Haus ein, wo sie am 26. Oktober 1927 Hitler kennenlernten. Der hielt den Unternehmern einen fast dreistündigen Vortrag, und Kirdorf konnte später erfreut notieren, alle Teilnehmer seien von Hitlers «Darlegung tief ergriffen» gewesen.[92]

So wenig die Schwerindustriellen (ausgenommen Fritz

Thyssen) auch Lust hatten, Hitler zu unterstützen, so schien es ihnen doch unbedenklich, ihn an einen Mann weiterzuempfehlen, der einmal als ihr politischer Hauptsprecher gegolten hatte, jetzt freilich mit ihren liberalkonservativen Vorstellungen nicht mehr so recht harmonierte: Alfred Hugenberg. Hitler fand zwar den Vorsitzenden der Deutschnationalen Volkspartei ziemlich widerwärtig, dennoch bot er allen Charme auf, um sich den kratzbürstigen und stets etwas oberlehrerhaften Geheimrat günstig zu stimmen.

Denn Hugenberg besaß, was Hitler und seine Partei trotz der Anstrengungen der Brüder Straßer nicht hatte: eine Presse, die bis in die letzte Ecke Deutschlands reichte. Der Geheimrat, durch vielfältige Bande mit allen Großen der Schwerindustrie verbunden, stand dem mächtigsten Pressekonzern vor, den es je in Deutschland gegeben hatte. Mit seinen Zeitungen, Verlagen, Anzeigenfirmen, Lichtbildgesellschaften, Pressediensten, Klischeebetrieben und Filmunternehmen okkupierte Hugenberg eine publizistische Schlüsselstellung, aus der ihn kein Konkurrent, nicht einmal sein schärfster Rivale, der Gutehoffnungshütte-Generaldirektor Paul Reusch, verdrängen konnte.

Von diesem Presseimperium zu profitieren war Hitler aller Mühe wert. Trotz einiger Bedenken sagte ihm Hugenberg eine wohlwollendere Behandlung der NSDAP durch seine Presse zu – unter Bedingungen. Welche das waren, bekamen die engeren Mitarbeiter Hitlers rasch zu spüren.

Es fing ganz harmlos an. Am 7. Mai 1928 erging eine Weisung der Reichsleitung der NSDAP an alle Gaue und selbständigen Ortsgruppen, die besagte, «Herr Hitler» wünsche keine weiteren Polemiken gegen den deutschnationalen «Stahlhelm», selbst «wenn diese rein sachlich gehalten sind»; auch seien kritische Artikel über den ehemaligen Kaiser wegen seiner Flucht aus Deutschland im November 1918 zu unterlassen. Ein paar Monate später folgten Richtlinien für die Propagandaarbeit der Partei: keine Angriffe mehr auf konservative Wehrverbände, stattdessen aktiver Kampf gegen Marxismus, Judentum und Internationale.[93] Das war deutlich genug: Der große Rechtsschwenk der NSDAP hatte begonnen.

Wer das noch nicht verstanden hatte, begriff es im Sommer 1929. In Sachsen hatte die NSDAP bei den Landtagswahlen vom 12. Mai einen überraschenden Erfolg errungen; die Zahl ihrer Sitze hatte sich von zwei auf fünf erhöht. Das wäre nicht sonderlich bemerkenswert gewesen, hätten nicht die Wahlen mit einem Patt zwischen dem bürgerlichen und dem marxistischen Parteienblock geendet. Das versetzte nun die NSDAP in eine verlockende Position: Zum erstenmal konnten Nazis darüber entscheiden, wer in einem deutschen Land regieren sollte – die Bürgerlichen oder die Sozialisten/Kommunisten.

Vorsitzender der NS-Fraktion im sächsischen Landtag war ein populärer Kriegsheld, der ehemalige Korvettenkapitän Hellmuth von Mücke, dessen «Emden»-Bücher fast in jedem deutschen Bürgerheim standen; Hitler war ihm verpflichtet, weil die Dollarnoten des Vortragsreisenden Mücke in der Frühzeit der Partei zuweilen dazu beigetragen hatten, die NS-Kasse etwas aufzufüllen. Mücke verstand sich als Sozialist, und so erschien es ihm selbstverständlich, für die Linksparteien zu optieren. Er holte sich Hitlers Genehmigung und bot den Landtagsfraktionen von SPD und KPD in einem vertraulichen Brief die «Unterstützung einer von Ihren Parteien gebildeten sächsischen Regierung durch die nationalsozialistische Fraktion» an. Doch die marxistischen Genossen ließen Mücke abblitzen, schlimmer noch: Entgegen Mückes ausdrücklicher Bitte brachten sie den Brief in die Presse, um seinen Verfasser bei Hitler anzuschwärzen, den sie wohl für uninformiert hielten.

Es war einer jener billigen Tricks, an denen die Geschichte der Weimarer Republik so reich ist. SPD und KPD schadeten sich und der Demokratie, denn durch ihren Coup stützten sie nur Hitler und «zerstörten damit die geringen Chancen, mit der nationalsozialistischen Linken zu koalieren und ihr den Rücken gegenüber der Parteileitung zu stärken», wie der Historiker Reinhard Kühnl urteilt.[94] Die Führer der SPD hatten freilich die NS-Linken nie verstanden. «Bolschewisierung der NSDAP», Appell «an die niedrigsten Pöbelinstinkte» – mehr fiel ihnen zu dem Thema nicht ein.

Hitler aber nutzte die Chance, Mückes Aktion zu einem «Privatschritt» zu erklären, was den Korvettenkapitän zum Rücktritt veranlaßte (er trat später in die KPD ein). Und an die Adresse der schon wieder irritierten konservativen Freunde richtete sich ein polemischer Artikel Hitlers im *Völkischen Beobachter* mit der Beteuerung, die NSDAP habe niemals die Absicht gehabt, mit der «marxistischen Pest» eine Koalition zu bilden. Hugenberg konnte zufrieden sein.

Der saß inzwischen mit Hitler in einem gemeinsamen Komitee, dem «Reichsausschuß für das deutsche Volksbegehren gegen den Young-Plan und die Kriegsschuldlüge», zu dem sich alle antirepublikanisch-autoritären Rechtsparteien zusammengeschlossen hatten. Endlich konnte sich Hitler der Hugenberg-Presse als eines Transmissionsriemens seiner Botschaft bedienen. Keine einzelne Aktion vor der Reichstagswahl von 1930 hat Hitler und seine Partei den Massen des mittelständischen Bürgertums so bekannt gemacht wie diese chauvinistische Kampagne gegen den Young-Plan, die noch einmal all die Gefühle von Angst, Ohnmacht und Wut aufpeitschte, die für viele Deutsche mit dem Begriffspaar «Versailles» und «Reparationen» verbunden waren.

Die Kampagne gegen das «Golgatha des deutschen Volkes»[95] scheiterte zwar, für Hitler aber hatte sie ihren Zweck erfüllt. Zum erstenmal war die «Nationale Opposition» beisammen, die ihn im Januar 1933 an die Macht bringen sollte. Und Hitler hatte, auch erstmalig, sein taktisches Konzept erprobt, mit dem er von nun an vor die Wähler treten wollte: konservativ und zugleich reformerisch zu sein, für Veränderung und Kontinuität, antikapitalistisch und doch gegen Verproletarisierung – raffinierte Antwort auf jene «Mischung von restaurativen und revolutionären Wunschvorstellungen» (Karl Dietrich Bracher), die in nahezu allen Schichten der von Demokratie-Verfall und Wirtschaftskrise heimgesuchten Gesellschaft rumorten.

Schon folgte der nächste Akt, der einmal mehr bewies, wie nahe sich NSDAP und bürgerliche Parteien gekommen waren. Am 8. Dezember 1929 errang die Partei in den thüringischen Landtagswahlen einen größeren Erfolg (sie sicherte sich 11,3 Prozent der Stimmen), woraufhin sie mit bürgerlichen Parteien eine Koalition bildete. Das gab Hitlers Partei die Chance, endlich einmal wirkliche Macht in die Hand zu bekommen. Wilhelm Frick, der Vorsitzende der NS-Reichstagsfraktion, übernahm das Innen- und Volksbildungsministerium, Thüringen wurde für nationalsozialistische Schüler und Studenten, die sich von den preußischen Behörden «verfolgt» fühlten, zu einem Asylland.

Nun merkte auch Otto Straßer, wohin die Reise ging. Die Koalitionsbildung in Thüringen, so schrieb er später, habe ihm «am stärksten den Glauben erschüttert, daß unsere Aufgabe vom Wesen und von der Aufgabe des Nationalsozialismus . . . noch aufrechtzuerhalten sei».[97] Er rüstete sich zum offenen Kampf gegen Hitler: Von Stund an ließen seine Blätter keinen Zweifel mehr daran, daß die Münchner Parteileitung Verrat am Sozialismus übte.

«Adolf verrät uns Proletarier», hieß auch die Flüsterparole, die nun vor allem in den proletarisch bestimmten SA-Einheiten umging. Hier wuchs dem Kampfverlag-Chef ein Bundesgenosse heran, der die Anti-Hitler-Fraktion eines Tages erheblich, wenn nicht gar entscheidend verstärken mußte.

Ehe sich aber eine Koalition zwischen der Gruppe um Otto Straßer und die unzufriedenen SA-Einheiten bilden konnte, trat Hitler dazwischen. Am 21. Mai 1930 erschien er überraschend in Berlin und zog Straßer in einen siebenstündigen Disput über Fragen des Sozialismus, der in dem Hotel «Sanssouci» stattfand und am folgenden Tag fortgeführt wurde. Es gehe nicht an, polterte Hitler, daß Straßer jedem Parteigenossen das Recht einräume, «über die Idee zu entscheiden, sogar darüber zu entscheiden, ob der Führer noch der sogenannten Idee treu ist oder nicht». Hitler: «Das ist schlimmste Demokratie, für die es eben bei uns keinen Platz gibt. Bei uns ist Führer und Idee eins, und jeder Parteigenosse hat das zu tun, was der Führer befiehlt, der die Idee verkörpert und allein ihr letztes Ziel kennt.»

Straßer ließ sich nicht einschüchtern. Hitzig warf er Hitler vor, er versuche, den revolutionären Sozialismus der Partei im Interesse seiner neuen Verbindungen zur bürgerlichen Reaktion abzudrosseln. Darauf Hitler: «Ich bin Sozialist, ganz anders als z. B. der hochvermögende Herr Graf Reventlow. Ich habe als einfacher Arbeiter angefangen. Ich kann heute noch nicht sehen, wenn mein Chauffeur ein anderes Essen hat als ich. Aber was Sie unter Sozialismus verstehen, das ist einfach krasser Marxismus.» Ob denn im Fall einer Machtübernahme der NSDAP die Produktionsverhältnisse unverändert bleiben würden, wollte Straßer wissen. Hitler erregte sich: «Aber selbstverständlich. Glauben Sie denn, ich bin so wahnsinnig, die Wirtschaft zu zerstören? Nur wenn die Leute nicht im Interesse der Nation handeln würden, dann würde der Staat eingreifen.»[98]

Das Streitgespräch zwischen Hitler und Otto Straßer hat legendäre Bedeutung erlangt. Manche Historiker meinten später, Hitler habe das Gespräch absichtlich so scharf geführt, um den Bruch zu erzwingen. Was geschah jedoch tatsächlich von seiten Hitlers? Wochenlang ließ er Straßer im unklaren. Hitler hatte ihm sogar in Berlin angeboten, den verschuldeten Kampfverlag für 81 000 Mark zu kaufen und Straßer zum Reichspressechef zu ernennen. Straßer ging darauf nicht ein und benutzte Wochen später einen Streit zwischen Goebbels und Kampfverlag-Redakteuren dazu, das Handtuch zu werfen – unter der berühmten, aber auch unzutreffenden Schlagzeile: «Die Sozialisten verlassen die Partei.»[99]

Sie blieben, nur Otto Straßer und einige Freunde gingen. «Tausendmal», schimpfte Gregor Straßer in München, «habe ich meinem Bruder erklärt: ‹Sozialismus, d. h. der granitene Wille, das heutige kapitalistische System, das gleich ungerecht gegen den Einzelnen wie gegen die Lebensinteressen des deutschen Volkes sich auswirkt, zu zerschlagen, ... wird nicht gefördert durch die Proklamierung überspitzter theoretischer Formulierungen, sondern er wird eines Tages dadurch verwirklicht, daß ein nationalsozialistischer Arbeitsminister das notwendige Gesetz veröffentlicht.»[100]

Gregor Straßer hat damals die «Meuterei» seines Bruders für eine gefährliche Dummheit gehalten, und die Historiker haben ihm inzwischen recht gegeben: Die spätere Entwicklung der NSDAP und die mit Gregor Straßers Namen verbundene NS-Krise kurz vor Hitlers Machtübernahme, so hat der Straßer-Biograph Udo Kissenkoetter geurteilt, wäre «vermutlich anders verlaufen, wenn die Gruppe um Otto Straßer 1930 den Bruch vermieden, das Propagandamittel des Kampfverlages erhalten und durch Übernahme weiterer Parteiposten, wie sie Hitler . . . anbot, noch zusätzliche Machtpositionen erworben hätte».[101] Man darf hinzufügen: Hitler wäre dann möglicherweise Deutschland erspart geblieben.

Denn dies hatte Gregor Straßer schon im Sommer 1930 erkannt: Hitlers Stellung in der Partei war noch gar nicht stark genug, um die NS-Sozialisten auszuschalten. Im Gegenteil, er brauchte sie gerade damals mehr denn je, stand doch der NSDAP der größte, ja der entscheidende Wahlkampf ihrer Geschichte bevor. Der Kanzler Brüning hatte in seiner Bedrängnis den Fehler begangen, in dieser Zeit schlimmster Not Reichstagswahlen anzusetzen, und Hitler war entschlossen, mit allen verfügbaren Kräften den Kampf um den Wähler zu gewinnen – mit sozialistischer Demagogie, mit nationalistischem Fanatismus, mit der Aufputschung letzter Masseninstinkte.

Niemand ging ihm dabei zuverlässiger zur Hand als der Reichsorganisationsleiter Straßer, die Nummer zwei der Partei, der Generalsekretär, der von seinem Münchner Büro aus das Heer der Marschkolonnen, Aufwiegler und Propagandisten dirigierte wie ein erfahrener Feldherr. Es gab keinen Krankheitsherd der Gesellschaft, der von den Nazis unausgebeutet blieb, keine Sozialgruppe, die nicht zum Votum gegen den «Hungerkanzler» Brüning aufgeputscht wurde. Die Dampfwalze der braunen Propaganda lief und lief, und jede neue Nachricht von der «Front», jeder Bericht über Wahlkundgebungen und Bürgerbefragungen bestätigte, daß die NSDAP einem riesigen Sieg entgegenmarschierte. Brüning rechnete jetzt mit 120 NS-Mandaten.[102]

In Berlin war man schon auf das Schlimmste gefaßt, und doch brach eine mittlere Panik aus, als der Rundfunk am frühen Morgen des 15. September gegen 2.30 Uhr die Endresultate der Reichstagswahl des Vortages bekanntgab. Die Nationalsozialisten hatten «einen in der parlamentarischen Geschichte Deutschlands noch nie erlebten ‹Erdrutsch›» (so der Historiker Alfred Milatz)[103] erzielt, die NSDAP war mit einem einzigen Sprung zur zweitstärksten deutschen Partei geworden: 107 Reichstagsmandate hatte sie errungen, 6,3 Millionen Wähler hatten für sie gestimmt.

Noch ärger: Mitte und gemäßigte Rechte waren zum größten Teil zerschlagen. Die Linksliberalen hatten etwa die Hälfte, die Rechtsliberalen ein Drittel ihrer Mandate verloren, und die Volkskonservativen von Treviranus, auf die Brüning so große Hoffnungen gesetzt hatte, waren völlig gescheitert. Kein Zweifel: In diesem Parlament würde der Kanzler Brüning niemals eine dauerhafte Mehrheit finden.

«Ein ganz fürchterliches Ergebnis», notierte sich Pünder, Chef der Reichskanzlei, und Harry Graf Kessler: «Ein schwarzer Tag für Deutschland.»[104] In der Reichstagsfraktion der SPD, so erinnert sich ein Zeuge, schlug das Wahlresultat «wie eine Bombe» ein. Brüning war so erschüttert, daß er die Wahlmeldungen im Radio nicht zu Ende hören mochte; ihm war, als würden sie von den Nachrichtensprechern geradezu enthusiastisch verlesen, und sofort schritt er ein, «um zu verhindern, daß das deutsche Volk durch die linksstehenden Angestellten des Rundfunks noch in der Nacht in einen Nazirauschzustand versetzt wurde».[105]

Brünings hysterische Reaktion war kein Einzelfall; Politiker und Journalisten verrieten vielfach Anzeichen von Nervosität, ja offener Resignation.[106] Selbst Groener und Schleicher waren recht kleinlaut geworden, im Offizierskorps drängte es so manchen zur Hakenkreuzfahne. Im Stabsquartier des Artillerieregiments 5 in Ulm hatte der Kommandeur, Oberst Ludwig Beck, den Wahlsieg Hitlers gefeiert, und Beck war für die beiden Generale im Reichswehrministerium ein ganz übler Name: Das war der Mann gewesen, der sich im Sommer gegen die Verhaftung seiner drei Leutnants Scheringer, Ludin und Wendt verwahrt hatte, die in der Truppe eine nationalsozialistische Zelle gebildet hatten. Zudem hatte Beck schon früher die Ernennung Hitlers zum Reichskanzler gefordert – Grund für Hitler, sich den Namen des Obristen zu merken (er wird ihn nach der Machtergreifung zum Generalstabschef des Heeres ernennen lassen und später diese Wahl bitter bereuen).

Das Ulmer Artillerieregiment war nicht die einzige Truppe, in der man für Hitler schwärmte. Auch im Potsdamer Reiterregiment kriselte es, und die Nachrichten vom schlesischen Artillerieregiment 3 lauteten auch ungünstig. In seinen Alpträumen sah der Reichswehrminister schon die ganze Basis der Truppe in Richtung auf die Nazis wegrutschen.

Die meisten führenden Republikaner glaubten nicht mehr an die Rettung und Erhaltung ihres Staates. »Fast jeder kämpferische Elan« sei dahin gewesen, meint Kurt Sontheimer, der Vormarsch des Nationalsozialismus «wirkte wie eine Hypnose . . ., selbst auf die Republikaner, die diese nationalistische Welle fast schicksalhaft hinnahmen, als sei gegen diesen Ansturm alle Verteidigung zwecklos».[108] Der *Weltbühne*-Publizist Axel Eggebrecht brachte es auf eine einfache Formel: «Es ist vorbei. Man legt die Hände in den Schoß und wartet auf Hitler.»[109]

Heute ist es leicht, über die verzagten deutschen Demokraten von 1930 zu richten, damals aber litten sie alle an dem Schock, der ihnen widerfahren war. Denn das war für Demokraten ungeheuerlich, das hatte es in der Geschichte noch nicht gegeben: eine staatsfeindliche, antidemokratische Massenpartei, die mit dem Stimmzettel an die Macht drängt. Die Bolschewiki, die 1917 in Rußland die Herrschaft an sich gerissen hatten, waren eine kleine Minderheit von Berufsrevolutionären gewesen, die Faschisten hatten 1922 mit dem Marsch von 26 000 «Schwarzhemden» nach Rom die Macht ergriffen, hier aber war eine durch Wahlen legitimierte Partei, die 18,3 Prozent aller Wähler hinter sich hatte und morgen womöglich noch mehr haben würde.

Und auch dies war für Demokraten schwer zu verarbeiten: Nicht die traditionell antidemokratischen Wählerschichten hatten für die Nazis gestimmt, sondern die Träger der liberalen Parteien und der gemäßigten Rechten. Unterer Mittelstand, Bauern, Angestellte – sie hatten neben den Jungwählern der NSDAP den großen Erfolg gesichert. Das ist noch heute so verwirrend, daß die Wahlforscher mit recht dunklen Erklärungsformeln («Extremismus der Mitte») das Rätsel zu entschlüsseln versuchen, und wie müssen da erst die Politiker von 1930 verstört gewesen sein!

Es spricht nur für ihre Naivität und ihr formalistisches Demokratieverständnis, allerdings auch für ihr Schlaumeiertum, daß sie sogleich mit dem Gedanken spielten, die Nazis an der Macht zu beteiligen. «Es sind in der Sozialdemokratie starke Kräfte, die die Nationalsozialisten ganz gern an der Regierung sähen, damit sie sich abwirtschaften», schrieb Ernst Feder, innenpolitischer Redakteur des *Berliner Tageblatt*, am 29. September, und in der Zentrumspartei wollten einige Politiker eine Rechtsregierung unter NS-Beteiligung tolerieren. So dachten eigentlich alle Verantwortlichen von Otto Braun bis Paul Reusch. Auch Schleicher war dafür. Schleicher: «Die Wirtschaft weiß genau, warum sie die unbequemsten und lautesten Aktionäre in den Aufsichtsrat wählt.»[110]

Brüning kalkulierte ähnlich, er sogar mehr als andere, denn er benötigte dringend eine parlamentarische Mehrheit, um sein Sanierungsprogramm durchzubringen. Allerdings wollte es Brüning auf seine Art machen, und die war immer um einige Umdrehungen komplizierter als die der Zeitgenossen, zumal er sich – angespornt von Treviranus' trügerischen Präzedenzfällen aus der Historie – mehr und mehr in die Rolle eines neuen Bismarck steigerte, der ähnlich wie der alte die Parteien manipulierte zum Nutzen eines großen Werkes, in diesem Falle: der epochal gemeinten Finanzreform des Heinrich Brüning.

So war sein Entschluß rasch gefaßt, sich die NSDAP heranzubändigen, um sie im parlamentarischen Manövrierfeld gegen die anderen Parteien ausspielen zu können und damit parlamentarische Mehrheiten, und mochten sie auch nur kurze Zeit halten, zu ermöglichen. Zu diesem Zweck wollte er Hitlers Partei, wie Hagen Schulze interpretiert, «fein dosierte Verantwortung überlassen, Ministersessel in Preußen, vielleicht sogar ein nebensächliches Ministeramt in der Reichsregierung, um sie zu domestizieren»[111] – Programm eines Mannes, der sich in seinem ganzen Hochmut über die braunen Aufsteiger und Provokateure nicht vorstellen konnte, daß eine Partei, die zur Eroberung und Zerstörung eines demokratischen Staates angetreten war, tatsächlich meinte, was sie seit einem Jahrzehnt sagte und ankündigte.

Brüning suchte eine Verbindung zu Hitler, die ihm der Hamburger Gauleiter Albert Krebs, ein Anhänger Gregor Straßers, vermittelte. Am 6. Oktober trafen Brüning und Hitler in der Berliner Wohnung von Treviranus zusammen, auch Straßer war dabei. Doch das Gespräch enttäuschte Brüning.[112]

Hitler war in diesem Augenblick zu einer Regierungsteilnahme nicht bereit, er konnte es sich gar nicht leisten. Denn der Hitler, der da vor Brüning schwadronierte, war nicht der strahlende Wahlsieger, sondern ein Mann, der nicht wußte, wie es mit seiner Partei weitergehen sollte. Eine Krise schwelte in der Partei, die jeden Tag wieder ausbrechen konnte.

Wenige Tage vor der Reichstagswahl war es zu scharfen Auseinandersetzungen in der Partei gekommen, die Hitler drastisch illustrierten, wie ungesichert seine Führerstellung noch war. Die Berliner SA unter ihrem Führer, dem OSAF-Stellvertreter Stennes, hatte von Hitler verlangt, SA-Führer als Kandidaten für die Reichstagswahl zuzulassen, den Einfluß der Gauleiter zurückzudämmen und den ehrenamtlichen Saalschutzdienst der SA bei Kundgebungen der Partei zu bezahlen. Als Hitler nicht reagierte, trat die Berliner SA in einen Wahlstreik und überfiel in der Nacht zum 30. August das Haus der Gauleitung, wobei sie fast alles Mobiliar zerschlug. Hitler mußte nach Berlin fahren und in einem mühseligen Bittgang von einem SA-Lokal zu anderen die aufgeregten Gefolgsmänner besänftigen, die sich schließlich bereiterklärten, wieder den Saalschutzdienst zu übernehmen.

Hitler aber fühlte sich weiterhin von den SA-Revoluzzern so bedroht, daß er den OSAF Pfeffer ablöste, sich selber zum Obersten SA-Führer ernannte und alle OSAF-Stellvertreter, auch Stennes, «einem unbedingten Treuegelöbnis zu der Person des Partei- und Obersten SA-Führers Adolf Hitler» unterwarf.

Doch Hitler mußte damit rechnen, daß sich die Berliner SA erneut gegen ihn wenden werde. Für ihn gab es nur einen Mann, der die SA wieder auf Vordermann bringen konnte, und dieser Mann saß in Bolivien als Militärinstrukteur. Er hatte Hitler einmal geschrieben: «Du brauchst mir bloß ausrichten zu lassen: An dem und dem Tag um sechs Uhr morgens mit der Kompanie am Siegestor! – dann stehe ich auch dort.» Hitler rief Ernst Röhm, die Führung der SA zu übernehmen.[113]

Für Brüning war klar, daß mit dieser Partei – zunächst – nichts anzufangen sei. Er wäre in schwere parlamentarische Bedrängnis geraten, hätte sich ihm nicht der Helfer an die Seite gestellt, der schon einmal durch einen gemeinsamen Kraftakt die Demokratie hatte retten und sichern wollen: Braun. Gleich nach der Katastrophenwahl hatte der preußische Ministerpräsident «eine Große Koalition der Vernünftigen» gefordert, und er hatte energischer gedrängt, je mehr ihm bewußt war, daß viele Menschen in Deutschland nach dieser Koalition verlangten. Selbst die Reichswehrführung drängte Brüning dazu, auch die Wirtschaft war dafür. Schleicher-Freund Franz von Papen schrieb nach einem Besuch bei Brüning an den General: «Die Bankiers laufen ihm die Bude ein – und zumeist solche, die Wahlgelder für die Nazi gegeben, winseln jetzt um schnellste Herbeiführung der Großen Koalition.»[114]

Das ermutigte Braun, seinen alten Plan von 1928 noch einmal hervorzuholen: Eintritt der SPD in die Regierung, Verklammerung der Spitzenpositionen von Reich und Preußen durch seine Ernennung zum Vizekanzler. Diesmal konnte kein Braun-Rivale in der SPD-Fraktion ernsthaft gegen den Vorschlag des Genossen sein, denn er bot den einmaligen Vorteil, die beiden stärksten Machtinstrumente der Republik, Reichswehr und preußische Schutzpolizei, in einer Hand zu vereinigen. Zudem blieb der SPD keine andere Wahl als die Unterstützung Brünings. Alles andere mußte der Partei schaden: Entweder kam es zu einer Annäherung Brünings an die Nazis oder zu einer erneuten Reichstagsauflösung einschließlich Wahlen, die der NSDAP noch mehr Stimmen bringen würden.

Brüning schöpfte schon neue Hoffnung, da zerschlug der Hindenburg-Klan auch dieses Projekt der Demokratierettung. Wieder wurde dem Kanzler demonstriert, daß er von den Launen eines alten, verbohrten Mannes abhängig war.

«Ein Vorschlag von Braun», knurrte der Reichspräsident, komme ihm «immer verdächtig» vor, und er lehne es ab, ihm auch nur näherzutreten; der Vorschlag sei ohnehin nicht ernstzunehmen, laufe er doch auf eine «Mediatisierung Preußens» hinaus, und die habe Braun selber in seinen Unterhaltungen mit ihm, dem Präsidenten, stets für unannehmbar erklärt.[115]

Hinter Hindenburgs barscher Absage steckte jedoch mehr als nur die Idiosynkrasie eines unbelehrbaren Altpreußen. Die großagrarischen Freunde in Ostpreußen drängten ihn seit langem, die Kungelei seines Kanzlers mit dem Sozi Braun nicht länger zuzulassen, und immer wieder hatten sie gefordert, die Mitwirkung Preußens bei der Osthilfe endlich zu stoppen.[116]

Angesichts solcher Pressionen hatte der Reichspräsident keine Lust, sich noch länger Vorschläge von einem «Herrn Braun» anzuhören. Aber selbst die Rolle der Großagrarier erklärt noch nicht vollständig Hindenburgs Haltung. Dahinter verbarg sich das ganze Diktaturprogramm des Präsidentenpalais: kein parlamentarisches Regieren mehr, kein Paktieren mit den «Roten».

Brüning mußte noch froh sein, daß Hindenburgs Veto die Sozialdemokraten nicht davon abschreckte, weiterhin mit ihm zu verhandeln. Braun erschien am 3. Oktober vor der Reichtagsfraktion seiner Partei und plädierte für die Unterstützung Brünings, worauf die Genossen beschlossen, die Regierung zumindest zu tolerieren. Es war die einzige parlamentarische Überlebenschance für das Kabinett: Ohne die 143 Abgeordneten der SPD, die immerhin noch die stärkste Fraktion stellten, hatte die Reichsregierung keine Chance, bei wichtigen Vorhaben eine parlamentarische Mehrheit zu finden, und ohne diese Mehrheit konnte nicht einmal eine mit Notverordnungen amtierende Präsidialregierung auf die Dauer existieren.

Jetzt war die Stunde da, in der Reichskanzler Brüning durch ein großzügiges Programm zur Lösung der quälenden Finanz- und Wirtschaftskrise ansetzen konnte. Die Lage verlangte drastische, grundlegende Maßnahmen: Die Zahl der Arbeitslosen schoß im Krisenwinter 1930/31 auf die

Vier-Millionen-Marke zu, Deutschland lag an der Spitze aller Industrieländer, die an der Massenarbeitslosigkeit litten. Die Industrieproduktion war fast um die Hälfte gesunken, deutsche Waren verschwanden immer mehr von den internationalen Märkten, und die hochverschuldeten Gemeinden wußten nicht mehr, wie sie die Gehälter ihrer Beamten und Angestellten zahlen sollten.[117]

Auf das krisengeschüttelte Deutschland stürzte ein Hagel von Brüningschen Notverordnungen, Dekreten, Erlassen und Gesetzen nieder, sämtlich dazu ausgedacht, der Not abzuhelfen und die Krise zu stoppen, zumindest zu verlangsamen. «Gesundung des Staatshaushaltes» hieß das Schlüsselwort, und ihm hatte sich alles unterzuordnen: die Kürzungen der öffentlichen Ausgaben, die Senkung von Preisen und Löhnen, die Forcierung der Exportwirtschaft, die Erhöhung der Steuern.

Die gebundenen Preise wurden durch Dekret an die gesunkenen freien Preise angeglichen, zur Überwachung der Preise ein Reichspreiskommissar bestellt, Löhne und Gehälter um durchschnittlich 17 Prozent gekürzt, wodurch sie auf den Stand vom 10. Januar 1927 zurückfielen. Gleich dreimal mußten sich die Beamten ihre Bezüge kürzen lassen; beim erstenmal um sechs Prozent, beim zweitenmal um vier bis acht Prozent, beim drittenmal um zehn Prozent. Auch die Zinsen wurden auf dem Weg einer Notverordnung gesenkt, und wieder traten neue Überwacher auf, die Einhaltung der Zwangszinsen zu kontrollieren.[118]

Kürzen, kürzen, kürzen: Die Renten für Invaliden und Kriegsbeschädigte wurden herabgesetzt, die Arbeitslosenunterstützung für verheiratete Frauen gestrichen, die Kinderzuschläge gekürzt, die Unterstützungssätze für Arbeitslose vermindert, die Altersgrenze für Unterstützungsempfänger heraufgesetzt. Und herauf mit den Steuern: Erhöhung der Einkommenssteuer, Erhöhung der Umsatzsteuer. Erhöhung der Steuer für Zucker- und Bierverbrauch, Einführung neuer Steuern, Sondersteuer für Mineralwasser, Sondersteuer für Junggesellen, Sondersteuer für Warenhäuser.

Doch statt zu gesunden, geriet das Land immer tiefer in

den Morast der Brüningschen Deflationspolitik. Keine Verordnung wollte greifen, fast jede Maßnahme hatte kontraproduktive Wirkung: Die Politik der erzwungenen Zinssenkung störte den Kapitalmarkt, wie der Historiker Helmut Marcon urteilt, «so verhängnisvoll, daß . . . die finanzielle Basis für einen baldigen Aufschwung überhaupt beseitigt war»,[119] während die Politik der Lohnsenkung durch die Erhöhung der Umsatzsteuer zunichte gemacht wurde, weil die Steuer, da von den Unternehmen getragen, nicht auf die Konsumenten überwälzt werden konnte.

Brüning war in einen tödlichen Kreislauf geraten, aus dem er keinen Ausweg mehr fand. Die Krise im Welthandel hatte den deutschen Export reduziert, der wiederum verstärkte Arbeitslosigkeit bewirkt, diese dann Kaufkraftschwund und Rückgang der Inlandsnachfrage, was abermals erhöhte Arbeitslosigkeit zur Folge hatte. Brünings Regierung versuchte daraufhin, die Binnennachfrage zu beleben, doch die wurde noch geringer, je stärker der Staat seine Ausgaben kürzte. Nicht einmal die Förderung des deutschen Industrieexports wollte ganz gelingen, denn auch dort störte man sich selber – durch die protektionistische Agrarpolitik.

Hier stand der Kanzler ebenfalls vor schier unlösbaren Schwierigkeiten: Die Krise der Landwirtschaft erschien ausweglos, der Preisverfall auf dem Weltmarkt hatte die ohnehin schon unter ungünstigen Bedingungen produzierenden deutschen Agrarier schwer getroffen. Der Historiker Hans-Erich Volkmann resümiert: «Die Erzeugerpreise sanken ständig, damit auch die Verkaufserlöse, während die Verschuldung parallel zu dieser Entwicklung anwuchs. Allein im Jahr 1931 wurden 170 000 ha Agrarland zwangsversteigert.»[120] Die Landwirte und ihre einflußreiche Lobby verlangten, Zoll- und Handelsschranken zum Schutz gegen die fremde Konkurrenz zu errichten, was wiederum den deutschen Industrieexport schädigen mußte. Agrarprotektionismus oder Förderung der Industrie? Brüning konnte sich nicht entscheiden.

Jedes neue Gefecht in der großen Schlacht gegen die Wirtschaftskrise aber bewies, daß der Dr. Brüning nicht begriff, was um ihn herum vorging. Gläubig, fast verzweifelt, starrte er in die Talsohle der Wirtschaftskrise, aus der sich bald, getreu der geltenden nationalökonomischen Theorie, die ersten Anzeichen des kommenden Aufschwungs rühren würden – meinte Brüning.

War er besonders dumm oder borniert? Keineswegs. Wie er dachten die meisten Männer der Wirtschaft und Politik. Man wußte es nicht besser, als daß in einem Abschwung erst eine scharfe Krise den Start zum Wiederaufstieg ermögliche. Das Wort vom deficit spending war noch unbekannt, die Erkenntnis noch nicht formuliert, daß man durch eine staatliche Defizitwirtschaft die Krise überspielen kann – durch Vergabe von öffentlichen Aufträgen, die zu einer Initialzündung für die ganze Wirtschaft werden. Solche Vorstellungen steckten damals erst in den Köpfen einiger weniger Ökonomen.

Als die beiden Gewerkschafter Wladimir Woytinsky und Fritz Tarnow und der SPD-Agrarexperte Fritz Baade Ende 1931 der Öffentlichkeit den Plan unterbreiteten, statt der Deflationspolitik eine «aktive Wirtschaftspolitik» zu betreiben und die Arbeitslosigkeit durch Vergabe öffentlicher Arbeiten zu reduzieren, erlebten sie eine arge Überraschung. Die SPD-Fraktion wollte nichts von dieser Neuerung hören, ihr Finanzexperte Hilferding kanzelte die Reformer heftig ab: Was sie vorschlügen, sei unmarxistisch und auch wider alle wirtschaftliche Logik, denn ein öffentliches Arbeitsbeschaffungsprogramm befördere nur die Inflation und schade damit dem deutschen Arbeiter.[121]

Es war nicht ohne Ironie, daß der konservative Deflationspolitiker Brüning keinen eifrigeren Gefolgsmann hatte als den ehemaligen Linkssozialisten Hilferding, der nahezu die ganze SPD-Fraktion bewog, dem Reichskanzler durch dick und dünn zu folgen. So sehr verband sie das gemeinsame traumatische Erlebnis der Inflation in den frühen zwanziger Jahren, daß sie zu keinem neuen wirtschaftlichen Denkansatz fähig waren: der Kanzler nicht, sein Freund Hilferding nicht und auch nicht sein wichtigster Wirtschaftsberater, der neue Reichsbankpräsident Hans Luther, der «keinen anderen Rat wußte als eben den mörderischen, die Deflation durch Super-Deflation zu bekämpfen», wie es Golo Mann ausdrückt.[122]

Je länger aber der Aufschwung ausblieb, desto gespenstischer wurden die Überlegungen und taktischen Züge Brünings. Er hatte mit längeren Perioden des Depressionstiefs gerechnet, aber nun zerrte die Krise doch an seinen Nerven. Warum kam der Aufschwung nicht? Hinter der ganzen Krise, so meinte der Kanzler schließlich, mußte etwas eminent Politisches stecken, und was konnte das anderes sein als der Ehrgeiz ausländischer Mächte, Deutschland möglichst lange in den Fesseln des Reparationssystems zu halten.

Reparationen – das schien Brüning der Schlüssel zu allem. Jeder deutsche Patriot wünschte sie sich weg, jeder ärgerte sich über die Zumutung der ehemaligen Siegermächte von 1918, die Deutschen noch generationenlang für den Ersten Weltkrieg zahlen zu lassen. Brüning dachte nicht anders darüber. Und hier sah er die einmalige Chance, die ihm die deutsche Wirtschaftsmisere bot: die Krise zur Abschüttelung der ganzen Reparationslast zu nutzen, aus der Wirtschaftskatastrophe heraus «den friedlichen Weg zur Zertrümmerung des Versailler Vertrages»[123] (Brüning) zu finden.

Dazu wollte sich Brüning eine deutsche Elendsszene schaffen, die ihm im Augenblick noch gar nicht greulich genug war. Denn er würde, so kalkulierte Brüning, den Gläubigerstaaten einen Verzicht auf alle weiteren Reparationen nur nahelegen können, wenn ihm der Nachweis gelang, daß es dem Schuldnerland der Welt, eben Deutschland, wirtschaftlich nicht besser ging als den Reparationsmächten, ja mehr noch: daß es ihm so schlecht ging, daß jeden Augenblick mit seinem völligen Zusammenbruch einschließlich aller verheerenden Auswirkungen auf das internationale Finanzsystem zu rechnen war. Und deshalb, dies Brünings eiskalte Logik, mußte es Deutschland noch schlechter gehen, mußten noch mehr Arbeitslose auf die Straße, mußte der politische Radikalismus seinen düsteren Schatten möglichst weit und furchterregend über das Land werfen.

Das gab dieser Politik einen Anstrich von Unmenschlichkeit, den die Menschenmassen instinktiv spürten, wenn sie

Brünings ansichtig wurden und ihn als «Hungerkanzler» beschimpften. Der Mann war ihnen unheimlich, obwohl er doch selber glaubte, nur das Beste für sein Land zu wollen. Menschen und ihre Gefühle und Nöte interessierten ihn kaum, er fühlte sich als Exekutor einer herrischen Staatsräson, die Politik nur als Außenpolitik, Innen- und Sozialpolitik nur als Verwaltung verstand.

Jeder Arbeitslose war ihm eine Figur im großen internationalen Spiel, die Lösung des Arbeitslosenproblems längst in den Hintergrund geraten. Nie wieder, so zürnt der Historiker Hermann Graml, «hat eine Berliner Regierung jene Kälte und Rücksichtslosigkeit aufgebracht, mit der sich das Kabinett Brüning mitten im Frieden gewissermaßen unter Kriegsgesetz stellte und die materielle Wohlfahrt der Staatsbürger völlig mißachtete, um allein einer vorwiegend außen- und revisionspolitisch verstandenen Staatsräson zu gehorchen».[124]

Brüning machte sich daran, den Mächten eine Debatte über die Reparationen aufzunötigen. Das war nicht einfach, die Reparationsfrage galt eigentlich als geregelt. Deutschland und die Gläubigerstaaten hatten sich auf den Young-Plan geeinigt. Doch Brüning wollte alle Reparationen weghaben, und dazu brauchte er einen Ansatzpunkt.

Ein Zufall lieferte ihn. Brünings Außenminister, der noch aus dem Kabinett Müller stammende Stresemann-Nachfolger Julius Curtius, hatte sich von Berliner Freunden des deutsch-österreichischen Anschlußgedankens und dem Wiener Bundeskanzler Johannes Schober die Idee aufschwatzen lassen, mit dem befreundeten Nachbarland eine Zollunion zu bilden. Der zuständige Abteilungsleiter im Auswärtigen Amt war gleich dagegen gewesen; er gab zu bedenken, den zu erwartenden Widerstand Frankreichs könnten die Österreicher kaum durchstehen, zumal die Wiener Banken in einem desolaten Zustand und von der französischen Finanz abhängig seien. Auch Brüning bekam einen Schreck, als er im September 1930 den deutsch-österreichischen Schriftwechsel über das Zollunionsprojekt sah. Brüning: «Lassen Sie die Akten gut wegschließen, damit sie niemand sieht.»

Doch die Österreicher drängten immer wieder in Berlin, schließlich gab Brüning sein Einverständnis zur Aushandlung eines Zollunionsvertrages. Reichsfinanzminister Dietrich brummte: «Wenn das man gutgeht.» Kaum aber hatten die Regierungen in Berlin und Wien am 21. März 1931 bekanntgegeben, daß sie sich über eine Zollunion grundsätzlich verständigt hätten, da machten Frankreichs Diplomaten und Bankiers mobil. Paris ließ erklären, eine deutsch-österreichische Zollunion sei eine Verletzung des Versailler Vertrags.

Die französischen Banken wollten der Österreichischen Creditanstalt, einer der größten internationalen Banken Mitteleuropas, nur Geld geben, wenn die österreichische Regierung zuvor auf das Zollunionsprojekt verzichte. Die Österreicher lehnten ab, eine Regierungskrise in Wien folgte. In Europa aber löste ein Bankenkrach den anderen ab, weil nun, wie es ein Experte umschreibt, «Frankreichs Währungsbanker wild um sich schlugen».

Das hatte böse Folgen: Anfang Mai geriet der Karstadt-Konzern in Schwierigkeiten, Ende des Monats traf es die Versicherungsgruppe Nordstern. Kurz darauf meldete die Norddeutsche Wollkämmerei, die Kernfirma des Bremer Textilkonzerns Nordwolle, einen Bilanzverlust von 24 Millionen Mark; bald wurde ruchbar, daß die Nordwolle insgesamt 200 Millionen Mark verloren hatte. Und schon begann es bei dem zweitgrößten Kreditinstitut Deutschlands, der Darmstädter und Nationalbank (Danatbank), zu kriseln. Sie mußte 97 Millionen Mark Kreditkündigungen hinnehmen, noch Schlimmeres kündigte sich an – der Zusammenbruch der Bank.

Jetzt hatte Brüning das Stichwort, das er für seine Pläne benötigte: deutsche Zahlungsunfähigkeit. Er meldete sich mit Curtius zu Reparationsverhandlungen in England an, nicht ohne vorher die deutsche Wirtschaftskrise noch einmal vor aller Welt demonstriert zu haben. Am 5. Juni unterschrieb Hindenburg eine neue Notverordnung, die wieder Beamtengehälter senkte und die Arbeitslosenversorgung kürzte, und einen Tag danach erschien ein Aufruf der Reichsregierung: «Die Grenze dessen, was wir unserem

Volke an Entbehrungen aufzuerlegen vermögen, ist erreicht
. . . Die Regierung ist sich bewußt, daß die aufs äußerste
bedrohte wirtschaftliche und finanzielle Lage des Reichs gebieterisch zur Entlastung Deutschlands von untragbaren
Reparationsverpflichtungen zwingt.»

Dem Kanzler eines bankrotten Deutschlands mochten
die britischen Staatsmänner ihre Hilfe nicht versagen. Die
Briten waren schon 1922 dafür eingetreten, die Reparationen zu liquidieren, hatten sich jedoch gegenüber Paris und
Washington nicht durchsetzen können. Angesichts der
Weltwirtschaftskrise, auch der im eigenen Land, drängte
nun die Londoner Regierung die Amerikaner, dem Wahnsinn der Reparationen ein Ende zu setzen. Der US-Präsident Herbert Hoover ließ sich schließlich dazu bewegen,
wenigstens ein Moratorium vorzuschlagen, das die Zahlung
aller internationalen Schulden für ein Jahr aussetzte. Dann
sollte das Zahlen allerdings weitergehen.

Brüning hatte einen ersten Erfolg errungen, an dem auch
eine sofort einsetzende Gegenaktion der französischen Diplomatie und Bankenwelt nichts mehr ändern konnte. Am
20. Juni verkündete Hoover sein Moratorium, zwei Wochen
später bequemten sich auch die Franzosen zur Zustimmung.
Die Pariser erkannten sehr wohl, was Brüning vorschwebte;
der Generalsekretär des französischen Außenministeriums,
Berthelot, meinte schon damals, die Deutschen würden
auch nach Ablauf des Moratoriums, also ab Juni 1932, keine
Reparationen zahlen.[126]

Da traf die Nachricht ein, die Danatbank könne die Zahlungen nicht mehr aufrechterhalten. Die Reichsbank, zu erschöpft, um der Danatbank noch einmal beizuspringen,
brauchte vielmehr selber einen internationalen Überbrückungskredit. Prompt waren französische Banken zur Stelle
und boten ihre Hilfe an – mit vom Quai d'Orsay formulierten Bedingungen: keine deutsche Kritik mehr am Young-Plan, Verzicht auf die Zollunion mit Österreich, Aufgabe
der deutschen Revisionsforderungen gegenüber Polen, Verschiebung des Baus des Panzerschiffs A.

Brüning ließ die Franzosen abblitzen und sah seelenruhig
zu, wie sich die deutsche Finanz- und Wirtschaftskrise er-

neut verschärfte. Die Danatbank schloß ihre Schalter, die Norddeutsche Wollkämmerei brach zusammen, die Landesbank der Rheinprovinz erklärte sich für zahlungsunfähig. Dann griff die Reichsregierung ein; sie übernahm die Kontrolle der Banken und leistete mit Reichsbankgeldern Bürgschaften. Graml kann den Verdacht nicht loswerden, daß «die Reichsregierung die Dinge bewußt auf die Spitze getrieben hat, um durch einen zumindest scheinbaren Kollaps der deutschen Finanzen eine Rettungsaktion der Gläubiger Deutschlands zu erzwingen».[127]

Tatsächlich schien dem Kanzler Deutschland endlich elendig genug, um die restlose Streichung aller Reparationen zu verlangen. Die deutsche Misere war so offenkundig, daß sich alle Vernünftigen beeilten, dem Kanzler Brüning zu helfen. Ende Dezember rief die britische Regierung alle Gläubiger- und Schuldnerländer zu einer Konferenz nach Lausanne, auf der das Reparationsproblem endgültig gelöst werden sollte. Doch Brüning verschleppte die Verhandlungen ins Frühjahr, weil er hoffte, dann noch bessere Bedingungen herausschlagen zu können. Er wurde nicht müde, seinen Mitarbeitern einzuschärfen, auch in der letzten Phase noch durchzuhalten, in jenen berühmten «hundert Metern vor dem Ziel», von denen er in seiner letzten Reichstagsrede so beschwörend sprechen sollte.

Doch sein reger Verstand war schon wieder auf neue Horizonte deutscher Außenpolitik gerichtet, schien ihm doch die Lösung der Reparationsfrage nur ein Anfang. Brüning arbeitete bereits an einem Konzept, das nach dem Urteil eines Historikers nichts Geringeres bezweckte, als Deutschlands «Weltgeltung wiederherzustellen». Er sah sich als Architekt einer Revisionspolitik, die das Schwergewicht künftiger deutscher Macht nach Osten und Südosten verlagern, die Frage der deutschen Ostgrenzen wieder aufwerfen und die militärische Macht der Republik rasant verstärken sollte. Hitlers expansive Europapolitik nach 1933 – hier war sie vorgezeichnet.

Brüning förderte alle Pläne einer handelspolitischen Expansion Deutschlands in Richtung auf den Balkan, die darauf hinausliefen, dem Reich eine eigene, vom Sterlingblock abgehobene Wirtschaftsdomäne, einen Reichsmarkblock, zu schaffen, und er ließ sich keine Gelegenheit entgehen, deutsche Großmachtinteressen anzumelden: Dem Völkerbund zwang er im Januar 1931 eine Debatte über die angeblich verfolgte deutsche Minderheit in Polen auf, im März legte er dem Reichstag einen Wehretat vor, der trotz der finanziellen Not kaum Abstriche enthielt, sondern vielmehr die forcierte Fortsetzung des Panzerschiffsbauprogramms (gerade wichtig im Hinblick auf Polen) vorsah, und er hielt auch zumindest theoretisch an dem deutsch-österreichischen Zollunionsprojekt fest.[128]

Und er stand nun auch direkt an der Spitze der deutschen Diplomatie und dirigierte ihre Operationen. Seit einer von Hindenburg im Oktober 1931 erzwungenen Umbildung des Kabinetts selber Reichsaußenminister, war Brüning bald von keiner internationalen Tagung mehr wegzudenken. Ob Reparationskonferenz in Lausanne oder Abrüstungskonferenz in Genf, ob Gespräche in Chequers oder im Völkerbund – Heinrich Brüning war immer dabei.

Ein faszinierend-beklemmender Anblick, dieser katholische Ex-Gewerkschaftler und Sozialpolitiker, der sich immer mehr in die Rolle eines Metternich der Deutschen Republik hineinsteigerte. Dem Historiker Ernst Deuerlein kommt dies alles vor wie «Kabinettspolitik mehr des 18. als des 19. Jahrhunderts, die keine mündigen Bürger, sondern zu Gehorsam verpflichtete Untertanen kannte», und in der Tat blieben die nach Emanzipation und etwas privatem Glück drängenden Massen diesem asketischen Autokraten zeitlebens fremd.

Brüning kapselte sich noch mehr von der Außenwelt ab, und merkte dabei gar nicht, wie sehr er den Kontakt zur deutschen Wirklichkeit verlor. Das Land versank im Dreck und Chaos der Wirtschaftskrise, die Arbeitslosigkeit wurde zum Massenelend, 6,1 Millionen Menschen waren als Arbeitslose im März 1932 registriert – der Kanzler nahm kaum Notiz. Die Sozialdemokraten, noch immer auf Tolerierungskurs, zeigten Ermüdungserscheinungen, und auch die Generale murrten – der Kanzler nahm kaum Notiz.

Nicht einmal die publicityträchtige Tagung der «Nationalen Opposition» in Bad Harzburg am 11. Oktober 1931, diese Riesenschau des Rechtsradikalismus, fand Brünings Aufmerksamkeit. Dort hatte sich unter Hitlers und Hugenbergs Führung alles versammelt, was von rechts zum Sturz der Republik entschlossen war, die Nationalsozialisten und die Deutschnationalen waren erschienen, der Stahlhelm, Vertreter der Deutschen Volks- und der Wirtschaftspartei, der Finanzmann Schacht, Hohenzollernprinzen, Ex-Generale des Kaisers – Brüning ignorierte sie.

Selbst das Anschwellen der Nazi-Gefolgschaft im ganzen Land konnte den Kanzler nicht erschrecken. Es liege, sagte er einem Konfidenten, «im deutschen Interesse, die Bewegung sich in der Regierungsverantwortung nicht allzu schnell verbrauchen zu lassen»; er wolle es «sich nicht nehmen lassen, das gewichtige Argument dieser radikalen Opposition in die Waagschale der Verhandlungen mit den ausländischen Mächten zu werfen».[129]

Solches Argumentieren aber mußte Schleicher herausfordern, der genau das Gegenteil wollte: die Nationalsozialisten durch rasche und begrenzte Regierungsbeteiligung zu «zähmen». Der General fand ohnehin, «sein» Brüning habe sich als Kanzler überlebt. Bereits im Oktober 1931 klagte er dem Stahlhelmführer Siegfried Wagner, der Kanzler sei innenpolitisch nicht energisch genug, und er ließ durchblicken, daß ihm Groener als nächster Reichskanzler vorschwebe. In den folgenden Wochen zeigte Schleicher immer deutlicher, wie wenig ihm noch der Kanzler Brüning paßte. Im Februar 1932 sagte er zu Severing: «Das kann man nicht mehr mit ansehen. Der gute Heinrich wird mit nichts fertig!»[130]

Der gute Heinrich wurde vor allem nicht mit der Zumutung Schleichers fertig, parlamentarisches Harakiri zu begehen. Denn darauf lief die Forderung des Generals hinaus, mit Braun zu brechen und die eigene Regierung nach rechts zu erweitern. Schleicher hatte sich in dem Streit um Kontrolle und Ausmaß des Grenzschutzes so blindwütig auf die preußischen Behörden eingeschossen, daß er sich nur noch mit einem Sturz des Kabinetts Braun zufriedengeben wollte; Brüning brauche, argumentierte er, lediglich der preußischen Zentrumspartei den Wink zu geben, das Kabinett zu verlassen, und schon sei es mit der SPD-Herrschaft in Preußen vorbei. Brüning aber wußte: Tat er dies, so würde ihn die SPD-Fraktion im Reichstag nicht eine Stunde länger tolerieren, und dann war er auf die unberechenbaren Nazis angewiesen oder konnte überhaupt nur noch auf Bajonetten regieren.

Groener, der etwas differenzierter dachte als Schleicher, erkannte Brünings Schwierigkeiten, zumal er seit dem Oktober-Revirement auch als Reichsinnenminister im Kabinett saß. «Die Nazis wollen wir einfangen, die Sozis aber nicht in die Opposition treiben»,[131] schrieb er an einen Vertrauten. Mit dem Einfangen der Nazis hatten die Generale im Frühjahr 1931 begonnen, wobei es freilich nie ganz klar war, wer hier eigentlich wen einfing.

In diesem Frühjahr hatte sich bei Schleicher der Mann vorgestellt, den später die Irrsinnslogik der Propagandisten des Dritten Reiches zu seinem Komplizen machte: der SA-Stabschef Röhm. Er brachte bei seinen folgenden Besuchen gelegentlich auch Göring mit, der jetzt Hitlers Chefvertreter in Berlin war und nicht ungern daran erinnerte, daß er – ähnlich wie der ehemalige Reichswehrhauptmann Röhm – zu den Führern der frühen SA gehört hatte, die damals mit der Reichswehr verbunden gewesen und von ihr ausgerüstet worden war.

Röhm und Göring wußten nur zu gut, wie man mit einem General der Reichswehr sprach, und bald waren sich die «Kameraden» einig: weg mit der alten antimilitaristischen NS-Propaganda gegen den «irrsinnigen, seelenlosen Drill» der Reichswehr und ihrer «Landsknechte für den Völkerbund», kein Wort mehr über den «Exponenten von Marxismus und Hochfinanz», als der Hindenburg verunglimpft worden war, Stopp aller Zersetzungspropaganda der NSDAP in der Truppe. Röhm gelobte Besserung und versprach, demnächst das neue Propagandamaterial seiner SA dem Herrn General vorzulegen.[132]

Schleicher wußte freilich auch durch seine eigenen Informanten in der SA, daß der revolutionäre Sozialismus des OSAF Pfeffer der Vergangenheit angehörte. Röhm hatte einen neuen oder besser: den alten Ton in die SA gebracht, unter ihm stand wieder militärischer Stil in großer Mode. Bis in kleinste Details ließ Röhm in seiner SA das Militär kopieren: Ein Führungsstab stand dem SA-Chef zur Seite, in dem alle maßgeblichen Positionen von ehemaligen Offizieren besetzt waren (Röhms Stellvertreter war beispielsweise ein ehemaliger Reichswehrgeneral), während «Rondeoffiziere» den Kontrolldienst in den SA-Stürmen ausübten. Die Dienstvorschriften der SA orientierten sich an den Reglements des Heeres, die SA-Standarten führten die Nummern früherer Regimenter der monarchischen Armee.

Röhm hatte die SA schon so fest im Griff, daß sie auch die zweite Stennes-Revolte überstand, die am 1. April 1931 ausbrach. Stennes und seine Unterführer erklärten Hitler für abgesetzt, die meisten SA-Führer in Brandenburg, Schlesien, Pommern und Mecklenburg schlossen sich der Revolte an, und bald fehlte kein wichtiger SA-Name Nord- und Ostdeutschlands auf der Liste der Anti-Hitler-Frondeure. Noch ehe freilich Röhm eingreifen konnte, schlug eine Sondereinheit Hitlers zu, die damit der breiteren Öffentlichkeit zum erstenmal bekannt wurde: die Schutz-Staffel (SS). Ihrem Berliner Führer Kurt Daluege schrieb Hitler einen Satz, den die SS in abgewandelter Form später auf ihren Koppelschlössern trug: «SS-Mann, Deine Ehre heißt Treue!»

Der SA-Stabschef mußte das Vorpreschen der ihm unterstellten, von ihm aber wenig geliebten SS hinnehmen, doch dann intervenierte er und sorgte dafür, daß der SA nicht noch größerer Schaden entstand. Eine neue SA-Gruppe Ost wurde aufgestellt, der ehemalige SA-Kommandeur Göring half Röhm dabei: Er hatte Auftrag, die restliche SA von allen Anhängern des Stennes zu «säubern». In wenigen Wochen kehrte wieder Ruhe ein.

Die Offiziere in der Bendlerstraße mochten Röhm für so erfolgreiches Krisenmanagement ihren Respekt nicht vorenthalten. Schleicher ließ seine Offiziere wissen, wie einer notierte: «In Nazi 2 Strömungen: Mitarbeit u. Revolutionär; 2. Gruppe vertrat Stennes, Großer Erfolg Hitlers, daß er damit schnell fertig [wurde].»[133] Was die Militärs organisatorisch in der SA sahen, beeindruckte sie, und sie wären keine Militärs gewesen, wenn sie nicht begonnen hätten, auf eine Zukunft hin zu planen, in der die SA mit der Reichswehr eng verbunden sein würde. Die Reichswehr benötigte dringend das Rekrutenpotential der SA, und das aus keinem anderen Grund, weshalb diese Reichswehr mit dem «roten» Preußen verkracht war: der Effizienz des Grenzschutzes.

Das Rüstungsprogramm der Reichswehrführung sah den Aufbau von 34 sogenannten Grenzschutz-Divisionen im Osten vor, die mit Reservisten aus allen Kreisen der grenznahen Bevölkerung besetzt werden sollten. Meist kamen die Soldaten dieser Freizeitarmee von den großen Gütern, während die wilhelminische Herrenschicht der Güter und Kleinstädte das Offizierskorps stellte. Zeit und Agrarkrise erschwerten jedoch die Rekrutierung des Grenzschutzpersonals immer mehr; die Jungen zogen in die großen Städte, die noch in Kriegs- und Vorkriegszeit militärisch ausgebildeten Jahrgänge wurden dünner. Just in diesem Augenblick erschien die vorwiegend jugendliche SA auf der ostdeutschen Szene. Sie trat, so der Historiker Geyer, «genau zu dem Zeitpunkt auf, als der Personalersatz aus der alten Armee zu versiegen begann und eine massive Nachwuchswerbung für die Reichswehr immer wichtiger wurde».[134] Die SA als sozialübergreifende Personalreserve des Grenzschutzes – eine verlockende Idee für die Reichswehrführung.

Doch die SA machte ihren Eintritt in den Grenzschutz von politischen Bedingungen abhängig, und so begann man denn im Reichwehrministerium miteinander zu verhandeln. Die SA-Männer verwiesen die Militärs an ihren Führer, worauf sich erst einmal General von Hammerstein-Equord, der Chef der Heeresleitung, im September auf den Weg machte, sich den Hitler einmal anzuschauen. Er kam erstaunt zurück: «Bis auf das Tempo», so meldete Hammerstein, wolle doch Hitler eigentlich dasselbe wie die Reichswehr.

Nun verstärkte Schleicher seine Kontakte zu Röhm und anderen NS-Funktionären, wobei er gelegentlich schon in den Nazi-Jargon verfiel. «Besten Dank», schrieb er am 4. November 1931 an Röhm, «für das übersandte Material, aus dem ich mich einwandfrei überzeugen konnte, daß von der

Reichsleitung der National-Sozialistischen Deutschen Arbeiterpartei alles getan wird, um die Partei auf der von dem Parteichef vorgeschlagenen Linie strengster Legalität zu halten. Ein Teil des Materials fällt allerdings in das Ressort des Reichsinnenministers, wo ich entgegen den Behauptungen der bösartigen verlogenen Darstellung der Mossekommunisten völlig einflußlos bin.»[135] Mossekommunisten – gemeint waren die Journalisten des im Mosse-Verlag erscheinenden liberalen *Berliner Tageblatt*!

Dann traf sich auch Groener mit Hitler und war beeindruckt, wie der Minister am 11. Januar 1932 auf einer Kommandeurstagung in Berlin verbreiten ließ: «Absichten und Ziele H's sind gut; aber Schwarmgeist, so erfüllt v[on] Begeisterung und vulkan[ischer] Kraft, daß er sicher noch oft falsche Mittel anwendet u. weiter anwenden wird. Nicht verwunderlich! Ihm gesagt, daß [er] vielen Gedanken zustimmt! Nur darauf ankommt, [daß] Beweg[ung] in richtige Kanäle kommt.» Schleicher assistierte: «Für W[ehrmacht] wichtig, in verständiges Verhältnis mit Nazi zu kommen.»

Die beiden Generale säumten denn auch nicht, Hitler und ein paar NS-Führer möglichst rasch und unauffällig in die Zwangsjacke einträglicher Ministerposten zu stecken, um desto sicherer an das begehrte Rekrutenreservoir der SA zu kommen. Natürlich hatten sie nicht vor, Hitler politische Schlüsselposten einzuräumen, für die er, wie Schleicher schrieb, «geeignet ist wie der Igel zum Handtuch». Auch Groener warnte: «Es muß mit allen Mitteln erreicht werden, daß die Nazis nicht an die Posten des Reichspräsidenten und Reichskanzlers herankommen.»

Schleicher hatte schon einen Plan, wie man das machen konnte. Ideal erschien ihm, die Regierung der SPD-geführten Weimarer Koalition in Preußen zu stürzen und eine Rechtsregierung unter Beteiligung der Nationalsozialisten einzusetzen. Das hätte genau den Wünschen der Reichswehrführung entsprochen. Doch Brüning weigerte sich; er hatte nicht vor, sich völlig in die Abhängigkeit von Schleicher und Hindenburg zu begeben.

Daraufhin holte Schleicher Anfang Februar einen anderen Plan hervor, in dem kein Brüning mehr vorgesehen war:

neue Reichsregierung unter einem Deutschnationalen, in der die Nationalsozialisten ein paar Ministerposten erhalten sollten. «Jetzt ist eine neue Operation ohne amtliche Beteiligung in Vorbereitung», hatte Groener zuvor seinem Korrespondenzfreund angekündigt. «Der Kardinal [Schleicher] ist hinter den Kulissen der Regisseur, streng geheim.» Hindenburg war schließlich einverstanden, den Stahlhelmführer Franz Seldte als Reichskanzler zu nehmen. Da machte Hitler, jetzt ganz der eisenharte, nur auf die totale Macht ausgehende Führer der NSDAP, den Plan Schleichers zunichte: Er verlangte so viele Ministerposten für sich und seine Partei, daß Hindenburg über den «böhmischen Gefreiten» ernstlich verstimmt war.[136]

Diese Verstimmung des Reichspräsidenten machte sich nun Brüning zunutze, um sich vor weiteren Gegenaktionen Schleichers abzusichern. Die Stunde war günstig: In einem Monat würden die Reichspräsidentenwahlen stattfinden, in denen Hindenburg gegen Hitler antrat, und für die Leitung der Kampagne brauchte der alte Mann den Kanzler Brüning dringender denn je. Das zwang Schleicher zur Rücksichtnahme gegenüber dem Kanzler, denn auch er wußte: «Hindenburg ist der einzigste Kandidat, der in der Lage ist, Hitler zu schlagen.»

Dabei war es Wahnsinn, den alten Mann für eine weitere Amtsperiode im Präsidentenpalais zu lassen. Das wußte niemand besser als Brüning. Täglich erfuhr er, wie es um den Greis bestellt war: Hindenburg konnte kaum noch einer politischen Entwicklung folgen, er brachte oft die einfachsten Fragen durcheinander, hörte schwer und verstand entsprechend falsch. Schon im vorigen Jahr waren Brüning Zweifel gekommen, ob Hindenburg «überhaupt noch länger als ein Jahr in der Lage sein würde, selbst bei verantwortungsvoller Beratung, sein Amt einigermaßen zu erfüllen», und bei einer Erkrankung Hindenburgs im Oktober 1931 hatte der Kanzler «jeden Morgen die Nachricht [erwartet], daß der Kammerdiener ihn tot im Bett gefunden habe».[137]

Hindenburg hatte sich lange gegen eine neue Präsidentschaft gewehrt, zumal er mit einer für ihn völlig falschen Frontstellung antreten mußte: Er, Paul von Hindenburg, die Vaterfigur der Rechten, sollte als Kandidat der republikanischen Parteien gegen den Herausforderer Hitler antreten, in dessen Lager einige seiner besten Freunde mitmarschierten. Doch Brüning hatte immer wieder gedrängt, ohne den Generalfeldmarschall sei der Staat verloren. Auch Schleicher meinte, ein Sieg Hitlers würde «zum Bürgerkrieg und letzen Endes zum Bolschewismus» führen.

So stürzte sich Heinrich Brüning für den alten Generalfeldmarschall in einen aufwendigen Wahlkampf und erlebte dabei ein Wunder. Daß Hindenburg schließlich im zweiten Wahlgang über Hitler triumphierte, war kein Wunder, sondern für Brüning eine Selbstverständlichkeit. Das Wunder war, daß während des Wahlkampfes die fast lebenslange Partnerschaft Schleicher-Groener zerbrach.

Bewirkt worden war dies von einer Macht, die Brüning nie gemocht hatte, ja, die er gar nicht mehr ernstnahm: dem Reichsbanner Schwarz-Rot-Gold. Der Spektakel um das Harzburger Treffen der extremen Rechten hatte zu einer unerwarteten Kräftigung republikanischer Selbstschutzorganisationen geführt; Tausende deutscher Sozialdemokraten und Gewerkschaftler hatten sich in der «Eisernen Front» vereint, um Republik und Demokratie aktiv zu verteidigen. Neue Organisationen wie die Schutzformationen und die Hammerschaften waren entstanden, endlich formierten sich die Republikaner zum Widerstand.

Und die Präsidentenwahlen waren eine gute Gelegenheit für die Führer der Eisernen Front, ihre Macht zu demonstrieren. Sie alarmierten alle norddeutschen Schutzformationen und Reichsbannereinheiten, die sich daraufhin in Gewerkschaftshäusern, Parteibüros und Verkehrslokalen in Bereitschaft hielten – provoziert durch das (unzutreffende) Gerücht, die SA wolle im Falle einer Wahlniederlage Hitlers gewaltsam die Macht an sich reißen. Anlaß der Aktion war ein Befehl Röhms, die SA solle sich vom Morgen des 13. März an, dem Wahltag, in den Sturmlokalen versammeln und in «Alarmbereitschaft» bleiben, und dies wurde mit dem (ebenfalls unzutreffenden) Gerücht begründet, das Reichsbanner wolle sich einer legalen Machtergreifung Hitlers gewaltsam widersetzen.[138]

Die Gerüchte des Reichsbanners erreichten auch Groener im Reichsinnenministerium, der aufgeregt reagierte und sofort seinen preußischen Kollegen Severing alarmierte. Der wartete nur die Wahlen ab, dann schlug er am 17. März los: Er ließ NS-Gaubüros und SA-Zentralen von der preußischen Polizei besetzen und Materialien beschlagnahmen, aus denen zumindest hervorging, daß einzelne SA-Einheiten im Falle eines Hitler-Sieges Gewaltaktionen geplant hatten. Der große Erfolg der preußischen Staatsschützer blieb freilich aus.

Das nutzten die führenden Beamten des Reichsinnenministeriums dazu, Groener zu einem Verbot der SA und SS zu drängen. Jetzt erwies es sich in der Optik Schleichers als ein Fehler, den altersschwachen Groener ins Innenministerium gelassen zu haben; dort war Groener den scharfsinnigen Argumenten republikanischer Juristen ausgesetzt, die seit langem das Verbot der braunen Armee verlangt hatten. Als auch die Innenminister der meisten anderen deutschen Länder forderten, das längst fällige Verbot auszusprechen, mochte Groener keinen weiteren Widerstand dagegen leisten: Mit Hilfe Brünings erwirkte er am 11. April 1932 die Zustimmung Hindenburgs, das gesamte Parteiheer der NSDAP zu verbieten.[139]

Zunächst stimmten die führenden Offiziere in der Bendlerstraße dem Groener-Ukas formal zu, dann aber erhob sich ein Sturm der Empörung gegen den Minister – orchestriert von Schleicher. Sie appellierten an Hindenburg, die Notverordnung zurückzuziehen oder zumindest das gleichzeitige Verbot des Reichsbanners auszusprechen, sie provozierten sogar einen offenen Brief des Präsidenten, in dem er den alten Kriegskameraden Groener der Einseitigkeit zieh. Sie vergaßen es ihrem Minister nie, daß er durch seine «voreilige» Aktion die Anwerbung der SA für den Grenzschutz durchkreuzt hatte.

Hindenburg wartete nur eine Gelegenheit ab, um Groener abzusetzen. Als der Minister am 10. Mai im Reichstag seine Maßnahmen ungeschickt verteidigte und dabei von den Nazis niedergebrüllt wurde, machte die Anti-Groener-Fronde noch einmal gegen den alten Chef mobil. «Der alte

Groener ist senil geworden», tönte Hammerstein, und schon am nächsten Tag ließ Schleicher ein Telephongespräch zur Reichskanzlei durchstellen: Wenn Groener jetzt nicht abgehe, so sprach der General, würden er und die übrigen Spitzen des Reichswehrministeriums sofort ihren Abschied einreichen. Am 12. Mai trat Groener zurück.[140]

Brüning aber fühlte sich sicher, der Bruch zwischen Schleicher und Groener schien im Entlastung zu bringen. Ernste Gefahren sah er für sein Kabinett nicht, und so ging der Reichskanzler gleich wieder zur Tagesordnung über. Er überlegte, ob sich nicht Groener wenigstens als Reichswehrminister halten lassen könne.

Brüning war so mit sich und seiner Welt beschäftigt, daß ihm entging, wie schlecht der Reichspräsident auf seinen Kanzler zu sprechen war. Brüning ahnte es nicht, denn trotz aller kritischen Einsichten hatte er sich innerlich nie von Hindenburg freimachen können. Brüning wäre vielleicht nachdenklich geworden, wenn ihm der Pressechef der Reichsregierung erzählt hätte, was ihm bei seiner Gratulation zur Wiederwahl Hindenburgs widerfahren war. Hindenburg: «Herr Zechlin, den Glückwunsch nehme ich nicht an. Wer hat mich denn gewählt? Mich haben die Sozis gewählt, mich haben die Katholiken gewählt und mich hat das Berliner Tageblatt gewählt. Meine Leute haben mich nicht gewählt.»[141]

Solche Stimmungen wußte Schleicher für sich auszuschlachten, der noch keineswegs aufgegeben hatte. Gleich nach der Wahl hatte er begonnen, sein von Groener ruiniertes «Zähmungs»-Konzept zu revidieren. Er hatte sich, im Einverständnis mit den führenden Generalen des Reichswehrministeriums, einen neuen Plan zurechtgelegt; er wollte SA, Stahlhelm, Reichsbanner und andere paramilitärische Organisationen zu einer Miliz unter Reichswehrkontrolle vereinigen und die Nazis an einer Rechtsregierung beteiligen. Als erster Schritt dazu schwebte Schleicher vor, Hitler die Zurücknahme des SA-Verbots für den Fall anzubieten, daß der bereit sei, eine nach rechts erweiterte Reichsregierung ohne Brüning zu tolerieren.

Schleicher kontaktierte Hitler sofort, da er von seinen Informanten erfahren hatte, der NS-Führer sei wieder etwas bescheidener geworden. Der Wahlkampf war gar nicht so gut gelaufen, wie sich die Partei das erhofft hatte: Erst hatte Hitler lange Zeit, für seine Unterführer viel zu lange, gezögert, als Kandidat gegen Hindenburg anzutreten, und dann hatte er im ersten Wahlgang schlecht abgeschnitten, während von Hindenburg die absolute Mehrheit nur knapp verfehlt worden war; im zweiten Wahlgang hatte Hitler allerdings aufgeholt. Ähnlich war es bei den kurz darauf folgenden Landtagswahlen in Preußen gewesen: Die NSDAP war stärkste Partei geworden, hatte jedoch nicht die absolute Mehrheit errungen. Goebbels sorgte sich schon: «Wir müssen in absehbarer Zeit an die Macht kommen. Sonst siegen wir uns in den Wahlen tot.»[142]

So waren die führenden Nazis nicht abgeneigt, sich den General einmal anzuhören. Am 28. April trafen sich Schleicher und Hitler, am 7. Mai wurden sie konkreter miteinander, wie sich Goebbels am nächsten Tag notierte: «Der Führer hat eine entscheidende Unterredung mit General Schleicher; einige Herren aus der nächsten Umgebung des Reichspräsidenten sind dabei. Alles geht gut. Der Führer hat überzeugend zu ihnen geredet. Brüning soll in den nächsten Tagen schon fallen. Der Reichspräsident wird ihm sein Vertrauen entziehen.»[143]

Von diesem 7. Mai 1932 an waren die Tage des Kabinetts Brüning gezählt. Hindenburg war entschlossen, sich des Kanzlers bei nächster Gelegenheit zu entledigen, zumal sich Brüning – meist mit außenpolitischen Argumenten – weiterhin einer Aufnahme rechtsradikaler Politiker in seine Regierung widersetzte. Brüning fühlte sich sogar stark genug, sich wegen Groener mit der Hindenburg-Kamarilla anzulegen und mit Rücktritt zu drohen; und was sein Rücktritt für die deutsche Außenpolitik bedeute, ließ er Hindenburg bestellen, werde der Herr Reichspräsident ja wissen. Verbiestert reiste Hindenburg am 12. Mai nach Neudeck.

Da kam den Brüning-Gegnern eine Nachlässigkeit zugute, die dem vielbeschäftigten Kanzler unterlaufen war. In den Kreisen ostpreußischer Großagrarier machte ein Referentenentwurf aus dem Reichskabinett die Runde, der sofort zu der Parole Anlaß gab, nun sei Brüning mit Haut und Haaren unter die Agrarbolschewisten gegangen. Eine Affäre entstand, die sich später zu der Legende ausweitete, Großagrarier hätten den Kanzler Brüning gestürzt.

Der Gestürzte strickte selber gern an dieser Legende, die sich bis heute in vielen Geschichtsbüchern gehalten hat. Noch 1948 beteuerte Brüning, von dem «unerheblichen» Vorentwurf des Referenten nichts gewußt zu haben, und er wollte unbedingt erfahren, wer denn nun eigentlich diesen Entwurf, der «eine geradezu unsinnig radikale Lösung der Probleme des Grundbesitzes im Osten vorsah», dem Reichspräsidenten zugespielt habe. Die Antwort kann nur lauten: Brüning selber. Er war Teil der Siedlungsverordnung, der Fünften Notverordnung, die der Kanzler via Meißner dem Reichspräsidenten nach Neudeck zugeleitet hatte.

Dem Kanzler war entgangen, daß sich sein Kabinett am 20. Mai über eine neue Siedlungsverordnung geeinigt hatte, die vorsah, nicht mehr entschuldungsfähige Güter durch ein verschärftes Zwangsversteigerungsverfahren zu erwerben, um Siedlungsland zu beschaffen. Der Vorschlag ging nicht zuletzt auf den neuen Osthilfe-Kommissar Hans Schlange-Schöningen zurück, der eine schärfere Strukturpolitik im Osten verlangte, obwohl er selbst Junker war, wenn auch einer von der aufgeklärten Art. Der nicht sonderlich interessierte Kanzler hatte dem Projekt zugestimmt, ohne zu bedenken, welche politischen Folgen in den Kreisen um Hindenburg zu erwarten waren.

Denn kaum war der Inhalt der neuen Siedlungsverordnung in Ostpreußen durchgesickert, da liefen die Großagrarier Sturm gegen Brünings «Agrarbolschewismus». Ein Strom wütender Petitionen ergoß sich nach Neudeck, und prompt verlangte Hindenburg Auskunft von seinem Kanzler. Als sich Brüning anbot, in Neudeck Vortrag zu halten, lehnte der Reichspräsident ab; er könne, ließ Hindenburg mitteilen, dem hartarbeitenden Kanzler nicht zumuten, zwei Nächte lang auf der Bahn zu sein. Am 29. Mai werde er ohnehin wieder in Berlin zur Verfügung stehen.

Dann standen sich die beiden Männer gegenüber. «In

barschem, grobem Ton» (Brüning) begrüßte der Reichspräsident den Reichskanzler, setzte seine Brille auf, griff nach einem Papier und las tonlos vor: «1. Die Regierung erhält, weil sie zu unpopulär ist, von mir nicht mehr die Erlaubnis, neue Notverordnungen zu erlassen. 2. Die Regierung erhält von mir nicht mehr das Recht, Personalveränderungen vorzunehmen.»

Kanzler und Präsident schweigen, dann sagte Brüning: «Wenn ich die mir soeben vorgelesenen Äußerungen richtig verstehe, so wünschen Sie, Herr Reichspräsident, die Gesamtdemission des Kabinetts.»

Hindenburg: «Jawohl. Diese Regierung muß weg, weil sie unpopulär ist.»[145]

Brüning verbeugte sich und zog sich zurück. Am nächsten Tag erklärte die Regierung ihren Rücktritt. Als sich Heinrich Brüning in der Mittagszeit des 30. Mai 1932 von seinem Reichspräsidenten verabschieden wollte, wurden ihm fünf Minuten für die letzten Worte zugebilligt. Hindenburg sagte: «Ich mußte Sie wegen meines Namens und meiner Ehre entlassen.» Brüning wollte gerade zu einer längeren Erwiderung ausholen, da klopfte jemand an die Tür: Es war Zeit für den Präsidenten, die aufziehende Matrosenwache zu begrüßen. Grußlos wandte sich Hindenburg ab. Brüning schaute auf die Uhr: Dreieinhalb Minuten hatte der alte Mann Zeit gehabt – keine Zeit für ein Dankeswort.

4
Die letzte Chance

Für die meisten seiner Zeitgenossen war er die Endfigur einer politischen Degeneration, viele hielten ihn für die Karikatur eines konservativen Politikers. Als er in das Zentrum deutscher Politik rückte, fand es die *Frankfurter Zeitung* nur allzu verständlich, «daß man sich in Deutschland zunächst einmal bei seinem Anblick die Augen reibt». Das Sonderbare an ihm sei, daß ihn weder Freunde noch Feinde ganz ernst nehmen würden, meldete der französische Botschafter in Berlin seiner Regierung und schickte sogleich eine Sammlung deftiger Adjektive mit, um den neuen Reichskanzler zu charakterisieren: «Oberflächlich, händelsüchtig, falsch, ehrgeizig, eitel, verschlagen und intrigant.»[1]

Als er nach einer Zusammenkunft mit Schleicher am 28. Mai 1932 in Berlin einen Freund, den pommerschen Gutsherrn Friedrich-Karl von Zitzewitz auf Muttrin, traf und ihm als einem der ersten anvertraute, er solle Nachfolger Brünings werden, glaubte der zunächst an einen Scherz. Erst allmählich dämmerte Zitzewitz, daß der Freund wirklich meinte, was er sagte. Daraufhin fuhr er in die Bendlerstraße und hielt Schleicher aufgeregt vor, der Mann sei doch «kein Kopf». Darauf Schleicher: «Das soll er auch nicht sein. Aber er ist ein Hut!»[2]

Die Anekdote gehört zur Standardausrüstung jedes Historikers, der die fatale Karriere des Franz von Papen rekonstruiert und immer noch ein wenig darüber verwundert ist, wie dieser feudalistische Herrenreiter, nach dem Urteil Joachim Fests «eine der genierlichsten Erscheinungen der deutschen Politik und durch eine Laune aus dem Nichts geholt»,[3] zum Reichskanzler aufsteigen konnte. Die Antwort fiele ihnen leichter, könnten sie sich entschließen, das von ihnen jahrzehntelang liebevoll gehegte Papen-Klischee aufzugeben.

Denn dieser Papen war keineswegs der unbedeutende

Leichtfuß, als der er in die Literatur eingegangen ist, und aus dem Dunkel der Politik kam er auch nicht. Die berühmte Aktentasche voller Geheimpapiere, die er 1915 als deutscher Militärattaché in der New Yorker U-Bahn verloren und die zu seiner Ausweisung aus den USA geführt haben soll, ist ebenso Legende wie das angeblich dem Zentrumsvorsitzenden Kaas gegebene Ehrenwort, unter keinen Umständen die Nachfolge Brünings anzutreten. Auch die vermeintliche Mittelmäßigkeit seiner Position vor 1932 gehört in das Reich der Phantasie: Er war immerhin der Wortführer des rechten Zentrumsflügels, er galt als der Agrarexperte seiner Partei und war Hauptaktionär und Vorsitzender des Aufsichtsrates der *Germania*, des Zentralblatts der Zentrumspartei.[4]

Das macht ihn nicht sympathischer, wohl aber eine Spur ernsthafter. Sein frech-flottes, fast geckenhaftes Auftreten und das Spielerhafte seiner Natur verdeckten, daß er so etwas wie eine Mission zu haben glaubte. Franz von Papen, 1879 geboren, kannte nur die hochkonservative Gesellschaft. Katholischer Uradel, Berliner Kadettenkorps, preußisches Garde-Ulanenregiment, Großer Generalstab, Kriegsjahre an der Westfront und in der Türkei, Einheirat in eine saarländische Industriellenfamilie mit Frankreich-Interessen und Gutspächterarbeit in der westfälischen Heimat bestimmten Papens Weltbild.[5]

Westfalens Agrarverbände schickten den gefälligen Major a. D. 1921 als ihren Vertreter in den preußischen Landtag, womit seine politische Karriere begann. Er schloß sich der Zentrumspartei an, obwohl er auch große Sympathien zu den konservativ-autoritären Deutschnationalen hegte; er blieb ihnen aber fern, weil sie ihm zu protestantisch und allzu republikfeindlich waren. Aus dieser Zeit datiert, was Papen für seine Mission hielt: Die äußerste Rechte von ihrem sturen Kurs gegen den neuen Staat abzubringen und reif zu machen für ein Zusammengehen mit der Zentrumspartei, für einen Bürgerblock, der fortan das «rote» Preußen regieren sollte.

Denn dies war dem aristokratisch-arroganten Vertreter einseitiger Standesinteressen das größte Ärgernis: daß Sozialdemokraten das Preußen der ehemaligen Könige und Kadetten regierten. Sozialdemokraten gab es in Papens Welt nicht, der Sozialstaat, gar sein weiterer Ausbau, war ihm ein Greuel; die soziale Sicherung des Arbeitnehmers gehe den Staat nichts an, meinte er, es sei schon schlimm genug, daß der anonyme Staat das patriarchalische Verhältnis zwischen Knecht und Bauer, Arbeiter und Unternehmer zerstört habe. Die Vorherrschaft der Sozialdemokratie in Preußen zu brechen blieb Papens wichtigstens Ziel.

Sein Unglück aber wollte, daß die Zentrumspartei mit eben dieser Sozialdemokratie in einer Koalition zusammenarbeitete und keine Miene machte, das Bündnis mit den «Roten» aufzugeben. Papen ließ nichts unversucht, die SPD-geführte Weimarer Koalition in Preußen auseinanderzusprengen. Wiederholt stellte er sich gegen seine eigene Partei: Papen trug 1925 dazu bei, den mit der SPD regierenden Zentrums-Ministerpräsidenten Marx zu stürzen, er votierte gegen den Zentrumskandidaten in den Reichspräsidentenwahlen des gleichen Jahres und unterstützte öffentlich Hindenburg, was der ihm nie vergaß.[6]

Wenn Papen allerdings auf Parteitagen oder in Zeitschriften sein konservatives Programm formulierte, dann kam er über armselige reaktionäre Gemeinplätze nicht hinaus. Intellektuell hatte Papen seiner Partei nichts zu bieten.

Das wurde erst anders, als die Parteiführung dem Rebellen bei den nächsten Landtagswahlen im Sommer 1928 eine Kunstpause verordnete und er mehr Zeit hatte, in den Berliner «Herrenklub» zu gehen, dessen Mitglied er seit langem war. Der Herrenklub in der Friedrich-Ebert-Straße, gleich gegenüber dem Reichstag, war nun freilich auch nicht die ministerstürzende Hinterzimmermacht, als die er in der republikanischen Mythologie noch heute herumgeistert. Der Herrenklub hatte kaum mehr Einfluß als die anderen führenden der vielen politischen Klubs, die es damals in Berlin gab.

Immerhin verkehrten im Herrenklub wichtige Beamte, Industrielle und Politiker, aber auch junge rechtsextreme Intellektuelle, die so diffusen Gedankenblasen wie der «konservativen Revolution» nachjagten. Zu den Mitgliedern des Klubs gehörte auch der Münchner Rechtsanwalt Edgar J. Jung, der gerade ein Buch unter dem provozierenden Titel «Die Herrschaft der Minderwertigen» veröffentlicht hatte, das heiß diskutiert wurde. Hier hatte jemand seinen ganzen hochmütigen Zorn auf den entarteten demokratischen Parteienstaat niedergeschrieben und das Modell eines autoritären, ständisch gegliederten Staates entworfen, in dem nur eine kleine Herrenschicht bestimmen sollte, was im Interesse des Ganzen liege.

Jung meinte, in der Demokratie herrschten die minderwertigen, nämlich die egoistischen Interessen, will sagen: das Geld und die Massen; sie hätten den Staat korrumpiert, ihn zum Schauplatz und Objekt der gesellschaftlichen Auseinandersetzung gemacht. Das habe die Funktionsfähigkeit des Staates zerstört. An die Stelle des alten Staates müsse eine neue Ordnung treten, in der das Eindringen der gesellschaftlichen Kräfte in den Staat rückgängig und die Politik wieder zur alleinigen Sache des Staates gemacht worden sei. Der neue Staat werde die Konflikte der Gesellschaft aus eigener Machtvollkommenheit regeln, denn er stehe über den Konfliktgruppen und sei daher der einzige Garant des Allgemeinwohls. Zur Führung des Staates seien nur die Besten berufen, eine «organisch gewachsene Oberschicht», bestehend aus «hochwertigen Menschen, die sich für das Ganze verantwortlich fühlen, weil sie das Allerlebnis in sich tragen».[7]

Verstiegen-verführerische Ideen wie die von Jungs «Neuem Staat» waren es, die manchen Kopf in Deutschland verwirrten und nicht wenig dazu beitrugen, die Abwehrbereitschaft einer geistigen Elite gegen das braune Barbarentum aufzuweichen. Jung war nicht der einzige seiner Art. Eine ganze Subkultur antidemokratischer Ideen wucherte in den Klubs, Verbindungen und Kreisen, die sich oft um eine Zeitschrift bildeten. Der Kreis um die von Hans Zehrer redigierte *Tat*, der Zirkel um Albrecht Erich Günthers *Deutsches Volkstum*, die Anhänger des totalen Staates rund um Carl Schmitt, die Klubs der Jungkonservativen, die Gläubigen des immer neue Abspaltungen produzierenden Nationalbolschewismus – jeder wußte einen anderen Weg, die Massendemokratie zu beseitigen und an die Stelle der angeblich antiquierten Republik einen «dynamischen» Staat zu setzen.

In diesem Dschungel bizarrster Köpfe und Ideen schien dem Zuhörer Papen der Jurist Jung mit seinem Neuen Staat der überzeugendste Denker. Er suchte die Bekanntschaft Jungs, der in Papen einen Multiplikator seiner Ideen sah und sich ihm enger anschloß; bald nahm er auch Einfluß auf die Reden des Zentrumsmannes. Ein neuer Papen, ab 1930 wieder Landtagsabgeordneter und Herr auf einem eigenen Gut im Saarland, kehrte in die preußische Politik zurück: Papen, der Außenpolitiker, der Kritiker der «Nationalen Opposition», der Apostel konservativer Staatsräson.[8]

Er vertrat plötzlich politische Maximen, die nicht wenige der ultrakonservativen Mitglieder des Herrenklubs verstörten. Papen erklärte, der Weg zu einer neuen deutschen Großmacht führe nur über die Aussöhnung mit Frankreich, und ganz übel wurde ihm angekreidet, daß er den Stopp des deutschen Revisionismus im Osten forderte und ein Bündnis mit Polen propagierte. Zudem stellte er sich gegen die fanatische Anti-Young-Plan-Kampagne der Hitler und Hugenberg und warf der «Nationalen Opposition» vor, sie verfolge unerreichbare Ziele. Wer das aber tue, so Papen, der habe das Recht verwirkt, sich «national» zu nennen.

Immer mehr verband Papen seine früheren Vorstellungen über eine «Erziehung» der äußersten Rechten zur Staatsräson mit Jungs Thesen vom Neuen Staat zu einem Diktaturprogramm, das zugleich auch die durch das Aufkommen der nationalsozialistischen Massenbewegung aufgeworfenen Probleme lösen sollte.

Der Reichskanzler Brüning, so erklärte Papen in einer Rede am 2. Oktober 1931, müsse seine «versteckte Diktatur» von aller parlamentarischen Verbrämung befreien und «eine Diktatur auf nationaler Grundlage» errichten. Er müsse sich zunächst von der SPD lösen und sich um eine «Tolerierungsmehrheit durch die Rechtsparteien» bemühen, wobei «die Heranziehung und sinnvolle Eingliederung der nationalen Rechten und der Nationalsozialisten» wichtig sei. Das dürfe aber nicht dazu führen, daß Brüning nun in die Abhängigkeit der Rechten gerate. Sie habe in erster Linie die Aufgabe, die Linke auszuschalten. Ziel sei ein vom Parlament unabhängiges Präsidialkabinett, gesichert durch das Vertrauen des Reichspräsidenten und getragen von der Zustimmung der Rechtsparteien.[9]

Noch deutlicher wurde Papen in einem Artikel, den er am 15. April 1932, kurz vor den preußischen Landtagswahlen, in der Herrenklub-Zeitschrift *Der Ring* abdrucken ließ. Er rief zur Beseitigung der sozialdemokratischen Vorherrschaft in Preußen auf und plädierte für die rasche Einbeziehung der Nazis in die Regierungsverantwortung.

«Oft habe ich in den letzten Monaten», schrieb Papen, «öffentlich darauf hingewiesen, daß mir die gegenwärtig größte innerpolitische Aufgabe des deutschen Staatschefs die Heranziehung der wertvollen Elemente an den Staat zu sein scheint, die sich im großen Sammelbecken der Rechten befinden.» Einen Dualismus zwischen Preußen und Reich, so Papen weiter, dürfe es in Zukunft nicht mehr geben. Papen gab zu verstehen, es sei die Pflicht des Kanzlers Brüning, Preußen und Reich gleichzuschalten – sei es durch die Aufforderung an die preußische Zentrumspartei, eine Koalition mit der Rechten einschließlich der Nationalsozialisten zu bilden, sei es durch Brünings persönliche Machtübernahme in Preußen mittels einer Notverordnung.[10]

Es war dieser Artikel, der den General von Schleicher auf die Idee gebracht haben muß, Papen als nächsten Reichskanzler in Erwägung zu ziehen. Jedenfalls ist bezeugt, daß Schleicher den Artikel ins Reichspräsidentenpalais mitnahm und ihn Hindenburg vorlas. Der Präsident nickte zustimmend. An den netten, ehrerbietigen Major von Papen konnte er sich erinnern. Er hatte ihn 1928 zum Reichswehrminister ernennen wollen, war aber am Widerstand der Militärs gescheitert.[11]

Papen hatte Auffassungen vorgetragen, die Schleicher teilte und die ihn mit den beiden Hindenburgs und Meißner, mit preußischen Konservativen, anderen Militärs, Parteiführern von den Deutschnationalen bis zum rechten Zentrumsflügel und Unternehmern verband. Sie gipfelten in der Vorstellung, die Unfähigkeit der Parteien zu Dialog und

Mehrheitsbildung, ja die ganze Selbstlähmung des Parlamentarismus ließe sich zu einem Umbau der parlamentarisch-demokratischen Republik in Richtung auf ein autoritäres Präsidialregime nutzen. Das war der Sinn der Berufung Brünings gewesen: eine Ära einzuleiten, in der nicht mehr Parteien über Kurs und Schicksal einer Regierung entschieden, sondern allein die Vertrauenspersonen des Reichspräsidenten.

Dieser Rückmarsch in eine plebiszitär verbrämte Autokratie war durch den Einbruch des Nationalsozialismus gestoppt worden, der für die konservativ-autoritären Kräfte Herausforderung und Chance zugleich war. Brüning hatte den Schock der Katastrophenwahl vom September 1930 dazu verwendet, doch wieder – allerdings bewaffnet mit der Diktaturvollmacht des Reichspräsidenten – eher parlamentarisch zu regieren, zumal die Sozialdemokratie den Kanzler in wesentlichen Fragen tolerierte. Das aber war gerade in den Augen Schleichers und Papens des Kanzlers Sündenfall gewesen: Statt die letzte große Bastion des Parteienstaates, das «rote» Preußen, zu beseitigen, kungelte Brüning mit dessen Führer, um sich die Stillhaltetaktik der SPD im Reichstag zu bewahren, womit er nicht nur die autoritären Staatspläne gefährdete, sondern auch Kerninteressen des Militärs verletzte.

Papens Artikel wies nun einen Weg, auf dem sich die für Schleicher und Hindenburg wichtigsten Probleme, die Preußenfrage und die NS-Gefahr, lösen ließen. Neu werden freilich Papens Ideen für Schleicher nicht gewesen sein, denn die beiden ehemaligen Kameraden von der Kriegsakademie hielten seit geraumer Zeit engeren Kontakt zueinander. Schleicher hatte Papen 1930 zu den Herbstmanövern der Reichswehr eingeladen, seither trafen sie sich öfter und korrespondierten auch miteinander, wobei Schleicher manche Interna der preußischen Zentrumspartei erfuhr.[12]

Schleicher wird rasch erkannt haben, daß Papen gut zu dem Plan paßte, den er sich zurechtgelegt hatte, um die täglich wachsende Massenbewegung Hitlers unter Kontrolle zu bekommen und sie zugleich zu nutzen. Es war ein strategisches Konzept, in dem sich der Machtanspruch einer militärischen Herrschaftselite mit den antidemokratischen Staatsvorstellungen konservativ-autoritärer Kräfte und der Durchhalteratio überzeugter Republikaner auf seltsame Art vermischten. Das Konzept verriet freilich auch, daß Schleicher bewußt die Teilidentität der Ziele und Interessen von Militärs und Nationalsozialisten einkalkulierte.

Das Konzept der gesellschaftlichen Militarisierung, das den Aufrüstungsplänen der Reichswehrführung zugrunde lag, wurde von keiner Partei so bedenkenlos gebilligt wie von der NSDAP. Sie hatte sich der totalen Aufrüstung Deutschlands verschrieben, ihre giftige Agitation lebte von der Diffamierung aller Versuche des Völkerbundes, dem Wettrüsten der Großmächte ein Ende zu machen und ein System multilateraler Abrüstung zu schaffen.

Die Aufrüstungspropaganda der Nazis fand in der Reichswehrführung je mehr Zustimmung, desto deutlicher wurde, daß die Pläne einer allmählichen Gesamtmobilmachung der Bevölkerung für den Kriegsfall ohne die Mitarbeit der NS-Bewegung gar nicht zu realisieren waren. Sie drohten an den Personalproblemen zu scheitern, wie gerade die Beratungen im Reichwehrministerium über das neue Aufrüstungsprogramm für die Periode 1933-1938 zeigte: Militärisch ausgebildete Jahrgänge standen nicht mehr in ausreichendem Maß zur Verfügung, um das projektierte «Neue Friedensheer» (Personalbedarf: 570 000 Mann) bis zum 31. März 1938 aufstellen zu können. So war die Idee aufgekommen, das Heer durch eine Miliz zu ergänzen, die vor allem aus der SA rekrutiert werden sollte – und hier war der Punkt, an dem die Überlegungen Schleichers über eine «Zähmung» und Nutzung der Hitler-Bewegung einsetzten.[13]

Dies war Schleichers Plan: Er wollte das gefährlichste Schlaginstrument des Nationalsozialismus, die SA, von der Partei trennen und sie mit anderen Selbstschutzorganisationen (Stahlhelm, Reichsbanner) in einem «Reichskuratorium für Jugendertüchtigung» vereinigen, um sie von dort aus zu einer Miliz mit Grenzschutzaufgaben umzufunktionieren – unter strikter Kontrolle der Reichswehr. Dann hatte er vor, die NSDAP an der Regierung zu beteiligen, ohne ihr freilich Schlüsselpositionen einzuräumen. Die Posten von Reichskanzler und Reichswehrminister sollten sie auf keinen Fall bekommen.

Vermutlich schwebte Schleicher vor, selber Kanzler eines solchen Kabinetts mit NS-Beteiligung zu werden. Käme es zum Konflikt mit der NSDAP, so wollte Schleicher, gestützt auf seine Reichswehr, hart reagieren, wie er ein paar Monate später auf einer Kommandeurstagung erläuterte. Ein Teilnehmer notierte: «Frage an N.S.: ‹Spielst du mit?› Wenn nicht, dann ist Kampf da . . . Chancen für Kampf? Moral[isches] Recht muß auf S[eite] d. Reg[ierung] sein, deshalb nicht wundern, wenn immer wieder versucht [wird], Nazi mit heranzuholen u. vor Verantwort[ung] z. stellen . . . Kein Kampf mit Mückenstichen! Sondern Best[immungen] u. Maßnahmen, wie Nazi sie auch exerzieren würden. Also keine Lockerung d. Zügel u. Nachsicht, sondern auf Hauen u. Stechen.»[14]

War das alles Illusion, politische Naivität eines machtbesessenen Generals? Wer Geschichte von ihrem Ende her sieht, kann leicht argumentieren, so feingesponnene Taktik habe an dem von Wahlerfolg zu Wahlerfolg erhärteten Eroberungswillen der Nazis und ihrem auf totalen Machtbesitz ausgerichteten Führer abprallen müssen. Doch das wäre unhistorisch gedacht. Schleicher konnte sich nur auf die Lage einstellen, die er 1932 vorfand, und die NSDAP seiner Zeit war mitnichten die monolithische Partei Hitlerscher Alleinherrschaft, sondern eine trotz ihrer Wahltriumphe verunsicherte Partei, in der mancher Unterführer befürchtete, sie würden sich alle noch zu Tode siegen.

Die Partei war ins «Zwielicht» geraten, wie Goebbels in seinem Tagebuch festhielt, und es war typisch für die Stimmung der Parteigenossen, daß Hitler gleich nach seinem enttäuschenden Abschneiden im ersten Wahlgang des Rennens um die Reichspräsidentschaft eine Führertagung hatte abhalten müssen, in der er «Widerspruchsgeist» beklagte und erklärte, der NSDAP könne nur zweierlei gefährlich werden: «Stillstand oder Kampfaufgabe». Goebbels befürchtete schon einen «furchtbaren Rückschlag» der Partei in den nächsten Wahlen. Erneute Zweifel an der Führungskunst Hitlers gingen um; in den Kreisen der Partei orteten V-Männer der Münchner Polizeidirektion die pessimistische Erwartung, «daß Hitler noch zu einer großen Enttäuschung werde».[15]

Das alles wußte unter den Außenstehenden niemand besser als der General von Schleicher, dessen Konfidenten auf einflußreichen Posten der Parteiführung saßen oder zumindest Kontakte zu höchsten NS-Funktionären besaßen. Schleicher hatte die Bekanntschaft des Zahnarztes Elbrechter gemacht, der einst zu den innerparteilichen Ruhrrebellen gehört hatte und inzwischen in Berlin eine Praxis unterhielt, in die auch Gregor Straßer gelegentlich kam. Elbrechter vermittelte das erste Schleicher-Straßer-Gespräch in seiner Wohnung in der Schaperstraße 22 und war auch sonst dem General behilflich, wichtige Leute in der Partei kennenzulernen.[16]

Andere V-Männer des Generals berichteten ihm direkt oder auf Nebenwegen. Er hatte einen Kriegskameraden, den ehemaligen AEG-Vertreter Hermann Cordemann, als Unterabteilungsleiter in Straßers Organisationsabteilung untergebracht, der regelmäßig Schleichers Abwehrchef Ferdinand von Bredow informierte, zu dem auch Straßers wichtigster Mitarbeiter, der Ex-Oberleutnant Paul Schulz, als Reichsinspekteur I so etwas wie Straßers Aufpasser in der Partei, mit wichtigen Auskünften kam. Ein anderer Straßer-Anhänger, der pensionierte Reichswehrgeneral Franz von Hörauf, Leiter der Abteilung I im SA-Führungsstab und Stellvertreter Röhms, schickte seine Konfidentenberichte an den Ex-Kronprinzen Wilhelm, einen Schleicher-Freund aus gemeinsamer Kadettenzeit, der sie an den General weiterleitete.[17]

So konnte Schleicher sicher sein, über den inneren Zustand der NSDAP sehr genau Bescheid zu wissen. Er hatte keinen Zweifel: Hitlers Herrschaft in der Partei war noch nicht völlig gesichert, und seine wichtigsten Unterführer verrieten deutliche Symptome der Ungeduld.

Sie hatten keine sonderliche Lust mehr, auf den fernen Tag des nationalsozialistischen Endsiegs zu warten und wollten lieber nehmen, was sich ihnen jetzt bot. Sie waren alle voller Ehrgeiz: Röhm phantasierte schon von einer Zukunft, in der er die SA zu einer Miliztruppe, ja zum Modell eines neuen deutschen Volksheeres umwandeln werde, Göring träumte von Ministerwürden, und Straßer hatte soeben, am 10. Mai 1932, in einer aufsehenerregenden Rede im Reichstag ein Arbeitsbeschaffungsprogramm vorgetragen, das zur Verblüffung der meisten Beobachter verriet, daß der Nazi Straßer unter allen Parteiführern Deutschlands der einzige war, der ein glaubwürdiges Konzept zur Bekämpfung der Wirtschaftskrise besaß.[18]

War da Schleichers Annahme so unrealistisch, mit dieser Partei werde er schon fertig werden? Er hatte eine Chance und mit ihm, gewollt oder ungewollt, die Deutsche Republik. Es war allerdings ihre letzte Chance. Scheiterte Schleichers Taktik, so konnte nichts auf der Welt mehr Hitler von den Schalthebeln der Macht fernhalten, es sei denn ein Wunder – das Wunder beispielsweise, daß sich die deutschen Wählermassen wieder von ihm abkehrten.

Oder gab es doch noch Alternativen? Im parlamentarischen Raum ganz sicher nicht: Die sozialdemokratische Fraktion im Reichstag hatte keinerlei Aussicht, bei der Rechten Partner für eine Mehrheit zu finden, die ausgereicht hätte, das Präsidialkabinett abzulösen und eine Art regierende Volksfront der Demokraten und Republikaner gegen den deutschen Faschismus zu bilden. Zudem hatten die führenden Sozialdemokraten längst resigniert. Der SPD-Reichstagsabgeordnete Wilhelm Keil brachte es auf eine einfache Formel: «Zu beschließen gab es nichts, denn wir hatten nichts mehr zu sagen.»[19]

Theoretisch gab es noch zwei andere Möglichkeiten, Hitler den Weg an die Macht zu verlegen. Man konnte die NSDAP verbieten und/oder die demokratischen Kräfte außerhalb der Parlamente zum entschiedenen Widerstand gegen den Nationalsozialismus aufrufen. Aus ihrem demokratischen Selbstverständnis heraus mußte es den Führern der Republik allerdings schwerfallen, eine Partei zu verbieten, hinter der mehr als ein Drittel der deutschen Wählerschaft stand. Die NSDAP war in den meisten Ländern zur stärksten Partei geworden.

Und weshalb sollte sie verboten werden? Im Reichsinnenministerium lagen gehaltvolle Denkschriften, deren Verfasser nachzuweisen versuchten, daß die NSDAP eine revolutionäre Partei sei, die sich mithin des Hochverrats schuldig gemacht habe und aufgelöst werden müsse. Ein Memorandum des Ministeriums vertrat die Auffassung, zwischen der putschistischen Partei von 1923 und ihrer Nachfolgerin bestünde im Verhältnis zur Verfassung kein Unterschied, beide wollten den gewaltsamen Umsturz. Das zeigte nur, wie wenig sie Hitler kannten; der hatte sich auf einen scheinlegalistischen Kurs festgelegt. Im Leipziger Hochverratsprozeß gegen die Leutnants Ludin, Scheringer und Wendt schwor Hitler im September 1930, die NSDAP werde nur auf legalem Weg die Macht übernehmen. Das Umsturz-Argument des Reichsinnenministeriums war sachlich falsch, sein Material außerdem lückenhaft.

Zudem gab es praktische Gründe, die das Reichsinnenministerium veranlaßt hatten, keinen Verbotsantrag zu stellen. Groener, der damals meistens die Auffassungen der hohen Beamten des Ministeriums wiedergab, schrieb am 2. April 1932: «Die Idee, durch ein Antinazigesetz nach Art des alten Sozialistengesetzes die Partei zertrümmern zu wollen, würde ich für ein sehr unglückliches Unterfangen ansehen. Damit würde die Partei nur neuen Auftrieb erhalten genau wie einst der Sozialismus.»[20]

Schließlich grassierte unter den Politikern und Beamten jener Zeit ein solch formalistisches Demokratieverständnis, daß die meisten von ihnen gar nicht verstanden, warum der Siegeszug des Nationalsozialismus um jeden Preis gestoppt werden müsse. Wie schrieb doch Preußens ehemaliger Innenminister, der Sozialdemokrat Heinrich Waentig, am 12. Januar 1932? Ein Demokrat müsse eine «legal, d. h. nach Maßgabe der Verfassung» zustande gekommene Regierung Hitlers «immer anerkennen, mag sie ihm auch persönlich nicht gefallen». Er blieb auf seine Art konsequent; Heinrich Waentig gehörte 1933 zu den ersten, die das Mitgliedsbuch der NSDAP erwarben.[21]

Und um den politischen Widerstand der demokratischen Kräfte war es auch nicht besser bestellt. Bereits seine Legitimierung bereitete einige Schwierigkeiten. Wogegen sollte sich der Widerstand richten? Die NSDAP galt trotz ihrer fanatisch-terroristischen Praktiken als eine «normale» Partei, und es gab kaum einen verantwortlichen Politiker, der nicht ihre rasche Eingliederung in den Staat befürwortete.[22]

Ein aktiver Widerstand, das Überwechseln zum außerparlamentarischen Kampf mit Massendemonstrationen und Streiks, war nur sinnvoll, wenn die Nationalsozialisten Miene machten, sich den Staat gewaltsam anzueignen. Dafür gab es aber keine Anzeichen. Selbstverständlich hatten sich die demokratischen Parteien und Organisationen in der Vergangenheit mit den traditionellen Mitteln der parlamentarischen Demokratie dem Nationalsozialismus widersetzt, wo immer sich dazu eine Gelegenheit bot. Die republikanischen Selbstschutzorganisationen hatten sogar in den letzten Monaten an Kraft und Selbstbewußtsein zugenommen; sie suchten geradezu die Auseinandersetzung mit ihren braunen Widersachern.

«Vom Gegner lernen» hieß die Parole, die im Reichsbanner und auch in den Schutzformationen der «Eisernen Front» umging. Manche Kritiker fanden allerdings, daß sie schon allzuviel von den Nazis gelernt hätten. Es war zwar nur eine Äußerlichkeit, wenn Landespolizeiämter wie das von Württemberg ihre Beamten mit Uniformbildern ausrüsteten, damit sie nicht ständig die Schufo mit der SA verwechselten, und doch war es mit Händen zu greifen, daß die republikanischen Selbstschutzorganisationen in Stil und Kampfmethoden dem nationalsozialistischen Gegner immer ähnlicher wurden.[23]

Solche Kraftanstrengung konnte jedoch nicht darüber hinwegtäuschen, daß den von der Eisernen Front aufgebotenen Massen der rechte Glaube fehlte, für die Sicherung der Demokratie den letzten persönlichen Einsatz zu wagen. Mit diesen Republikanern ließ sich ein aktiver Widerstand kaum organisieren. Der Anblick von sechs Millionen Arbeitslosen, die darauf warteten, freiwerdende Stellen zu besetzen, lähmte jede Initiative zu einem Generalstreik.

Zudem enthüllte eine seit 1931 schwelende Führungskrise im Reichsbanner, daß manche «Soldaten der Republik» selber nicht mehr an die Lebensfähigkeit dieser Republik glaubten. Otto Hörsing, Gründer und Bundesvorsitzender des Reichsbanners, revoltierte plötzlich gegen die jahrelange Mißachtung, die er und seine Organisation durch den Vorstand der SPD erfahren hatten. «General Hörsing», wie ihn die Spitzengenossen bespöttelten, verstieg sich in eine so heftige Kritik am «System», daß ihn die SPD-Führung aus dem Reichsbanner hinausdrängen mußte, um größeren Schaden von Organisation und Partei abzuwenden. Bei seinem Sturz riß Hörsing gleichwohl einen Teil der Führungsspitze des Reichsbanners mit sich.[24]

Aber auch das Reichsbanner unter dem neuen Bundesvorsitzenden Karl Höltermann verhedderte sich in zahlreiche Auseinandersetzungen mit der SPD-Führung, die dessen Vorschläge zu Massenaktionen gegen die Nazi-Gefahr nicht ernstnahm und das Reichsbanner am liebsten aufgelöst hätte. Nur die wachsende Macht des Nationalsozialismus hinderte sie daran, so daß im Reichsbanner schon der Spruch aufkam: «Wenn es die Nazis nicht gäbe, müßte man sie erfinden!»[25]

Unter so gearteten Belastungen konnte sich konzentrierter Widerstand nicht formieren. «Widerstand?» hatte Kurt Tucholsky schon 1930 geschrieben, «nein, den finden Sie wohl kaum. Von dem bißchen Republik? Die hat in zwölf Jahren nicht verstanden, echte Begeisterung zu wecken, Menschen zur Tat zu erziehen, nicht einmal in ruhigen Lagen, wie denn, wenn es Kopf und Kragen zu riskieren gilt!»[26] Die Handlungsunfähigkeit der demokratischen Kräfte, vor allem der Arbeiterbewegung, sollte sich bald auf beklemmende Art erweisen.

So bot allein der General von Schleicher eine echte, wenn auch nur kleine Chance, die fanatisierte Erweckungsbewegung der Braunhemden noch in den Griff zu bekommen. Allerdings: Es ging ihm nicht um die Rettung der parlamentarischen Demokratie, ihm schwebte nur die Sicherung einer autoritär-konservativen Republik vor. Im Mittelpunkt von Schleichers Überlegungen und Winkelzügen stand neben dem eigenen Ehrgeiz immer die herrische Staatsräson einer kleinen Militärkaste, die ihrer Aufrüstungspolitik freie Bahn schaffen wollte, dabei alles neutralisierend, was sie daran hinderte: die antimilitaristische SPD-Führung in Preußen, die «unvernünftigen» Nazis, den Parlamentarismus mit seinen unsicheren Mehrheiten und unberechenbaren Politikern.

Die Lähmung der preußischen Regierung war es denn auch, die nun Schleicher antrieb, seinen Plan in die Tat umzusetzen. Die Landtagswahlen des 24. April 1932 hatten der Weimarer Koalition ein Ende gesetzt; das Kabinett Braun war seiner parlamentarischen Mehrheit verlustig gegangen, die NSDAP zur stärksten Fraktion aufgerückt. Doch die Freude Schleichers währte nicht lange. Otto Braun blieb im Amt, weil der «Nationalen Opposition» neun Mandate zur absoluten Mehrheit fehlten. Die alte Koalition hatte nämlich noch kurz vor der Wahl eine Änderung der Geschäftsordnung des Landtags durchgesetzt, die vorschrieb, zur Wahl des Ministerpräsidenten sei nicht (wie früher) die relative, sondern die absolute Mehrheit aller Abgeordneten nötig.[27]

Jetzt war die Situation eingetreten, die Papen in seinem *Ring*-Artikel anvisiert hatte: Entweder mußte der Kanzler die preußische Zentrumspartei bewegen, mit den Nationalsozialisten eine Regierung zu bilden, oder aber er mußte selber als Reichskommissar die Regierung in Preußen übernehmen auf dem Umweg über eine sogenannte Reichsexekution, zu der Preußens erwartete Zahlungsunfähigkeit den geeigneten Vorwand geliefert hätte.

Brüning aber hatte nicht die Absicht, Schleicher diesen Gefallen zu tun. Der Kanzler störte alle Bemühungen um eine neue Koalition in Preußen; schon am 30. April hatte er die Führung der Zentrumspartei darauf eingeschworen, in Preußen keine Koalitionsverhandlungen mit der NSDAP zu beginnen, durch die das Reichskabinett unter Druck geraten könne. Ergebnis: Das bei den Militärs verhaßte Braun-Regime blieb weiterhin an der Macht.[28]

Das brachte nun die Führer der Reichswehr vollends gegen Brüning auf. Hammerstein, der Chef der Heeresleitung, war einer der ersten Militärs, die sich offen gegen den Kanzler stellten. Er hatte eine Meldung des NS-nahen

Oberstleutnants Walther von Reichenau, Stabschef im Wehrkreis I, erhalten, der zu einer baldigen Aufnahme von Nationalsozialisten in die Reichsregierung riet, da er andernfalls «Reichswehr und Bevölkerung in Ostpreußen nicht halten» könne, und der General machte sich auch bereits Gedanken über einen neuen Kanzler, der «den Übergang für eine Beteiligung der Nazi nach einer Neuwahl herstellt», wie sich der konservative Graf Westarp notierte.[29]

Hammerstein ließ auch durchblicken, daß Brüning erledigt sei, wenn er nicht eine neue Regierung in Preußen zustande bringe. Das las sich in einer Besprechungsnotiz Hammersteins so: «Allgem[eine] Polit[ische] Lage so, daß Zukunft des R[eichs-] Kab[inetts] abhängt v. Preußen. Beide Reg. müssen gleichgestellt werden, dies Sinn der Pr[eußen-] Wahlen u. Wahl Hindenburgs.» Westarp hatte es genauer gehört: «Der Sturz Brünings gehe von Schleicher, wohl auch von Hammerstein aus ... Die Leute hätten folgenden Plan: Der Nachfolger [Brünings] solle nur ein Übergang sein. Er solle den Nationalsozialisten, damit sie ihn tolerieren, die Auflösung [des Reichstags] für den Herbst zusagen.»[30]

Das war nun der Augenblick, in dem Schleicher sein «Fränzchen» ins Spiel brachte. Papen schien ihm der richtige Mann für die Fortsetzung des Programms, dessen ersten Teil Schleicher bereits mit Hitler abgesprochen hatte: Ablösung der Regierung Brüning und Tolerierung des Nachfolgekabinetts durch die NSDAP, dem schließlich Wahlen und Aufnahme von NS-Ministern in einem wiederum neuen Kabinett folgen sollten.

Er setzte Papen zunächst an der schwächsten Stelle der gegnerischen Front ein, bei den Führern der preußischen Zentrumspartei. Das waren die Männer, die es in der Hand hatten, die Regierung Braun zu Fall zu bringen – durch einen Pakt mit den Nationalsozialisten. Schleicher wird gewußt haben, daß vor allem die preußischen Zentrumsführer über Brünings ziemlich selbstherrliches, um die Interessen der Partei wenig bekümmertes Taktieren unglücklich waren, und Papen kannte sicherlich Argumente, um die preußische Partei trotz ihrer Vereinbarung mit dem Kanzler an Verhandlungen mit den Nazis zu interessieren. Ungehalten über Brünings Extratouren war auch der Parteivorsitzende Ludwig Kaas, der häufig von Trier aus, wo er am Priesterseminar Kirchenrecht lehrte, Papen auf dessen saarländischem Gut Wallerfangen besuchte. Die beiden Männer, die sich künftiges Regieren ohne Nazis nicht mehr vorstellen konnten, verstanden sich recht gut. Später erkannte Brüning: «Er [Kaas] muß ihm Versprechungen gemacht haben. Damit rechneten die Leute, die mich beseitigten.» Zumindest stimmten Kaas und Papen darin überein, daß die Tage des Kanzlers Brüning gezählt seien. Schon am 15. Mai hielt Kaas, wie Papen an Schleicher meldete, die Lage Brünings für «fast verzweifelt».[31]

Je mehr aber Papen für den Freund unterwegs war, desto leidenschaftlicher wuchs sein Ehrgeiz, etwas Großes in Berlin zu werden. Nicht ohne Nebenabsicht schrieb er Schleicher am 21. Mai: «Heute kommen wirklich nur ganze Entscheidungen in Frage.» Er habe, ließ er den General wissen, dem Prälaten Kaas bei der letzten Unterredung gesagt, man solle sich endlich «daran gewöhnen, bei uns Soldaten ein weniger kompliziertes Denken vorauszusetzen als bei den Politikern». Einen so unkomplizierten Gesellen konnte der General als Übergangskanzler gut gebrauchen.[32]

Dennoch scheint die letzte Initiative zur Ernennung Papens eher von ihm als von Schleicher ausgegangen zu sein. Papen drängte ungestüm, wollte unbedingt den General sprechen. In seinen Memoiren (und die Historiker haben das übernommen) heißt es allerdings, es sei Schleicher gewesen, der ihn am 26. Mai in Wallerfangen angerufen und ihn zu einer Besprechung am 28. nach Berlin gebeten habe. In dem Brief Papens vom 21. Mai 1932 steht es anders; dort kündigt er bereits seinen Besuch für «das Ende der Woche» an – da bedurfte es keines Anrufes von Schleicher mehr.[33]

An diesem 28. Mai traf sich Papen mit Schleicher, der ihm die Kanzlerschaft anbot und sogleich skizzierte, unter welchen Bedingungen Papen zu arbeiten habe: Regieren ohne parlamentarische Mehrheit, Regelung der Preußenfrage, Auflösung des Reichstags, Zurücknahme des SA-Verbots, dafür Tolerierung der Regierung durch die Nationalsozialisten, Neuwahlen und danach Verhandlungen mit der

NSDAP über eine Zusammenarbeit im Kabinett. «Sie müssen mir und Hindenburg diesen Gefallen tun. Es steht zuviel auf dem Spiel», soll der General zu Papen gesagt haben. Da mag nun selbst der eitle Papen einen Augenblick erschrocken sein, denn die Kanzlerschaft mußte ihn in schwere Bedrängnis gegenüber der eigenen Partei bringen: Wie konnte er ihr erklären, daß er, ein Zentrumsmann, sich dazu hergab, den von der Zentrumspartei gestellten Reichskanzler zu stürzen?[34]

Papen erbat sich Bedenkzeit und vertraute sich am 31. Mai dem Vorsitzenden Kaas an, der ihm sofort erklärte, die Annahme der Schleicher-Offerte komme natürlich überhaupt nicht in Frage. Papen stimmte zu und versicherte, er werde den Auftrag zurückgeben. Doch schon ein kurzes Gespräch mit Hindenburg reichte Papen, seinen vermeintlichen Vorsatz zu vergessen. Er rief Kaas an, um ihm alles zu gestehen.

Für den Prälaten brach eine Welt zusammen. Er warf den Telephonhörer auf den Tisch und stürzte schreiend («Unmöglich, unmöglich!») aus dem Zimmer. Die Mitarbeiter des Parteivorsitzenden liefen zusammen, um ihn zu beruhigen. Immer wieder rief er: «Verrat! Verrat!» Die Szene am Telephon entschied sogleich über das Verhältnis der Zentrumspartei zu «ihrem» Kanzler: Papen galt fortan als Verräter, mit dem kein anständiger Zentrumsmann mehr verkehren dürfe. Diesen rechten Frondeur, der immer wieder gegen Interessen und Disziplin der Partei gehandelt hatte, wollten die Zentrumspolitiker nicht länger unter sich dulden. Papen kam dem Hinauswurf aus der Partei zuvor und trat aus ihr aus.[35]

Doch die zornigen Zwischenrufe der ehemaligen Parteifreunde erreichten Papen nicht mehr, er sah sich schon neuen, ungeahnten Horizonten entgegengaloppieren. Schleicher hielt eine Ministerliste bereit, die der fleißige Gefolgsmann nur abzuhaken brauchte, um binnen zwei Tagen ein Kabinett zusammenzubekommen. Als das Kabinett komplett war, wirkte es wie ein Überbleibsel aus der Metternichzeit: Fast nur Adlige saßen da zusammen, lediglich zwei Bürgerliche waren noch dabei. Zum erstenmal in der republikanischen Kabinettsgeschichte fehlten Vertreter der Arbeiterschaft und des Mittelstands.

Großagrarier, preußische Konservative und ein politisierender General bestimmten den Marschtritt des «Kabinetts der Barone». Schleicher war als Reichswehrminister in die Regierung eingetreten, als deren eigentlicher Chef er von Anfang an galt, der hochkonservative Agrarlobbyist Wilhelm Freiherr von Gayl hatte das Reichsinnenministerium übernommen, der Raiffeisen-Direktor und Hindenburg-Freund Magnus Freiherr von Braun leitete jetzt das Reichsernährungsministerium, während man den beiden zuletzt gekommenen Adeligen, dem ehemaligen Botschafter Constantin Freiherr von Neurath, der nun dem Auswärtigen Amt vorstand, und dem einstigen Budgetdirektor Lutz Graf Schwerin von Krosigk, der an die Spitze des Reichsfinanzministeriums gerückt war, deutlich anmerkte, daß sie sich erst nach langer Seelenmassage durch Hindenburg («Lassen Sie mich nicht im Stich!») zum Mitmachen entschlossen hatten. Zwei Bürgerliche, der Schleicher-Vertraute Hermann Warmbold, wieder wie unter Brüning Reichswirtschaftsminister, und ein Förderer Hitlers aus der Frühzeit der NSDAP, der Reichsjustizminister Franz Gürtner, rundeten das Bild ab.[36]

Kaum aber stand das Kabinett, da beeilte sich Papen, der Welt anzuzeigen, welche politische Handschrift von nun an in Deutschland gelten sollte. Das Kabinett schlug einen entschieden antiparlamentarischen Kurs ein. Gleich auf seiner ersten Sitzung am 3. Juni beschloß es, bei Hindenburg die sofortige Auflösung des Reichstags zu beantragen, ohne auch nur abzuwarten, wie sich die Fraktionen zu der neuen Regierung stellten; Papen und Schleicher genügte das fragwürdige, zumindest äußerst subjektive Argument, die Landtagswahlen hätten erwiesen, daß die Zusammensetzung des Reichstags nicht mehr dem Volkswillen entspreche. In Wirklichkeit ging es nur darum, die erste der zwei Bedingungen (Reichstagsauflösung mit Neuwahl, Zurücknahme des SA-Verbots) zu erfüllen, von denen Hitler in seinen Gesprächen mit Schleicher eine Tolerierung des Kabinetts durch die NSDAP abhängig gemacht hatte. Hindenburg löste den Reichstag auf und ordnete Wahlen für den 31. Juli an.

Dann folgte der zweite Schlag. Am 4. Juni trat Papen mit einer Regierungserklärung an die Öffentlichkeit, aber nicht mehr, wie bisher in der Republik üblich, vor dem Forum des Reichstags. Er ließ den Text seiner Erklärung einfach veröffentlichen. Der Inhalt kam einem politischen Skandal gleich: So dreist und unverhüllt hatte noch kein deutscher Kanzler der modernen Welt den Krieg erklärt.

Der «Mißwirtschaft der Parlamentsdemokratie» müsse ein Ende gesetzt werden, verhieß Papen der Nation. Dem «Kulturbolschewismus» müsse «in letzter Stunde Einhalt geboten» werden, die «Zersetzung atheistisch-marxistischen Denkens» aufhören. Er wolle Schluß machen mit den Fehlern seiner Vorgänger. Papen: «Die Nachkriegsregierungen haben geglaubt, durch einen sich ständig steigernden Sozialismus die materiellen Sorgen dem Arbeitnehmer wie dem Arbeitgeber in weitem Maße abnehmen zu können. Sie haben den Staat zu einer Art Wohlfahrtsanstalt zu machen versucht und damit die moralischen Kräfte der Nation geschwächt.» Die übermäßig aufgeblähten Sozialversicherungen stünden vor dem Bankrott, «die Anpassung des staatlichen Lebens an die Armut der Nation» müsse endlich vollzogen werden. Konkrete Maßnahmen zur Abhilfe? Papen blieb vage: Ankündigung neuer Notmaßnahmen, die schon von Brüning vorbereitet worden waren, keine Währungsexperimente.[37]

Im übrigen aber, fuhr Papen fort, könne sich die Lage nur bessern, wenn alle aufbauwilligen, christlichen, staatserhaltenden, kurzum alle nationalen Kräfte zu einer gemeinsamen Anstrengung zusammengefaßt würden. Hinter dieser so selbstverständlich klingenden Formel standen die antidemokratischen Ideen vom «Neuen Staat», zu deren Kernvorstellung gehörte, was hier schon anklang: die «Beseitigung der sog. Errungenschaften der Revolution». Aber das war nur ein Anfang, mehr sollte nach Papens Willen kommen: die autoritäre Führung, der Ständestaat unter einem «selbstverantwortlichen» Reichspräsidenten und die Schaffung eines Herrenhauses.

Ein öffentlicher Aufschrei voll Wut und Hohn folgte Papens Erklärung. «Ein kaum glaubliches Dokument, ein miserabel stilisierter Extrakt finsterster Reaktion, gegen das die Erklärungen der kaiserlichen Regierungen wie hellste Aufklärung wirken würden», schrieb der liberale Graf Kessler in sein Tagebuch. Brüning trommelte seine ehemaligen Minister zu einer Protesterklärung zusammen, in der sie sich Papens «Geschmacklosigkeiten» (Brüning) verbaten, und er sah mit Genugtuung, daß sein alter Staatssekretär Pünder, laut Koch-Weser «voll grenzenloser Empörung», jede Zusammenarbeit mit Papen ablehnte. Er sei, schrieb Pünder an Groener, «sehr froh, dieser Politik und diesen Männern nicht mehr dienen zu brauchen».[38]

Auch Parteien, Gewerkschaften und Selbstschutzorganisationen machten gegen Papen und seine Minister mobil. Die SPD erklärte dem «Kabinett der nationalen Konzentration», wie Papen seine Regierung nannte, das «konzentrierte Mißtrauen der Arbeiterklasse», und die christlichen Gewerkschaften wetterten, die Feinde des sozialen Volksstaates seien dabei, «sich unter dem Schutze der Regierung zu sammeln». Besonders leidenschaftlich reagierte die ohnehin verärgerte Zentrumspartei, die Töne anschlug, die man seit Bismarcks Kulturkampf nicht mehr gehört hatte. Prälat Schreiber, der Vorsitzende der westfälischen Zentrumspartei, prophezeite, Papens Kabinett werde «ein Kabinett der Episode» bleiben: «Es ist gebildet, um zu sterben.»[39]

Selbst die Nationalsozialisten fühlten sich peinlich berührt davon, mit einem solchen Kabinett liiert zu sein. Triumphierend verkündete eine Schlagzeile des *Vorwärts*: «Hitler entlarvt! Volksverräterischer Pakt mit dem Herrenklub!» Nervös notierte sich Goebbels: «Man kann fast an den Fingern abzählen, wieviel Millionen Stimmen wir verlieren ... Zu allem Unglück versendet der Herrenklub ein Rundschreiben, in dem wichtigtuerisch mitgeteilt wird, daß der Führer alle Maßnahmen dieses Kabinetts decke und billige. Das steht nun im ‹Vorwärts› zu lesen. Da soll man nicht aus der Haut fahren.»[40]

So isoliert und einhellig bekämpft hatte noch nie eine republikanische Regierung dagestanden. Das mußte selbst

Schleicher irritieren. Vermutlich hatte er sich den Beginn des neuen Kabinetts anders vorgestellt, vor allem leiser und unauffälliger. Ihn verdroß schon, daß Papen derartig schnell den Kontakt zur Zentrumspartei verloren hatte, die er zumindest in Preußen benötigte, und auch das Gefasel vom «Neuen Staat» verstimmte den nüchternen Brandenburger: Von Papen hatte er geschmeidiges Taktieren erwartet, hier aber spielte sich der Herrenreiter als reaktionärer Gesellschaftsveränderer auf und stieß das ganze Volk vor den Kopf. Ob Schleicher schon wußte, daß er den falschen Mann zum Kanzler gemacht hatte?

Inzwischen drängte Schleicher seinen Kanzler, das verabredete Programm einzuhalten. Jetzt kam Punkt zwei des Arrangements mit Hitler an die Reihe: die Aufhebung des SA-Verbots. Der Reichsinnenminister Gayl machte zwar noch einige Schwierigkeiten, so daß Goebbels («Er muß weg») schon in seinem Blatt *Der Angriff* gegen «die erste Fehlbesetzung dieser Regierung» zeterte, doch dann gab der Minister den Pressionen Schleichers und Papens nach. Am 16. Juni wurde das Verbot zurückgenommen.[41]

Schon ein paar Tage zuvor hatte Goebbels versucht, die republikanischen Behörden durch das Auftreten von rund 50 SA-Führern am Berliner Alexanderplatz zu provozieren,[42] jetzt schwärmten die zwei Monate lang zurückgehaltenen Rollkommandos der Organisation mit verdoppelter Aggressivität aus – bereits grimmig erwartet von den Schlägerabteilungen des Gegners. Die Bürgerkriegsarmeen der Rechten und Linken schlugen erbarmungslos aufeinander ein und exerzierten einer entsetzten Öffentlichkeit vor, was sie unter Wahlkampf verstanden. Eine Orgie von Schlägereien, Bluttaten, Morden und Sprengstoffattentaten erstickte jeden Versuch, eine politische Debatte zu führen. Nicht das Gespräch mit dem politischen Gegner wurde anvisiert, sondern dessen Ausschaltung, ja, seine physische Vernichtung. So entartet hatte sich die Demokratie in Deutschland noch nicht präsentiert. Die Bürgerkriegsszenen kurz nach dem Ersten Weltkrieg wurden von diesem Sommer 1932 weit in den Schatten gestellt.

Kaum ein Tag verging, an dem nicht die Zusammenstöße

der meist uniformierten Schlägertrupps neue Opfer forderten, keine Woche, in der nicht Menschen von politischen Fanatikern getötet wurden. Besonders schlimm waren die Wochenenden, an denen verständige Leute zuhause blieben, um nicht in die schlagenden, stechenden und schießenden Haufen politischer Demonstranten und reitender, säbelschwingender Polizei zu geraten. Die Statistik ist eindeutig genug: Allein in einem Monat, zwischen Mitte Juni und Mitte Juli 1932, starben in Preußen durch Straßenterror 99 Menschen und wurden 1125 verletzt. «Eine Tag für Tag und Sonntag für Sonntag fortlaufende Bartholomäusnacht», notierte sich Kessler.[43]

Es wäre müßig und diente kaum der Ursachenerforschung, die Frage zu stellen, wer mit diesem Straßenterror begonnen hat. Der sozialistische Historiker Theo Pirker nimmt an, daß es die Kommunisten waren. Seit das Exekutivkommitee der Kommunistischen Internationale 1928 die Sozialdemokratie, fortan «Sozialfaschismus» geheißen, zum Hauptfeind des Kommunismus erklärt hatte, führten die Stoßtrupps der KPD einen barbarischen Kleinkrieg gegen SPD-Anhänger in den Straßen und Wohnblocks deutscher Arbeiterviertel. Der Rote Frontkämpfer-Bund (RFB), die paramilitärische Organisation der KPD, erwies sich dabei als so rüde, daß er 1929 verboten wurde.

Der Heckenschützenkrieg ging weiter, an die Stelle des RFB trat der «Kampfbund gegen den Faschismus», dessen Anhänger noch radikaler zuschlugen als ihre Vorläufer. Die Schläger des Kampfbundes waren jünger und undisziplinierter als die RFB-Genossen, die meist noch Militärdienst erlebt hatten; die Neuen zeichnete ein anarchischer Zug aus, sie waren oft identisch mit den Mitgliedern von Jugendbanden, die schon früher die Wohnviertel unsicher gemacht hatten und sich nun auch wenig um die zuweilen mäßigenden Befehle der Parteileitung kümmerten. Aus ähnlichen Schichten kam die großstädtische SA, deren Mitglieder nicht selten alte Konkurrenten der kommunistischen Jugendbanden waren und nun im Braunhemd noch ausstehende Rechnungen beglichen, ebenfalls unbekümmert um dämpfende Befehle ihrer Parteioberen. Das wurde zum gemeinsamen Problem der verfeindeten Mutterparteien, gleichgültig ob KPD, SPD oder NSDAP: die jugendlichen Schläger unter Kontrolle zu halten.

Die Auseinandersetzungen des Sommers 1932 erhielten jedoch ihre volle Schärfe erst dadurch, daß sich der politische Extremismus mit dem sozialen Elend zu einem hochexplosiven Gemisch verband. Das Gewaltpotential der deutschen Gesellschaft war immer schon beklemmend groß gewesen; selbst in dem angeblich so stabilen Kaiserreich lösten politisch-soziale Konflikte stets gewaltsame Auseinandersetzungen aus. Der Verfall der staatlichen Ordnung bei Kriegsende erhöhte noch die Kriminalisierung gesellschaftlicher Konflikte. Was sich aber jetzt in den Elendsvierteln deutscher Städte tat, das war gnadenlosester Klassenkampf, war praktisch Bürgerkrieg.

Deutschland zählte offiziell 6,1 Millionen Arbeitslose, in Wirklichkeit waren acht Millionen Menschen beschäftigungslos, von denen 44,3 Prozent in den Großstädten lebten. Diese Großstädte wurden von den Gräben des Klassenkampfes durchzogen, in denen Haß und Zerstörungswut wucherte: Haß auf die Bessergekleideten und die Bessergenährten, Haß auf die, die Arbeit hatten, Haß auf Geschäftsbesitzer, Beamte und Angestellte. Das staatliche Gewaltmonopol war hier längst zerstört, Überfälle auf Polizeireviere und Arbeitsämter an der Tagesordnung.[44]

Angst und Panik beherrschte das Leben in diesen Stadtvierteln. Kaum einer der Bewohner konnte sich dem Terror der Roten und Braunen entziehen. Wer sich nicht zum Kommunismus bekannte, galt als Klassenverräter und sah sich auf hunderterlei Art von der Nachbarschaft boykottiert, verfolgt, gedemütigt, und wer von den Nazis wankelmütig wurde, hatte Femegerichte der SA zu befürchten, die kurzen Prozeß machten – Stoff für die irrsinnige Propagandaformel, Deutschland könne sich nur noch entscheiden, ob es braun oder rot werden wolle. Jeder neue Tag, so Eve Rosenhaft, «reflektierte und schürte zugleich tiefsitzende Ängste, die im physischen Kampf realisiert wurden, so daß das Gefühl, bedroht zu sein, sich auf allen Seiten von sich selbst nährte».[45]

«Es darf», feuerte der KPD-Vorsitzende Ernst Thälmann seine Rollkommandos an, «keinen Terrorakt der Nazimörder mehr geben, ohne daß die Arbeiterschaft überall sofort mit offensivstem, wahrhaftem Massenkampf antwortet.» Auch die Reichsbannerführer verlangten von ihren Stoßtrupps «die eiserne Härte und die eiskalte Kraft zur Vernichtung des Gegners» (so die *Reichsbannerzeitung*) und gab als Schlachtruf aus: «Hinweg mit den Fahnen des Aufruhrs und des Bürgerkriegs aus den Städten und Dörfern!» Hielt ein SA-Befehl dagegen: «Je größer unsere Machtentfaltung ist, desto eher kneifen die anderen.»

Das Reichsbanner und seine Verbände hatten anfangs allerdings noch etwas Mühe, ehe sie zu dem fanden, was man dort vorsichtig «Gegenterror» nannte. Zunächst versuchte es das Reichsbanner mit psychologischer Kriegführung, wobei nicht ungern unter die Gürtellinie gezielt wurde. Die Organisation brachte beispielsweise die Liebesbriefe des Homosexuellen Röhm in Umlauf, und beim Holzen mit der SA ertönte der Kampfspruch: «Schlagt Hitler, den Gendarmen, und Hauptmann Röhm, den Warmen!» Am Ende verstand sich aber auch das Reichsbanner aufs Stechen und Schießen, wie die von seinem Chef Höltermann zusammengestellte Liste der Straftaten des Verbandes zeigt: Bis zum Dezember 1932 waren 3475 Mitglieder des Reichsbanners zu insgesamt 5297 Monaten Gefängnis, 509 Monaten Zuchthaus und 182 000 Mark Geldstrafe verurteilt worden.[46]

Schleicher und Papen aber waren skrupellos genug, die terroristischen Exzesse, die sie durch die Aufhebung des SA-Verbotes selber mitverschuldet hatten, zu einem Schlag gegen Preußens Regierung zu mißbrauchen. Es war offenkundig, daß die preußische Polizei einige Mühe hatte, mit dem jäh verschärften Straßenterror fertigzuwerden. Der Ausgang der preußischen Landtagswahlen hatte die Autorität der Regierung Braun geschwächt, und das wirkte sich auch auf die Amtsführung des Innenministeriums und mancher Polizeipräsidien aus.

Gleich bei Papens Amtsantritt hatte die preußische Regierung zu spüren bekommen, daß ihnen aus der Reichskanzlei ein schärferer Wind entgegenwehte. Papen schränkte die offiziellen Beziehungen zur geschäftsführenden Regierung Braun auf ein Mindestmaß ein und sorgte dafür, daß der Staatssekretär des Preußischen Staatsministeriums (Amt des Ministerpräsidenten) nur noch in seltenen Fällen und nicht regelmäßig, wie früher üblich, an den Sitzungen des Reichskabinetts teilnahm. Die Preußen wußten nur zu gut, was der neue Kanzler im Schilde führte; sie hatten schließlich auch den Artikel Papens im *Ring* gelesen. In Berlin, so fand der Polizeipräsident Grzesinski, pfiffen «es schon die Spatzen von den Dächern»: Reichsexekution gegen Preußen.[47]

Papen und Schleicher überlegten, wie sie die Festung des Gegners schleifen könnten. Die Hoffnung, eine Zahlungsunfähigkeit Preußens zum Vorwand einer Reichsexekution nehmen zu können, zerschlug sich rasch; Brauns Regierung erließ eine Sparnotverordnung, wodurch die dringendsten preußischen Finanzprobleme erst einmal aus der Welt geschafft waren. Was also tun?

Papen und Schleicher hätten sich weniger angestrengt, wenn sie gewußt hätten, in welcher Verfassung sich ihre Gegenspieler befanden. Preußens geschäftsführende Regierung war nur noch eine Fassade, hinter der kein Wille mehr stand. Otto Braun, 60 Jahre alt, der große Mann der deutschen Sozialdemokratie, dienstältester Regierungschef des Landes, war am Ende seiner geistigen und physischen Kräfte. Einen Tag vor der Preußenwahl hatte er einen totalen Zusammenbruch erlitten und ersehnte seither nur noch die Stunde, in der ihn ein neuer Ministerpräsident, und sei es ein Nazi, von den Qualen seines Amtes erlöste. Braun war schwer krank, er hatte zudem eine fast gelähmte Frau, mit der er endlich in die Schweiz ziehen wollte.

Braun hatte sich praktisch selbst abgesetzt. Die Amtsgeschäfte hatte er seinem Stellvertreter, dem Wohlfahrtsminister und Zentrumspolitiker Heinrich Hirtsiefer, übergeben, und nichts konnte Braun mehr bewegen, in dem von einer lauten, pöbelnden NS-Fraktion beherrschten Landtag, «diesem zur Kaschemme herabgewürdigten Gremium» (Braun), zu erscheinen. «Er tat dies», berichtet sein Biograph Hagen Schulze, «mit der ausgesprochenen Absicht, nicht wieder in sein Amt zurückzukehren, räumte demonstrativ sein Arbeitszimmer, ließ die Geweihe der von ihm erlegten Hirsche abmontieren und zog sich in sein Haus in Zehlendorf zurück.»[48]

Der SPD-Vorsitzende Wels aber wachte scharf darüber, daß kein Wort über den Zusammenbruch Brauns in die Öffentlichkeit gelangte. Millionen sozialdemokratischer Anhänger glaubten weiterhin an den «wahren Führer», den Gralshüter preußischer Demokratie. Als Hermann Zucker, Chefredakteur des *8-Uhr-Abendblatt* und einer der treuesten Schleppenträger Brauns, die Wahrheit erfuhr, schrieb er ihm entsetzt: «Überall hoffte und glaubte man, daß der verehrte Führer in diesen Tagen nicht von seinem Posten weichen und wanken werde; man vertraute darauf, daß Sie Ihren Händen nicht das letzte republikanische Bollwerk entgleiten lassen werden.» Schon die Meldung von einem «Urlaub» Brauns habe «in allen republikanischen Kreisen eine geradezu katastrophale Bestürzung ausgelöst».

Doch Braun, «apathisch, meist bettlägerig, dem politischen Getriebe innerlich entrückt», wie sein Biograph weiß, blieb in den Kalkulationen der SPD-Führung weiterhin ein Aktivposten, nicht unähnlich dem berühmten Cid, den die Verteidiger von Valencia im frühen Mittelalter tot auf sein Pferd banden, um die Feinde zu erschrecken und den eigenen Soldaten Mut zu machen. Der Cid Braun mußte noch fast ein Jahr lang der Sozialdemokratischen Partei voranreiten. Noch in der letzten Schlacht der deutschen Demokratie im Frühjahr 1933 werden ihn die verlorenen antifaschistischen Haufen an ihrer Spitze wähnen, obwohl er längst in der Schweiz weilt.

Braun hinterließ eine ratlose Regierung, die nervös auf die Reichskanzlei starrte, von der sie jeden Augenblick einen üblen Streich erwartete. Hirtsiefer war der Nervenbelastung kaum gewachsen, und auch Severing, seit Ende 1930 wieder preußischer Innenminister, erwies sich eher als ein liebenswürdiger denn ein energischer Verwalter seines Amtes.

Da beging der engste Vertraute Severings, Staatssekretär Wilhelm Abegg, eine Torheit, die Papen und Schleicher erlaubte, ihren Stein ins Rollen zu bringen. Ohne seinen Minister vorher zu informieren, traf sich Abegg am 4. Juli mit zwei prominenten Kommunisten und versuchte sie dazu zu bewegen, den Terror ihrer Genossen gegen die SPD und Einrichtungen des Staates zu stoppen. Der richtige Platz der KPD, so erklärte Abegg, sei in einer «gemeinsamen Kampffront gegen die Nationalsozialisten», und darüber sollten sie alle miteinander sprechen. Wilhelm Kasper, Fraktionsgeschäftsführer der KPD im preußischen Landtag, und Ernst Torgler, Vorsitzender der KPD-Fraktion im Reichstag, versprachen, ihre Partei zu informieren.[49]

Vermittelt hatte das Gespräch ein junger ehrgeiziger Regierungsrat namens Rudolf Diels, der in der Polizeigruppe des Innenministeriums Referent für Linksradikalismus war und dem sogenannten Abegg-Ausschuß angehörte, in dem hohe Beamte, Parteifunktionäre, Gewerkschafter und Reichsbannerführer den Abwehrkampf gegen den Nationalsozialismus zu koordinieren versuchten. Diels genoß das Vertrauen höchster Demokratieschützer, denn er war (wie Abegg) Mitglied der Deutschen Staatspartei, wie sich jetzt die Deutsche Demokratische Partei nannte, und hatte eine Neigung zur SPD, der er am liebsten beigetreten wäre. Nein, nichts deutete daraufhin, daß der Nazi-Gegner Diels eines Tages der erste Gestapochef des Dritten Reiches werden würde.

Gleichwohl muß etwas Dringliches Diels bewogen haben, die Geschichte von dem Treff zwischen Abegg und den Kommunisten, an dem auch er teilgenommen hatte, anderen Kollegen zu erzählen. Waren es nun Bedenken des Kommunismus-Experten gegen den eigenmächtigen Schritt des Staatssekretärs oder bereits Absetzbewegungen in das Lager der stärkeren Bataillone – Diels zog zwei Ministerialräte ins Vertrauen, die in dem Ruf standen, Anhänger der Deutschnationalen Volkspartei zu sein.

Einer der beiden Ministerialräte gab die Diels-Story weiter, und je mehr sie in Berlin von Büro zu Büro weitergereicht wurde, desto brisanter hörte sie sich an. Als sie Schleichers Schreibtisch erreichte, besaß sie bereits den Umfang einer politisch-historischen Sensation. Da hatte also der

Staatssekretär Abegg die Kommunisten nicht nur zum Beitritt in eine antifaschistische Kampforganisation eingeladen, sondern sie zum Aufbau einer sozialdemokratisch-kommunistischen Einheitsfront aufgerufen. Ja, mehr noch, er hatte gleichsam ein Jahrhundertwerk in Angriff genommen, nämlich Verhandlungen über eine Vereinigung von KPD und SPD eingeleitet.

Keiner fragte, wie ein Mitglied der bürgerlichen Staatspartei dazu kam, über eine Vereinigung der beiden marxistischen Parteien zu verhandeln, und niemand wollte wissen, was für ein Wunder geschehen war, das es möglich machte, eine Einheitsfront der beiden miteinander verfeindeten Parteien anzuvisieren. Doch Logik war nicht gefragt, sondern Belastungsmaterial, das ein Eingreifen der Reichsregierung in Preußen rechtfertigen konnte. Die Diels-Geschichte legte Schleicher zu der Mappe, in der er seit Tagen Anklagematerial gegen die preußische Regierung sammelte.[50]

Die Affäre Abegg reichte Schleicher, um zur endgültigen Aktion gegen Preußen zu blasen. Schleichers Mappe lag bereit, als Papen am 10. Juli von der Reparationskonferenz in Lausanne zurückkehrte, auf der er die ersten Früchte Brüningscher Anstrengungen geerntet hatte. Ein Blick in die Mappe zeigte dem Kanzler, was von ihm erwartet wurde. Auch Gayl wurde informiert, dann war es soweit: Es ging los gegen Preußen.

Am Nachmittag des 11. Juli trat das Reichskabinett zu einer Sitzung zusammen, auf der Innenminister von Gayl eine Anklagerede gegen Preußen hielt. Die Autorität der geschäftsführenden Regierung Preußens, so dozierte Gayl, sei «stark erschüttert», der Haushalt des Landes «immer noch nicht in Ordnung», die Bekämpfung des Kommunismus «unzureichend». Die KPD entfalte in Preußen eine «erhebliche Tätigkeit», was nicht zuletzt die «Verhandlungen des Staatssekretärs Abegg wegen eines Zusammenschlusses der SPD mit der KPD» belegten. So könne es nicht weitergehen. Deshalb meine er «nach sehr sorgfältiger Überlegung», daß nun «für die Reichsregierung der psychologische Moment zum Eingreifen gekommen» sei.

Sein Vorschlag: Erlaß einer Verordnung des Reichspräsidenten, durch die das geschäftsführende Kabinett Braun entmachtet und ein Reichskommissar für Preußen eingesetzt werde. Papen und die übrigen Minister waren einverstanden, nur Gürtner gab zu bedenken, die Aktion müsse natürlich vor der Öffentlichkeit begründet werden. Auch Hindenburgs Staatssekretär Meißner meldete sich am nächsten Tag mit dem gleichen Argument: Es sei zu erwarten, daß sich die preußische Regierung mit einer Klage vor dem Staatsgerichtshof zur Wehr setzen werde, und deshalb sei es dringend notwendig, Preußen öffentlich ins Unrecht zu setzen.

Eine letzte Begründung des Schlags gegen Preußen wollte der Runde zwar noch nicht einfallen, gleichwohl wurde die Aktion am 12. Juli beschlossen. Zum 18. Juli sollten Hirtsiefer, Severing und der preußische Finanzminister Klepper in die Reichskanzlei bestellt werden, um dort von Papen das Nötige zu erfahren, während gleichzeitig Truppen des Wehrkreises III (Berlin) strategisch wichtige Punkte in der Reichshauptstadt und Umgebung besetzen und damit die preußische Polizei an einer Gegenaktion hindern sollten.[51]

Strengste Geheimhaltung wurde verabredet: Gayl diktierte einer Verwandten den Text der Verordnungen. Die beiden Schreiben und Kopien trug er stets bei sich. Vor allem durch das Hochspielen der Affäre Abegg hofften die Verschwörer die Unterschrift Hindenburgs zu erlangen. Am 13. Juli hatte Papen alles zusammen und reiste nach Neudeck zu Hindenburg. Der alte Mann unterschrieb bedenkenlos die ihm vorgelegten Dokumente, die «Verordnung über die Wiederherstellung der Sicherheit und Ordnung im Gebiet des Landes Preußen» und die Verordnung über die Verlängerung des Belagerungszustands in Großberlin und der Provinz Brandenburg.[52]

Doch Severing hatte aufgepaßt. Die in Berlin umlaufenden Gerüchte über den bevorstehenden Coup der Reichsregierung bewogen ihn bereits am 13. Juli, deutlich zu reagieren. Er erließ einen Aufruf an die Bevölkerung, in dem sie zu Ruhe und Besonnenheit ermahnt wurde, und gab einen Erlaß an alle Regierungspräsidenten heraus, der sie ermächtigte, mit schärfsten polizeilichen Maßnahmen gegen unbefugten Waffenbesitz vorzugehen und notfalls auch bereits gemeldete und genehmigte Demonstrationen zu verbieten.

Preußens Innenminister überlegte sogar, die 80 000 Polizisten des Landes zur Abwehr einer von der Reichsregierung ausgehenden Überraschungsaktion zu alarmieren, doch da kam er bei den Genossen im SPD-Vorstand schlecht an. Von gewaltsamem Widerstand wollten Wels und seine Vorstandskollegen nichts wissen. Friedrich Stampfer rief aufgebracht: «Sie haben kein Recht, auf Kosten Ihrer Polizeibeamten tapfer zu sein!» Auf keinen Fall, so schärfte der Parteivorstand Severing am 16. Juli ein, dürfe «die Rechtsgrundlage der Verfassung» verlassen werden, was immer auch kommen möge.[53]

Immerhin waren die Reaktionen der preußischen Behörden so sichtbar, daß Papen und Schleicher in arge Bedrängnis gerieten. Schon hatte der Kanzler die Vorladung der preußischen Minister verschoben und wollte gar der Reichswehrminister von dem «Beschluß über die sofortige Einsetzung eines Reichskommissars in Preußen Abstand» nehmen, da kam den Frondeuren in der Reichskanzlei ein Zusammenprall roter und brauner Terroristen zu Hilfe, der alles bisher Dagewesene übertrumpfte.

7000 Nationalsozialisten, die meisten aus Schleswig-Holstein, hatten es sich in den Kopf gesetzt, am Sonntag, dem 17. Juli, mit einem gewaltigen Propagandamarsch durch die Arbeiterviertel von Hamburgs Nachbarstadt Altona, die damals zu Preußen gehörte, den kommunistischen Gegner zum Kampf herauszufordern. Jeder objektive Beobachter konnte voraussehen, was kommen würde: Die Kommunisten hatten aktive Selbsthilfe angedroht, und die Nazis hatten sich mit Steinen und Schlagstöcken bewaffnet, um auch in den engsten Gassen der Hafenstadt zu bestehen.[54]

40 Polizisten zu Pferd begleiteten den Demonstrationszug, der sich in der Palmaille und der Marktstraße gegen 15 Uhr in Bewegung setzte und ohne Zwischenfälle vorankam, solange er auf den breiten Straßen entlangzog. Als die braune Marschkolonne jedoch gegen 17 Uhr in die enge Schauenburger Straße einbog und gerade die ersten hundert Me-

ter hinter sich gelassen hatte, da öffneten sich die Fenster und Dachluken der umliegenden Häuser. Kurz darauf prasselte Gewehrfeuer auf die NS-Demonstranten nieder, bald erwidert von den Maschinenpistolen und Revolvern der Polizisten.

Das las sich später in der Agitprop-Sprache der Nazis so: «Wie ein Blutrausch schlug es zusammen über die Sturmsoldaten der deutschen Revolution . . . Stunde um Stunde peitschte Schuß auf Schuß in die marschierenden Kolonnen, fegte Feuersalve auf Feuersalve in warme Leiber.» Ebenso blutrünstig malten die Kommunisten die Szene aus: «Die Nazis springen aus dem Zug, reißen Revolver aus den Taschen und wild schießend versuchen sie die Papagoyenstraße zu stürmen. Wie eine eiserne Mauer stehen die Proleten. Die Bemühungen der Mordbanditen sind vergeblich. Polizeibeamte kommen jetzt erst angelaufen. Sofort beginnen sie, auf die Arbeiter zu schießen.»[55]

Bis zum Abend dauerten die Kämpfe. Die Altonaer Polizei erwies sich als unfähig, die Lage zu meistern und rief die Hamburger Kollegen zu Hilfe. Als der Chef der Hamburger Ordnungspolizei mit seinen Beamten auf dem Kampfplatz eintraf, bot sich ihm «ein wenig schönes Bild», wie er sich erinnert: «Herrenlose Polizeipferde rasten umher; in den Hausfluren hockten noch vereinzelt verängstigte Nationalsozialisten, an den Ecken standen Gruppen der Altonaer Schutzpolizei und schossen in der Richtung auf die Dächer.» Erst allmählich gelang es, Dächer und Keller von Heckenschützen zu «säubern». Am Ende wurde gezählt: 17 Menschen waren tot, über 100 verletzt.[56]

Den «Altonaer Blutsonntag», wie er sogleich genannt wurde, wußten die Planer in der Reichskanzlei für sich auszuschlachten, und ein Zufall wollte dabei, daß ihnen wiederum ein Abegg ungewollt die Munition lieferte: Waldemar Abegg, der für Altona zuständige Regierungspräsident von Schleswig und Bruder des Berliner Staatssekretärs. Er hatte offenkundig den Severing-Erlaß vom 13. Juli mißachtet, der ihm die Möglichkeit bot, den Propagandamarsch der Nazis angesichts der vorausberechenbaren Folgen einfach zu verbieten.

Es gab für ein Verbot genügend Gründe: Die Kommunisten hatten ihre Gewaltaktion mit dem Hinweis auf «Selbsthilfe» angekündigt. Die Polizeikräfte in Altona waren zu schwach, ihre Führung hatte es unterlassen, rechtzeitig Hilfe von der Hamburger Polizei zu erbitten. Kaum einer der verantwortlichen Führer der Altonaer Polizei war auf seinem Posten. Der Polizeipräsident Otto Eggerstedt befand sich auf Wahltour, sein Stellvertreter reiste durch die Heide, der Kommandeur der Schutzpolizei war im Genesungsurlaub. Später sprach der Staatsgerichtshof von Beamten, die «durch allzu große Willfährigkeit gegen die Nationalsozialisten deren Umzug ermöglicht und damit die kommunistischen Ausschreitungen verschuldet» hätten.[57]

Die Mitschuld der Behörden an den blutigen Krawallen war denn auch so evident, daß Severing sofort nach Altona eilte. Doch statt den Ausnahmezustand zu verhängen und Abegg und Eggerstedt abzusetzen, war er nur daran interessiert, deren Presseerklärungen und amtliche Berichte so vorzuformulieren, daß sie den Gegenspielern in Berlin keine Handhabe zum Eingreifen boten. Tatsächlich hatten sich die Gegner schon auf diese Fährte gesetzt; Diels war dazu animiert worden, in Altona telephonisch Erkundigungen einzuziehen und war dabei irrtümlich mit Severing verbunden worden, der sich nicht wenig über den Anruf des Regierungsrates wunderte.[58]

Doch Papen und Schleicher reichte auch so, was sie über den Blutsonntag wußten. Jetzt mochten sie keine Stunde mehr verlieren. Am 18. Juli ging das Schreiben an Hirtsiefer hinaus, das ihn und die beiden anderen preußischen Minister für den 20. Juli, 10 Uhr, zur Entgegennahme einer Erklärung in die Reichskanzlei bat. Als Severing davon hörte, geriet er in Panik. Er rannte zu Wels in die Lindenstraße und bat ihn, sich bei seinen Kontaktleuten zu erkundigen, was los sei. Wels wählte eine Telephonnummer der Reichskanzlei, die dem Oberregierungsrat Edwin Pukaß gehörte. Wels wollte wissen, ob etwas gegen Preußen geplant sei. Pukaß war kurz und einsilbig: «Nein, gar nichts. Vorläufig noch nicht.» Und hängte ein.[59]

Severing fuhr beruhigt in sein Amt zurück, ohne zu ahnen, daß die Aktion gegen Preußen just eben anlief: Papen setzte in die Notverordnung das schicksalhafte Datum des 20. Juli 1932 ein, und kurz darauf erhielt Generalleutnant Gerd von Rundstedt, der Befehlshaber im Wehrkreis III, die Order, seine Truppen zu alarmieren. Davon wußte Severing nichts. Hatte er überhaupt keine Vorahnung? Grzesinski und auch Klepper behaupteten später, Severing sei am 19. Juli informiert gewesen, was nicht bewiesen ist.

Immerhin ist auffallend, daß Severing auch nicht reagierte, als in den Morgenblättern des 20. Juli Meldungen über die bevorstehende Machtübernahme des Reiches in Preußen standen. Grzesinski hatte dies gelesen und fuhr ins Innenministerium, um mit Severing noch vor dem Gang in die Reichskanzlei zu beraten, was zu tun sei. Doch Severing ließ sich nicht sprechen und verschob das Gespräch auf später. Scheinbar ahnungslos begaben sich Hirtsiefer, Severing und Klepper in die Reichskanzlei.[60]

Dort erwartete sie schon Papen lächelnden Gesichts und eröffnete ihnen in knappen Worten, die Lage in Preußen habe sich nicht zufriedenstellend entwickelt, öffentliche Ordnung und Sicherheit seien nicht mehr gewährleistet. Deshalb habe der Reichspräsident auf Antrag der Reichsregierung eine Verordnung erlassen, die ihn, Franz von Papen, zum Reichskommissar in Preußen bestelle. Er übernehme die Funktion des Ministerpräsidenten und habe den Essener Oberbürgermeister und Zentrumspolitiker Franz Bracht zu seinem Stellvertreter und zum Leiter des preußischen Innenministeriums ernannt. Deshalb enthebe er die Herren Otto Braun und Carl Severing ihrer Ämter.

Einen Augenblick lang sagten die drei Preußen kein Wort. Dann raffte sich Severing zu einer Erwiderung auf. Er erklärte: «Diese Tage schreiben Weltgeschichte, und ein republikanischer Minister darf sich in diesem Augenblick nicht mit dem Makel der Desertion belasten.» Dem großen Wort folgte ein sehr kleiner Nachsatz: Daher werde er nur der Gewalt weichen. Es war der Satz, der letztlich über das Schicksal der Weimarer Demokratie entschied. Widerstand war geboten, Aufbäumen gegen den verräterischen Anschlag der Reichsregierung, Protest wider das Attentat auf die letzte Bastion der Demokratie – dem Minister Severing aber kam nichts anderes in den Sinn als die Weigerung, «die Amtsgeschäfte in der bei einem Amtswechsel üblichen Form zu übergeben».

Wie defensiv, ja resigniert Severing dachte, offenbarte er schon einige Minuten später, als er ins Ministerium zurückkehrte und Grzesinski schon auf ihn wartete. Der Genosse hatte schlechte Nachrichten: In Großberlin sei der Belagerungszustand verhängt und er, Grzesinski, seines Postens als Polizeipräsident enthoben. Man könne doch, wetterte Grzesinski, «nicht so ohne weiteres vor dem Vorgehen Papens und der Militärkamarilla die Segel streichen». Darauf Severing: «Wir können es doch aber auch nicht zu einem Blutvergießen kommen lassen. Der Ausnahmezustand ist eine zulässige Maßnahme.»[61]

Doch noch hoffte Grzesinski auf ein Signal zum Widerstand. Um 11.30 Uhr trafen sich im Verwaltungsgebäude des Allgemeinen Deutschen Gewerkschafts-Bundes die Führer der Eisernen Front und berieten über eine Gegenaktion aller Demokraten. Höltermann war auch dabei, der augenblickliches Losschlagen empfahl. «Wir werden sie wie die Läuse zerdrücken», hatte er Wochen zuvor ausgerufen, als von der Möglichkeit einer Bedrohung der preußischen Demokratie gesprochen worden war. Der Bundesvorsitzende des Reichsbanners wußte, daß sich bereits Einheiten seines Verbandes zum Eingreifen rüsteten. In Berliner Unterständen lagen die ersten Alarmeinheiten schlagbereit.

Als Höltermann im ADGB-Haus die führenden Genossen zu einer sofortigen Aktion drängte, sah er nur in verlegene Gesichter. Im Grunde hatte Wels schon am 16. Juli die Frage entschieden: keinen außerparlamentarischen Widerstand. Dennoch drängte Höltermann die Führer der Eisernen Front noch einmal, das Wort vom Generalstreik fiel. Die maßgeblichen Gewerkschaftsfunktionäre lehnten ab. Fast zynisch war, was da der ADGB-Vorsitzende Leipart sagte: «Na, dann gehen Sie doch hin und verhaften Sie die Leute.»

Dasselbe Bild am Nachmittag: Der sozialdemokratische Parteivorstand, die Gewerkschaftsleitung und die Führung des Reichsbanners kamen noch einmal zusammen, um einen Aktionsplan zu beraten. Auch hier entschied man sich gegen jeden Widerstand und flüchtete sich in die Formel, ihre Antwort werde die deutsche Arbeiterklasse am 31. Juli mit dem Stimmzettel erteilen. Eine Aktion, so die hundertfach wiederholte Argumentation, sei angesichts der Machtverhältnisse nicht zu verantworten. Ein Freund Stampfers: «Ihr seid schlechte Generale. Ihr könnt nicht andere in den Tod schicken.»[62]

So lief das Staatsstreichunternehmen der Papen und Schleicher zu ihrer eigenen Verwunderung völlig reibungslos. Soldaten der Reichswehr besetzten das Preußische Staatsministerium, alle Minister und die wichtigsten Staatssekretäre wurden abgesetzt, die preußische Polizei der Reichswehr unterstellt. Der kranke Mann in Zehlendorf aber sah tatenlos, fast gleichgültig zu, wie sein Lebenswerk zerstört wurde. Die Ministerialdirektoren Brecht und Badt, die die Sache der gewaltsam vertriebenen Regierung Preußens vor dem Staatsgerichtshof vertreten sollten, hatten Mühe, Braun davon zu überzeugen, daß es notwendig sei, Klage gegen den dreisten Papenstreich zu erheben.

Der Morgen des 21. Juli dämmerte bereits herauf, als Wels den Befehl an alle Einheiten des Reichsbanners erteilte, jeden Widerstand aufzugeben und nach Hause zu gehen. Es müssen sich beklemmende Szenen abgespielt haben: Zornig und schluchzend gingen die Republikaner auseinander. «Ich sah in jenen Tagen Reichsbannerleute weinen. Alte Funktionäre warfen uns die Mitgliedsbücher hin», berichtet der niederschlesische SPD-Sekretär Otto Buchwitz, und ein ehemaliger Reichsbannerführer erlebt «noch heute, wenn ich mit leitenden Reichsbannerleuten spreche, wie sie vor Empörung zittern, daß Severing damals der Gewalt gewichen ist».[63]

Seither will die Debatte über den 20. Juli 1932 nicht verstummen. Auch die Historiker meinen, die Sozialdemokratische Partei Deutschlands habe damals eine entscheidende Stunde versäumt, und es fehlt nicht an dem Argument, trotz aller ungünstigen Machtverhältnisse hätten die Organisationen der Eisernen Front doch wenigstens «die Möglichkeit einer nachhaltigen Demonstration» nutzen müssen, um den «ungebrochenen Selbstbehauptungswillen der Demokratie» zu zeigen, wie es Bracher formuliert. Im Grunde laufen jedoch solche Thesen auf die Forderung hinaus, die Demokratie hätte in Schönheit sterben müssen. Denn eine Chance zum erfolgreichen Widerstand hatte sie nicht: die Massen nicht zum Aufbegehren bereit, ihre Führer mindestens uneins, eine Aktion nicht vorbereitet, die republikanische Polizei unter der Kontrolle der Putschisten.[64]

Die autoritären Kräfte in der Republik hatten freie Bahn, und sie nutzten ihre Macht rücksichtslos aus. Das «rote» Preußen war gefallen, jetzt kam der Hauptteil des Schleicherschen Plans: das Einfangen und Zähmen der Nazis. Die marschierten und holzten sich inzwischen dem nächsten Wahlsieg entgegen, dem größten ihrer Geschichte. Am 31. Juli waren Reichstagswahlen, und die NSDAP hatte alles aufgeboten, endlich die heiß ersehnte absolute Mehrheit und damit die ganze Macht zu erringen.

Nicht ohne Respekt beobachtete Schleicher die Strategie der braunen Propagandakolonnen, die mit ihren Parolen das ganze Land überfluteten und jeden Gegner in die Defensive drängten. So sehr ihn auch die Brutalität der SA-Schläger und die Primitivität der nationalsozialistischen Argumentation anwiderten, die Propagandatechnik der Nazis faszinierte den General: Schallplatten mit den Reden führender Nationalsozialisten, Ansprachen im Rundfunk, Flugreisen Hitlers («Der Führer über Deutschland!»), die ihm ermöglichten, binnen 15 Tagen in 50 Städten zu sprechen; dieser Wahlkampf auch in den entferntesten Gebieten der Republik war originell.[65]

Besonders beeindruckte und befriedigte Schleicher, daß er immer deutlicher aus dem vielstimmigen Propagandachor der Nationalsozialisten die Stimme eines Mannes hörte, die ihm inmitten des braunen Barbarentums wie ein Laut der Vernunft klang. Gregor Straßer sprach und agierte, als sei er der eigentliche Führer der Nationalsozialisten. Von Mal zu Mal wurde er, so sein Biograph Udo Kissenkoetter, «in den Augen vieler Zeitgenossen neben Hitler, der sozusagen als Inkarnation der nationalsozialistischen Idee galt, der Mann der praktischen Politik, d. h. derjenige, der jene Idee in die Wirklichkeit umsetzen konnte».[66]

War er es wirklich? Eine lebensfremde Geschichtsschreibung, die immer nur auf Hitler starrt, hat verdrängt, welche wichtige Rolle Straßer einmal gespielt hat, und es ist wohl nur arglose Hitlerzentrik, wenn Fest dem Reichsorganisationsleiter Straßer für den Sommer 1932 einen «zusammengeschmolzenen Anhang» zuschreibt. In Wirklichkeit stand Straßer gerade damals auf der Höhe seiner Macht. «In einem Satz gesagt», schrieb Arno Schickedanz, der Berliner Bürochef des *Völkischen Beobachter*, an den NS-Ideologen Rosenberg am 19. April 1932, «Adolf Hitler ist wohl der Führer der Partei, aber beherrscht wird sie heute schon von Gregor Straßer. Wie die Parallele Moskau zeigte: Schon zu Lebzeiten Lenins brachte Stalin die Partei in seine Hände. Auch Gregor Str. hat die NSDAP. Und wie diese in die Machtstellung im heutigen Staate hineinwächst, so wächst die Stellung Straßers in die Erbfolge hinein.»

Wer einen Blick für Nuancen hatte, konnte deutlich sehen, wie Straßer immer mehr die Partei in den Griff bekam. Nicht Hitler leitete den Wahlkampf der NSDAP, sondern sein «Generalsekretär». Nicht Hitler entschied über Parlamentskandidaten, finanzielle Einsätze und Karrieren im Parteiapparat, sondern sein Manager. In den Geschäftsräumen der Parteigeschäftsstellen hing neben Hitlers Bild auch das Bild von Straßer, und unzählig waren die Indizien des Personenkults um die Nummer zwei der Partei: Es gab Gregor-Straßer-Heime, Gregor-Straßer-Schallplatten, Gregor-Straßer-Programme, und bald sollte auch die erste parteiamtliche Gregor-Straßer-Biographie erscheinen.[67]

Und nicht Hitler, sondern Straßer war es, der in diesem Wahlkampf des Sommers 1932 als die profiliertere Führerfigur der NSDAP gelten mußte. Er hatte das Wirtschaftsprogramm der Partei entworfen, das mit seinen Vorstellungen von staatlicher Arbeitsbeschaffung und produktiver Kreditschöpfung Millionen Deutschen einen ernsthaften Weg zur Krisenbewältigung eröffnete. Er war es, der Thematik und Inhalt des nationalsozialistischen Wahlkampfes bestimmte, und er war es, der als Sprecher der Partei vor die Mikrophone trat, nachdem der Reichsrundfunk zum erstenmal in seiner Geschichte den Parteien Sendezeiten für ihren Wahlkampf eingeräumt hatte.

Es waren jedoch nicht nur Macht und Ehrgeiz, die Straßer von Hitler unterschieden. Er hatte ein realistisches Urteil über seinen Führer, er fürchtete Hitlers Unberechenbarkeit und sorgte sich um die Zukunft der Partei, seiner Partei, die ihm mehr bedeutete als dem skrupellosen Machtmenschen Hitler. Über dessen gefährliche Qualitäten war er sich im klaren. Zu dem Parteigenossen Max Frauendorfer sagte er im Winter 1931/32: «Es ist schon schlimm genug, wenn einer ein Bohemien ist, wenn er dazu hysterisch ist, dann gibt es eine Katastrophe.»[68]

Wie kaum ein anderer NS-Führer hatte sich Straßer des rhetorischen Rabaukentums entledigt, das ihm noch bis Ende der zwanziger Jahre anhaftete, und er hatte längst auf den nationalsozialistischen Totalitätsanspruch verzichtet, ohne den für viele die NSDAP gar nicht denkbar war. Das machte ihn zum Repräsentanten einer anderen Spielart des Nationalsozialismus, die möglicherweise nicht weniger engstirnig und antidemokratisch war als jene der offiziellen Partei und die doch, wäre sie erfolgreich gewesen, die Republik nicht gesprengt und Hitlers Diktatur vermieden hätte.

An dem Reichstagsabgeordneten Straßer, dem Freund Oswald Spenglers, dem Konfidenten sozialdemokratischer Gewerkschaftsführer, dem Vertrauten der Militärs, erfüllte sich ein zorniges Wort, das der DNVP-Chef Hugenberg einmal einem Kritiker aus seiner Partei entgegengehalten hatte. Ein Deutschnationaler, der innerlich Parlamentarier geworden sei, so schrieb Hugenberg, sei «genau dasselbe wie ein deutscher Demokrat».[69] Natürlich war Straßer nicht Demokrat geworden, wohl aber ein Parlamentarier, der – ungewöhnlich genug für einen Nazi – in den Kategorien des Kompromisses, des Ausgleichs und der Verständigung dachte. Er glaubte nicht mehr an die Möglichkeit einer Alleinherrschaft der NSDAP, ja, ihm war zweifelhaft, ob sie angesichts der innersten Natur Hitlers überhaupt wünschbar sei, und das paßte genau zu Schleichers Zähmungsplänen.

Zudem hatten Straßer die zahlreichen Wahlkämpfe der

letzten Monate gelehrt, daß die Partei kaum in der Lage war, die absolute Mehrheit zu erringen. Offensichtlich hatte sie ihr Wählerreservoir ausgeschöpft; um die 38 Prozent herum hatte die NSDAP in Preußen errungen, und mehr würden es auch bei den neuen Reichstagswahlen kaum werden. Also würde, so kalkulierte Straßer, die Partei nur über eine Koalition mit anderen Parteien an die Macht kommen können, und auf diese Koalition galt es sich einzustellen.

Das hinderte natürlich den Parteimanager Straßer nicht daran, seine Propagandabataillone noch einmal kräftig anzutreiben. Jeder Tag zählte, jedes gewonnene Wortgefecht gegen Gegner konnte sich in zusätzliche Wählerstimmen ummünzen lassen. Auch die Mutlosigkeit, die die Demokraten nach Papens Preußenputsch befallen hatte, wußten die NS-Werber auszubeuten.

Als die Wahllokale am Abend des 31. Juli schlossen, hatten die Nationalsozialisten in der Tat einen glänzenden Erfolg errungen. Über 13 Millionen Wähler hatten für Hitlers Partei gestimmt und die Sozialdemokratie von ihrem seit 1890 gewohnten Platz der stärksten Partei Deutschlands verdrängt. Fast die ganze Mitte des politischen Spektrums war eine Beute der Nazis geworden, die Mittelparteien waren bis auf einen kläglichen Rest völlig zerstört.

Der Jubel über den spektakulären Wahlerfolg geriet so laut, daß die Masse der Nationalsozialisten gar nicht wahrnahm, wie sehr die Partei abermals die Macht verfehlt hatte. Sie verfügte jetzt über 230 Sitze im Reichstag – 75 zu wenig, um die absolute Mehrheit zu besitzen. Selbst mit ihren Partnern von der Harzburger Front fehlten ihr noch 31 Stimmen im 608-Mandate-Reichstag.

Um solche Details kümmerte sich jedoch das braune Parteivolk nicht, es sah sich bereits kurz vor der Machtübernahme. SA-Stürme sammelten sich zu Siegesmärschen, alkoholisierte SA-Männer machten auf offener Straße Jagd auf politische Gegner und fühlten sich bereits als die Herren Deutschlands. Schon vor dem Wahltag hatte Göring schwadroniert, die SA habe «ein Recht darauf, Vergeltung zu üben für das, was der Marxismus an Unheil angerichtet» habe, darauf sei die SA «seit Jahren dressiert». Göring: «Sie können uns die größten Strapazen auferlegen, Sie können uns hungern lassen, aber das Recht zur Rache lassen wir uns von niemand nehmen, auch nicht von unserem Führer» – Ankündigung der Menschenjagden, die nach dem 30. Januar 1933 grausige Wirklichkeit werden sollten.

Die Siegesumzüge der SA wurden allmählich so krawallig, daß selbst Goebbels unbehaglich zumute war. In Berlin rumore es, vor allem in der SA, notierte er sich besorgt: «Die SA verläßt ihre Arbeitsplätze, um sich bereitzumachen. Die politischen Amtswalter richten sich auf die große Stunde ein.» Auch Hitler war wie besessen von dem vermeintlichen Durchbruchsieg seiner Partei. Er saß noch in Tegernsee bei «strömendem Regen» (Goebbels) am 2. August mit seinen Unterführern zusammen, da schoß plötzlich aus seinem Munde, was fast alle verblüffte: Er wolle Reichskanzler werden, ohne jeden Aufschub![70]

Es war das erstemal, daß Adolf Hitler seine «Machtergreifung» anmeldete. Bis dahin war den führenden Nationalsozialisten nicht klar gewesen, wie Hitler dereinst staatliche Macht ausüben wolle, und recht befremdlich wäre ihnen die Vorstellung erschienen, ihr Führer wolle das Amt des Reichskanzlers übernehmen, zumal er doch «eine regelmäßige disziplinierte Gedankenarbeit gar nicht zu leisten vermochte», wie sich der Straßer-Gehilfe Paul Schulz notierte. Die Kanzlerfrage war erst im Frühjahr 1932 aufgetaucht, als Hitler sich entschlossen hatte, gegen Hindenburg zu kandidieren. Damals war es den Parteigenossen selbstverständlich gewesen, daß sich ein Reichspräsident Hitler dann Straßer als Reichskanzler nehmen werde. Das hatte sich durch die Wiederwahl Hindenburgs zerschlagen, und nun wollte Hitler selber Reichskanzler werden.[71]

Straßer war darüber so erschrocken, daß er Schulz sofort zu Oberst von Bredow entsandte, der inzwischen Schleichers altes Ministeramt im Reichswehrministerium übernommen hatte. Am 3. August meldete Schulz dem Obersten, was geschehen war, worauf sich Bredow aufschrieb, Schulz wolle «mit Straßer und Göring versuchen, Hitler von seinem Vorhaben abzubringen». Sie mußten sich allerdings beeilen, denn schon am 4. August reiste Hitler nach Berlin, um bei Schleicher seine Kanzleransprüche in aller Form anzumelden.

Auch der General war entsetzt, als er Bredows Bericht mit der Schulz-Information las. Eine Kanzlerschaft Hitlers mußte seinen ganzen Zähmungsplan ruinieren, zumindest erschweren; als Reichswehrminister eines Kanzlers Hitler würde es nicht leichtfallen, die Nazis unter Kontrolle zu halten. Hitlers Forderung verstörte den General. Schleicher: «Das ist unmöglich, der Alte Herr macht das nie. Ich werde versuchen, ihm [Hitler] das auszureden.»[72]

Doch als sich Schleicher am 5. August mit Hitler traf, merkte er auf einmal, wie hartnäckig dieser Mann sein konnte. Der Führer der NSDAP forderte für sich die Kanzlerschaft und für seine Partei fünf Ministerposten (Inneres, Landwirtschaft, Erziehung, Justiz und Luftfahrt), wobei er dem General sogar ziemlich plausibel zu erklären wußte, warum kein anderer Nationalsozialist als er Kanzler werden könne – die Führerstruktur der Partei erlaube das nicht. Immerhin war nun Schleicher davon überzeugt, daß er wenigstens bei Hindenburg einen Vorstoß wagen müsse, wolle er nicht seinen ganzen Plan aufgeben. «Ich muß also nunmehr versuchen, den Alten Herrn zu einer Kanzlerschaft Hitlers zu bekommen», hörten Schleichers Mitarbeiter auf der nächsten Morgenkonferenz.

Vor der Entscheidung Hindenburgs traf sich Schleicher mit Straßer, der ihm gesagt haben wird, wie sinnlos es sei, Hitler dessen Kanzlerideen auszureden. Bei dieser Zusammenkunft scheinen sich die beiden Männer auch eine Kabinettsliste ausgedacht zu haben, die es möglich machen sollte, Hitler mit «maßvollen» Nationalsozialisten einzurahmen; Straßer wollte das Innenministerium nehmen, wahrscheinlich war das neue Luftfahrtministerium für Göring bestimmt und als Justizminister wieder Gürtner vorgesehen. Unter solchen Umständen traute es sich Schleicher zu, Hindenburgs Zustimmung zu einem Kabinett Hitler zu erlangen.[73]

Der vorsichtige Taktiker Schleicher überließ es allerdings Papen, den entscheidenden Vorstoß beim Reichspräsidenten zu unternehmen. Doch der Kanzler hatte nicht die geringste Lust, sich von Hitler verdrängen zu lassen, und auch Hindenburg hatte sich so an «Fränzchen» gewöhnt, daß er auf ihn nicht mehr verzichten mochte. So wird der Reichskanzler nicht unfroh gewesen sein, das schneidende «Nein!» des Präsidenten zu hören, als er ihm am Vormittag des 10. August den Vorschlag Schleichers unterbreitete. Das paßte alles nicht in das Weltbild Hindenburgs, in dem sich das Problem des Nationalsozialismus auf zwei Dollpunkte reduzierte: den «böhmischen Gefreiten» Hitler, der unbedingt an die Macht wolle und die Rüpel der SA, die alte Leute ärgerten.

Zudem hatte eben eine neue Schreckenstat aus der Terrorszene den Zorn des Feldmarschalls hervorgerufen: In der Nacht zum 10. August hatte eine Horde von SA-Männern in dem oberschlesischen Bergarbeiterdorf Potempa einen kommunistischen Arbeiter im Schlaf überfallen und ihn vor den Augen seiner Mutter mit unvorstellbarer Bestialität zu Tode getrampelt. Und das waren die Leute des Herrn Hitler? Hindenburg war froh, wenige Stunden zuvor eine Notverordnung unterzeichnet zu haben, die das Reichskabinett ermächtigte, mit Sondergerichten und schärfsten Maßnahmen gegen den Terrorismus vorzugehen.[74]

Das Nein Hindenburgs aber spornte Straßer zu dem erneuten Versuch an, Hitler von seinen Kanzlerplänen abzubringen. Straßer warnte am 11. August auf einer Führertagung in Prien am Chiemsee, die Forderungen an Hindenburg zu überziehen, und auch andere Unterführer wie Göring und Frick übten vorsichtige Kritik an ihrem Führer. Doch Hitler beharrte auf seinen Forderungen und malte seinen Genossen lustvoll aus, wie er als Kanzler den Marxismus vernichten werde. Er fuhr wieder nach Berlin, da ihn inzwischen Papen zu einem Gespräch in die Reichskanzlei eingeladen hatte. Am späten Abend des 12. August war er im «Kaiserhof», Berlins ältestem Großhotel gleich schräg gegenüber der Reichskanzlei, in dem für ihn seit Mitte 1931 im zweiten Stock stets ein paar Räume zur Verfügung gehalten wurden.[75]

Am nächsten Vormittag fuhr Hitler zunächst zu Schleicher in die Bendlerstraße, wo er von dem General erfuhr, was Hindenburg entschieden hatte. Entsprechend schlecht gelaunt ging Hitler in die Reichskanzlei und fiel Papen mit einem Vortrag über das richtige Regieren an; so wie er es tue, könne man mit dem «alten System» nicht fertig werden, die «Systemparteien» müßten mit Feuer und Schwert ausgerottet werden. Der Reichskanzler hatte Mühe, zu Wort zu kommen. Als es ihm endlich gelungen war, versuchte er mit Charme, Hitler zu besänftigen.

Papen appellierte an Hitler, in jedem Fall in das Kabinett einzutreten. Papen: «Die Stunde erfordert die Mitwirkung aller guten Deutschen.» Die ablehnende Haltung Hindenburgs hielt der Kanzler nicht für unüberwindbar. Der Herr Reichspräsident, lockte Papen, kenne halt Hitler noch nicht so gut, und da wäre es doch ratsam, Hitler träte erst einmal als Vizekanzler in das Kabinett ein; später wolle er, das schwöre er Hitler, gern seinen Posten an ihn abtreten, wenn er das Vertrauen Hindenburgs gewonnen habe. Hitler blieb stur: Kanzlerschaft, nicht mehr und nicht weniger. Und er begann gleich zu drohen: Wenn man seine Forderungen nicht erfülle, werde die NSDAP in schärfste Opposition gegen die Regierung gehen.[76]

In dieser Lage muß Papen oder Schleicher oder beiden die Idee gekommen sein, den anspruchsvollen Hitler durch einen Schachzug um eine Nummer kleiner zu machen. Beide, Papen und Schleicher, waren am Eintritt der Nationalsozialisten in das Kabinett lebhaft interessiert, beide wollten Hitlers persönliche Mitwirkung dabei möglichst gering halten. So schlug Papen schließlich Hitler vor, er möge seine Auffassungen dem Reichspräsidenten vortragen, da er ja ohnehin ein Gespräch mit ihm gewünscht habe.

Ein unbestimmtes Gefühl, das Hitler auch später immer wieder vor Gefahren bewahrte, warnte ihn davor, den Gang zu Hindenburg anzutreten. Hitler wollte schon das Gespräch absagen, da die Entscheidung längst gefallen sei, doch da erreichte ihn am frühen Nachmittag Meißners Anruf, der ihn belehrte, es sei noch alles offen und der Reichspräsident warte. Hitler fuhr los und tappte prompt in eine Falle.

Der Präsident war in ungnädigster Stimmung. Er wollte

nur kurz wissen, ob Hitler bereit sei, das Reichskabinett zu unterstützen und in dieses Kabinett mit einigen Ministern einzutreten. Hitler, auf einmal ungewöhnlich wortkarg, verneinte Hindenburgs Frage und erklärte, er müsse (so steht es im Protokoll) «die Führung einer Regierung und die Staatsführung im vollen Umfang für sich und seine Partei verlangen». Das lehnte Hindenburg ab. Darauf erwiderte Hitler, dann bleibe seiner Partei nur die Opposition. Hindenburg ermahnte ihn, die Opposition «ritterlich» zu führen und sich aller «illegalen Akte» zu enthalten. Hitler versicherte, er werde sich an das Gesetz halten und niemals putschen.

Der schwerhörige Hindenburg hatte mal wieder etwas falsch verstanden und glaubte, Hitler habe ihm eben mit einem Putsch gedroht. Er hob mahnend den dicken Zeigefinger und brummte: «Herr Hitler, ich schieße!»[77]

Wütend stürzte Hitler davon, noch im Gang machte er Papen heftige Vorwürfe darüber, ihn einer solchen Situation ausgesetzt zu haben. Doch der eigentliche Clou kam erst noch. Schleicher drängte Meißner, ein Kommuniqué über das Hindenburg-Hitler-Gespräch herauszugeben und dabei möglichst scharfe, abwertende Formulierungen zu verwenden. Das Kommuniqué des Reichspräsidentenpalais teilte mit, Hindenburg habe Hitler erklärt, er könne es «vor Gott, seinem Gewissen und dem Vaterlande nicht verantworten, einer Partei die gesamte Regierungsgewalt zu übertragen, noch dazu einer Partei, die einseitig gegen Andersdenkende eingestellt sei». Es folgte noch der Zusatz, der Reichspräsident bedauere, daß Hitler trotz früherer Zusagen das Kabinett nicht unterstützen wolle, was praktisch hieß, der Führer der NSDAP habe sich eines Wortbruchs schuldig gemacht.[78]

Erbost protestierte Hitler bei Meißner und Schleicher gegen die Formulierungen des Kommuniqués und verlangte Korrekturen, da er nicht zulassen könne, «daß die Öffentlichkeit einseitig und unrichtig unterrichtet wird». Doch der Schaden war schon angerichtet, Hitler als wortbrüchiger, machtgieriger und nicht gesellschaftsfähiger Parteiführer der Öffentlichkeit vorgeführt. Die Demütigung des 13. August 1932 blieb Hitler noch lange Zeit ein Trauma. Nie wieder wollte er Papen oder einem anderen Unterhändler Hindenburgs trauen.

Doch wenn Papen und Schleicher geglaubt haben sollten, Hitler mattsetzen zu können, so hatten sie sich getäuscht. Hitler holte jetzt zu einem Manöver aus, das nicht ohne Raffinesse geführt wurde. Das Manöver kam einer politischen Groteske gleich: Der Demokratiefeind Hitler versuchte mit Mitteln der parlamentarischen Demokratie, Hindenburg seine Kanzlerschaft aufzuzwingen.

Williger Helfer war ihm dabei die Zentrumspartei, deren Führer noch immer auf eine Gelegenheit warteten, mit dem «Verräter» Papen abzurechnen. Gleich nach der Reichstagswahl, am 2. August, hatte die Führung der Partei beschlossen, zu versuchen, gemeinsam mit den Nationalsozialisten die politische Verantwortung im Reich zu übernehmen, und auch unter den Führern der NSDAP war die Idee aufgekommen, mit der katholischen Partei zu koalieren. Grund: Das Zentrum verfügte mit seinem bayrischen Anhängsel, der BVP, als einzige der nichtsozialistischen Parteien über genügend Abgeordnete im Reichstag, um einem Kanzler Hitler eine parlamentarische Mehrheit zu garantieren.

«Selten ist ein unehrlicheres politisches Geschäft eingeleitet worden als dieses», giftete der Papen-Berater Jung, und auch in der Zentrumspartei stellte sich mancher die Frage, wie all dies mit den Hirtenbriefen des katholischen Klerus gegen das Neuheidentum der Nazis in Einklang zu bringen sei. Doch Macht und Ranküne zählten mehr: Die schwarzbraune Koalition erhielt rasch Konturen.

Am 14. August klingelte im Büro von Fritz Grass, dem Geschäftsführer der Zentrumspartei im preußischen Landtag, das Telephon; am Apparat meldete sich Hanns Kerrl, Nationalsozialist und neuer Präsident des Landtags. Kerrl erklärte, er sei vom Führer beauftragt worden, mit den maßgeblichen Abgeordneten des Zentrums über eine Regierungskoalition zu verhandeln. Die Zentrumspartei war einverstanden, am 16. August kamen die Vertreter beider Parteien zur ersten Verhandlungsrunde zusammen. Vier Tage danach berieten sich Braune und Schwarze erneut. Kerrl skizzierte eine gemeinsame Zukunft: Übernahme des Ministerpräsidentenamts durch Hitler, paritätische Besetzung der Ministerposten, das Innen-, Kultus- und Finanzministerium für die NSDAP.[79]

Das war nun selbst den Zentrumsführern zuviel. Sie berieten sich am 21. August in Stuttgart mit den Führern der Bayerischen Volkspartei und beschlossen, die Verhandlungen «auf das Reich hinüberzuspielen». Am 23. August traf sich Brüning mit Straßer, worauf in Berlin Verhandlungen beider Parteien auf Reichsebene begannen. Am 29. August kamen die Chefunterhändler zum erstenmal zusammen, und bald schaltete sich auch Hitler ein, von den Zentrumspolitikern respektvoll begrüßt.

«Mein Eindruck über Hitler», schrieb der württembergische Staatspräsident Bolz, einer der drei Zentrums-Unterhändler, an seine Frau, «war ein besserer als ich vermutete. Seine Ausführungen waren konsequent und klar und seine Auffassungen decken sich im allgemeinen weitgehend mit den unseren.» Nazis und Zentrumsparteiler waren sich einig, in Zukunft alle sozialpolitischen Notverordnungen der Regierung Papen niederzustimmen, und auch für den feierlichen Auftakt des neuen Reichstags war Gemeinsames geplant: Göring sollte Reichstagspräsident, der Zentrumsmann Eßer und der BVP-Abgeordnete Rauch sollten seine Stellvertreter werden.[80]

Papen sah sich von der schwarz-braunen Allianz in die Enge getrieben. Er mußte jetzt ernsthaft mit der Möglichkeit rechnen, daß der neue Reichstag ihm und Hindenburg einen Kanzlerkandidaten Hitler präsentieren würde, und das konnte das Ende des Kabinetts Papen bedeuten. Der Reichskanzler hatte kaum noch genügend Zeit zum Reagieren: Am 30. August stand die Wahl des Reichstagspräsidiums bevor, zwei Wochen danach würde das Plenum zusammentreten – dann konnte schon Wirklichkeit werden, was Papen die «Sünde wider den Heiligen Geist» nannte.

Doch Papen war nicht der Mann, der sich von einer parlamentarischen Mehrheit davonjagen ließ. Er wollte es eher auf einen Verfassungsbruch ankommen lassen, als daß er dem Reichstag wich, und er hatte auch schon den Mann gefunden, der entschlossen war, dem letzten Rest von Parlamentarismus in dieser Republik ein Ende zu setzen. Der Reichsinnenminister Freiherr von Gayl fand, es sei an der Zeit, den Neuen Staat zu schaffen und sich von Zufallsmehrheiten einfältiger Volksmassen unabhängig zu machen.

Schon am 10. August hatte Gayl in einer Kabinettssitzung zu verstehen gegeben, man solle doch aufhören, auf die Nazis zu warten und einfach allein weiterregieren. So stark seien ja die Nationalsozialisten gar nicht, man dürfe «die in der Wahlziffer zum Ausdruck kommende Stärke nicht überschätzen», und überhaupt werde «der Charakter des Kabinetts aufgehoben, wenn es mit Nationalsozialisten durchsetzt werde». Durch ein Paktieren mit den Nazis komme man «zu der Parlamentsherrschaft mit allen ihren Fehlern zurück». Nein, sagte Gayl, das Kabinett werde durchzuhalten haben, bis sich die Leistung durchgesetzt habe. Dazu gehöre freilich Mut, gebe es doch nur die Möglichkeit, den Reichstag erneut aufzulösen und Neuwahlen einstweilen zu vertagen. «Neuwahlen dürften nur dann stattfinden aufgrund eines neuen zu oktroyierenden Wahlgesetzes . . .» Zweifellos komme man mit der Verfassung in Konflikt, aber das zu vertreten sei in letzter Linie Sache des Herrn Reichspräsidenten.[81]

Das war ein klares Programm des Staatsstreichs und des Verfassungsbruchs, und niemand benötigte es jetzt dringender als der bedrängte Kanzler Papen, der dreist genug war, gegen die Mehrheit des Volkes zu regieren. Er arbeitete das Gayl-Programm auf seine eigenen Überlebensbedürfnisse um, entwarf den Text von zwei Notverordnungen und reiste dann zusammen mit Gayl und Schleicher am 30. August nach Neudeck, um den Reichspräsidenten für seinen Coup zu gewinnen.

Papen redete dem alten Mann ein, eigentlich wolle Hitler mit Hilfe des Zentrums gar nicht Kanzler werden, sondern er habe nur vor, ihn, den Reichspräsidenten, zu ärgern und öffentlich ins Unrecht zu setzen. Würde sich aber ernsthaft die Gefahr abzeichnen, daß Zentrum und Nazis eine Koalition bildeten, dann müsse man den Reichstag auflösen, ehe dieser eine Gelegenheit habe, einen Kanzler zu wählen. Die Neuwahl aber müsse bis auf weiteres ausgesetzt werden (eine Verletzung des Artikels 25 der Reichsverfassung, der nach einer Reichstagsauflösung Neuwahlen innerhalb von 60 Tagen vorschrieb). Der Historiker Volker Hentschel interpretiert: «Das Kabinett Papen sollte ohne Parlament weiterregieren, der Demokratie bei dieser Gelegenheit auch verfassungsrechtlich der Abschied gegeben werden.»[82]

Deshalb schlug Papen vor, Hindenburg möge die von ihm schon vorbereitete Auflösungsorder unterschreiben, in die er, Papen, dann selber Datum und Grund eintragen werde. Und noch eine zweite Order legte Papen zur Unterschrift vor, eine Notverordnung, durch die im Falle einer preußischen NS-Zentrum-Koalition Preußens Polizei dem Reich unterstellt werden sollte. Der Präsident nickte und unterschrieb, der Verfassungsbruch schien perfekt.

Niemand fiel auf, daß Schleicher dabeisaß und kaum ein Wort sprach. Ihm war eben eine große Erkenntnis gekommen: Schleicher hatte plötzlich gemerkt, daß Franz von Papen nicht die Absicht hatte, sich mit der Rolle eines Übergangskanzlers zu begnügen, sondern daß er entschlossen war, sich mit allen Mitteln in seinem Kanzlersessel zu halten. Das verstimmte Schleicher, denn er mochte nie ausschließen, daß er selber eines Tages die Regierung übernehmen werde, sobald sich eine Chance bot, auf breiter Basis die Krise des Landes anzugehen.

Jetzt zeigte sich, daß Kurt von Schleicher mehr war als ein grober Verfechter militärischer Interessen und ein kompromißloser Herold der Präsidialdiktatur. Es erschreckte ihn nicht, daß Papen einen Verfassungsbruch ansteuerte; ihn verdroß die plumpe Art, in der Papen dies in Szene setzen wollte, unbekümmert um Interessen und Stimmungen der breiten Öffentlichkeit. Was immer Schleicher an politischen Dummheiten und menschlichen Gemeinheiten begangen hatte – ein Reaktionär war er nicht. Der General hatte sich nie vorstellen können, allein auf Bajonette gestützt zu regieren; selbst die verschleierte Militärdiktatur, die ihm gelegentlich vorschwebte, konnte er sich nur auf einem populären Untergrund denken.

Das war ungefähr das Gegenteil von dem, was Papen in Neudeck vortrug. Der Kanzler wollte nichts anderes als die Diktatur des Neuen Staates, die Festschreibung eines Regimes der alten konservativ-reaktionären Gesellschaftsschichten. Schleicher aber neigte einer neuen gesellschaftlich-politischen Formation zu, einer «dritten Front», die quer durch alle Parteien gehen und die sozialpolitisch dynamischen Kräfte der Nation zusammenfassen sollte, gesteuert von einem auf die Reichswehr gestützten Präsidialkabinett.

Die «Querfront» – das war ein neuer Gedanke in der deutschen Politik, der freilich nicht von Schleicher stammte. Der General war nie originell, aber er griff oft auf, was an ihn herangetragen wurde. Und vieles war ihm gerade in den letzten Tagen im Reichswehrministerium vorgetragen worden: von christlichen Gewerkschaftlern, von ADGB-Funktionären, von linken Nationalsozialisten, von Führern deutschnationaler Angestelltenverbände. Ihre Ideen liefen immer auf dasselbe hinaus: sozialpolitische Querfront unter einem Reichskanzler Schleicher.

Diese Vorstellungen ließen sich meist auf einen Personenkreis um Straßer zurückverfolgen, der seit langem die Bildung einer «Front der schaffenden Menschen» forderte. Es klang wie ein Appell an Schleicher, was da Straßer am 3. September erklärte: «Ich bin überzeugt, daß die Armee ihre Aufgabe nie in dem Schutz der Reaktion und in dem Schutz der Regierung einer lächerlichen Minderheit sehen darf, sondern daß ihre Aufgabe ist, eins mit dem Volke zu sein und in die Front der Arbeit und der Kraft auf allen Gebieten einzuschwenken.» Straßer hatte schon Anfang August begonnen, Gewerkschaftler und Sozialisten aller Art für eine Kanzlerschaft Schleicher zu gewinnen, rund um eine «Gewerkschaftsachse», wie der NS-Manager das nannte.[83]

Der ehemalige Staatssekretär Hans Schäffer, einer der bestinformierten Männer der Republik, erfuhr schon am 10. August von ADGB-Chef Leipart, «daß die Nazis auf verschiedenen Wegen bei den Arbeitern angeklopft hätten, um ein Zusammengehen in wirtschaftlichen Fragen, insbesondere in Sozialismus, herbeizuführen». Der SPD-Abgeordnete Paul Hertz erfuhr bald darauf, daß die «submarinen Bestrebungen einer Einigung zwischen Nazis und Gewerkschaften sehr ernst seien». Die Nazis – das waren immer Beauftragte Straßers oder er selber. Hertz über Straßer: «Er ist ein sehr anständiger Mensch.» Auch mit dem Reichsbannerführer Höltermann hatte Straßer bereits gesprochen, ein Gespräch zu dritt mit Leipart war vorgesehen.

Ab dem 20. August kursierten bereits in SPD und Gewerkschaften Kabinettslisten, die meist von Straßer stammten und als Kanzler immer Schleicher nannten. Das war die legendäre Gewerkschaftsachse, die sich Straßer ausgedacht hatte, eine Front von den linken Nazis bis zu rechten Sozialdemokraten: Straßer als Vizekanzler, der christliche Gewerkschaftler Imbusch als Arbeits- und Leipart als Wirtschaftsminister.[84]

Das mußte die Eingeweihten schon damals verblüffen, da doch Hitler sozusagen der Kanzlerkandidat der NSDAP war. Wer sich als Nationalsozialist für Schleicher einsetzte, beging also eigentlich Verrat an seinem Führer. Doch Straßer sah es nicht so: Er fühlte sich stark genug, selbst gegenüber Hitler eine eigenständige Politik zu formulieren. Der Wahlsieg des 31. Juli und der Eklat des 13. August hatte für manchen Parteigenossen die Welt verändert. «Zum erstenmal in der Geschichte der NSDAP», so der Historiker Wolfgang Horn, «wurde die absolute Führerautorität von einem größeren Teil der Parteimitglieder so weit in Frage gestellt, daß ein sachlicher Gegensatz zur offiziellen Parteilinie die Chance hatte, als diskutable politische Alternative verstanden zu werden.»[85]

Jeder Nationalsozialist begriff, daß die Namen Straßer und Hitler zwei Alternativen umschrieben, Kooperation mit anderen Parteien oder Alles-oder-nichts-Politik, und Straßer konnte davon ausgehen, daß die meisten der mit neuen Würden und Diäten ausgestatteten NS-Abgeordneten im Reichstag und in den Landtagen, die ihre Mandate nicht verlieren wollten, eher seinen Kooperationskurs unterstützen würden. Bei den Verhandlungen mit dem Zentrum waren die Unterschiede deutlich geworden: Während Hitler darin nur ein Pressionsmittel sah, glaubte Straßer an die

Möglichkeit einer echten schwarz-braunen Koalition, als deren preußischen Ministerpräsidenten die Zentrumsführer ihn schon sahen.

Mit Hilfe des Zentrums wollte dann auch Straßer den Kanzler Papen, diesen «Exponenten einer untergehenden Herrenschicht» (Straßer), ausmanövrieren und eine NS-Zentrum-Koalition unter Schleicher inthronisieren: Am 8. und 9. September verhandelte Straßer mit Hitler, um ihn für den Plan zu gewinnen, auf die eigene Kanzlerkandidatur zu verzichten und statt dessen in ein Kabinett Schleicher einzutreten. Hitler wies den Vorschlag zurück. Er hatte vor, Kanzler zu werden, und wenn nicht – dann wollte er eben einen neuen Wahlkampf führen, der ihm noch mehr Mandate bringen sollte.

So ruinierte er alles, als am 12. September der Reichstag zusammentrat. Straßer hatte mit Göring vereinbart, die Regierungserklärung Papens abzuwarten und die Debatte darüber zu verschieben, bis die Parteiführer Gelegenheit hatten, noch einmal mit Hindenburg über die Lage zu sprechen. Straßer hoffte, den alten Herrn für sein Lieblingsprojekt erwärmen zu können: Ablösung Papens durch Schleicher, Auffüllung des Kabinetts mit Vertretern der Querfront.

Doch kaum war die Sitzung eröffnet, da stellte die Fraktion der KPD den Antrag, dem Kabinett Papen das Mißtrauen auszusprechen, und dies noch vor dem Eintritt in die Tagesordnung zu tun. Das brachte alle Kalkulationen durcheinander. Die Zentrumsfraktion schlug den Nationalsozialisten vor, durch Mehrheitsbeschluß den Antrag abzusetzen, als Hitler intervenierte und durchsetzte, daß die NS-Fraktion mit den Kommunisten stimmte. Hitlers Begründung: Die Entscheidung gegen die Regierung sichere eine bessere Ausgangsstellung für den Wahlkampf – Hitler hatte nur noch die Wahlen im Blick.[86]

Was folgte, war eine Burleske. Papen wollte mit seiner Auflösungsorder die Abstimmung verhindern und entdeckte plötzlich, daß er sie gar nicht bei sich hatte. Meißner eilte davon, um sie in der Reichskanzlei zu suchen. Als das Papier endlich vor dem Kanzler lag, meldete er sich zu Wort. Doch

Göring tat, als bemerke er Papen nicht. Aufgeregt wedelte Papen mit seinem Papier und rief dazwischen, während der Reichstagspräsident seelenruhig abstimmen ließ. Das Ergebnis war für die Regierung blamabel: 512 Abgeordnete stimmten für den KPD-Antrag, nur 42 hielten zu Papen.[87]

Inzwischen hatte der Kanzler eine Möglichkeit erspäht, seine Auflösungsorder doch noch an den Mann zu bringen. Er schob sie Göring einfach auf dem Präsidiumstisch zu. Doch der NS-Präsident wollte noch immer nicht Notiz nehmen. Eine Erklärung mit den Unterschriften von Mitgliedern einer soeben abgewählten Regierung, höhnte Göring, könne er nicht entgegennehmen, da sie ungültig sei – eine vielbelachte, aber unsinnige Behauptung, die Göring denn auch schleunigst wieder zurücknehmen mußte.

Der Reichstag war aufgelöst, Papen am Ziel seiner Wünsche. Am 14. September trat er vor das Kabinett, um es darüber aufzuklären, was in Neudeck verabredet worden war: Hinausschiebung der Wahlen zu einem neuen Reichstag, Weiterregieren ohne jedes Parlament. Da erlebte er eine böse Überraschung: Die Minister stellten sich gegen seinen Staatsstreichplan. Gürtner, Neurath, Schwerin-Krosigk und der Arbeitsminister Schäffer lehnten rundweg ab, Braun und Warmbold wollten sich nicht entscheiden. Papen gab auf, zumal er hörte, daß Zentrumspartei und NSDAP mit dem Gedanken spielten, Hindenburg wegen Verfassungsbruchs anzuklagen. Der Kanzler mußte einen neuen Wahltermin bestimmen – den 6. November.[88]

Für Schleicher war der Vorgang höchst lehrreich, wußte er doch nun genau, daß Papen nicht einmal seine Minister hinter sich hatte. Das war wichtig für die Stunde, in der Schleicher beschließen würde, diesen allzu eigenwillig gewordenen Gehilfen abzuhalftern. Lange würde er an dieser Entscheidung nicht mehr vorbeikommen, die Ereignisse spitzten sich immer mehr zu.

Denn nun erwies sich, wie recht Straßer mit seinen skeptischen Wahlprognosen gehabt hatte. Jede Meldung von seinen Propagandatrupps bestätigte es aufs neue: Der Wahlkampf der Partei lief schlecht. Überall im Lande herrschte tiefe Wahlmüdigkeit, die Deutschen hatten allmählich den

Zynismus der Herrschenden und Demagogen satt. Zudem wurde der zügellose Terrorismus der SA immer deutlicher zu einer Belastung der Partei. Unvergessen war das makabre und doch schon so enthüllende Telegramm, das Hitler den Potempa-Mördern nach ihrer Verurteilung zum Tod geschickt hatte: «Meine Kameraden! Angesichts dieses ungeheuerlichen Bluturteils fühle ich mich mit euch in unbegrenzter Treue verbunden. Eure Freiheit ist von diesem Augenblick an eine Frage unserer Ehre.»[89]

Einer Partei, die so hemmungslos das politische Verbrechen verherrlichte, wollte mancher Wähler nicht mehr seine Stimme geben. Das Wahlergebnis des 6. November 1932 bewies das deutlich: Zwei Millionen Wähler hatten sich von der NSDAP abgekehrt, sie verlor 34 Reichstagsmandate und sackte auf 33,1 Prozent der abgegebenen gültigen Stimmen ab. Der Rückschlag für Hitlers Partei war unverkennbar; in keinem einzigen Reichstagswahlkreis hatte die NSDAP einen Stimmengewinn zu verzeichnen, in den stark industrialisierten Gebieten war jeder fünfte NS-Wähler weggeblieben. Das bedeutete zwar kein Plus für die Demokratie (auch die SPD hatte weiter an die Radikalen von links verloren, die enttäuschten NS-Wähler waren meist zur DNVP gegangen), doch das Renommee des angeblich unaufhaltsamen Wahlsiegers Hitler war dahin.

Der Kommentator Stolper zog bereits die Konsequenz: «Das Jahr 1932 hat Hitlers Glück und Ende gebracht.» Seit dem 13. August, so urteilte er optimistisch, sei «das Hitlertum in einem Zusammenbruch, dessen Ausmaß und Tempo nur mit dem seines eigenen Aufstiegs vergleichbar ist». Die folgenden Wochen schienen Stolper recht zu geben, denn die Partei verlor immer mehr Wähler: Bei den Gemeinderatswahlen in Sachsen kehrten sich 20 Prozent der Wähler ab, die sich noch am 6. November zur NSDAP bekannt hatten, bei den bremischen Wahlen waren es 17 Prozent und bei den Gemeindewahlen in Thüringen büßte die Partei 40 Prozent ihrer Wählerschaft vom letzten Sommer ein.

Hitler demonstrierte nun auch unfreiwillig, wie sehr er sich durch seine eigene Strategie in eine Sackgasse manövriert hatte. Als ihm der von den Ereignissen verwirrte Hindenburg in einem jähen Kurswechsel Ende November die Kanzlerschaft unter der Bedingung anbot, daß er eine parlamentarische Mehrheit zusammenbekomme, da fehlten dem Führer die Stimmen, über die er im alten Reichstag noch verfügt hatte.[90]

Die Rat- und Erfolglosigkeit der Politiker aber wollte nun Papen noch einmal zu dem Versuch ausbeuten, seine Staatsstreichideen zu verwirklichen. Er hatte zwar am 17. November als Kanzler formal demissionieren müssen, doch war er sich ziemlich sicher, daß ihn Hindenburg erneut mit der Führung der Regierung beauftragen würde. Und für diesen Augenblick hatte er sich von Gayl Pläne entwerfen lassen, die endgültig die Fahrt in den Neuen Staat sichern sollten. Dazu gehörten die neuerliche Auflösung des noch nicht einmal zusammengetretenen November-Reichstags, die Erklärung eines «Staatsnotstandes», die (wie es Papen nennt) «Verbesserung des Wahlrechts der Weimarer Verfassung und die Begründung einer ersten Kammer als Korrektiv gegen staatsgefährdende Beschlüsse allmächtiger Majoritäten des Reichstags». Es war die Diktatur à la Papen.[91]

Das mochte Schleicher nicht mehr hinnehmen, er war entschlossen, sich des «Fränzchen» zu entledigen. Um den 20. November herum begann er, seine zahlreichen Kontaktleute zu befragen, ob deren Parteien bereit seien, ein Kabinett Schleicher zu unterstützen. Hitler erteilte ihm bei einer Unterredung am 23. November eine Absage, doch das nahm der General nicht tragisch. Er hatte Nachricht aus dem Lager Straßers, daß der Reichsorganisationsleiter just eben dabei sei, in der Partei die Machtfrage zu stellen. Der Augenblick war günstig wie noch nie: Hitler von den Wahlverlusten deprimiert, seiner Sache nicht mehr sicher, ja, die Partei im Untergang wähnend.[92]

Schon war die Äußerung Hitlers gefallen, er werde sich auf längere Zeit aus der aktiven Politik zurückziehen, falls es sich für ihn als unmöglich erweise, Reichskanzler eines Präsidialkabinetts zu werden. Das griff nun Straßer auf, der Hitler riet, erst einmal neue Kraft für Zukünftiges zu schöpfen. Es kam ein «Beinahe-Abkommen zwischen Hitler und Straßer» zustande, dessen Inhalt Kissenkoetter so rekonstruiert: «Straßer wird als Vizekanzler, einige andere NS-Führer werden als Minister in eine Regierung Schleicher eintreten. Das Arbeitsbeschaffungsprogramm der NSDAP wird Grundlage des Regierungsprogramms sein. Hitler selbst zieht sich auf eine Art Ehrenvorsitz der Partei mit allerdings erweiterten Vollmachten zurück. Als eigene Aufgabe übernimmt er die Führung der deutschen Jugend, um so als legendärer Mythos an Deutschlands Erneuerungsbewegung teilzuhaben. Zu seiner wirtschaftlichen Absicherung bekommt er den gesamten [parteieigenen] Eher-Verlag einschließlich des Völkischen Beobachters überschrieben, nachdem der Verlag und die gesamte Partei von Schleicher finanziell saniert worden sind.»[93]

Schleicher war einverstanden, machte allerdings zur Bedingung, daß Hitler nach Berlin komme, um mit ihm die Vereinbarung noch einmal durchzusprechen und gleichsam zu besiegeln. Hitler sagte zu, er wollte am Morgen des 30. November in Berlin sein. Schleicher schickte ihm einen Konfidenten namens von Zengen entgegen, der Hitler begleiten sollte. Doch als Straßer ihn auf dem Anhalter Bahnhof in Empfang nehmen wollte, war Hitler nicht im Zug. Zengen stand vor einem Rätsel: Er hatte gesehen, wie Hitler auf dem Münchner Hauptbahnhof in ein Schlafwagenabteil des D 25 kurz vor 21.15 Uhr eingestiegen war – und doch fehlte Hitler.

Was war geschehen? Erst später stellte sich heraus, daß Hitler wieder aus dem Schlafwagen ausgestiegen und in einen Nachbarzug geklettert war, der auch nach Berlin fuhr, aber in Jena Station machte. Dort hatte ihn Göring aus dem Zug geholt und überredet, nicht nach Berlin zu Schleicher zu fahren. Göring – das war der Fehler in der ganzen Rechnung gewesen. Niemand hatte daran gedacht, diesem ehrgeizigen Mann einen Posten im künftigen Kabinett Schleicher anzubieten, obwohl sich Bredow später daran erinnern konnte, Göring sei vor dem 30. November wiederholt im Reichswehrministerium gewesen und habe mit «Tränen in den Augen» um ein Ministeramt gebeten, was jedoch von Schleicher abgelehnt worden sei.[94]

So war die einzige Gelegenheit dahin, Hitler auszuklammern und eine NSDAP unter Straßers Führung ins Kabinett zu bugsieren. Hitler fing sich wieder und beanspruchte erneut die totale Führung der Partei. Doch noch ehe sich Schleicher auf die neue Lage einstellen konnte, wurde die Situation im Kabinett kritisch. Papen war dabei, die Initiative an sich zu reißen.

Am Abend des 1. Dezember wurden Schleicher und Papen zum Reichspräsidenten gerufen, der wissen wollte, wie es nun weitergehen solle. Der Reichswehrminister berichtete von seinen Sondierungen bei den Parteien und riet, noch zu warten, bis sich die Lage in der NSDAP geklärt habe. Papen hingegen bot sofort sein fertiges Konzept an: Ausschaltung des Reichstags für ein halbes Jahr, Kampf mit allen Vollmachten des Präsidenten, Verfassungsreform. Hindenburg entschied sich für Papen, der ein neues Kabinett bilden sollte.

Es war der Augenblick, für den Schleicher vorgesorgt hatte. Als sich nun Papen enthusiastisch an die Arbeit machen wollte, verlangten seine inzwischen von Schleicher bearbeiteten Minister, das Kabinett müsse die neue Lage umgehend erörtern. Am Morgen des 2. Dezember trat das Kabinett zu einer Sitzung zusammen. Kaum hatte sich die Tür des Kabinettssaals geschlossen, da übernahm Schleicher die Regie. Außenminister von Neurath ergriff das Wort und erklärte rundheraus, die Entscheidung des Reichspräsidenten sei falsch, die abermalige Betrauung Papens mit der Kanzlerschaft eine Unmöglichkeit. Dann war Schwerin-Krosigk an der Reihe. Er meinte, Hindenburgs Entscheidung werde sich für das deutsche Volk unheilvoll auswirken, und da mache er nicht mit, und so ging es fort: Von einer Ausnahme abgesehen, ließ Minister um Minister keinen Zweifel daran, daß Papen schwerlich dazu geeignet sei, noch einmal Reichskanzler zu werden.

Zunächst war Papen verblüfft, diesen Schlag hatte er nicht erwartet. Dann aber wehrte er sich wortreich gegen den Vorwurf, mit seiner Politik einen Bürgerkrieg heraufzubeschwören. Mit den «Gefahren von Streiks und inneren Unruhen» werde man fertig werden, beteuerte Papen. Da klopfte Schleicher auf den Tisch, und die Tür öffnete sich.

Herein trat der Oberstleutnant Eugen Ott, Leiter der Wehrmachtabteilung im Reichswehrministerium und einer der engsten Vertrauten Schleichers, der den Ministern vortrug, was ein Planspiel erbracht hatte, in dem es um die Rolle der Reichswehr in einem Aufstand von links und rechts gegangen war.

Es habe sich ergeben, erklärte der Oberst, «daß die Ordnungskräfte des Reiches und der Länder in keiner Weise ausreichten, um die verfassungsmäßige Ordnung gegen Nationalsozialisten und Kommunisten aufrecht zu erhalten und die Grenzen zu schützen». Es sei daher unumgänglich, «die Zuflucht der Reichsregierung zum militärischen Ausnahmezustand zu verhindern», zumal die Truppe für die Bekämpfung von Unruhen ungeeignet sei. Ott: «Psychologische Lage für Wehrmacht und Polizei sehr schwierig. Gegenseite wird mit Agitation arbeiten, daß Einsatz nicht für Ruhe und Ordnung, sondern im Interesse einer Oberschicht gegen das Volk erfolgt.»[95]

Die Minister waren wohlig schockiert, Papen mit den Nerven am Ende. Der Kanzler versprach, dem Reichspräsidenten sofort zu berichten, und Schleicher schloß sich ihm wiederum an, weil er befürchtete, Papen könne seinen eben bekundeten Entschluß zum Rücktritt bei Hindenburg wieder rückgängig machen. Tatsächlich wollte es Papen dem Präsidenten überlassen, ob er nun als Kanzler weitermachen solle. Der aber ließ nun Papen fallen, nicht ohne Zeichen der Verlegenheit. «Sie werden mich, lieber Papen,» sagte Hindenburg, «für einen Schuft halten, wenn ich jetzt meine Meinung ändere. Aber ich bin zu alt geworden, um am Ende meines Lebens noch die Verantwortung für einen Bürgerkrieg zu übernehmen.» Und mit einem Blick auf Papens Rivalen: «Dann müssen wir in Gottes Namen Herrn von Schleicher sein Glück versuchen lassen.»[96]

General a.D. Kurt von Schleicher war Reichskanzler. Er war es nicht gern geworden, er hatte sich nie nach öffentlichen Posten gedrängt; sein Metier war das Büro, die Macht im Hintergrund, das Hinundherschieben von Figuren wie jenen aus der Glasmenagerie auf seinem Schreibtisch, mit denen er so häufig spielte. Er hatte auch kein konkretes Programm zur Behebung der deutschen Krise. Er wußte nur, daß man Papen nicht länger das Spielen mit der Diktatur erlauben durfte, und er meinte, daß ohne die Nazis nicht mehr regiert werden könne. Schleicher diktierte: «Zerschlagung liegt nicht im St[aats]interesse. Anzustreben bleibt: Mitarbeit der Nazi unter Straßer unter Messiassegen H[itler]s.»[97]

Doch der war ferner denn je. Gregor Straßer führte einen einsamen Kampf um ein bißchen Vernunft im Nationalsozialismus, von Auseinandersetzung zu Auseinandersetzung wurden sein Mut und seine Hoffnung geringer. Am 4. Dezember sagte er Schleicher zu, den Posten des Vizekanzlers zu übernehmen, doch er konnte sich gegenüber Hitler nicht durchsetzen. Noch einmal kam es auf einer Reichsführertagung in Weimar zu einer stürmischen Auseinandersetzung mit Hitler, dann aber warf Straßer alles hin: Am 8. Dezember 1932 trat er von seinen Ämtern zurück.

«Die brachiale Auseinandersetzung mit dem Marxismus», schrieb er an Hitler, «kann und darf nicht – dem Einzelnen überlassen – in dem Mittelpunkt der innenpolitischen Aufgabe stehen, sondern ich sehe es als das große Problem dieser Zeit an, eine große breite Front der schaffenden Menschen zu bilden und sie an den neugeformten Staat heranzubringen. Die alleinige Hoffnung auf das Chaos als der Schicksalsstunde der Partei halte ich für falsch, gefährlich und nicht im gesamtdeutschen Interesse liegend. In allen diesen Fragen ist Ihre entscheidende Meinung eine andere und damit ist meine politische Aufgabe als Abgeordneter und Redner der Partei unlösbar geworden, und ich ziehe daraus die Konsequenzen.»[98]

Es war mit ihm wie mit Otto Braun: Er war ein schwerkranker Mann, er sehnte sich nach Ruhe, er kämpfte jahrelang darum, seine Partei für den Staat zu gewinnen, der ihrer aller Staat war. Und setzte sich, resigniert und erschöpft, nach Südtirol ab, wie der Sozialdemokrat in die Schweiz floh.

Doch dann war er plötzlich wieder da und gab Schleicher neue Hoffnung, die Nazis doch noch – entschärft – für die Republik aktivieren zu können, ehe Hitlers Machtdämonie alles vernichtete. Eine Illusion? Bredow sah es in aller Schärfe: «Ich weiß, es kann nicht sein. Ich weiß, es wird nicht sein. Machen Sie was dagegen. Ich bild's mir eben ein.»[99]

5
Der 30. Januar 1933

Kaum einer hatte das Ereignis vorausgeahnt, niemand es in dieser Form kommen sehen. Als es plötzlich da war, mochten nur wenige glauben, daß es Wirklichkeit sei. Noch später fiel es den Zeitgenossen schwer, ganz genau zu erklären, wie es passieren konnte, daß Adolf Hitler und seine Partei in Deutschland trotz aller Widrigkeiten doch noch an die Macht gekommen waren.

Selbst die Propagandisten des Dritten Reiches hatten Mühe, die Vorgeschichte des vielgefeierten «Tages der Machtergreifung» zu rekonstruieren. Sie wichen nicht ungern in die den damaligen Deutschen so vertraute Geschichte Preußens aus, in der sie vermeintliche Präzedenzfälle entdeckten, um das Wunder des 30. Januar 1933 verständlich zu machen.

Friedrichs des Großen Rolle im Siebenjährigen Krieg mußte dazu herhalten, Hitlers Lage im Jahr 1932 zu erklären. Sein Mißerfolg bei der ersten Reichspräsidentenwahl am 13. März 1932, so fand der NS-Historiker Walter Frank, sei das Kunersdorf des Nationalsozialismus gewesen, vergleichbar jener verheerenden Schlacht im August 1759, nach der sich der König am liebsten selber getötet hätte, und die Krise der NSDAP am Ende des Jahres 1932, nach Wahlschlappe und Straßer-Affäre, erinnerte Frank an Friedrichs aussichtslose Situation im Lager von Bunzelwitz im Herbst 1761, als er nur noch über das halbe Schlesien und die brandenburgischen Kerngebiete verfügte, alle anderen preußischen Besitzungen aber verloren hatte.

Wie Friedrich dann, so entwickelte Frank die Parallele weiter, durch den Tod seiner stärksten Gegnerin, der Zarin Elisabeth, auf fast wundersame Art gerettet wurde, so sei auch der Führer durch seltsame Verkettungen an die Macht gekommen. Der gelehrte Nazi wußte sich dabei sogar auf ein Wort Hitlers zu berufen. Der habe, offenbar noch ganz überrascht von der Wendung der Dinge, am Tage seines Amtsantritts einem Vertrauten erklärt, nur durch göttliche Fügung sei er gerettet worden, gerettet in einem Augenblick, «als ich im Angesicht des Hafens zu scheitern schien, erstickt unter den Intrigen, den finanziellen Schwierigkeiten, unter dem Gewicht von 12 Millionen Menschen, die hin- und herwogten».[1]

Es war die Verwunderung eines Mannes, der sich noch wenige Tage zuvor von der Macht weiter denn je entfernt gewähnt hatte. Selten hatte Hitler mit seiner Partei vor so scheinbar aussichtsloser Lage gestanden. «Das Jahr 1932», schrieb Goebbels am 23. Dezember in sein Tagebuch, «war eine ewige Pechsträhne. Man muß es in Scherben schlagen. Draußen geht der Weihnachtsfrieden durch die Straßen. Ich sitze ganz allein zu Hause und grüble über so vieles nach. Die Vergangenheit war schwer, und die Zukunft ist dunkel und trübe; alle Aussichten und Hoffnungen vollends entschwunden.»[2]

Ganz anders dagegen die Stimmung im Lager des Reichskanzlers Kurt von Schleicher! Dort sah man optimistisch in die Zukunft, selbst der oft mürrische Reichspräsident war bester Laune. «Lieber junger Freund! Ich danke Ihnen für die stille ruhige Weihnacht, die ruhigste, die ich in meiner Amtszeit erlebt habe», schrieb Hindenburg an den Kanzler. «Mit Freude drücke ich Ihnen, lieber junger Freund, meine große Zufriedenheit mit Ihrer Regierungsführung aus.»[3]

Schleicher hatte die letzten Tage des Jahres geruhsam und ohne sonderliche Sorgen verbracht. Er hatte sich so richtig seines neuen Hauses in der Griebnitzstraße von Neu-Babelsberg am Rande Berlins erfreuen können, wo von Köchin Marie Güntel dem Hausherrn und seiner Frau, der Witwe eines Vetters des Generals, ein erlesener Weihnachtsschmaus zubereitet worden war. In dieser heiter-gelassenen Atmosphäre muß wohl auch das Silvestertelegramm an den von Schleicher verdrängten Vorgänger Franz von Papen entstanden sein, in dem sich Ironie, etwas Freundschaft und ziemlich viel Hochmut mischten. Schleicher kabelte nach Gut Wallerfangen: «Alles Gute für 33 und herzlichen Dank dem Bannerträger in entscheidenden Kämpfen des alten

Jahres. Seinem lieben Fränzchen und seiner Familie viel Liebes. Schleicher.»[4]

Tatsächlich gab es einige Gründe für den Kanzler, die Lage zuversichtlich zu beurteilen. Zum erstenmal seit dem Ende der Großen Koalition und dem Beginn der deutschen Staats- und Wirtschaftskrise kündigten einige Anzeichen an, daß sich die Verhältnisse in der Republik allmählich wieder besserten. Der Straßenterror ging zurück, die Parteien verkehrten wieder ziviler miteinander; Spektakel wie die massenhafte Keilerei zwischen kommunistischen und nationalsozialistischen Abgeordneten im Reichstag am 7. Dezember waren Ausnahmeerscheinungen.

Das Land profitierte offenkundig von der Vertrauenskrise in Hitlers Partei. Die NSDAP hatte mit sich selber genug zu tun: Ihre Kassen waren erschöpft, die Parteiführung wußte kaum, wie sie die Angestellten bezahlen sollte. Das machte die Partei bescheiden, denn sie mußte von nun an jeden größeren Wahlkampf fürchten, der sie in noch ärgere Finanzkalamitäten stürzen würde. Zudem war das ganze Management der Partei in einem desolaten Zustand. Nach dem Ausscheiden Straßers hatte Hitler dessen gesamten Führungsapparat zerschlagen und eine «Politische Zentralkommission» geschaffen, die unter der Leitung von Hitlers pathetisch-farblosen Privatsekretär Rudolf Heß die «höchste Einheitlichkeit» der NSDAP garantieren sollte, wie ein Parteibefehl ankündigte.[5]

Die Zentralkommission bewirkte das Gegenteil davon, die Partei zerfaserte immer mehr, da Heß keine Autorität hatte. Die Gauleiter eroberten sich die unter Straßer verlorene Autnomie zurück, die SA machte sich immer selbständiger, die Parlamentarier der Partei bildeten eigene Gruppen, die nach Gutdünken politisch taktierten. Immer mehr Gruppen und Gegenparteien entstanden am Rande der NSDAP, die unzufriedene Parteigenossen zu sich hinüberlockten.

Hitler mußte Sonderbeauftragte einsetzen, um den Zerfall der Partei zu verhindern, so einen «außerordentlichen Kommissar für Herstellung von Zucht und Ordnung», der eine Meuterei der fränkischen SA liquidieren sollte, deren

Anführer bekundeten, die Partei habe «ihren 1932 gegebenen geschichtlichen Augenblick verpaßt und [sei] offenbar infolgedessen in ein gefährliches Stadium hineingeschlittert». Das rief nach einer Parteipolizei, die schon bereit stand. Es war die Stunde von Heinrich Himmlers SS und von einem aus der Marine wegen einer Frauengeschichte gefeuerten Ex-Oberleutnant namens Reinhard Heydrich, der eine «Sicherheitsdienst» (SD) genannte Spitzelorganisation unterhielt, die «Parteifeinde» aufspüren und unschädlich machen sollte.[6]

Aber auch der SD konnte nicht verhindern, daß sich die Auflösungserscheinungen in der NSDAP mehrten. NS-Reichstagsabgeordnete biederten sich plötzlich bei Kollegen vom Zentrum an, hohe Funktionäre der Partei kamen, wie sich der hannoversche SPD-Journalist Werner Blumenberg erinnert, «mit hochgeschlagenem Mantelkragen über der Uniform» in die Redaktionen sozialdemokratischer Zeitungen und boten Informationen über NS-Querelen an, und auch die Münchner Polizeidirektion konnte sich über einen Mangel an Nachrichten aus dem engsten Kreis um Hitler nicht beklagen. Jede neue Information bestätigte, wie angeschlagen das Führerrenommee Hitlers war. Der *Simplizissimus* reimte:

> Eins nur läßt sich sicher sagen,
> Und das freut uns rundherum:
> Hitler geht es an den Kragen.
> Dieses ‹Führers› Zeit ist um.

Zur Krise der Partei trug auch bei, daß den braunen Agitatoren die Munition ausging, mit der sie sich bisher den Weg ins Zentrum deutscher Politik freigeschossen hatten. Die Wirtschaftskrise ebbte allmählich ab, die Talsohle schien überwunden.

Es gab deutliche Anzeichen für einen Aufschwung: Die Konkurse waren im November 1932 im Vergleich zum Vorjahr um ein Drittel zurückgegangen, die Aktienkurse gestiegen, festverzinsliche Werte zwischen Juni und November 1932 von 84,9 auf 102,4 (Ausgangswert 100 in der Zeit 1924/26) geklettert. Der Index der internationalen Industrieproduktion zeigte eine Tendenz nach oben, ein gewisser Optimismus war unverkennbar. Untrügliches Indiz: die Absatzentwicklung in der Kfz-Industrie. Im November 1932 waren 28 Prozent mehr Wagen als im selben Monat des Vorjahres verkauft worden.

Auch die Auftragslage anderer Branchen besserte sich, zumindest in der Verbrauchsgüterindustrie. Der Güterverkehr der Reichbahn nahm zu, der Stromverbrauch stieg beträchtlich an. Bei Banken und Sparkassen zeigte sich der (allerdings noch recht zögerliche) Aufschwung; im Oktober 1932 hatten die Sparkassen seit langer Zeit zum erstenmal wieder einen Einzahlungsüberschuß zu verzeichnen. «Neben einer Belebung im Groß- und Einzelhandel, in der Chemischen Industrie, in der Holzindustrie und der Metallindustrie», stellt Helmut Marcon fest, «waren in den anderen Wirtschaftszweigen wenigstens keine weiteren Rückgänge eingetreten.»[8]

Das war natürlich nicht das Verdienst der Regierung Schleicher, sondern allenfalls, soweit die Besserung überhaupt auf Maßnahmen des Staates zurückzuführen war, das Ergebnis der Wirtschafts- und Finanzpolitik des Kabinetts Papen, das ansatzweise begonnen hatte, sich von der tödlichen Erbschaft des Brüningschen Deflationskurses freizumachen. Papens Wirtschaftspolitiker hatten erkannt, daß die darniederliegende Wirtschaft einer Initialzündung bedurfte, um wieder auf die Beine zu kommen, und so war entstanden, was man heute mittelbare Arbeitsbeschaffung nennt. Durch Vergabe von Staatsaufträgen und durch steuerliches Entgegenkommen sollten der privaten Wirtschaft Anreize geboten werden, verlockend genug für die Unternehmer, eigene Intiative zu entwickeln und damit die Wirtschaft zu beleben.

Es war seine Wirtschaftspolitik, die dem Kanzler Papen das Wohlwollen der Unternehmer sicherte. Denn die Politik der Initialzündung kam in erster Linie den Unternehmern zugute, deren «Einkommen stieg, während sich die Einkommenslage der unselbständigen Beschäftigten nicht wesentlich verbesserte» (Marcon). Um ein bescheidenes Arbeitsbeschaffungsprogramm in Gang zu bringen, wurden die Unternehmen vom Staat indirekt subventioniert, durch Prämien, die in der Form von Steuergutscheinen gezahlt wurden, wenn Betriebe neue Arbeitskräfte einstellten und Steuern pünktlich entrichteten. Zur Kreditschöpfung wurden die Gutscheine freilich kaum benutzt, meist dienten sie den Unternehmen dazu, ihre Schulden zu tilgen.[9]

Kein Wunder, daß für viele Unternehmer Franz von Papen der erste Kanzler seit Kriegsende war, der ihnen wirklich zusagte. Auch dem sozialreaktionären Regierungsprogramm Papens stimmten sie meist aus vollem Herzen bei, und nichts war denn auch leichter gewesen, als 339 Unterschriften mit gewichtigen Unternehmernamen auf einen Wahlaufruf zu bekommen, der vor den letzten Reichstagswahlen dazu aufforderte, nur für Parteien zu stimmen, die das Kabinett Papen unterstützten. Man wußte in den Chefetagen deutscher Firmen, daß der Kanzler stets ein offenes Ohr für die Wirtschaft hatte.

Wie sehr Papen den Unternehmern entgegenkam, war in einem Papier festgeschrieben, das die Gewerkschaften maßlos erregte. In einer Verordnung vom 5. September 1932 hatte der Reichskanzler den Unternehmern die Möglichkeit eingeräumt, ohne vorherige Vereinbarung mit den Arbeitnehmerorganisationen die Arbeitszeit zu kürzen und Löhne zu senken. Das machte unter den Arbeitern böses Blut. Wo immer die Betriebe versuchten, unter Berufung auf die Papen-Verordnung die Tariflöhne eigenmächtig zu senken, brachen wilde Streiks aus, die fast stets mit der Niederlage der Arbeitgeber endeten. Das irritierte allmählich den eigentlichen Verfasser der Verordnung, Reichsarbeitsminister Schäffer, so, daß er im Kabinett beantragte, sie zurückzuziehen. Prompt intervenierten die Arbeitgeberverbände bei Papen – die verhaßte Verordnung blieb.

Für Kanzler Schleicher aber war gerade die Geschichte der mißglückten Verordnung Anlaß, es anders und besser zu machen als sein Vorgänger. Er wollte die sozialpolitischen Defizite der Präsidialkabinette beseitigen und als «sozialer» General eine Front quer durch die arbeiterfreundlichen Gruppierungen aller Parteien schaffen, um die Arbeitslosigkeit entschiedener als bisher zu bekämpfen und die

Republik vor der Zerstörungswut der braunen Flut zu bewahren. Der Reichspräsident, so ließ Schleicher verlauten, habe ihm den Befehl erteilt, «die Nationalsozialisten an den Staat heranzuführen oder sie unschädlich zu machen».[10]

Das bekamen jetzt auch alle Leute zu hören, die Hindenburg besuchten. Einer dieser Besucher, Otto Fürst zu Salm-Horstmar, hielt in einem Brief fest, was ihm der Alte über Hitler gesagt hatte: «Er könne wundervoll reden, aber er hielte nicht, was er verspräche. Er [Hindenburg] würde ihm auf keinen Fall die Macht im Staate ausliefern; er wolle keine Parteidiktatur u. würde Hi[tler] nicht Deutschland als Versuchskaninchen übergeben.» So einfach verstand auch Schleicher seinen Auftrag: Hitler verhindern! Anfangs war ihm dabei unbehaglich zumute gewesen. «Ich bin Ihr letztes Pferd im Stall und werde lieber im Verborgenen gehalten», hatte er zu Hindenburg gesagt, doch der hatte sich nur mit zitternder Hand am Portepee von Schleichers Ehrensäbel festgeklammert und seinen Standardspruch gemurmelt: «Sie werden mich doch nicht im Stiche lassen!»[11]

Kurt von Schleicher wußte, was auf dem Spiel stand. Er mußte vorsichtig agieren, wollte er Bundesgenossen für seinen Versuch finden, dem Radikalismus den Boden zu entziehen, und sicherlich las er ab und zu den Brief wieder, den ihm Groener am 27. November geschrieben hatte, der es trotz seiner Verbitterung über den Verrat des «Wahlsohns» nicht lassen konnte, ihn zu beraten. Groener: «Meinen vollen Segen haben Sie. Aber arbeiten Sie nicht mit Forschheit, sondern mit Weisheit, keine leichte Kavallerie mehr, eins nach dem andern anpacken . . . Die Reitpeitschenmanieren müssen aufhören. Das kann auch Hitler, dazu braucht man Sie nicht.»[12]

So begann Schleicher seine Fäden zu ziehen, gestützt auf die stärkste Macht, die es damals in Deutschland gab: die Reichswehr. Nie war der Einfluß des deutschen Militärs größer als in dieser Spätphase der Weimarer Republik, nicht einmal in der Monarchie hatte es eine solche Machtstellung besessen. Zum erstenmal war der Reichskanzler zugleich Wehrminister; zudem stand an der Spitze des Staates ein Generalfeldmarschall, dessen Autorität im Offizierskorps

bedenkenloser akzeptiert wurde als früher jene des Kaisers.
 In alle Lebensbereiche der Nation hatte die Reichswehr ihre Fühler ausgestreckt: Ein pensionierter Reichswehrgeneral, Edwin von Stülpnagel, stand dem «Reichskuratorium für Jugendertüchtigung» vor, in dem Angehörige der paramilitärischen Organisationen der Parteien für Grenzschutzaufgaben ausgebildet wurden, Offiziere des Reichswehrministeriums kontrollierten die Lager des Freiwilligen Arbeitsdienstes (FAD), der Erwerbslose, aber auch andere junge Deutsche zu öffentlichen Arbeiten heranzog, militärisch-strategische Erwägungen beeinflußten Straßenbau, Bahnstreckenerweiterungen und Produktionspläne. Und überall, in Parteien und Behörden, saßen die geheimen Beauftragten des Generalmajors von Bredow und wachten über die Wahrung militärischer Interessen.
 Selbst in der Außenpolitik hinterließen die Militärs deutliche Spuren. Nach der Regelung des Reparationsproblems war das Auswärtige Amt unter dem Drängen der Generale dazu übergegangen, die Beseitigung der militärischen Verbotsklauseln des Versailler Vertrages auf die Tagesordnung der internationalen Politik zu setzen. «Gleichberechtigung Deutschlands» hieß die Parole, mit der Diplomaten und Militärs auf der Genfer Abrüstungskonferenz agierten. Schleicher hielt sich zwar noch an das Konzept früherer Reichsregierungen, die deutsche Aufrüstung in einem multilateralen System abzusichern, doch er drohte bereits öffentlich, Deutschland werde den Völkerbund verlassen, wenn dieser nicht den deutschen Forderungen entgegenkomme – Hitler wird später die Drohung wahrmachen.[13]
 Deutschland war dabei, zu einem Militärstaat zu entarten, und noch nie kam die Reichswehr der Verwirklichung von Seeckts arrogantem Wort so nahe: «Das Heer dient dem Staat, nur dem Staat; denn es ist der Staat.»[14] Das Unglück Schleichers wollte jedoch, daß ihm die Autorität Seeckts fehlte. Er war nicht *die* Reichswehr, sondern nur ihr ihm Augenblick einflußreichster Repräsentant. Seine Macht reichte kaum über die Büros des Reichswehrministeriums hinaus; was sich in anderen Stäben der Reichswehr tat, entzog sich seinem Einfluß. Schleicher konnte die Reichswehr

nur beherrschen, solange er das Vertrauen Hindenburgs genoß – das war der schwache Punkt in seiner Rechnung.

Das mag der General selber gespürt haben, mit der Reichswehr allein mochte er als Kanzler nicht operieren. Schleicher meinte sogar, die Reichswehr laufe Gefahr, sich politisch zu übernehmen. Deshalb solle sie bald wieder in den Hintergrund treten, sie habe nur die Aufgabe, dabei mitzuhelfen, die Querfront zu schaffen, die Gewerkschaftsachse, mit der Schleicher einen neuen Anfang in der deutschen Politik setzen wollte.

Eine phantastische Idee: Armee und Arbeiterschaft, die beiden stärksten Antagonisten der neueren deutschen Geschichte, vereint zur Stabilisierung der Republik! Diese Koalition hätte Hitler stoppen können – ein weiterer Hinweis darauf, daß der Weg des Naziführers an die Macht nicht unaufhaltsam war. Er war höchst aufhaltsam, zu allen Zeiten, wie immer neue Rettungsversuche belegen: Otto Brauns «Große Koalition der Vernünftigen», Gregor Straßers «Front der schaffenden Menschen» und jetzt die Querfront des Kurt von Schleicher.

Schon Ende November 1932, noch vor der Bildung seines Kabinetts, entwickelte Schleicher sozialdemokratischen Gewerkschaftführern seine Pläne. Am 28. November traf er sich mit dem ADGB-Vorsitzenden Theodor Leipart und dessen Stellvertreter Wilhelm Eggert, die nicht abgeneigt waren, mit ihm als Kanzler zusammenzuarbeiten. Sie unterbreiteten Schleicher ihre Forderungen, von deren Erfüllung sie eine Mitarbeit des Allgemeinen Deutschen Gewerkschafts-Bundes abhängig machten: Zurückziehung der Papen-Verordnung, Einführung der 40-Stunden-Woche, Umgestaltung des Steuergutscheinsystems zugunsten einer Finanzierung direkter Arbeitsbeschaffungsprojekte, Anerkennung der Unverletzlichkeit von Tarifverträgen, Verbesserung der Winterversorgung der Arbeitslosen.

Schleicher war grundsätzlich einverstanden. In sein Kabinett nahm er statt des Arbeitsministers Schäffer den gewerkschaftsfreundlichen FAD-Reichskommissar Friedrich Syrup, trennte sich von dem reaktionären Innenminister Gayl, ließ das Kabinett eine verbesserte Winterhilfe für Arbeitslose beschließen und zog Papens Verordnung zurück. Aus der Reichskanzlei drang die Tagesparole, von nun an seien die psychologischen Aspekte des Problems der Arbeitsbeschaffung stärker zu beachten.

Dann trat Schleicher ans Mikrophon, um seine Regierungserklärung zu verlesen. Es war eine etwas hilflos-burschikose Ansprache: Von einem «Schäferhund» war die Rede, der alle Arbeitsmöglichkeiten für die Erwerbslosen aufspüren werde, von «freudiger Mitarbeit», die notwendig sei, um sein Ein-Punkt-Programm («Arbeit schaffen!») zu realisieren, und am Ende verbreitete er unter den ohnehin schon mißtrauischen Großagrariern Ostpreußens gelinde Panik mit der Mitteilung, in dieser Provinz würden demnächst 800 000 Morgen Agrarland zu Siedlungszwecken verwendet werden, wobei ihm eine Null zu viel über die Lippen geraten war.[15]

Seine Ankündigungen lockten gleichwohl reformerische Sozialpolitiker und Verbandsfunktionäre heran, die der Sterilität und Phantasielosigkeit ihrer Parteien und Organisationen überdrüssig waren und nach einer Möglichkeit suchten, ihre Ideen zu verwirklichen. Gewerkschafter von links und rechts, linke Nationalsozialisten, aufmüpfige Reichsbannerführer, unorthodoxe Stahlhelmer – ein bunter Haufen nonkonformistischer Geister offerierte sich dem neuen Kanzler, dem man trotz aller Bedenken zutraute, anders zu sein als seine Vorgänger.

Der Reichsbanner-Generalsekretär Gebhardt, Stahlhelmführer Lübbert, der ADGB-Funktionär Furtwängler, SA-Führer von Killinger und NS-Wirtschaftler Cordemann sahen im Kabinett Schleicher eine Chance, die Krise in den Griff zu bekommen, und es war wohl kein Zufall, daß Gebhardt und Lübbert schon im August mit anderen Führern von Stahlhelm und Reichsbanner darin übereinstimmten, die «notwendig gewordene Diktatur der Ordnung» könne nur Schleicher mit Hilfe der ehemaligen Frontsoldaten etablieren. Schleicher zu Höltermann: «Mit dem Reichsbanner würde ich gern gemeinsame Sache machen, aber nicht mit den SA-Horden.»

Was sie miteinander über die Parteigrenzen hinweg verband, war der gemeinsame Wille, einen Weg aus der Wirtschaftskrise zu finden. Nicht jeder teilte das Pathos von Gebhardt, der einmal nach einer Arbeitsbeschaffungs-Rede des Nationalsozialisten Cordemann ausrief, dies sei einer der glücklichsten Tage seines Lebens, denn nun breche sich der «Lebenswille des deutschen Volkes ... mit elementarer Wucht Bahn», dennoch erregte sie alle das Thema Arbeitsbeschaffung. Die Arbeitslosigkeit – das blieb das zentrale Problem Deutschlands. Für die Jahreswende wurden noch immer 5,7 Millionen Arbeitslose erwartet, trotz Zeichen eines Aufschwungs 100 000 mehr als im Vorjahr.[16]

Nazis und Sozis, Stahlhelmer und Reichsbannerleute waren sich in wirtschaftspolitischen Zirkeln begegnet, in denen immer die gleichen Expertengruppen auftauchten: das gewerkschaftliche Dreigespann, Woytinsky, Tarnow und Baade (WTB), der Kreis um Straßer und die Reformergruppe von Günther Gereke, dem Präsidenten des Landgemeindetages. Hier entstand die Idee, die Krise durch ein aktives Arbeitsbeschaffungsprogramm zu bekämpfen und zu überspielen: mittels öffentlicher Aufträge, finanziert durch öffentliche Schulden, die später, in der Hochkonjunktur, wieder abgezahlt werden sollten.

Daraus entwickelten die Reformer Programme zur Arbeitsbeschaffung, die sich überaus ähnlich waren. Die Gewerkschaftler wie Straßer wollten die Arbeitslosen für die Erhaltung und Verbesserung der Straßen, beim Damm- und Kanalbau, beim Eigenheimbau und Siedlungsarbeiten einsetzen. Lediglich in der Frage der Finanzierung unterschieden sie sich.

Am weitesten reichten die Vorschläge Gerekes. Er empfahl die Errichtung einer Zentralstelle für Arbeitsbeschaffung unter einem Reichskommissar mit Ministerrang, die in Zusammenarbeit mit öffentlich-rechtlichen Körperschaften einen Mehrjahresplan aufstellen sollte. Dessen Ziel müsse sein, volkswirtschaftlich wichtige Arbeiten zum ausschließlichen Nutzen der Gemeinden zu vergeben und damit dem finanziellen Ruin der Gemeinden entgegenzuwirken. Der Reichskommissar habe darüber zu wachen, daß die Planung eingehalten, das Geld gleichmäßig verteilt und jede Kapitalfehlleitung vermieden werde. Schwerpunkte der Arbeitsbeschaffung: Wasserbaumaßnahmen und Meliorationsarbeiten, ferner Siedlungsprojekte und Stadtsanierungsarbeiten, auch Straßenbau und Verbesserung der Energieversorgung.

Gerekes Plan gefiel Schleicher so gut, daß er ihm anbot, sein Reichskommissar für Arbeitsbeschaffung zu werden. Gereke sagte zu. Jetzt kam der Augenblick, auf den Gerekes Freunde und Kollegen gewartet hatten. Er rief sie alle, in seine Behörde einzutreten. SA-Führer Killinger übernahm die Leitung von Gerekes persönlichem Büro, auch die anderen kamen und fanden als Sachbearbeiter Verwendung.[18]

Kann man es da Schleicher verdenken, daß er glaubte, die Querfront beginne sich bereits zu formieren? Der ADGB, der durch Josef Furtwängler mit einem quicken Funktionär in Gerekes Reichskommissariat vertreten war, verfolgte das Experiment nicht ohne Sympathie, und auch die Gespräche zwischen Schleicher und christlichen Gewerkschaftlern waren bisher positiv verlaufen. Der Kanzler zählte schon die potentiellen Bundesgenossen entlang der Gewerkschaftsachse zusammen: Der ADGB, die christlichen Gewerkschaften, die Zentrumspartei, die SPD – das mußte reichen, um selbst bei diesem unhantierbaren Reichstag sicher regieren zu können.

Auch auf den entmachteten Straßer setzte Schleicher wieder einige Hoffnungen, denn er hatte seine Absicht noch nicht aufgegeben, die NSDAP oder doch zumindest Teile der Partei für die Regierung zu gewinnen. Immerhin saß einer der fünf höchsten SA-Führer im Persönlichen Büro des Reichskommissars Gereke, und der konnte nicht ohne Zustimmung Hitlers mitmachen. Offenbar war Hitler zu schwach, das Kabinett wirkungsvoll zu bekämpfen – eine gefährliche Unterschätzung des nationalsozialistischen Führers, der bis dahin aus jeder neuen Krise der Partei mit gestärkter Autorität hervorgegangen war.

Schleicher hatte sich vorgenommen, gleich bei der Eröffnung des neuen Reichstages Ende Januar Hitler vor die Frage zu stellen, ob er das Kabinett unterstützen wolle oder nicht. Lehnte Hitler ab, dann war Schleicher zum erbarmungslosen Kampf gegen die NSDAP entschlossen. Bredow hatte bereits einen Plan ausgearbeitet: Auflösung des Reichstags und Verschiebung der Neuwahlen auf unbestimmte Zeit, Verbot der NSDAP, Aufnahme von zwei Gewerkschaftlern als Minister in die Regierung, Vereinigung von Stahlhelm und Reichsbanner zu einem Kampfverband. Schleicher: «Wenn Kampf, dann klar: Nazi haben keine Aussicht.»[19]

Doch Schleicher hoffte, daß es ohne Kampf gehen würde. Er hielt noch immer die Position Hitlers für geschwächt, was ihm auch seine Konfidenten im Parteiapparat bestätigten. SA-Gruppenführer Franz von Hörauf meldete am 21. Dezember: «H[itler] verkennt ... wieder einmal die Lage, diesmal die in seiner Partei, völlig. Er hält den Fall Straßer für abgeschlossen, sieht in dem Rücktritt Straßers sogar ‹eine Stärkung der Partei› ... Tatsächlich hat ihm aber die Sache ungeheuer geschadet und ist keineswegs schon abgeschlossen. Die Zahl der Menschen innerhalb der Partei, in deren Augen Straßer sozusagen der Repräsentant der Vernunft in der Parteileitung war, ist sehr groß. Die Treuekundgebungen der letzten Wochen dürfen nicht darüber hinwegtäuschen, daß auch in der Führerschaft Straßer eine große Anhängerschaft hat.»

Ein Gespräch mit Hörauf hatte zudem Schleicher davon überzeugt, daß es sich lohnen könne, Straßer abermals ins Spiel zu bringen. Hörauf: «Dieser Mann hat seine Rolle noch nicht ausgespielt!» Jedenfalls war kaum zu bestreiten, daß von den 196 Reichstagsabgeordneten der NSDAP etwa hundert als Anhänger Straßers gelten durften. Der General blieb optimistisch. Noch in den ersten Tagen des neuen Jahres merkte sich ein Besucher, der österreichische Justizminister Kurt von Schuschnigg, als Schleichers Erkenntnis: «Hitler sei kein Problem mehr, seine Bewegung keine politische Gefahr. Diese Sorge sei nunmehr behoben.»

Schleicher muß damals in so vertrauensseliger Stimmung gewesen sein, daß er jedem Konfidentenbericht Glauben schenkte. Die Erfahrungen mit früheren Krisen in der NSDAP hätten ihn warnen, das nervenschwache Verhalten Straßers in den ersten Dezembertagen zu äußerster Vorsicht anhalten müssen. Der Kanzler hörte jedoch nicht auf die kritischen Stimmen in seiner Umgebung. Er griff sogar einen fragwürdigen Vorschlag auf, den ihm Hörauf unterbreitet hatte: Straßer zum Vizekanzler zu ernennen, um so die Partei zu zwingen, zwischen ihm und Hitler zu wählen. Gleich in den nächsten Tagen meldete Schleicher den NS-Mann ohne Amt zu einer Audienz bei Hindenburg an.[20]

Der Kanzler war optimistisch, weil zu seiner Linken die Verhandlungen mit den sozialdemokratischen Gewerkschaftlern einen guten Fortgang nahmen. Leipart und Tarnow gehörten jetzt zu den regelmäßigen Besuchern der Reichskanzlei; Schleicher hatte sich schon entschlossen, die beiden ADGB-Männer demnächst als Minister in sein Kabinett aufzunehmen. Leipart lobte in einem Neujahrsaufruf: «Heute versucht die Regierung Schleicher, einen Teil unserer Forderungen zu erfüllen. Den Sozialismus wird diese Regierung nicht verwirklichen. Das wissen wir wohl ... Aber können wir in dieser Situation die Aufforderung der Regierung ablehnen, an der Durchführung der Arbeitsbeschaffung mitzuarbeiten? ... Die Verantwortung für die Arbeiterschaft, die auf uns lastet, ist zu groß, als daß wir es ablehnen können, mit diesem oder jenem zu verhandeln, der uns auf Grund seiner Vergangenheit nicht angenehm ist.»

Doch der SPD-Vorstand mochte nicht länger dem Techtelmechtel führender Genossen mit dem Kanzler Schleicher zusehen. Für Wels und Breitscheid gab es kein Paktieren mit dem verhaßten General in der Reichskanzlei. Sofort nach dem Amtsantritt Schleichers hatte die Sozialdemokratische Partei erklärt, sie wolle der neuen Regierung «in der allerschärfsten Opposition gegenüberstehen», und wer es von den Genossen noch nicht verstanden hatte, dem sagte es Wels immer wieder: «Wir haben als Gewerkschaftler und Sozialdemokraten mit Schleicher nichts zu tun, laßt es die anderen machen.»[21]

Ärger konnte wohl ein demokratischer Parteiführer nicht verkennen, worum es in diesen letzten Tagen des Jahres 1932 in Deutschland ging. Natürlich waren die maßgeblichen Männer der SPD nur allzu berechtigt, den General zu verabscheuen, der hinter der ganzen Kampagne gegen die sozialdemokratische Festung Preußens gestanden hatte. Mit der Befriedigung von Emotionen allein war es allerdings nicht getan. Die Partei mußte eine politisch konkrete Antwort erteilen, und die fiel kläglich aus. Die SPD, so hat Karl Rohe geurteilt, «gefiel sich in hohlen Agitations- und Oppositionsgesten, die nicht einmal den Ansatz zu einer realistischen Politik erkennen ließen». Die Partei sei zu «überlebten Auffassungen» zurückgekehrt, klagte der ostpreußische Reichsbannerführer Wilhelm Meißner.

Es war schon schlimm genug, daß Schleicher die tödliche Gefahr der Hitler-Bewegung unterschätzte. Daß aber eine Partei, die ständig von der Gefährdung der Demokratie durch den deutschen Faschismus sprach, im Ernst an diese Gefährdung gar nicht glaubte, war noch schlimmer. Denn die eigentliche Bedrohung der Republik sahen die meisten SPD-Führer in der «Reaktion», d.h. im jeweiligen Präsidialkabinett. «Die größte Gefahr für die Demokratie sind jetzt die Machthaber von heute», hieß es in der auf reinem SPD-Kurs laufenden *Reichsbannerzeitung* nach den Novemberwahlen von 1932, in denen Wels den Herausforderer Hitler endgültig erledigt zu haben wähnte. Eine neue Parole ging um: Der «offene Faschismus» sei zurückgeschlagen, jetzt müsse seine heimliche Spielart geschlagen werden – und die hatte ein menschliches Gesicht, das Gesicht des Generals von Schleicher.[22]

Nichts war typischer für diese illusionäre Haltung als die Flut sinnloser Anträge der SPD-Reichstagsfraktion, die eine Verstaatlichung der Schlüsselindustrien und die Einführung sozialistischer Planwirtschaft verlangten. Sie bekundeten in Wahrheit nur den Rückzug der Partei aus der realen Politik. Durch Papens Preußenschlag war die SPD auch ihrer letzten staatlichen Verantwortung beraubt worden, und seither erging sie sich in einem Revolutionspathos, das nicht zuletzt dem Ziel diente, das Abdriften linker SPD-Gruppen zur Kommunistischen Partei zu stoppen. Da störte natürlich jeder Versuch sozialdemokratischer Genossen, ein Arrangement mit Schleicher zu treffen. Hitler aufhalten? Das Thema gab es für die SPD-Führung nicht. So zerschlug sie blindlings die letzte politische Kombination, die Hitler hätte stoppen können.

Zunächst bekamen die Reichsbannerführer den Zorn der SPD-Vorstandsgenossen zu spüren. Wels verbot dem Reichsbanner jede Zusammenarbeit mit dem «Reichskuratorium für Jugendertüchtigung» und mahnte, alles zu unterlassen, was nach einer Unterstützung der Aufrüstung aussehe. Ihm paßte ohnehin nicht, daß Reichsbannerführer neuerdings so häufig mit den Generalen der Reichswehr zusammensaßen. Wels wäre wohl nicht schlecht erschrocken, wenn er gewußt hätte, wie Höltermann und Gebhardt mit den Militärs sprachen; selbstverständlich waren sie für die Aufrüstung, sie fanden allenfalls, wie Bredow einmal notierte, «man solle nur nicht viel fragen, sondern handeln». Im Reichswehrministerium ging schon das Wort vom «National-Sozialismus des Reichsbanners» um, mit dem man ein Gegengewicht gegen die SA schaffen könne.

Höltermann verbat sich denn auch das Ansinnen von Wels, mit dem Reichskuratorium der Generale zu brechen. Auch der Ostpreuße Meißner polemisierte gegen die Parteiführung und rief nach einer Intervention Brauns, der prompt fand, die Forderungen von Wels zeigten nur, «daß die Partei in der letzten Zeit sich mehr und mehr von der kommunistischen Demagogie die Gesetze ihres Handelns vorschreiben» lasse. Andere Reichsbannerführer, etwa die vom Gau Berlin, dachten ähnlich.

Schließlich gab Höltermann, der nie lange durchhalten konnte, doch nach, um einen Bruch mit der SPD zu vermeiden. Mit «erschütterter, tränenumflorter Stimme», so erinnert sich ein Reichsbannerführer, habe Höltermann dem Berliner Gauvorstand den Beschluß der Partei mitgeteilt, und auch Bredow merkte ihm noch die Verärgerung an, als Höltermann ihm mitteilte, er habe sich gefügt, weil andernfalls eine Zerschlagung seiner Bewegung zu befürchten gewesen sei. Er versprach Bredow, das Reichsbanner werde in seinem Wehrsport auch weiterhin die Maximen des Reichskuratoriums befolgen. Gebhardt war konsequenter; er trat von seinem Posten zurück, um in Schleichers Dienst bleiben zu können.

Dann waren die Gewerkschaftler an der Reihe. Am 6. Januar 1933 lud Breitscheid den ADGB-Vorsitzenden zu einer Sitzung des Parteivorstandes ein, in der die Haltung des sozialdemokratischen Gewerkschaftsbundes einer heftigen Kritik unterzogen wurde. Für manchen Vorstandsgenossen war es eine Stunde der Rache. Im März 1930 war es der ADGB gewesen, der die Partei gezwungen hatte, einer Gewerkschaftsdoktrin zuliebe die Regierungsverantwortung im Rahmen von Hermann Müllers Großer Koalition aufzugeben. Jetzt ging es in die andere Richtung: Stundenlang wurde Leipart von den Vorstandsmitgliedern bearbeitet, seine Beziehungen zu Schleicher abzubrechen. Breitscheid forderte strengste Distanz gegenüber dem Kabinett. Der erschöpfte Leipart willigte schließlich ein.[24]

Damit war Schleichers Politik die Basis entzogen. Er mußte die Hoffnung aufgeben, im Reichstag eine Mehrheit zu finden, wie sie neuerdings auch Hindenburg von seinen Kanzlern verlangte. Da bot ihm ein alter Gegenspieler noch einmal einen Ausweg an.

Die selbstmörderische Politik des SPD-Vorstands hatte den alten Braun aus seinem Zehlendorfer Schattendasein aufgeschreckt und ihn veranlaßt, dem Kanzler am 6. Januar einen Vorschlag zu machen. Er war nicht ohne Verwegenheit: «Heben Sie die Verordnung über den Reichskommissar in Preußen auf. Ich will dann ohne Rücksicht auf meine Gesundheit die Führung der Staatsgeschäfte wieder fest in die Hand nehmen. Sie lösen den Reichstag auf, ich führe die Auflösung des Landtages herbei. Wir schieben die Wahlen bis weit in das Frühjahr hinaus, regieren inzwischen mit Verordnungen und führen einen einheitlichen nachdrücklichen Kampf gegen die Machtansprüche der Nationalsozialisten. Diese haben bei der Novemberwahl bereits zwei Millionen Stimmen verloren, haben ihren Höhepunkt überschritten und befinden sich im Rückgange. Wir brauchen nur noch nachzustoßen, um ihnen bei Frühjahrswahlen eine vernichtende Niederlage zu bereiten ... Ist der nationalsozialistische Spuk zerstoben, dann bekommen wir arbeitsfähige Parlamente und können der schwierigen Probleme Herr werden.»[25]

Schleicher ging auf Brauns Plan nicht ein. Selbst wenn der Kanzler die Illusion geteilt hätte, die Nazis ließen sich so schnell an den Wahlurnen schlagen, so wußte er doch, daß Braun in seiner Partei nichts mehr galt und Wels nie dazu bewegen könnte, einer verfassungswidrigen Hinausschiebung von Reichstagswahlen zuzustimmen. Bredow hatte bereits Mitte Dezember einen ähnlichen Plan, eben jenen, der auch ein Verbot der NSDAP enthielt, dem SPD-Vorstand vorgetragen und war auf härteste Ablehnung gestoßen. Die SPD war nicht bereit, einen Verfassungsbruch mitzumachen, mochte es dabei auch um die gewaltsame Ausschaltung der nationalsozialistischen Bewegung gehen.[26]

Der Kanzler mußte auf anderen Wegen versuchen, die Basis seiner Regierung zu erweitern. Schleicher trieb Gereke und dessen Mini-Querfront an, möglichst rasch ein konkretes Arbeitsbeschaffungsprogramm aufzustellen, mit dem er die Öffentlichkeit, vor allem die Gewerkschaften, beeindrucken konnte. Auch Hindenburg wartete ungeduldig darauf; er hatte schon im November gedroht, er werde zurücktreten, wenn auf dem Arbeitsbeschaffungsgebiet nicht endlich etwas Entscheidendes geschehe – doppelter Anlaß für Schleicher, von seinem Reichskommissar Taten zu fordern.

In wenigen Wochen bastelte Gerekes Mannschaft ein Sofortprogramm zusammen, mit dem sich der Kanzler sehen lassen konnte. Das Programm erwies sich später als eine wirtschaftspolitische Pioniertat, als «der erste organische Schritt zu einer neuen Wirtschaftsordnung, der Planwirtschaft», wie es in einem Referentenentwurf des Reichskomissariats hieß: Beginn jenes im Dritten Reich ausgebauten Systems, in dem der Staat bei Belassung der Produktionsmittel in privater Hand die Rolle des allesbestimmenden Auftraggebers und Kunden übernimmt.[27]

Gerekes Sofortprogramm sah die Vergabe von öffentlichen Arbeiten (Straßenbau, Meliorationen, Kanalisierungsarbeiten, Bau von Randsiedlungen) vor, die in erster Linie den Gemeinden dienen sollten. Für die zehnmonatige Laufzeit des Programms standen 500 Millionen Mark zur Verfügung: 400 Millionen für Länder, Gemeinden, Gemeindeverbände usw., 100 Millionen für das Reich, das vor allem an Arbeiten militärstrategischer Art interessiert war. Der verstärkte Bau von Autobahnen, längst begonnen und später in der NS-Propaganda Hitler zugute geschrieben, gehörte bereits dazu. Die Arbeiten wurden nach öffentlichen Ausschreibungen vergeben, die Gewinne der beteiligten Unternehmen sollten laut Durchführungsbestimmung «auf ein möglichst geringes Maß» beschränkt werden.

Doch der Start in die direkte Arbeitsbeschaffungspolitik kam dem Kanzler Schleicher nicht mehr zugute. Schon hatte ein Rivale seine Chance erkannt, sich selber und den scheinbar bereits neutralisierten Hitler wieder ins Spiel zu bringen, der Mann, der die Niederlage vom 2. Dezember 1932 nicht vergessen hatte und mit dem Schleicher eigentlich kaum noch rechnete: Papen.

Der wachsende Unmut vieler Unternehmer über die «staatssozialistischen» Experimente des neuen Reichskanzlers gab Franz von Papen eine ideale Gelegenheit, sich bei seinen Freunden an der Ruhr wieder in Erinnerung zu bringen. Die Unternehmer trauerten noch immer «ihrem» Kanzler Papen nach. Für Schleicher aber hatten sie nichts übrig. Ein Politiker, zumal einer in Uniform, der öffentlich zu erkennen gab, er suche nach einem dritten Weg zwischen Kapitalismus und Sozialismus und der sich überdies mit Gereke, diesem enfant terrible der Arbeitsbeschaffungspolitik, liierte, konnte nicht auf Wohlwollen bei deutschen Industriellen rechnen. Die gaben denn auch mit brutalem Freimut zu verstehen, daß sie inniglich darauf hofften, der «Dilettant» Gereke werde mit seinem Programm scheitern – einem Programm, das dem Kaliindustriellen August Rosterg schon deshalb verdächtig war, weil der *Vorwärts* ihm ein freundliches Wort gewidmet hatte.[28]

Das war die Stimmung, die Papen zu nutzen versuchte, um sich erneut den Weg in die Reichskanzlei zu sichern. Dazu benötigte er Bundesgenossen; bei ihrer Rekrutierung war er nicht wählerisch. Ohne Hitler würde es dabei nicht gehen, Hugenberg war ebenfalls heranzuziehen, und die Industriellen an Rhein und Ruhr würden sicherlich auch noch ein Wort mitsprechen wollen. Noch wußte Papen nicht, wie er taktieren sollte, da brachte ein Zufall den Stein ins Rollen.

Freunde hatten Papen gebeten, auf der Jahresversammlung des Herrenklubs am 16. Dezember die Festrede zu halten, und er hatte zugesagt. Der eitle Ex-Kanzler kannte nur ein Thema, und so sprach er denn vor 300 Gästen über seine sechsmonatige Regierungszeit, wobei er auch – wie meist in seinen Reden – ein paar Bemerkungen über die nationalsozialistische Bewegung einflocht. Sie waren freilich so doppeldeutig, daß die Gäste aus ihnen vielerlei heraushörten. Der spätere Politologe Theodor Eschenburg, der dabei war, glaubte, ein Plädoyer für neue Verhandlungen mit der NSDAP gehört zu haben, während der Schriftsteller Hans Blüher die Rede Papens in Erinnerung behielt als dessen «berühmte Rede gegen Hitler».[29]

Noch ein anderer Zuhörer hatte Papens Rede als einen Wink an die NSDAP verstanden, er sprach den Festredner nach dem Essen darauf an. Papen kannte den Mann, der Kölner Bankier Kurt Freiherr von Schröder war ihm vertraut; ein gemeinsamer Freund, Baron von Lersner, hatte sie miteinander bekannt gemacht. In der folgenden Plauderei meinte Schröder plötzlich, es müsse doch eigentlich für Papen ganz reizvoll sein, sich einmal mit Hitler über die politische Lage auszusprechen; er könne ein solches Gespräch vermitteln. Papen war einverstanden.

Ohne es zu ahnen, hatte Franz von Papen einen Prozeß in Gang gesetzt, an dessen Ende Hitlers Machtergreifung stand. Denn der Freiherr von Schröder war nicht nur Bankier, sondern ein ehrgeiziger Nationalsozialist, der zu einem Kreis gleichgesinnter Kaufleute, Reeder, Bankiers und Agrarier gehörte, der sich die Aufgabe gestellt hatte, die NSDAP in Wirtschaftsfragen zu beraten. Der Keppler-Kreis, so genannt nach seinem Gründer Wilhelm Keppler, träumte davon, durch allerlei Kulissenschieberei Adolf Hitler an die Macht zu bringen.

Dieser Kreis war freilich nicht der dämonisch-einflußreiche Intrigantenklüngel der Großindustrie, als der er noch heute in der antifaschistischen Legende figuriert. Zum Keppler-Kreis gehörten außer Albert Vögler, dem Vorstandsvorsitzenden der Vereinigten Stahlwerke, kaum große Namen der deutschen Industrie. Schröder leitete eine mittlere Privatbank, der Ingenieur Rudolf Bingel war Vorstandsmitglied der Siemens-Schuckertwerke in Berlin, Ewald Hecker stand dem Aufsichtsrat eines mittleren Eisen- und Stahlwerkes in Peine vor, und Keppler selber hatte sich von den zwei kleinen Familienunternehmen, deren Direktor und Hauptaktionär er einmal gewesen war, völlig getrennt, um sich der Arbeit für die Partei zu widmen.[30]

Als Mann mit den besten Beziehungen zur Politik konnte noch der Ex-Offizier Hecker gelten, der mit Papen befreundet war und aus seinen Gesprächen mit ihm wußte, daß er eine Berufung Hitlers an die Spitze der Regierung einmal unterstützt hatte. Das war in der Zeit nach den Novemberwahlen gewesen, als Papen hatte demissionieren und mit der Möglichkeit rechnen müssen, daß der Reichspräsident Hitler zum Reichskanzler ernannte. Damals hatte der vorsichtige Papen auch eine vom Keppler-Kreis organisierte Eingabe unterstützt, durch die Hindenburg bewogen werden sollte, Hitler zu berufen.

Dieser Hecker dürfte es auch gewesen sein, der dem Hitler-Beauftragten Keppler nach Papens Sturz den Tip gab, seinen Freund für die Hitler-muß-Kanzler-werden-Kampagne des Kreises zu gewinnen. Schröder wird genau gewußt haben, wen er auf der Jahresversammlung des Herrenklubs anzusprechen hatte. Erfreut kehrte er mit Papens Jawort am 18. Dezember nach Köln zurück und rief Keppler an, um ihm die gute Nachricht durchzugeben. Dabei wird er auch vorgeschlagen haben, sein Haus für das Treffen zwischen Hitler und Papen zur Verfügung zu stellen.

Sogleich setzte Keppler einen Brief an Hitler auf, in dem er meldete, Papen sei zu einem Treff bereit und habe sich entschlossen, die Kanzlerschaft des Führers zu unterstützen, nicht ohne hinzuzufügen, die Zusammenkunft müsse natürlich ganz geheim bleiben. Man müsse, schrieb Keppler, den Zeitpunkt des Treffs so wählen, daß Hitler bei Dunkelheit eintreffen und wieder abfahren könne; es sei «unbedingt nötig», daß «von diesem Zusammentreffen nichts nach außen bekannt wird». Der geheimniskrämerische Ex-Unternehmer war von seinen konspirativen Ideen so durchdrungen, daß er den Brief nicht einmal der Post anvertrauen mochte. Auf den Rat des gerade zu Besuch weilenden SS-Chefs Himmler schickte er den Brief per Boten nach München.

Fortan war Keppler auch nicht mehr zu bewegen, in seinen Schreiben an die Freunde den Namen Hitlers, und sei es in der Kurzform «H.» oder «Hi.», zu verwenden. Er sprach nur noch von seinem «Schwager». Brief an Schröder: «Für den Fall, daß mein Schwager bei Ihnen eine Mahlzeit einnehmen sollte, muß ich Ihnen mitteilen, daß er keine Umstände liebt, keinen Alkohol trinkt (nur Wasser, Fruchtsaft und Milch) und zudem seit 1-2 Jahren nur vegetarische Kost genießt.»[31]

Doch der «Schwager» zeigte keine Lust, sich mit Papen zu treffen. Hitler hatte die Demütigung des 13. August, für den er Papen verantwortlich machte, noch nicht verschmerzt und mißtraute allem, was aus dieser Ecke kam. Zudem hatte er sich noch nicht vom Schock der Straßer-Krise erholt. Jeder Tag brachte ihm neue Nachrichten, die bewiesen, daß der Streit um den ehemaligen Reichsorganisationsleiter noch nicht beendet war. Mochte auch Straßer nach der Kontroverse mit Hitler Anfang Dezember fast fluchtartig nach Südtirol abgereist sein, die Anhänger von ihm waren desto regsamer.

Für Hitler war das Schlimme dabei, daß Straßers Anhänger nicht die Partei verließen, sondern innerhalb der NSDAP «Notgemeinschaften» bildeten, die sich zu allem Überdruß auch noch auf den «wahren» Hitler beriefen, der nur von seinen schlechten Ratgebern befreit werden müsse. Das erlaubte wichtigen Männern der Partei wie den Gauleitern Lohse, Koch, Karpenstein und Bürckel formal dem Führer zu huldigen und dennoch auf die Karte Straßer zu setzen. Ex-Gauleiter Lenz formulierte öffentlich, was sie alle dachten: «Straßer hat das einzig Mögliche getan. Wir tun es ihm nach. Noch hat Hitler die Liebe des Volkes. Damit aus Liebe nicht Haß wird, darum stehen wir in Opposition.»[32]

Mit einer solchen Partei mochte Hitler nicht den Endkampf um die Macht in Berlin antreten. Er glaubte kaum noch an den Sieg. «Ich habe alle Hoffnung aufgegeben», schrieb er kurz vor Weihnachten an seine Bewunderin Winifred Wagner. Seine Träume, so stand in dem Brief, würden sich nicht erfüllen, seine Gegner seien zu mächtig; sobald er wisse, daß alles verloren sei, werde er sein «Leben mit einer Kugel beenden». Aber war er schon «am Ende», wie der US-Diplomat William Bullitt seinem Präsidenten meldete? Hitler war zumindest so unsicher, daß er sogar Erik Jan Hanussen, Deutschlands berühmtesten Hellseher, zu Rate zog. Der war sich nicht gewiß und bat um Bedenkzeit: Am Neujahrstag werde er genaueres wissen.

Dennoch entwarf Hitler auf dem Papier neue Kombinationen, mit deren Hilfe er an die Macht kommen könne. Ein erster Lichtblick hatte sich ihm am 20. Dezember aufgetan: Alfred Hugenberg, der Vorsitzende der Deutschnationalen Volkspartei, hatte ihm in einem Gespräch zu verstehen gegeben, daß er notfalls bereit sei, als Wirtschafts- und Landwirtschaftsminister in einem Kabinett Hitler zu dienen. Das war ein erster Durchbruch, denn bis dahin hatte es der Geheimrat stets abgelehnt, mit einem Reichskanzler Hitler zusammenzuarbeiten; die Furcht, es könne doch noch zu einer Koalition NSDAP/Zentrum kommen, trieb Hugenberg zu diesem Kurswechsel. Doch es blieb der scheinbar unüberwindliche Widerstand Hindenburgs und der Reichswehr gegen eine Berufung Hitlers.[33]

In diesem Stadium Hitlerscher Überlegungen fiel es Keppler und Himmler nicht schwer, ihren Führer zu drängen, die Möglichkeit eines Treffs mit Papen noch einmal zu überdenken. Vielleicht war das Jawort des Hindenburg-Vertrauten Papen ein Signal dafür, daß der Widerstand im Reichspräsidentenpalais gegen eine Kanzlerschaft Hitlers geringer wurde? Immerhin konnte auch Hindenburg nicht übersehen, daß bei Neuwahlen nach erneuter Auflösung des Reichstags der Kanzler Schleicher kaum hoffen konnte, eine Mehrheit zu bekommen, wohl aber ein Hitler, der gemeinsam mit Hugenberg und mit dem Wohlwollen Hindenburgs im Wahlkampf antrat. Und dieses Wohlwollen konnte kein anderer als Papen sichern.

«Mir schwebt», schrieb Keppler am 26. Dezember, «als politisches Ziel der Besprechung [Hitler-Papen] vor: Neubildung der Regierung ohne vorhergehende Neuwahl und unter Vermeidung einer Präsidentenkrise. Eine Neuwahl unter Schl. würde doch bestimmt keine tragfähige Mehrheit bringen. Bei einer Neuwahl nach Ernennung Hitlers unter der Parole: Hindenburg-Hitler, als Regierungswahl durchgeführt, wäre ein weit besseres Ergebnis zu erwarten, und die Krise würde dann ihr natürliches Ende finden . . . Es ist die große Frage, wie der alte Herr von der Richtigkeit derartiger Maßnahmen überzeugt werden kann. Hier könnte Herr v. P. eine große geschichtliche Mission erfüllen.»

Hitler willigte schließlich ein, mit Papen zu sprechen. Am 28. Dezember erfuhr Papen durch einen Telephonanruf, daß sich der Führer mit ihm am 4. Januar in Schröders Kölner Haus treffen wolle. Papen war zufrieden. Für seine Kanzlerpläne hatte er den ersten möglichen Helfer gefunden, jetzt mußte der zweite anvisiert werden. Noch an diesem Tag schreib Papen an Fritz Springorum, den Generaldirektor der Hoesch AG in Dortmund, er wolle am 7. Januar nach Düsseldorf kommen und würde gern mit einigen Herren der Industrie die politische Lage besprechen.[34]

Hitler aber versteifte sich immer mehr auf das Gespräch mit Papen, von dem er sich einen bahnbrechenden Erfolg erhoffte. Ein Besuch von Hanussen in Haus Wachenfeld auf dem Obersalzberg, am 1. Januar 1933 hatte ihn zuversichtlich gestimmt, denn der Hellseher prophezeite ihm in einem Epigramm den guten Ausgang des Gesprächs mit Papen und die Ernennung zum Reichskanzler am 30. Januar:

> Die Bahn zum Ziel' ist noch verrammelt
> Die rechten Helfer nicht versammelt,
> Doch in drei Tagen – aus drei Ländern,
> Wird durch die Bank sich alles ändern!
> Und dann am Tag vor Monatsende
> Stehst Du am Ziel und an der Wende!
> Konnt' Dich die Bahn kein Adler tragen –
> Der Holzwurm mußte sie Dir nagen!
> Zu Boden sinkt, was morsch und welk –
> Es knistert schon in dem Gebälk![35]

Willig ließ Hitler alle Geheimhaltungsmaßnahmen über sich ergehen, die der eifrige Keppler bei der letzten Vorbereitung des Kölner Treffens verordnete. Der Stab Hitlers durfte nichts erfahren, nur Himmler und Heß waren eingeweiht. In München nahm Hitler mit seinem Gefolge einen Nachtzug, der am frühen Morgen des 4. Januar Bonn erreichte. Dort wartete schon Hitlers Wagen, der die Männer nach Bad Godesberg brachte, wo sie gemeinsam frühstückten. Dann trennten sich Hitler, Heß und Himmler von den übrigen und stiegen in einen anderen Wagen, mit dem Keppler sie zu dem Haus Schröders brachte.

Als die vier davor standen, erwartete sie eine Überraschung: Neben der Haustür hockte ein Mann, der die Ankömmlinge photographierte. Das kam den vier Nazis merkwürdig vor, war doch alles so geheim vorbereitet worden. Auch Papen, der ebenfalls «geschossen» worden war, konnte sich das nicht erklären. Sie vergaßen freilich den Vorfall schnell, denn schon öffnete Schröder die Tür zu seinem Arbeitszimmer, in dem Papen und Hitler zwei Stunden lang miteinander sprachen.[36]

Hitler merkte rasch, daß Papen nicht die Absicht hatte, dem NS-Führer sofort zur Kanzlerschaft zu verhelfen. Da Papen in erster Linie seine eigene anstrebte, konnte er auch gar nicht an der Berufung Hitlers zum Reichskanzler interessiert sein. So bot er sich zunächst als Vermittler zwischen Hitler und Schleicher an und sagte, was er auch schon im Herrenklub gesagt hatte: Es sei staatspolitisch notwendig, daß die NSDAP und damit Hitler in ein Kabinett Schleicher eintrete. Papen sah Hitlers unwilliges Gesicht und fügte sogleich hinzu, der Führer brauche sich vielleicht mit dem Posten eines Vizekanzlers nicht zu begnügen, es könne zu einem Duumvirat Schleicher-Hitler kommen – und ließ dabei die Andeutung mitschwingen, ein solches Duumvirat sei natürlich eines Tages auch zwischen ihnen beiden, Papen und Hitler, denkbar.

Damit hatte sich Papen für seine Zukunft alle Chancen offengehalten: Ließ sich Schleicher nicht stürzen, so klangen die Worte vom Duumvirat hübsch loyal, geradezu aufbauend. Wurde aber Papen Kanzler, dann hatte er möglicherweise in Hitler einen Juniorpartner gefunden, und wurde Hitler Kanzler, dann konnte Papen immer noch dessen Juniorpartner werden – eine scheinbar perfekte Rechnung. Zunächst aber ging es nur um die eigene Kanzlerschaft, um jene des Franz von Papen.

Papen beobachtete denn auch mit Vergnügen, wie die Zauberformel «Duumvirat» schon ihre Wirkung tat. Das Wort beschäftigte sofort Hitlers Phantasie, und sicherlich wird er sich ausgemalt haben, daß er von hier aus zur Vorherrschaft im Kabinett vorstoßen könne, wie einst Schleicher im Kabinett Papen. Dann müsse er aber auch Reichswehrminister werden, forderte Hitler, und Papen sah es nicht ungern, daß sein Gegenüber immer mehr an diesem absurden, bei den damaligen Machtverhältnissen unrealistischen Gedanken Gefallen fand. Hitlers Forderung nach seiner Kanzlerschaft rückte zusehends in den Hintergrund – Anlaß für Papens optimistisches Urteil, im Grunde habe Hitler längst darauf verzichtet, Kanzler werden zu wollen.

So sagte es Papen auch seinen Freunden in der Schwerindustrie wenige Tage später. Paul Reusch hielt am 8. Januar fest: «Der Ehrgeiz Hitlers erstreckt sich gegenwärtig noch auf die Forderung, Reichswehrminister zu werden. Auf die Reichskanzlerschaft scheint er bereits innerlich verzichtet zu haben.» Auch der Tagebuchschreiber Goebbels weiß nichts von einer Kanzlerschaft Hitlers, über den Kölner Treff notierte er nur: «Wenn dieser Coup gelingt, dann sind wir nicht mehr weit von der Macht entfernt» – also doch noch nicht an der Macht.[37]

Eine hartnäckige Fama will freilich, das Treffen im Hause Schröder sei zur Geburtsstunde des Dritten Reiches geworden und habe die Kreditfähigkeit der NSDAP wiederhergestellt. Bei Schröder sollen sich Papen und Hitler «grundsätzlich geeinigt» haben, worauf die Gelder der Schwerindustrie in munterer Fülle der bankrotten Partei zugeflossen seien und sie damit vor dem Ruin bewahrt hätten. Das ist schiere Phantasie: Die Kanzlerschaft Hitlers stand in Köln gar nicht zur Debatte, mehr als ein Abtasten hat es zwischen Hitler und Papen nicht gegeben, und die Hochfinanz hatte mit dem ganzen Treff nichts zu tun.[38]

Die Kölner Zusammenkunft war das Werk des Keppler-Kreises, der eher durch seine guten Beziehungen zur NSDAP als durch jene zur Großindustrie bemerkenswert war. Sieht man von Papen ab, so waren in Köln die Nazis unter sich. Die maßgeblichen Männer der Schwerindustrie hielten nach wie vor Distanz zu Hitler. Sie waren schon nicht, obwohl ausdrücklich eingeladen, zum Harzburger Treffen der «Nationalen Opposition» im Oktober 1931 erschienen, und sie ließen sich auch ein Jahr später entschuldigen, als sie der Hitler-Freund Fritz Thyssen zur Begrüßung des Führers auf sein Schloß Landsberg bat.

Heute stehen die Akten der großen Unternehmen zur Verfügung, aus denen jeder Forscher herauslesen kann, wer und mit welchen Beiträgen die NSDAP finanziert hat. Es sind armselige Summen. «Außer den freiwilligen . . . und unfreiwilligen Zuwendungen Thyssens», so der Historiker Volker Hentschel, «haben die Nazis 1932 an nennenswerten Summen erwiesenermaßen nur noch 50 000 Mark von Friedrich Flick bekommen. Allerdings sind auch diese 50 000 Mark eher ein Beispiel dafür, daß die Nazis finanziell kurz gehalten worden sind. Im gleichen Jahr hat Flick für politische Zwecke insgesamt 1,8 Millionen Mark ausgegeben, zwei Drittel davon für die Hindenburg-Wahl. Selbst die Linksparteien haben mehr bekommen als die NSDAP.» Und die Herren an Ruhr und Rhein hatten auch nach dem Kölner Treffen nicht vor, das zu ändern.

Das bekam auch Papen zu spüren, als er am 7. Januar in Düsseldorf mit den Wortführern der Schwerindustrie zusammentraf. Das waren nun die wirklich Großen der Branche: neben Springorum Gustav Krupp von Bohlen und Halbach, Erich Fickler, Vögler und Reusch, der politisch agilste von ihnen. Wohlwollend hörten sie sich an, was Papen über das Gespräch mit Hitler und über seine eigenen politischen Pläne zu berichten hatte. Er habe vor, erzählte Papen, in Berlin ein politisches Büro zu errichten, das zur Zentrale einer bürgerlichen Sammlungsbewegung werden solle – eine Lieblingsidee von Reusch.

Doch als Papen bat, ihm Geld für dieses Büro zur Verfügung zu stellen, zeigten sich die Herren recht zugeknöpft.

Reusch und auch seine Kollegen schlugen vielmehr vor, Papen solle sich den Deutschnationalen anschließen und versuchen, den Parteichef Hugenberg wegzubeißen und sich an dessen Stelle zu setzen. Auch das war ein altes Projekt von Reusch. Er suchte seit Jahren einen Mann, mit dem man Hugenberg ablösen konnte, der sich allen Anregungen verschloß, die bürgerlichen Kräfte zwischen Zentrum und Nationalsozialisten in einer Partei zusammenzufassen.[39]

So mußte Papen zunächst mit leeren Händen am 9. Januar nach Berlin zurückkehren – mitten hinein in den geballten Zorn Schleichers, der endlich begriffen hatte, was der «Freund» da für ein Spiel trieb. Lange genug hatte Schleicher die Warnungen vor Papens Intrigen ignoriert. Er war ahnungslos gewesen, bis Helmut Elbrechter in sein Büro gestürzt war und ihm ein paar Photos auf den Schreibtisch geworfen hatte mit dem Ausruf: «Fränzchen hat Sie verraten!»

Der Zahnarzt war es gewesen, der den Photographen, einen Hauptmann der Reserve namens Johansen, nach Köln geschickt hatte, um die Besucher des Bankiers Schröder aufzunehmen. Elbrechter hatte durch einen Patienten von dem bevorstehenden Treffen gehört und gleich darauf Schleicher alarmiert, von dem er sich dann einen Vortrag über den Ewigkeitswert von «Männerfreundschaften» anhören mußte. Erst als Schleicher die Bilder sah und einen in Hans Zehrers *Täglicher Rundschau* veröffentlichten Bericht über die Kölner Tagung las, erkannte er die ihm drohenden Gefahren. Erwin Planck, der Staatssekretär der Reichskanzlei, bagatellisierte jedoch noch immer: «Papen hat nichts im Schilde. Er hat uns sofort angerufen. Er habe nur bei Hitler einige Zweifel über des Kanzlers Einstellung zu Hitler ausräumen wollen.»[40]

Schleicher wußte es besser. Er ließ Hindenburg ersuchen, Papen weitere Verhandlungen mit Hitler zu verbieten und den NS-Führer nur im Beisein des Reichskanzlers zu empfangen. Dann nahm er sich Papen vor, als der wieder in Berlin war. Papen dementierte alle «Gerüchte» über das Treffen mit Hitler und hielt Schleicher vor, eine gute Verbindung zu dem Führer liege auch im Interesse des Kanzlers, was Schleicher zugestehen mußte. Am Abend des 9. Januar erschien ein amtliches Kommuniqué: «Die Aussprache ... ergab die völlige Haltlosigkeit der in der Presse aus dieser Begegnung [Papen-Hitler] gefolgerten Behauptungen über die Gegensätzlichkeiten zwischen dem Reichskanzler und Herrn von Papen.»

Dennoch blieb Schleicher mißtrauisch. Die matte Reaktion Hindenburgs auf seinen Protest gegen Papens Extratouren hatte ihn stutzig gemacht; er spürte irgendwie, daß der Präsident zu seinem «lieben jungen Freund» kühler war als gewohnt. Ihn störte auch, daß Papen seine Dienstwohnung in der Wilhelmstraße noch nicht geräumt und so Gelegenheit hatte, durch den anschließenden Garten unbemerkt zu Hindenburg zu gelangen.[41]

Wie hätte Schleicher erst gestaunt, wenn er Zeuge des Gespräches zwischen Papen und Hindenburg gewesen wäre, das unmittelbar nach der Auseinandersetzung in der Reichskanzlei stattgefunden hatte! Papen erklärte dem Präsidenten, Hitler habe seine Forderung nach einer alleinigen Führung der Regierung fallen gelassen und sei bereit, mit ihm, Papen, und anderen «nationalen» Politikern eine Regierung ohne Parteibindungen zu bilden. Hindenburg war interessiert. Er ersuchte Papen, «persönlich und streng vertraulich» mit Hitler in Kontakt zu bleiben. Das bedeutete nichts Geringeres, als daß Hindenburg seinem Kanzler Schleicher nicht mehr die Fähigkeit zutraute, das von ihm gewünschte Kabinett der «nationalen Konzentration» zustande zu bringen. Kurt von Schleichers Stern begann zu sinken.[42]

Schon der nächste Tag, der 10. Januar, hätte Schleicher zeigen können, wie wenig die Beteuerungen Papens wert waren. Er traf sich erneut mit Hitler, diesmal aber nun wirklich so geheim, daß kein Außenstehender davon erfuhr. Papen behauptete bis zu seinem Lebensende, daß das Gespräch gar nicht stattgefunden habe, obwohl die Aufzeichnungen eines Beteiligten schon zu seinen Lebzeiten die Darstellung dieses Münchhausen der Memoirenliteratur widerlegten.

Vermittelt hatte das Gespräch ein alter Bekannter Papens aus gemeinsamen Kriegstagen in der Türkei: Joachim von

Ribbentrop, ehemaliger Husarenoffizier, Wein- und Sektimporteur und ein Bewunderer Hitlers. Er hatte schon kurz nach dem 13. August eine Zusammenkunft zwischen Hitler und Papen, mit dem er auch im Herrenklub zusammensaß, arrangieren wollen, die jedoch nicht zustande kam. Jetzt aber baten ihn Himmler und Keppler, ihren Führer möglichst unauffällig mit Papen zusammenzubringen. Ribbentrop schlug vor, die beiden sollten sich in seiner Dahlemer Villa treffen. Hitler und Papen waren einverstanden.

Für strengste Geheimhaltung wußte der Hausherr zu sorgen: Ribbentrop-Fahrer Fritz Bohnhaus holte Papen gegen 21 Uhr in der Wilhelmstraße ab und fuhr ihn auf komplizierten Umwegen nach Dahlem, «in Hut und Mantel, um einen privaten Eindruck zu erwecken». Die übrige Dienerschaft der Ribbentrops hatte sich inzwischen in die oberen Räume der Villa zurückziehen müssen, so daß außer dem Diener Landgraf kein Fremder anwesend war, als Hitler mit seinen Begleitern um 22 Uhr eintraf. Landgraf bediente die Gäste, während Bohnhaus um das Haus strich, auf der Ausschau nach möglichen Beschattern der Besucher.

Dennoch verlief die Zusammenkunft für Papen nicht angenehm. Hitler verlangte in aller Deutlichkeit, ihn zum Reichskanzler zu ernennen und ihm die alleinige Führung der Regierung zu übertragen. Das brachte Papen in arge Verlegenheit, hatte er doch dem Reichspräsidenten das Gegenteil erzählt. So blieb ihm nichts anderes übrig als die Erklärung, einer Kanzlerschaft Hitlers auf dieser Basis werde Hindenburg niemals zustimmen. Hitler redete sich in Wut, Papen gab Kontra – verärgert gingen die beiden auseinander. Ribbentrop mußte froh sein, daß sich Hitler wenigstens bereit fand, mit Papen noch einmal am Mittag des 12. Januar zusammenzukommen.[43]

Kurz vor dem Mittagstermin sagte Hitler jedoch ab und ließ dem schon wartenden Papen ausrichten, weitere Gespräche hätten erst Sinn, wenn die Wahlen in Lippe vorüber seien. Die Landtagswahlen im Zwergstaat Lippe – auf sie war im Augenblick alle Aufmerksamkeit Hitlers konzentriert. Nach den Wahlschlappen in Sachsen, Thüringen und Bremen witterte die Partei eine Chance, ihren Abstieg in der Wählergunst zu stoppen. Die NSDAP warf alles an die Wahlfront, sie ging buchstäblich auf die Dörfer; nahezu Haus um Haus durchkämmten die braunen Propagandakolonnen, um jeden Sympathisanten ihres Führers zu mobilisieren.

Es war grotesk: 100 000 Wähler sollten über die Zukunft eines 70-Millionen-Volkes entscheiden, sollten ein Art Gottesurteil abgeben. «Hitlersieg! Das Volksurteil von Lippe» lautete denn auch die Schlagzeile des Goebbelsschen *Angriff*, als am 15. Januar die Entscheidung gefallen war. Die NSDAP hatte 39,5 Prozent aller Stimmen gewonnen, sie hatte gegenüber der letzten Reichstagswahl fast fünf Prozent zugenommen. Goebbels triumphierte: «Die Partei ist wieder auf dem Vormarsch. Uns allen fällt ein Stein vom Herzen.» In dem Jubelgeschrei der NS-Propaganda ging allerdings unter, daß die Nationalsozialisten nur auf Kosten der Deutschnationalen gewonnen, die demokratischen Parteien sich aber gehalten, ja verbessert hatten.

Hitler nutzte den Siegestaumel der Parteigenossen dazu, endlich das Straßer-Problem zu liquidieren. Er berief am 16. Januar eine Gauleitertagung in Weimar ein, auf der er in einer dreistündigen Rede mit seinem Kritiker abrechnete. Hitler fand unter den Gauleitern weitgehend Zustimmung, zumal inzwischen Straßer aus Südtirol zurückgekehrt war und selbst Freunde durch seine totale Resignation verstört hatte. Dieser Straßer war für Hitler keine Gefahr mehr.[44]

Kanzler Schleicher aber sah tatenlos zu, wie er immer mehr in die Isolierung geriet. Jetzt war für ihn die letzte Gelegenheit, das Nazi-Problem zu lösen: durch ein Kooperationsangebot an Hitler oder, falls von diesem abgelehnt, durch härtesten Kampf mit allen Gewaltmitteln des Staates. Fast jeder politische Beobachter rechnete nach der Lippe-Wahl mit einer Initiative Schleichers, doch er rührte sich nicht. Schleicher starrte wie gebannt auf das für Ende Januar erwartete Zusammentreten des Reichstags, bei dem die Entscheidung über seine Regierung fiel, und ignorierte die ihm von Hitler und Papen drohenden Gefahren. Am 16. Januar meinte der Kanzler auf einer Kabinettssitzung, Hitler wolle eigentlich gar nicht an die Macht, er habe Ambitionen auf den Posten des Reichswehrministers, womit man ja schon sehe, wie wenig ernst dieser Mann zu nehmen sei.

Schleicher war sich seiner Sache so sicher, daß er sogar einen Annäherungsversuch des wetterwendischen Hugenberg zurückwies, der es sich wieder einmal anders überlegt hatte. Hugenberg bot Schleicher an, was er schon vor einem Monat Hitler offeriert hatte: seinen Eintritt in das Kabinett und die Übernahme eines vereinigten Wirtschafts- und Agrarministeriums. Ein deutschnationaler Superminister Hugenberg hätte Schleicher vor der agrarischen Opposition geschützt, die gerade begann, gegen die «Ausplünderung der Landwirtschaft» durch das Kabinett (so eine Verlautbarung des Reichslandbundes) zu Felde zu ziehen. Schleicher konnte sich nicht entschließen – und trieb damit ungewollt Hugenberg ins Lager der Gegner.[45]

So geriet die politische Initiative immer mehr in die Hände Papens und Hitlers. Die hatten allerdings wachsende Schwierigkeiten, auf einen gemeinsamen Nenner zu kommen. Denn Hitler war aus den lippischen Wahlen mit gesteigertem Selbstbewußtsein zurückgekehrt und ließ das auch Papen spüren. Zwei Bitten des Ex-Kanzlers um eine Zusammenkunft wies Hitler ab und bequemte sich dann nach der dritten Einladung am 18. Januar zu einem Gespräch in der Villa Ribbentrop, um sofort wieder seine Kanzlerschaft zu fordern. Papen erklärte ihm, das sei sinnlos; das könne er nie beim Reichspräsidenten durchsetzen. Dann hätten weitere Unterhaltungen keinen Zweck, giftete Hitler und zog ab.

Da hatte Ribbentrop eine Idee: Um beim Reichspräsidenten besser voranzukommen, schlug er vor, müsse man seinen Sohn und vielleicht auch den Staatssekretär Meißner in die Papen-Hitler-Verhandlungen einschalten. Ribbentrop erzählte am nächsten Tag Papen davon, dem der Vorschlag gefiel. Man liest nicht ohne Amüsement den Dreh, den der Memoirenschreiber Papen dem Ganzen gibt: Hitler habe am 22. Januar den ihm von früher her bekannten Ribbentrop geschickt «mit der Bitte um eine Unterredung in dessen Hause. Ich fragte den Reichspräsidenten, ob er es für opportun halte, daß ich Hitler sehe? Herr von Hindenburg war der Ansicht, ich solle auf alle Fälle hören, was Hitler zu tun beabsichtige ... Da ich mir über den Ernst der Lage klar war, bat ich den Feldmarschall, zur Korrektur meines Urteils oder meiner Eindrücke aus dieser Unterhaltung zu erlauben, daß sein Sohn Oskar und der Staatssekretär Dr. Meißner mich begleiteten».[46]

Nun war auch das Haus Hindenburg mit im Komplott – Anlaß für eine neuerliche Krimiszene: Mit gutgespieltem Interesse lauschten Jung-Hindenburg und Meißner am folgenden Abend in der Oper den Darbietungen, um auf einmal ihre Loge zu verlassen und im Schutz der Dunkelheit in ein Taxi zu springen, das sie nach Dahlem brachte. Dort wartete schon ein freundlicher Hitler, der den Präsidentensohn in Empfang nahm und ihn in ein Gespräch zog, in dem er ihm erläuterte, er wolle Kanzler eines Präsidialkabinetts werden, wünsche aber natürlich «eine reiche Beteiligung bürgerlicher Minister». Oskar von Hindenburg war beeindruckt. Zu Meißner sagte er auf der Heimfahrt: «Ich fürchte, daß wir um diesen Hitler nicht herumkommen.»

Jetzt endlich raffte sich Schleicher zu einer Aktion auf. Vermutlich hatte er von den Dahlemer Verhandlungen gehört, entscheidender aber war für ihn, daß das Plenum des Reichstags zum 31. Januar einberufen worden war. Das war der Augenblick, den Schleicher immer gefürchtet und doch zugleich auch herbeigesehnt hatte: den Augenblick, in dem er die Machtfrage stellen wollte.

Am späten Vormittag des 23. Januar erschien Schleicher vor dem Reichspräsidenten und erklärte ihm, beim Zusammentreten des Reichstags in einer Woche sei mit einem Mißtrauensvotum zu rechnen. Um ihm entgegenwirken zu können, benötige er die Genehmigung des Präsidenten, den Reichstag aufzulösen; dies genüge jedoch nicht, man müsse angesichts des «Notzustands des Staates» die Wahl des folgenden Reichstags «auf einige Monate hinausschieben». Für Hindenburg war das keine neue Idee, er hatte ihr schon zehn Tage zuvor zugestimmt. Jetzt aber erteilte er seinem Kanzler eine Absage: Nein, das verfassungswidrige Aussetzen von Neuwahlen könne er nicht gutheißen.[47]

Schleicher wußte sofort: Das ist das Ende. Er hatte sich

immer so viel eingebildet auf seine guten Beziehungen zu Hindenburg, sie waren Regimentskameraden gewesen, der General des Feldmarschalls wichtigster politischer Berater. Was hatte sie auseinandergebracht? Die Intrigen von «Fränzchen», gewiß. Die Enttäuschung über die mangelnde Resonanz, die das Kabinett in der Öffentlichkeit fand. Die notorische Treulosigkeit des alten Mannes, der jeden fallenließ, der ihm nicht mehr nützlich erschien: erst Groener, dann Brüning, zeitweilig Papen, jetzt ihn, Schleicher. Aber auch das reichte noch nicht zur Erklärung aus.

Es spielte noch etwas anderes mit. Daß «Sozis» unbedingt an den Sozialismus glauben wollten, mochte Hindenburg noch einleuchten; aber ein preußischer Offizier, der den Sozialisten hervorkehrte und sich gar mit Agrariern und Kapitalisten anlegte – das war für den Generalfeldmarschall ein empörender Anblick. Schlimmer noch: Schleicher hatte nichts zum Schutz der ostpreußischen Großagrarier und Hindenburg-Freunde unternommen, die in jene Osthilfe-Skandale verwickelt waren, über die in der Öffentlichkeit gestritten wurde, seit Reichstagsabgeordnete der SPD und des Zentrums am 13. Januar Korruption und Vetternwirtschaft bei der Vergabe von Osthilfegeldern aufgedeckt hatten. Nun bestürmten die Großagrarier ihren Präsidenten, Schleicher fallen zu lassen, und auch der Reichsverband der deutschen Industrie kannte noch eine Menge Gründe, warum der Kanzler weg müsse.[48]

Schleicher hatte ausgespielt, doch der Weg zur Kanzlerschaft Hitlers war damit noch nicht frei. Als Papen am 23. Januar Hindenburg vorschlug, Hitler als Kanzler einer Präsidialregierung zu berufen, bekam er das zweite Präsidenten-Nein des Tages zu hören. Die Politiker saßen in der Zwickmühle: Hindenburg wollte weder Schleicher noch Hitler.

Da kam es zu einer kleinen Palastrevolte unter den Hitler-Helfern, bei einem Tee im Hause Ribbentrop am Nachmittag des 24. Januar 1933. Das Datum ist wichtig, denn hier und nirgendwoanders wurde das Dritte Reich geboren. Papen war dabei und Ribbentrop, auch Göring und Frick. Später wußte keiner mehr, wer die Idee zuerst formuliert hatte, aber alle waren sich einig: Man mußte Hitler die Idee des Präsidialkabinetts ausreden, mußte Hindenburg eine mehrheitsfähige Front aller Rechtsparteien unter einem Kanzler Hitler und einem Vizekanzler Papen präsentieren, die eine Auflösung des Reichstages mit sofortigen Neuwahlen herbeiführte, eben jenes Kabinett der nationalen Konzentration, das dem Reichspräsidenten seit geraumer Zeit vorschwebte. Ribbentrop schrieb sich ins Tagebuch: «Beschlußfassung über eine nationale Front zur Unterstützung Papens bei Hindenburg.»

Die Runde bestimmte Göring dazu, die weiteren Verhandlungen zu führen, und ging sofort zur Tat über. Am nächsten Abend saß Oskar von Hindenburg beim Ribbentrop-Tee und ließ sich für das Projekt einer «nationalen Konzentration» gewinnen. Dann erschien am 27. Januar wieder Hitler auf der Berliner Szene, mutlos und schon wieder an dem Erfolg seiner Sache zweifelnd. Ribbentrop übernahm es, ihm das Projekt «Nationale Front» nahezubringen und ihn dafür zu gewinnen, sich in die Verhandlungen einzuschalten und mit Hugenberg zu reden. Als die Gespräche Hitler-Hugenberg wegen der überspannten Forderungen des Geheimrats mit einem Krach endeten und der empörte Hitler schon wieder abreisen wollte, griff Ribbentrop ein und aktivierte Papen, den er davon überzeugte, daß nur noch eine «Hitler-Lösung» Sinn habe.[49]

Ein bizarrer Anblick, wie sich da plötzlich Gehilfen selbständig machen und ihre Chefs manipulieren: Hitler wieder Mut einflößen, Papen in die Rolle eines «homo regius» der neuen Kabinettsbildung dirigieren und ihn erfolgreich auf Hugenberg ansetzen, und schon Kandidaten für den Posten des Reichswehrministers aussuchen, allein zu dem Zweck, Schleicher aus seiner Schlüsselrolle an der Spitze der Reichswehr zu vertreiben und die politische Macht des Militärs zu neutralisieren.

Jetzt schwenkte auch Hindenburg um, in der Mittagszeit des 28. Januar gab er Papen zu erkennen, daß er für die neue Kombination sei, vorausgesetzt, Hitler und die Nazis würden in dem kommenden Kabinett von den konservativen Kräften in deutlichen Grenzen gehalten. Entscheidend war dem Präsidenten, daß die Reichswehr in sicherer Hand blieb. Schleicher wollte er nicht länger an der Spitze des Reichswehrministeriums dulden, er hatte bereits einen Kandidaten ausgewählt, nicht zufällig einen alten Gegner Schleichers: den Generalleutnant Werner von Blomberg, Befehlshaber im Wehrkreis I und derzeit Mitglied der deutschen Abrüstungsdelegation in Genf. Hindenburg kannte ihn von Ostpreußen her, um den 26. Januar herum war er in Berlin gewesen. Am Morgen des 29. Januar ging ein Telegramm des Reichspräsidenten nach Genf, das Blomberg hieß, sofort nach Berlin zu kommen und sich bei ihm zu melden.

Den Rest besorgte der Königsmacher Papen. Er gewann Hugenberg endgültig für das Kabinett, feilschte mit Hitler um Ministerposten und suchte neue Kandidaten für die Regierungsliste. Wo immer aber Schwierigkeiten auftauchten, sprangen die Gehilfen ein. Als Hitler wieder auf seine alte Vorstellung einer Machtergreifung via Präsidialkabinett ohne Parteibindung zurückfiel, waren sofort Göring und Ribbentrop zur Stelle, um ihren Führer erneut auf den rechten Kurs zu bringen. Am Abend des 29. Januar war das Hitler-Kabinett perfekt: neben Hitler zwei Nazis im Kabinett, der Rest Konservative. Auf dem Papier war vollendet, was sich Hugenberg vorgenommen hatte: «Wir rahmen Hitler ein.»[50]

Noch aber war offen, ob es zu einem Hitler-Papen-Kabinett oder zu einem Papen-Hugenberg-Kabinett kommen würde. Papen spielte noch immer mit der Idee eines von ihm geleiteten «Kampfkabinetts», auch Hindenburg hatte sich noch nicht entschieden. Der Präsident hätte wohl noch länger gezögert, wären nicht Schleicher und seine Militärs dazwischen gekommen.

Schleicher hatte noch immer nicht begriffen, was gespielt wurde. Er war am 28. Januar mit seinem Kabinett zurückgetreten, nicht ohne vorher Hindenburg heftig angeklagt zu haben. Schleicher: «Ich gestehe Ihnen das Recht zu, mich abzusetzen. Aber das Recht, hinter dem Rücken des von Ihnen berufenen Kanzlers mit einem anderen zu paktieren, gestehe ich Ihnen nicht zu. Das ist Treubruch.» Der Präsident war milde geblieben: «Lieber junger Freund, ich werde bald da oben sein. Von dort aus kann ich mir ja ansehen, ob ich recht gehandelt habe oder nicht.»

Die ruhige Reaktion mag Schleicher in der Illusion belassen haben, er werde auch im neuen Kabinett wieder Reichswehrminister sein. Er wußte nicht, daß der Nachfolger längst bestellt war – so sehr war Schleicher von allen wichtigen Nachrichtenquellen abgeschnitten. Er war meist auf Gerüchte und Vermutungen angewiesen. Da glaubte Schleicher nur allzu bereitwillig das Gerücht, Hindenburg sei dabei, Papen mit der Führung eines reaktionären «Kampfkabinetts» zu betrauen, was für Schleicher einer Einladung zum Bürgerkrieg gleichkam: Ein Kabinett Papen würde alle politischen Kräfte, Demokraten, Kommunisten und Nazis, provozieren, die Reichswehr aber inmitten des Chaos stehen.

Die führenden Generale der Reichswehr trafen sich daraufhin im Dienstzimmer des Chefs der Heeresleitung, General von Hammerstein-Equord, und berieten, was zu tun sei. Schleicher und Hammerstein meinten, angesichts des drohenden Papen-Kabinetts sei «nur Hitler als zukünftiger Reichskanzler möglich». Doch wie Hindenburg zur Berufung Hitlers bewegen? Ein im Vorzimmer wartender Oberst, Blombergs Stabschef Walther von Reichenau, ein Sympathisant der NSDAP, kannte einen Weg: «Es wäre wirklich an der Zeit, den Feldmarschall zu verhaften.» General von dem Bussche-Ippenburg knurrte: «Unsinn!»[51]

Manche Offiziere hielten das gar nicht für Unsinn. In Potsdamer Kasinos ging das Wort um, die Armee müsse Hindenburg entmündigen, auch von einem Militärputsch war die Rede. Das ermunterte Schleicher am Nachmittag des 29. Januar, noch einmal aktiv zu werden, um die Berufung Papens zu verhindern. Er schickte Hammerstein und einen seiner Konfidenten, Werner von Alvensleben, aus, die nationalsozialistischen Führer vor den «Machenschaften» Papens zu warnen – wohl ein Manöver, um Hitler von Papen zu trennen und in die Arme der Reichswehr zu treiben, ein letzter verzweifelter Versuch, das Zähmungskonzept zu verwirklichen.

Hammerstein suchte Hitler im Haus des Klavierfabrikaten Bechstein auf und schreckte den ewig Mißtrauischen mit der Frage hoch, ob er sich eigentlich sicher sei, daß Papen mit ihm wirklich und nicht nur zum Schein verhandle. Andernfalls, setzte der General hinzu, werde er «noch einmal versuchen, die Dinge zu beeinflussen». Hitler war offensichtlich verwirrt. Hammerstein stieß gleich mit der Frage nach, ob Hitler als Kanzler auch mit einem Reichswehrminister Schleicher zusammenarbeiten werde. Hitler nickte.

Dann stand schon der nächste Unglücksbote bereit, Hitler zu entnerven. Der saß gerade mit seinen engsten Gefährten bei Kaffee und Nußkuchen in der Wohnung von Goebbels am Reichskanzlerplatz, als Alvensleben mit dramatischen Putschgerüchten hereinplatzte. Dabei ließ er auch die Bemerkung fallen, auf den senilen Hindenburg sei kein Verlaß mehr, und es sei besser, sich mit Schleicher zu einigen, der nur Reichswehrminister bleiben wolle. Alvensleben ereiferte sich: «Wenn die Gesellschaft in der Wilhelmstraße nur Scheinverhandlungen mit Ihnen führt, so müßte doch der Reichswehrminister und der Chef der Heeresleitung die Garnison Potsdam alarmieren und den ganzen Saustall aus der Wilhelmstraße rausfegen.»[52]

Putsch – das Stichwort versetzte die Nazis in Panik. Goebbels und Göring stoben davon, um Meißner und Papen zu warnen, während es Hitler übernahm, die Nationalsozialisten der Stadt in Alarmzustand zu versetzen. Kurz darauf holte der Berliner SA-Führer Graf Helldorf seine Leute aus Kneipen und Wohnungen, und auch der Polizeimajor Wekke, seit langem im Bund mit den Nazis, erhielt einen Wink, seine Polizeihundertschaften für eine «schlagartige Besetzung der Wilhelmstraße» bereit zu halten. Und schon eilte Alvensleben mit neuen Nachrichten herbei, die davon sprachen, jeden Augenblick könne die Armee losschlagen.

Es war eine irrsinnige Taktik, die nur bewirkte, daß Hitler nun wirklich an die Macht kam. Am Nachmittag hatten Papen und Hugenberg noch mit dem Gedanken gespielt, eine Regierung ohne Hitler zu bilden, auch der Reichspräsident war noch unschlüssig gewesen – jetzt entschied sich Hindenburg für den Kanzler Hitler. Meißners Argumentation schien ihm einleuchtend: Ohne die Berufung zur Kanzlerschaft würde der mißtrauische, stets absprungbereite Hitler die Koalition ganz verlassen, der geballten Wut der Nazibewegung aber sei ein Kabinett Papen-Hugenberg nicht gewachsen.

Die Entscheidung war gefallen, nun mochte Hindenburg keine Zeit mehr verlieren. Noch am späten Abend erhielten Hitler und Papen die Nachricht, sich am nächsten Morgen pünktlich um elf Uhr im Büro des Staatssekretärs Meißner zur Vereidigung einzufinden, und sogleich raste Goebbels los, genügend Volk zu bestellen, das die Siegesfahrt Hitlers vom Hotel «Kaiserhof» hinüber zum Haus des Reichspräsidenten gebührend zu bejubeln hatte.[53]

Neue Tatarenmeldungen aus der Bendlerstraße trieben die Akteure zu noch schnellerer Gangart an. Um zwei Uhr am Morgen des 30. Januar weckte ein Sekretär Meißner mit der Nachricht, Schleicher wolle ihn, den Reichspräsidenten und dessen Sohn verhaften lassen; die Wachen trafen Vorbereitungen, einen Angriff der Reichswehr abzuschlagen. Karabiner wurden ausgegeben, Fluchtmöglichkeiten erwogen. Das werde er dem «Verräter Schleicher» heimzahlen, schrie Oskar von Hindenburg und machte sich allmählich bereit, den ihm erteilten Sonderauftrag auszuführen: den für 8.30 Uhr erwarteten General von Blomberg am Anhalter Bahnhof in Empfang zu nehmen und sofort zum Reichspräsidenten zu bringen.

Er kam keine Minute zu früh, denn Schleichers Leute hatten von der Anreise Blombergs erfahren. Schon stand der Major Adolf Kuntzen, Hammersteins Erster Adjutant, am Bahnsteig, um Blomberg den Hindenburgs wegzuschnappen. Erstaunt sah der General zu, wie sich die beiden Männer an ihn herandrängelten; keiner wollte dem anderen den Vortritt lassen. Am Ende gewann jedoch Hindenburg die Oberhand. Blomberg, in Zivil, wollte sich seinem Reichspräsidenten nicht versagen. Um neun Uhr stand er vor dem Greis, der ihn kurz einweihte und sofort als Reichswehrminister vereidigte, um möglichst rasch die Reichswehr von Schleicher zu befreien. So lautete auch sein Auftrag an Blomberg: «Schluß mit der Methode Schleichers.»[54]

Als sich der neue Minister zum Gehen wandte, um rasch in die Bendlerstraße zu fahren und sein Amt zu übernehmen, riet ihm der jüngere Hindenburg davon ab: Er laufe dort das Risiko, verhaftet zu werden. Er sollte abwarten, bis das neue Kabinett gebildet war. So schlenderte Blomberg durch die im Rücken von Hindenburgs provisorischem Amtssitz (das Reichspräsidentenpalais wurde renoviert) gelegenen Gärten und sah, daß in das Nachbarhaus, das zur Zeit Papen bewohnte, ein paar aufgeregte Leute hineindrängelten.

Denn inzwischen hatte Papen, von neuen Gerüchten aufgescheucht, die künftigen Minister alarmiert, jeder bekam von ihm zu hören: «Wenn nicht bis elf Uhr eine neue Regierung gebildet ist, marschiert die Reichswehr. Eine Militärdiktatur unter Schleicher und Hammerstein droht.» Schleicher hatte offenbar seinen Nervenkrieg noch einmal verschärft. Zumindest erzählte Keppler einem Vertrauten, am frühen Morgen seien zwei Beauftragte Schleichers im «Kaiserhof» erschienen und hätten Hitler das Angebot des Generals unterbreitet, mit ihm gemeinsam die Macht zu ergreifen; ein Flugzeug stünde schon bereit, Hindenburg auf sein Gut Neudeck zu bringen, und eine Kompanie mit Reichswehrsoldaten zur Bewachung des Präsidenten sei dort bereits eingetroffen.[55]

Papen sah allen Anlaß, die Helfer und Teilnehmer der Vereidigungszeremonie augenblicklich in sein Haus zu rufen. Um sieben Uhr weckte er den Stahlhelmführer Theodor Duesterberg, kurz darauf mußte sich dessen Kollege Franz Seldte auf den Weg machen, auch den Reichskommissar Gereke telephonierte Papen heran, Hugenberg kam ebenfalls. Die beiden Schleicher-Minister Neurath und Schwerin-Krosigk hatte Meißner schon angerufen und in sein Büro bestellt.

Dann erschien Hitler. Er hatte sich, begleitet von Göring, einen besonderen Auftritt gesichert. Um 10.30 Uhr verließ er mit seinem Begleiter das Hauptportal des Hotels unter den Heilrufen einer dichtgedrängten Menschenmenge, stieg in seinen schwarzen achtzylindrigen Mercedes-Benz-Tourenwagen und ließ sich von Chauffeur Julius Schreck gemächlich die wenigen Meter zur Wilhelmstraße 74 hinüberfahren, wo Papen seine Kandidaten gerade versammelte. Fünf Minuten später sah Hitler seine künftigen Minister, die Papen für ihn ausgesucht hatte. Ein paar Worte wurden gewechselt, dann mahnte der Hausherr zum Aufbruch. Im Gänsemarsch bewegten sich die Männer durch die Gärten, zum provisorischen Amtssitz Hindenburgs (Wilhelmstraße 77).

Kaum aber hatten sie im Büro Meißners Platz genommen, da prallten ihre gegensätzlichen Interessen aufeinander. Neurath und Schwerin-Krosigk hatten sich geschworen, sofort wieder zu gehen, falls Papen Reichskanzler werde, Hitler ärgerte sich laut darüber, daß der Posten des Reichskommissars in Preußen seiner Partei verwehrt worden war, und Hugenberg konnte sich noch immer nicht damit abfinden, nun doch einen Kanzler Hitler zu bekommen.

Als der Geheimrat gar hörte, sofort nach der Regierungsbildung werde es zur Auflösung des Reichstags und zu Neuwahlen kommen, wurde er grantig und erklärte, das käme überhaupt nicht in Frage. Sofort geriet er mit Hitler aneinander, der wortreich versuchte, ihm den Vorteil dieser Lösung zu beweisen. Doch Hugenberg gab keine Ruhe, an ihm drohte die ganze Vereidigung zu scheitern. Hitler wollte ihm «in die Hand versprechen», daß sich an der Zusammensetzung der Regierung nichts ändern werde, wie immer auch die Wahlen ausgehen würden. Hugenberg schimpfte weiter vor sich hin. Papen schaltete sich ein: «Aber Herr Geheimrat, wollen Sie die unter solchen Erschwernissen vollzogene Einigung gefährden? Sie können doch nicht an dem feierlichen Ehrenwort eines deutschen Mannes zweifeln!»[56]

Der Streit wäre noch weiter gegangen, hätte nicht Meißner, eine Taschenuhr in der Hand, mißbilligend gerufen: «Meine Herren, die Vereidigung durch den Herrn Reichspräsidenten war um 11 Uhr angesetzt. Es ist 11.15 Uhr. Sie können den Herrn Reichspräsidenten nicht länger warten lassen.» Die Männer sprangen auf und gingen in den Empfangssaal, wo schon der übelgelaunte Präsident wartete. Da fiel Schwerin-Krosigk ein, daß er Hitler noch gar nicht die Bedingungen seines Eintritts in die Regierung genannt hatte. Er flüsterte ihm ein paar Stichworte zu, denen Hitler kopfnickend zustimmte.

Hindenburg machte es kurz. Ohne, wie es üblich war, dem Kanzlerkandidaten den Posten formal anzutragen, vereidigte er Hitler: «Ich werde meine Kraft für das Wohl des deutschen Volkes einsetzen, die Verfassung und die Gesetze des Reiches wahren, die mir obliegenden Pflichten gewissenhaft erfüllen und meine Geschäfte unparteiisch und gerecht gegen jedermann führen.» Hitler hob die rechte Hand und sprach die Formel nach. Dann hielt er die kurze Rede, auf die er sich schon seit langem vorbereitet hatte. Er werde dem Reichspräsidenten ein treuer Mitarbeiter und um eine parlamentarische Mehrheit bemüht sein, damit es dem Herrn Feldmarschall erspart bleibe, weiterhin Notverordnungen unterschreiben zu müssen.

«Es hat dem alten Herrn», meinte Hitler danach, von der eigenen Suada gerührt, «doch sehr gefallen, wie ich ihm heute sagte, daß ich ihm nun als Reichskanzler genau so treu dienen will, wie ich seinerzeit als Soldat im Heere diente, dessen Heldenvorbild er war.» Hindenburg freilich ließ sich nichts anmerken. Mit tonarmer Stimme vereidigte er die Minister. Auf eine Rede verzichtete er. Er sagte nur, wie er es von den großen Momenten des Krieges her nicht anders kannte: « Und nun, meine Herren, vorwärts mit Gott!»[57]

Es war 12.40 Uhr am 30. Januar 1933, als ein von Meißner redigiertes Kommuniqué der Nation bekanntgab: «Der Reichspräsident hat Herrn Adolf Hitler zum Reichskanzler ernannt.» Hitler hatte sein Ziel erreicht, er war Kanzler des Deutschen Reiches. Jahre eines bitteren, rüden Kampfes voller Triumphe und Demütigungen lagen hinter ihm, es war ein weiter Weg gewesen, ein Weg der Demagogie, der Aufputschung aller Leidenschaften, des Genossenverrats und eines giftigen Feldzugs gegen Demokratie und Republik, ein langer Weg von den Schüssen an der Münchner Feldherrnhalle im November 1923 bis zur Vereidigung im Empfangssaal des Reichspräsidenten.

Jetzt war es vollbracht, Adolf Hitler stand unmittelbar vor den Schalthebeln der Macht in Deutschland, und viele und vieles hatten ihn dorthin gebracht: der eigene Machtwille, die Intrigen Papens, Schleichers Torheiten in den letzten Tagen, die Panik der deutschen Wählermassen, die Herrschsucht konservativ-militärischer Eliten, die Sterilität der Parteien, die Pressionspolitik der Großagrarier und ihrer kapitalistischen Gegenspieler und nicht zuletzt das Ruhebedürfnis eines alten Mannes.

Dennoch war der 30. Januar 1933 nicht der «Tag der Machtergreifung», als der er nun fortan bei den Parteigenossen und bald auch bei allen Deutschen galt. An diesem Tag hat Hitler nicht die Macht ergriffen, sie ist ihm allenfalls ausgehändigt worden, und das noch in einem sehr begrenzten Umfang. Die nationalsozialistische Machtergreifung hatte sich Hitler immer anders vorgestellt, seine Machtergreifung kam erst noch. Die Kanzlerschaft Hitlers war denn auch weniger sein Werk als das anderer Kräfte und Mächte, zumindest im letzten Akt der Regierungsbildung war er mehr ein Gedrängter als ein Drängender.

Selten hat ein Reichskanzler so wenig Einfluß genommen auf die Zusammenstellung seines Kabinetts wie Hitler. Die meisten Minister waren von Papen und Hindenburg ausgesucht worden, die wesentlichsten von ihnen kannte Hitler nicht einmal persönlich. Natürlich hatte er die NS-Minister selber bestimmt, den Reichsinnenminister Wilhelm Frick, einen Straßer-Anhänger, und den Reichskommissar für die Luftfahrt und Reichsminister ohne Geschäftsbereich Hermann Göring, zugleich Leiter des preußischen Innenministeriums. Alle anderen hatte Hitler hinnehmen müssen: Franz von Papen als Vizekanzler und Reichskommissar für Preußen, Alfred Hugenberg als Wirtschafts- und Landwirtschaftsminister, Günther Gereke als Reichskommissar für Arbeitsbeschaffung, Paul Freiherr von Eltz-Rübenach als Reichsverkehrsminister, General Werner von Blomberg als Reichswehrminister, Konstantin Freiherr von Neurath als Reichsaußenminister und Lutz Graf Schwerin von Krosigk als Reichsfinanzminister.

In dieser Gruppe ihm meist fremder Minister mußte Hitler fast etwas verloren wirken, und es ist den uneingeweihten demokratischen Gegnern nachzusehen, daß sie ernsthaft meinten, ein solcher Hitler könne nun wirklich keine

Furcht einflößen. Selbst Papen, der es hätte besser wissen müssen, gab sich solchen Illusionen hin: «Wir haben ihn uns engagiert.»[58]

Davon ahnten die Tausende wartender Berliner nichts, die in der Wilhelmstraße standen und wie gebannt auf die Tür starrten, durch die Hitler jeden Augenblick heraustreten mußte. Die Spannung wuchs von Minute zu Minute. In der Südwestecke des «Kaiserhof» im zweiten Stock, wo Hitlers Salon lag, preßte der SA-Stabschef Röhm immer wieder das Fernglas vor die Augen, um zu sehen, ob endlich Hitlers Wagen in Sicht kam, und auch die hinter ihm stehenden NS-Führer konnten kaum noch den Augenblick erwarten, «hin und her gerissen zwischen Zweifel, Hoffnung, Glück und Mutlosigkeit», wie sich Goebbels später aufschrieb: «Eine unbeschreibliche Spannung nahm uns fast den Atem. Draußen standen die Menschen zwischen Kaiserhof und Reichskanzlei und schwiegen und harrten.»[59]

Da endlich trat Göring heraus und rief den Wartenden ein paar Worte zu. Wenige Sekunden später setzte sich der schwere Mercedes in Bewegung und verließ die Einfahrt. Hitler stand aufrecht im Wagen, und als auf einmal die umstehenden Menschen zu schreien und zu jubeln anfingen, liefen ihm die Tränen über die Wangen. Er konnte nur noch schluchzen, die Stimme versagte von Zeit zu Zeit, nur die Umstehenden verstanden, was er da wie besessen immer und immer wieder schrie: «Wir haben es geschafft!» Das konnten die Leute im «Kaiserhof» nicht hören. Sie sahen lediglich, wie der Wagen Mühe hatte, voranzukommen und sich durch die schreiende und gestikulierende Menge einen Weg zu bahnen.

Carl Vincent Krogmann, bald NS-Bürgermeister von Hamburg, war der erste im Hotel, der erfuhr, wie es bei Hindenburg ausgegangen war. Er wartete in der Telephonzentrale auf einen Anruf, als ein Reporter der *Deutsche Allgemeine Zeitung* mit «fliegendem Mantel» hereinstürzte und eine sofortige Verbindung mit seinem Chefredakteur verlangte. Krogmann hörte den Mann «ganz außer Atem» sagen: «Soeben ist Hitler zum Reichskanzler, Papen zum Vizekanzler ernannt.» Krogmann rannte in die Halle, um seinen dort wartenden Parteigenossen die Neuigkeit zuzurufen.

Da stand Hitler auch schon in der Halle. Die Menschen stürzten herbei, klatschten Beifall, umringten ihn, gaben ihm das Geleit zum Fahrstuhl. Er konnte nur noch sagen: «Jetzt sind wir soweit», dann nahm ihn schon der Fahrstuhl auf. «Einige Minuten später», so Goebbels, «ist er bei uns im Zimmer. Er sagt nichts, und wir alle sagen auch nichts. Aber seine Augen stehen voll Wasser. Es ist soweit!»[60]

«Es ist soweit!» Der Ruf pflanzte sich tausendfach im Lande fort. «Wir haben es geschafft! Wir sind an der Macht» rief Egon Hanfstaengl, der Sohn von Hitlers Presseberater, einem Freund zu und merkte zu spät, daß der Jude war und gar keinen Grund hatte, sich über die Machtübernahme durch die Partei des Judenhasses zu freuen. Es gab viele Menschen, die über Hitlers Ernennung verwirrt und entsetzt waren. Die Anhänger der Republik hatten lange genug vor diesem Hitler und seiner Bewegung gewarnt, deren «Machtergreifung» konnte nur Depression und tiefe Verzweiflung auslösen.

Doch merkwürdig, Hitlers Berufung fand bei mehr Menschen Zustimmung, als die NSDAP Wähler hatte. Da brach etwas auf, was es in Deutschland noch nicht gegeben hatte. Wildfremde Menschen umarmten sich auf den Straßen und küßten sich und weinten zusammen, als sei ein neues Zeitalter angebrochen. Plötzlich sprachen in diesem Deutschland mit seiner gesellschaftlichen Steifheit und seinen schier unüberwindlichen Klassenschranken Menschen miteinander, die sich früher nie eines Blickes gewürdigt hatten, und es gab Leute, die auf der Straße tanzten, «schluchzend vor Erregung und fassungslos vor Freude».[61]

«Gab es in Deutschland jemals einen solchen Ausbruch von hochgestimmter Erregung, Glück und Triumph . . .?» fragt Ernst Nolte, und die Frage muß verneint werden. Man muß in der deutschen Geschichte lange suchen, um Vergleichbares zu finden; solche Massenekstase mag es beim Aufbruch Preußens in die Freiheitskriege gegen Napoleon gegeben haben, ganz sicher in den Augusttagen von 1914, als Millionen den Krieg als Befreier von allen ungelösten

Problemen der Nation und der Gesellschaft bejubelten und ihre Söhne, Brüder und Freunde blumengeschmückt hinausschickten in den Massenmord der Trommelfeuer und Stahlgewitter.

Die Historiker konnten später nicht erklären, wie diese Massenspontaneität zustande gekommen war: die Umzüge, die sich in Hunderten deutscher Städte und Ortschaften formierten, die marktschreierischen, fast pseudoreligiösen Selbstbekennergesten unzähliger Menschen, das Aufziehen von Hakenkreuzfahnen auch in den entlegensten Dörfern, das Besetzen von Rathäusern und Amtsstuben durch jugendliche Banden im Braunhemd. Eine irrationale Zuversicht brach sich Bahn, die wunderglaubige Vorstellung setzte sich fest, nun werde alles besser werden.

Ein gigantischer Coup der nationalsozialistischen Propaganda? Gewiß, auch das war mit im Spiel. «Dieser Doktor ist ein Hexenmeister», rief Hitler, als er sah, wie sich Joseph Goebbels der Medien zu bedienen wußte, um die Kunde vom «Sieg des Nationalsozialismus» in tausendfacher Vergrößerung in alle Winkel des Landes zu tragen. Der Rundfunk mußte den ganzen Tag über die Nationalsozialistischen Kundgebungen in ausführlichen Reportagen feiern und auch die kleinste Maßnahme der neuen Reichsregierung melden.

Fassungslos hörte der Jungsozialist Karl Klasen, der spätere Bundesbankpräsident, am Lautsprecher die Meldungen, die in immer neuen Varianten davon Kenntnis gaben, daß der «Volkskanzler» Hitler sofort die Arbeit aufgenommen habe. Klasen: «Diese Selbstverständlichkeit wurde als so etwas Besonderes immer wieder hervorgehoben, daß ich glaubte, alle Deutschen würden darüber lachen. Im Gegenteil: Überall wurde gejubelt.»[62]

Es war kein Propagandacoup, der den jungen Leutnant Claus Graf Schenk von Stauffenberg bewegte, sich in Bamberg in voller Uniform an die Spitze eines Hitler huldigenden Demonstrationszuges zu setzen und sich dafür den Verweis seiner militärischen Vorgesetzten einhandelte, es war kein Befehl von oben, der Tausende von Beamten und Angestellten dazu bestimmte, sich das Parteiabzeichen an das

Revers zu heften, kein Zwang bewirkte, daß Millionen wider alle Vernunft Hoffnung und Lebensmut zurückgewannen.

Es war auch mehr als nur die Befolgung von Befehlen, die am Abend dieses Tages 25 000 SA- und SS-Männer und Tausende von uniformierten Stahlhelmern zum Marsch durch die Innenstadt Berlins vereinigte. Das war Goebbels' Idee gewesen: mit einem spektakulären Fackelzug durch die Wilhelmstraße Hitler und Hindenburg zu huldigen. Reichsinnenminister Wilhelm Frick hatte die Bannmeile im Regierungsviertel aufgehoben, um 19 Uhr versammelten sich die Einheiten mit Musikkapellen und Spielmannszügen am Tiergarten, dann brach das Fackelheer in Richtung Brandenburger Tor auf.

Durch die Straßen der Reichshauptstadt bewegte sich «ein pathetisches Feuerband, das unruhige Schatten auf Gesichter und Häuserwände warf» (Joachim C. Fest). Wer es erlebt hat, wird es nie vergessen. «Etwas Unheimliches», erinnert sich Melita Maschmann, «ist mir von dieser Nacht her gegenwärtig geblieben. Das Hämmern der Schritte, die düstere Feierlichkeit roter und schwarzer Fahnen, zuckender Widerschein der Fackeln auf den Gesichtern und Lieder, deren Melodien aufpeitschend und sentimental zugleich klangen.»[63]

Anderthalb Stunden später hatte die Spitze der Kolonne die Wilhelmstraße erreicht, unter den Klängen des Fridericus-Rex-Marsches marschierten die Formationen vor Hitler und Reichspräsident Hindenburg vorbei, die von ihren Fenstern aus den langen Feuerwurm beobachteten.

«Die endlose Wiederholung des triumphalen Rufes: ‹Heil, Heil, Sieg Heil› klang mir in den Ohren wie eine Sturmglocke», erzählt Papen, der hinter Hitler stand. Der neue Reichskanzler war ganz erregt und sagte mit heiserer Stimme: «Welche ungeheure Aufgabe liegt doch vor uns, Herr von Papen. Wir dürfen uns niemals trennen, bis unser Werk vollendet ist.»[64]

Papen starrte noch den letzten Kolonnen nach, die eben die Wilhelmstraße verließen und im Schwarz der Nacht verschwanden. Es war ein Akt voll düsterer Symbolik: Ein

Volk marschierte in die Dunkelheit, völlig ahnungslos, daß dieser 30. Januar 1933 eine Ära von Gewalt, Menschenverachtung und Massenverbrechen eröffnete.

6
Die Machtergreifung

In der traditionsreichen Wilhelmstraße 71 verließ der Reichskanzler sein Arbeitszimmer und trat in die Halle. Er stieg in den ersten Stock hinauf, an grüßenden Beamten und Dienern vorbei, und ging dabei so langsam, als wolle er demonstrieren, daß er den Rat des Reichspräsidenten von Hindenburg befolge: Das Haus, hatte der alte Mann gesagt, habe so wackelige Treppen, daß er «vorsichtig gehen» solle. Im Bibliothekszimmer ließ sich der Kanzler in einen altmodischen Sessel fallen. Ein Adjutant brachte das Abendessen: einen Teller Rohkost.

Adolf Hitler hatte eine neue Erfahrung hinter sich: Zum erstenmal in seinem Leben hatte er von morgens bis abends an einem Schreibtisch gearbeitet. Seit er als Kanzler eines «Kabinetts der nationalen Konzentration» in die Wilhelmstraße gezogen war, pflegte er einen beinahe konservativen Lebensstil. Jede Geste sollte suggerieren, daß an dem historischen Arbeitsplatz ein würdiger Nachfolger Bismarcks amtierte. Seine Bohemienjahre schienen vergessen, Hitler gab sich ganz als konventioneller Staatsmann; die Parteiuniform hatte er abgelegt, an ihrer Stelle trug er einen dunklen Zweireiher.

Pünktlich um zehn Uhr erschien er in seinem Arbeitszimmer und machte sich an das Studium der Morgenmeldungen. Er ließ sich von Hans Heinrich Lammers, dem neuen Staatssekretär der Reichskanzlei, über die Tagesordnung Vortrag halten, er empfing Besucher, er telephonierte mit Beratern und Parteigenossen, er diktierte einer Sekretärin Briefe in die Maschine. Am Nachmittag ab 17 Uhr präsidierte Hitler dem Reichskabinett. Mit keinem Wort verriet er, daß ihn die Diskussionen und gelegentlichen Streitereien der Minister langweilten. Er vermied jede Schärfe und intervenierte sofort, wenn ein Konflikt zwischen den beiden NS-Ministern und ihren neun konservativen Kollegen drohte.

Hitler war von dem neuen Abenteuer des Regierens so fasziniert, daß er sogar zunächst die Wochenendausflüge zu seiner Freundin, der Photostudio-Sekretärin Eva Braun, in München einstellte. Noch am Abend des 30. Januar 1933 hatte er versucht, sie telephonisch zu erreichen, doch die Fernsprechzentrale der Reichskanzlei war durch die zahllosen Gratulantenanrufe so blockiert, daß die Verbindung nicht zustande kam. Eva Braun hatte die «gute Nachricht» schon aus anderer Quelle erhalten. An der Wohnung der Familie Braun hatte eine katholische Armenschwester geläutet und verkündet: «Welches Glück, daß der freundliche Herr Hitler die Macht übernommen hat. Gott sei gelobt!»[1]

Der «freundliche Herr Hitler» – das war genau der Ton, auf den Hitler die ersten Gesten und Reden seiner Amtszeit abgestimmt hatte. Er trat auf, als sei er ein jüngerer Sohn Hindenburgs; er wärmte sich im Schutz des Hindenburg-Mythos, berief sich stets auf irgendwelche «Befehle» des Generalfeldmarschalls und hofierte den greisen Reichspräsidenten in der Öffentlichkeit ehrerbietig, fast servil.

Die «Einheit unseres Volkes» wurde zu Hitlers ständiger Redensart, auch der «Herrgott» kam häufig in seinen Ansprachen vor. Das hörte sich in seiner Regierungserklärung, die er am Abend des 1. Februar vor Rundfunkmikrophonen verlas, so an: «Nun, deutsches Volk, gib uns die Zeit von vier Jahren und dann urteile und richte über uns! Getreu dem Befehl des Generalfeldmarschalls wollen wir beginnen. Möge der allmächtige Gott unsere Arbeit in seine Gnade nehmen, unseren Willen recht gestalten, unsere Einsicht segnen und uns mit dem Vertrauen unseres Volkes beglücken. Denn wir wollen nicht kämpfen für uns, sondern für Deutschland!»

Auch aus seinen Reden klang jetzt ein solch pseudoreligiöser Sendungsglaube, daß unpolitische Deutsche den neuen Kanzler geradezu für einen christlichen Erneuerer hielten. Manchmal beendete er sogar eine Ansprache mit einem pathetischen «Amen». Goebbels kommentierte: «Das wirkt so natürlich, daß die Menschen alle auf das tiefste davon erschüttert und ergriffen sind.» Andere Zuhörer beeindruckte er durch das traditionalistische Vokabular, dessen er sich nun auch häufig bediente – Anlaß für den unsinnigen, gleichwohl typischen Ausruf eines alten Generals des Kaisers: «Wir haben wieder einen Kanzler!»[2]

Hitlers staatsmännisches Gehabe, eine Mischung aus Anpassung, Taktik und Selbststilisierung, konnte freilich nicht darüber hinwegtäuschen, daß er keineswegs der allmächtige Kanzler war, als der er in der Öffentlichkeit auftrat. Hitler war kaum in der Lage, dem Kabinett seinen Willen aufzuzwingen. Er konnte nur in den Grenzen der Koalitionsabsprache mit Papen und Hugenberg taktieren, und diese Grenzen waren eng.

Jede Kabinettssitzung rief Hitler erneut ins Gedächtnis, daß er nicht aus eigener Kraft zur Kanzlerschaft gelangt war. Nur auf dem Umweg über «eine ‹Entente› zwischen Gruppen der traditionellen Eliten und der Führung der Hitler-Bewegung» (so Klaus-Jürgen Müller) hatte er die Schalthebel der Macht erreicht. Es war ein Bund der Halbstarken: Den alten Eliten, nach der Selbstentleibung der parlamentarischen Demokratie wieder zu stärkerem Einfluß gelangt, fehlte die Basis in der Gesellschaft, um ihre Politik dauerhaft durchzusetzen, während die Führer der NSDAP zwar über eine Massenbasis verfügten, diese dennoch nicht groß genug war, die Partei mit dem Mittel parlamentarischer Mehrheiten an die Macht zu bringen.[3]

Schleicher hatte versucht, durch Mobilisierung gewerkschaftlicher Gruppen in allen Parteien einschließlich der NSDAP der Armee und Regierung eine neue gesellschaftliche Basis zu schaffen, doch er war gescheitert. So hatten sich die alten Machtgruppen in Politik, Militär und Wirtschaft mit Hitlers Führungskreis arrangiert, zumal sie ähnliche Ziele anvisierten: Schaffung eines autoritär-nationalistischen Staates, Ausschaltung der marxistisch-pazifistischen Linken, Verstärkung der Aufrüstung und Rückkehr zu einer expansiven Großmachtpolitik, die zumindest die deutschen Grenzen von 1914 wiederherstellen sollte. Darüber hatten sich die Hitler, Papen, Hugenberg und Hindenburg verständigt – Beginn einer Allianz, die das Dritte Reich begründete und trotz aller Erschütterungen bis zum 20. Juli 1944 Bestand hatte.

Allerdings versuchten Hitlers konservative Gefährten von Anfang an, ihn auf die Rolle des Juniorpartners festzunageln. Seine Macht war eng begrenzt: Die Reichswehr blieb Hindenburgs Domäne, das Reichskommissariat für Preußen kontrollierte Papen, Hugenberg genoß als Reichswirtschafts- und Ernährungsminister und kommissarischer Leiter der preußischen Ministerien für Wirtschaft, Landwirtschaft und Arbeit den Ruf eines «Wirtschaftsdiktators».

Doch Hitler war nicht der Mann, der sich mit der Rolle eines Juniorpartners begnügte. Er wollte der wirkliche Herr des Kabinetts werden. Hitler war angetreten, seinen Machtanspruch rücksichtslos durchzusetzen ohne Pläne und Programme. Gleichwohl mögen viele Historiker nicht darauf verzichten, Hitler ein planvolles, systematisches Stufe-um-Stufe-Handeln zuzuschreiben. Diesen Hitler hat es nie gegeben. Er ist eine Erfindung von Autoren, die sich in den Kopf gesetzt haben, daß Hitler immer handelte, weil er es so wollte, und nicht, weil ihn meist Umstände, Zufälle oder Automatismen dazu veranlaßten.

Er hatte kein Konzept für die Machtergreifung. Er kannte nur ein Mittel zur Sprengung des konservativen Einschließungsringes, eines, das er in den letzten Monaten immer ins Spiel brachte, wenn er in einer Sackgasse steckte: Neuwahlen. Bei der letzten Reichstagswahl im November 1932 hatte sich das gegen ihn gekehrt. Jetzt aber konnte er – gestützt auf den Staatsapparat – hoffen, durch eine nochmalige Aufputschung der Wählermassen seiner Partei die Vorrangstellung im Kabinett zu erkämpfen, ja vielleicht die Koalition überflüssig zu machen, falls die NSDAP die absolute Mehrheit errang. Gegen Neuwahlen konnten auch die Partner keine ernsthaften Einwände erheben, sie lagen im Interesse aller im Kabinett: Nur durch Neuwahlen konnte die Koalition sich eine Mehrheit sichern, von der Hindenburg künftiges Regieren in Deutschland abhängig machen wollte.

Hugenberg durchschaute jedoch Hitlers Manöver und weigerte sich, Neuwahlen zuzustimmen, zumal er von weiteren Wahlen erneute Einbußen der DNVP befürchtete. Deshalb war er schon vor der Vereidigung des Kabinetts dagegen gewesen. Dennoch brachte Hitler auf der ersten Kabinettssitzung das Thema wieder auf, und erneut wehrte sich Hugenberg dagegen. Er schlug vor, man solle die kommunistischen Mandate kassieren, dann fiele den Rechtsparteien automatisch die Mehrheit im Reichstag zu. Da hätte man aber den besorgten Verfassungsfreund Hitler sehen sollen! «Nach seinen Erfahrungen», so steht im Sitzungsprotokoll, «seien Verbote von Parteien zwecklos. Es sei schlechterdings unmöglich, die sechs Millionen Menschen zu verbieten, die hinter der KPD ständen.»[4]

Noch rang Hitler mit Hugenberg, da drohte dem Kanzler von einer anderen Seite Gefahr: von der Zentrumspartei. Deren Führer waren darüber verstimmt, daß Papen sie bei den Koalitionsverhandlungen übergangen hatte und drängten nun Hitler, auch ihre Partei im Kabinett aufzunehmen. Tatsächlich war der Posten des Justizministers für den Fall, daß die Zentrumspartei ihn zu besetzen wünschte, offen geblieben. Hitler schreckte daraufhin Kaas, mit dem er am Vormittag des 31. Januar verhandelte, durch die unsinnige Forderung ab, das Zentrum müsse der Vertagung des Reichstages um ein Jahr zustimmen. Die Zentrumsmänner standen vor einem Rätsel; die Partei, so fand ihr *Deutsches Volksblatt*, habe doch mit Hitler «noch vor wenigen Monaten gewissermaßen freundschaftlich verhandelt» und ihn im Wahlkampf «sorgsam geschont».

Hitler wußte sehr genau, warum er die Zentrumsführer vor den Kopf stieß: Trat nämlich ihre Partei der Koalition bei, dann verfügte das Kabinett über die absolute Mehrheit im Reichstag, und es bedurfte keiner Neuwahlen mehr. Zum Glück Hitlers wollte auch Hugenberg das Zentrum nicht im Kabinett vertreten sehen. So konnte Hitler, ohne die (negative) Antwort der Zentrumspartei abzuwarten, bei der nächsten Kabinettssitzung noch einmal drängen, die Frage der Neuwahlen zu entscheiden. Hugenberg argumentierte so unsicher, daß er in der Runde bald isoliert war. Schließlich gab er nach. Am 1. Februar unterzeichnete Hindenburg die Auflösungsorder, das Kabinett setzte den 5. März als Wahltag fest.[5]

Schon hier zeigte sich, wie wenig die konservativen Partner dem Machtdrang Hitlers gewachsen waren. Hugenberg hatte bereits einen Tag nach der Regierungsvereidigung erkannt: «Ich habe gestern die größte Dummheit meines Lebens begangen. Ich habe mich mit dem größten Demagogen der Weltgeschichte verbündet.» Sein Vorschlag, die KPD zu verbieten, illustrierte jedoch, daß er die Lage seiner Partei falsch einschätzte, denn eine sukzessive Ausschaltung der Linken mußte die konservativen Kräfte immer mehr von der NSDAP abhängig machen.[6]

Inzwischen aber tastete sich Hitler weiter voran, um den Griff der konservativen Partner zu lockern. Er suchte Kontakte zur Reichswehr, zu der Macht, ohne die er niemals im Kabinett autonom werden konnte. Die Reichswehr gehörte zur Prärogative Hindenburgs; der Reichspräsident allein hatte den neuen Reichswehrminister ausgewählt, er allein bestimmte über die Besetzung der wichtigsten Kommandoposten in Heer und Marine. Hitler mußte sich Zugang zur Reichswehr verschaffen, wollte er mit ihren Führern ins Gespräch kommen. Da er in Berlin kaum einen maßgeblichen Mann der Reichswehr kannte, ihm aber der eigene Wehrminister noch zu fremd war, sprach er am 31. Januar Soldaten und militärische Dienststellen direkt an.

Anderntags wurde das Reichswehrministerium von der Meldung aufgescheucht, der neue Reichskanzler laufe durch Berliner Kasernen und halte vor Soldaten Reden über das «neue Deutschland», ohne den vorgeschriebenen Dienstweg einzuhalten. Für das hierarchische Denken preußisch-deutscher Militärs war das ein unmögliches Verhalten. Reichswehrminister von Blomberg griff ein: Da er die Gruppen- und Wehrkreisbefehlshaber nach Berlin bestellt hatte, um sie über die neue politische Lage zu informieren, seine eigene Dienstwohnung aber noch von Schleicher besetzt war, ersuchte er den Heereschef von Hammerstein-Equord, die angereisten Generale und Admirale zu einem Essen am Abend des 3. Februar in dessen Wohnung zu bitten und dazu auch Hitler einzuladen.[7]

Es war eine Zusammenkunft, die anfangs nicht ohne Peinlichkeit war. Der Grandseigneur Hammerstein-Equord, den Emporkömmling Hitler noch immer etwas von oben herab behandelnd, stellte ihn den steif-kühlen Militärs vor, wobei er sich vielleicht des Bataillonskommandeurs Hammerstein-Equord erinnerte, der vor seiner Truppe den Novemberputsch von 1923 mit den Worten kommentiert hatte: «In München ist ein Gefreiter Hitler verrückt geworden.» Auch der Gast fühlte sich sichtlich unwohl, wie sich ein Zeuge erinnert: «Hitler machte überall bescheidene linkische Verbeugungen und blieb verlegen.»

Dann aber, nach dem Essen, erhob er sich und hielt eine zweistündige Rede über seine künftige Politik, die die Militärs aus ihrer Zurückhaltung riß. Generalleutnant Curt Liebmann, Befehlshaber im Wehrkreis V, schrieb mit: «1. Im Innern. Völlige Umkehrung der gegenwärt. innenpol[itischen] Zustände in D[eutschland]. Keine Duldung der Betätigung irgendeiner Gesinnung, die dem Ziel entgegen steht (Pazifismus!). Wer sich nicht bekehren läßt, muß gebeugt werden. Ausrottung des Marxismus mit Stumpf und Stiel... 2. Nach außen. Kampf gegen Versailles. Gleichberechtigung in Genf; aber zwecklos, wenn Volk nicht auf Wehrwillen eingestellt. Sorge für Bundesgenossen... 4. Aufbau der Wehrmacht wichtigste Voraussetzung für Erreichung des Ziels: Wiedererringung der pol[itischen] Macht. Allg[emeine] Wehrpflicht muß wieder kommen.» Schließlich folgten Sätze, bei denen die Militärs besonders aufmerksam zuhörten. Liebmann notierte: «Wehrmacht wichtigste u. sozialistischste Einrichtung d. Staates. Sie soll unpol[itisch] u. überparteilich bleiben. Der Kampf im Innern nicht ihre Sache, sondern der Nazi-Organisationen. Anders wie in Italien keine Verquickung v. Heer u. SA beabsichtigt.»[8]

Die Militärs dankten mit höflichem Beifall, obwohl danach mancher von ihnen fand, Hitler habe den Mund reichlich vollgenommen. Da hatte ein Politiker gesprochen, der erst seit ein paar Tagen Reichskanzler war und offensichtlich gar nicht über die Macht verfügte, auch nur einen Bruchteil seiner Ankündigungen zu verwirklichen, ganz zu schweigen von der «Eroberung neuen Lebensraums im Osten u. dessen rücksichtslose Germanisierung», laut Hitler eine Möglichkeit künftiger deutscher Politik. Wollte er sich als großer Polit-Stratege geben, den Militärs mit möglichst weiträumigen Konzepten imponieren?

Hitlers Worte wurden später anders interpretiert, als ein Indiz dafür, daß er, kaum Kanzler geworden, sogleich den Lebensraumkrieg gegen Rußland, der ihm seit der Haft in Landsberg vorschwebte, anvisiert habe. Die vagen Formulierungen in den Liebmann-Aufzeichnungen (Rußland wird mit keinem Wort erwähnt) rechtfertigen diese Vermutung nicht. Warum auch hätte er die nüchternen Militärs mit der Aussicht auf einen Rußlandkrieg erschrecken sollen? Hitler war gekommen, um sich den Militärs als ein glaubwürdiger, zuverlässiger Partner anzubieten, und er wird nicht gerade vor Offizieren, die eifrige Anhänger der deutsch-sowjetischen Militärkooperation waren, über einen Krieg gegen Rußland phantasiert haben. Zudem weisen die Stichworte «Osten» und «Germanisierung» darauf hin, daß er Polen im Blick hatte, was auch in die Zeit paßt: Es war die Zeit der deutsch-polnischen Spannungen, der Abwehr gegen eine befürchtete polnische Invasion, der Präventivkriegspläne Josef Pilsudskis gegen Deutschland.

Wie immer auch die Militärs in der Wohnung Hammersteins die Worte Hitlers deuten mochten – die Zusammenkunft vom 3. Februar 1933 inaugurierte eine Partnerschaft, die zu einer entscheidenden Voraussetzung für Hitlers Machtergreifung werden sollte. Denn für die Militärs hatte Hitler das erlösende Wort gesprochen: keine Gefährdung der militärischen Monopolstellung der Reichswehr durch die SA, Erhöhung der Reichswehr zur «wichtigsten Einrichtung» des Staates, Rückzug der Streitkräfte aus der Innenpolitik. Mit dieser «Entpolitisierung» der Reichswehr konnten sich die Generale und Admirale leicht abfinden, weil ihnen Schleichers Vorstoß in die Politik nie sonderlich behagt hatte.

Das paßte auch in das Konzept der neuen Reichswehrführung, die nun allerdings unter Entpolitisierung keineswegs einen Abschied von der Politik verstand. Ihr maßgeblicher Kopf, Oberst von Reichenau, Bredows Nachfolger als Chef des Ministeramtes, sah in der «Entpolitisierung» nur eine taktische Variante der Schleicherschen Politik, eine Tarnformel, mit der die Reichswehr ihren Anspruch auf Machtteilhabe in dem künftigen autoritären Staat anzumelden hatte. Auch in Zukunft sollte in Deutschland kein Kanzler regieren dürfen, ohne die Reichswehr an der Macht zu beteiligen. Reichenau: «Hinein in den neuen Staat, nur so können wir die uns gebührende Position behaupten.»[9]

Reichenau setzte auf Hitler als dem kommenden Mann, so daß er in den Ruf geriet, ein Nazi zu sein. Er war es nicht. Walther von Reichenau, Gardeartillerist, Fußballspieler und England-Fan, war ein moderner Offizier, der die meisten seiner Kameraden an Intelligenz und auch an Skrupellosigkeit überragte. Seine sportlichen Aktivitäten hatten ihn mit Arbeitern in Kontakt gebracht, von denen er lernte, gesellschaftliche Veränderungen zu erkennen und zu akzeptieren. Das Phänomen der Hitler-Bewegung hielt er für eine solche Veränderung, auf die sich die Reichswehr rechtzeitig einzustellen habe.

Doch anders als der liebenswürdig-schwache Reichswehrminister Werner von Blomberg, ein romantischer Steiner-Anhänger, dem bald der energiestrotzende Hitler «wie ein ganz großer Arzt» vorkam, verlangte Reichenau Teilhabe an der Macht. Ihm schwebte eine Teilung der Staatsmacht vor, er sah in Hitlers Bewegung und im Militär «zwei Säulen», die den künftigen Staat tragen würden, nicht unähnlich dem dualistischen Herrschaftsprinzip des alten Preußen. «Militärische und politische Staatskomponente», so interpretiert Klaus-Jürgen Müller die Vorstellungen Reichenaus, «standen wieder nebeneinander und fanden letztlich nur in der Person des ‹Ersatzmonarchen› Hindenburg ihre Zusammenfassung.» Um dieses Ziel zu erreichen, war Reichenau bereit, Hitler den Weg an die Macht zu erleichtern. Ein Offizier hielt fest, was Reichenau den Befehlshabern der Reichswehr einschärfte: «Erkenntnis ist notwendig, daß wir in einer Revolution stehen. Morsches im Staat muß fallen, das kann nur mit Terror geschehen. Die Partei will gegen den Marxismus rücksichtslos vorgehen. Aufgabe der Wehrmacht: Gewehr bei Fuß.»[10]

Die Reichswehr war neutralisiert, die Auflösung des Reichstags gesichert, jetzt konnte sich Hitler ganz dem Wahlkampf widmen. Noch vor der Fahrt zu Hammerstein hatte er mit Goebbels, der die Leitung der Wahlpropaganda übernahm, die wesentlichsten Details der Kampagne besprochen. «Nun ist es leicht, den Kampf zu führen, denn wir können alle Mittel des Staates für uns in Anspruch nehmen», schrieb Goebbels unter dem 3. Februar. «Rundfunk und Presse stehen uns zur Verfügung. Wir werden ein Meisterstück der Agitation liefern.»[11]

Ehe sich Hitler in den Wahlkampf stürzte, trat er noch einmal vor das Kabinett, um sich eines Alptraums zu entledigen, der ihn seit seinem Amtsantritt bedrängte: der Furcht vor einem Generalstreik. Immer wieder tauchte das Gerücht auf, die marxistischen Parteien und Gewerkschaften wollten sich zu einer Gewaltaktion gegen die neue Regierung vereinigen. Vor einem Generalstreik aber hatte Hitler eine geradezu panische Furcht – hätten es die linken Gegner gewußt, wären sie wohl nicht so leicht dazu gebracht worden, auf diese wirkungsvolle Waffe zu verzichten.

Hitler kam immer wieder auf das Reizwort «Generalstreik» zurück, es sollte ihn bis zum Wahltag verfolgen. Schon am 30. Januar hatte er im Kabinett erklärt, das von Hugenberg vorgeschlagene KPD-Verbot könne einen Generalstreik und schwere innere Kämpfe auslösen, und er hatte sich auch nicht von Görings Einwand, die SPD wolle «im Augenblick einen Generalstreik nicht mitmachen», seine Befürchtungen ausreden lassen. Am 1. Februar sprach Hitler im Kabinett wieder darüber, diesmal schien sich ihm sogar schon «eine Einheitsfront von den Gewerkschaften bis zur KPD gegen die jetzige Reichsregierung zu bilden». Einen Tag danach berieten die Minister auf Drängen des Kanzlers über eine Notverordnung, die das Kabinett in die Lage versetzen sollte, einen Generalstreik schon im Ansatz niederzuschlagen.

Die Zusammenkunft bei Hammerstein machte Hitler vollends klar, daß es opportun war, die Verordnung möglichst rasch zu erlassen, wollte er nicht seine neuen Beziehungen zur Reichswehr gefährden. Denn: Auch dort fürchtete man den Generalstreik. Eben erst hatte Blomberg vor den Befehlshabern erklärt, es sei Schleichers Verdienst gewesen, daß es ihm 1932 durch die Übernahme der Kanzlerschaft gelungen sei, die Reichswehr «vor dem Einsatz gegen einen Generalstreik von rechts u. links zu bewahren», und unvergessen war das Planspiel des Oberstleutnants Ott, das enthüllt hatte, wie hilflos die Reichswehr bei einem Generalstreik sein würde.

So drängte nun Hitler das Kabinett, die Verordnung zu erlassen, was sich als leicht möglich erwies, da sie schon von früheren Regierungen entworfen worden war. Noch am 4. Februar unterzeichnete Hindenburg die «Verordnung des Reichspräsidenten zum Schutze des deutschen Volkes», die die Staatsorgane ermächtigte, Streiks in «lebenswichtigen» Betrieben und politische Versammlungen und Umzüge zu verbieten, sobald «eine unmittelbare Gefahr für die öffentliche Sicherheit zu besorgen» sei, und Druckerzeugnisse zu beschlagnahmen und auf begrenzte Zeit zu verbieten, «deren Inhalt geeignet ist, die öffentliche Sicherheit oder Ordnung zu gefährden».[12]

Das war so schwammig formuliert, daß mit dieser Verordnung, der ersten in jener berüchtigten Reihe, die schließlich alle Meinungsfreiheit in Deutschland zerstörte, jeder Gegner und Kritiker der Reichsregierung ausgeschaltet werden konnte. Dieser Verordnung vom 4. Februar 1933 bediente sich auch der Mann, der nun zur Schlüsselfigur der nationalsozialistischen Machtergreifung werden sollte: Hermann Göring, der Chef des preußischen Innenministeriums.

Preußen war dazu ausersehen, der Hauptschauplatz des jetzt anhebenden Kampfes um die Alleinherrschaft in Deutschland zu werden. Preußen war das größte Land Deutschlands, es besaß den einzigen wirkungsvollen Polizeiapparat, den Nationalsozialisten kontrollierten, und es verfügte zudem über die schlagkräftigste Organisation der NSDAP. Und der Kommissar Göring, unter Nazis gern den Mann bürgerlicher Reputierlichkeit und Bonhomie hervorkehrend, war skrupellos genug, alle Staatsorgane einzusetzen, um die Entscheidung zugunsten Hitlers und seiner Partei zu erzwingen. Das sagte er auch mit der ihm eigenen brutalen Offenheit, der Linken erklärte er gnadenlosen Krieg: «Hier habe ich keine Gerechtigkeit zu üben, hier habe ich nur zu vernichten und auszurotten, weiter nichts.»

In der Optik Görings hatte Preußen jedoch einen Schönheitsfehler: Formal gab es noch immer das Kabinett Braun, dem der Staatsgerichtshof in einem von der preußischen Staatsregierung angestrengten Prozeß im Oktober 1932 das Recht zugestanden hatte, Preußen im Reichstag und Reichsrat zu vertreten und im Landtag Aufgaben einer Landesregierung wahrzunehmen. Seither gab es in Preußen zwei Regierungen, den Reichskommissar mit seinen Kommissaren und das Kabinett Braun. Dieses Kabinett aber konnte Görings Aktivitäten stören. Folglich mußte es ausgeschaltet werden, meinte Göring. Doch wie? Nur der Landtag konnte die Regierung Braun abwählen, wozu ihren Gegnern jedoch die Mehrheit fehlte. Also mußte der Landtag aufgelöst werden, wie die NS-Fraktion beantragte. Doch dieser Antrag scheiterte an den für die NSDAP ungünstigen Mehrheitsverhältnissen.

Da schlug der Reichskommissar Papen vor, die Regierung einfach mit einem Federstrich «zu beseitigen». Man wird sich das merken müssen: Der erste große Rechtsbruch des Kabinetts Hitler ging nicht von einem Nazi aus, sondern von dem ach so christlichen Franz von Papen. Er bewog Hindenburg, am 6. Februar eine Verordnung «zur Herstellung geordneter Regierungsverhältnisse in Preußen» zu erlassen, durch die alle Hoheitsrechte des Kabinetts Braun auf das Reichskommissariat übertragen wurden. Selten war ein Gewaltakt dürftiger begründet worden: «Durch das Verhalten des Landes Preußen gegenüber dem Urteil des Staatsgerichtshofs für das Deutsche Reich vom 25. Oktober 1932 ist eine Verwirrung im Staatsleben eingetreten, die das Staatsleben gefährdet.»[13]

Nach diesem zweiten Preußenschlag Papens hatte Göring freie Bahn. Er mußte zwar immer die Vorrechte des ihm übergeordneten Reichskommissars Papen respektieren, und auch im Rat der Kommissare des Reichs hatte er nur eine Stimme, gleichwohl wußte sich der ruppige, meist nach einer Morphiumspritze unerträglich bramarbasierende Göring durchzusetzen: Die Landtagswahlen wurden auf den 5. März festgesetzt, die für die NSDAP noch ungünstigen kommunalen Vertretungskörperschaften aufgelöst und deren Neuwahl für den 12. März bestimmt.

Dann schob Göring seine Vertrauensmänner auf die wichtigsten Posten der Verwaltung und «säuberte» in der Beamtenschaft mißliebige, meist den linken Parteien zugehörige Funktionsträger hinaus, die gerade Papens Durchkämmungsaktion nach dem 20. Juli 1932 überstanden hatten. Zugleich holte sich Göring die SA heran, deren Führer schon darauf warteten, endlich mit Staatspfründen belohnt zu werden. SA-Rollkommandos stießen höchste Staatsbeamte beiseite: Allein im Februar wurden die Polizeipräsidenten in 14 Großstädten abgelöst, dazu zahlreiche Oberpräsidenten, Regierungspräsidenten, deren Stellvertreter, Landräte und hohe Ministerialbeamte.

Seine engsten Vertrauten brachte Göring im Polizeiapparat unter, den er sich zur Hauptwaffe nationalsozialistischer Machterweiterung auserwählte. Er selber schuf sich eine eigene Leibgarde, die «Polizeitruppe zur besonderen Verfügung» unter dem Major Wecke, der schon in der Nacht zum 30. Januar im Falle eines Militärputsches eine besondere Rolle hatte spielen sollen, und ging sogleich daran, die Polizeigruppe des preußischen Innenministeriums und die Abteilung I A des Berliner Polizeipräsidiums, eine Schaltstelle der politischen Polizei, zu Befehlszentralen der Kampagne gegen die letzten Stützpunkte der Demokratie zu machen.[14]

Dabei fiel freilich auf, daß sich Göring nicht selten mit Mitarbeitern umgab, die keine Nationalsozialisten waren. Als Pressechef holte er sich den konservativen Journalisten Martin Sommerfeldt, die Polizeigruppe übernahm der ehemalige Arbeitgeberfunktionär Ludwig Grauert, und die I A wurde dem Ex-Demokraten Rudolf Diels anvertraut, der nach seiner Denunziantenrolle bei Papens preußischem Staatsstreich rasch Karriere gemacht hatte und Ende 1932 mit Göring in Verbindung getreten war. Auch außerhalb seines engsten Mitarbeiterkreises zeigte Göring zuweilen eine überraschende Vorliebe für Konservative: So besetzte er den Posten des Berliner Polizeipräsidenten nicht, wie erwartet, mit dem SA-Führer Graf Helldorf, sondern mit einem deutschnationalen Ex-Admiral, und den begehrten Posten des westfälischen Oberpräsidenten erhielt ein konservativer Agrarfunktionär.

Hier zeichnete sich zum erstenmal eine Interessenverzahnung zwischen den auf administrative Effizienz ausgerichteten Führern der NSDAP und konservativen Verwaltungsfachleuten ab, die im Dritten Reich noch bedeutsam werden sollte. Ludwig Grauert war dafür eine Art Bahnbrecher: Der ehemalige Staatsanwalt, Typ des deutschnationalen Beamten, hatte als Geschäftsführer der Nordwestgruppe des Vereins Deutscher Eisen- und Stahlindustrieller zu jener kleinen Minderheit schwerindustrieller Manager gehört, die schon früher für Hitler eingetreten war. Weil er 1932 dem NS-Wirtschaftler Walther Funk 100 000 Mark aus der Verbandskasse gezahlt hatte, ohne seine Auftraggeber vorher um Genehmigung zu bitten, hatte Grauert seinen Job aufgeben müssen und war zu Göring gegangen.[15]

Dieser Grauert, der im Sommer 1933 Görings Staatssekretär wurde, vermittelte seinem Chef die Verbindung zu der deutschnationalen Beamtenschaft Preußens. Er dürfte auch der Mann gewesen sein, der Göring riet, seine Machtbasis nach rechts zu erweitern, in die Kreise hinein, in denen sich Grauert besonders gut auskannte: die Industriezirkel an Ruhr und Rhein. Jetzt kam der zweite große Brückenschlag der Nationalsozialisten zu der traditionellen deutschen Machtelite: Hatte die Zusammenkunft am 3. Februar die Allianz mit dem Militär vorbereitet, so bahnte sich nun die Verständigung mit den Führern der Großindustrie an.

Am 20. Februar empfing Göring, eifrig assistiert von dem ehemaligen Reichsbankpräsidenten Hjalmar Schacht, an seinem Dienstsitz im Reichstag 25 führende Industrielle, die gebeten worden waren, mit den Männern der neuen Reichsregierung die politische Lage zu erörtern. Hitler hielt dabei eine Rede, die zumindest Schacht als «derart maßvoll» in Erinnerung blieb. Hitler versprach, was deutsche Unternehmer damals gern hörten: eine «ruhige Zukunft», Ausschaltung von marxistischen Gewerkschaften, einen wehrfreudigen autoritären Staat ohne sozialistische Experimente, Ende des «Parteienhaders». Hitler: «Wir stehen jetzt vor der letzten Wahl. Sie mag ausfallen, wie sie will, einen Rückfall gibt es nicht mehr, auch wenn die kommende Wahl keine Entscheidung bringt.»

Dann sprach Göring, wie immer, mit derber Offenheit. Die NSDAP, so erklärte er den Managern, habe ja im gerade begonnenen Wahlkampf «die meiste Arbeit zu leisten», und da sei es wohl nur recht, «daß andere nicht im politischen Kampf stehende Kreise wenigstens die nun mal erforderlichen finanziellen Opfer bringen müßten». Ein solches Opfer werde der Industrie um so «leichter fallen, wenn sie wüßte, daß die Wahl am 5. März die letzte sicherlich innerhalb zehn Jahren, voraussichtlich aber in hundert Jahren sei», wie eine erhaltene Niederschrift der Göring-Rede festhält.

Die Herren der Industrie hatten verstanden. Ihr Wortführer, Gustav Krupp von Bohlen und Halbach, bisher auf Distanz zu Hitler und der Mann, der Grauert wegen seiner NS-Spende sofort hatte hinauswerfen wollen, dankte für Hitlers Rede und freute sich schon auf den «politisch starken, unabhängigen Staat», in dem endlich wieder Wirtschaft und Gewerbe blühen könnten. Kaum hatten die beiden nationalsozialistischen Führer den Raum verlassen, da ertönte Schachts fröhlich-burschikoses «Und nun, meine Herren, an die Kasse!» Die Industriellen zeichneten hohe Geldbeträge für Schachts Wahlkasse, rasch hatte der Finanzmann drei Millionen Mark zusammen – auch die deutsche Schwerindustrie hatte endgültig Kurs auf Hitler genommen.[16]

Die Industriegelder schmierten einen Wahlkampfapparat, wie ihn selbst die Nazis noch nicht gesehen hatten. Göring übernahm auch hier die Führung in Preußen: Mit einer raffinierten Mischung aus Propaganda und Terror, aus politischer Aggressivität und staatlicher Repression setzte er die gegnerischen Parteien unter Druck und suchte Wähler davon abzuschrecken, sich für ihre angestammten Parteien zu engagieren.

Zahlreiche Erlässe und Instruktionen Görings gaben Oberpräsidenten und Regierungspräsidenten zu verstehen, daß nur die «nationalen» Parteien zu unterstützen seien. In einem Erlaß vom 17. Februar wies Göring alle Polizeibehörden an, dem «Treiben staatsfeindlicher Organisationen mit den schärfsten Mitteln entgegenzutreten», notfalls mit der Schußwaffe: «Polizeibeamte, die in Ausübung dieser Pflichten von der Schußwaffe Gebrauch machen, werden ohne Rücksicht auf die Folgen des Schußwaffengebrauchs von mir gedeckt; wer hingegen in falscher Rücksichtnahme versagt, hat dienststrafrechtliche Folgen zu gewärtigen.» Zwei «Kommissare zur besonderen Verfügung», der Berliner SS-Führer Daluege und ein NS-Beamter namens Hall, hatten im Auftrag Görings immer wieder zu kontrollieren, ob die Polizei auch mit erwünschter Härte gegen kleinste Unregelmäßigkeiten der demokratischen Parteien im Wahlkampf vorging.

Bald mochte er die Polizei nicht mehr allein agieren lassen, nun animierte er die SA zum rücksichtslosen Angriff auf den Gegner. Am 22. Februar ordnete Göring an, daß Einheiten von SA, SS und Stahlhelm als «Hilfspolizei» einzusetzen seien – Beginn eines Terrorfeldzuges der Braunhemdenarmee. Den Kampf gegen den Kommunismus, rief Göring in einer Kundgebung der SA, könne er nicht allein mit polizeilichen Mitteln führen, «den Todeskampf führe ich mit denen da unten, das sind die Braunhemden! Ich werde dem Volk klarmachen, daß das Volk sich selbst zu wehren hat». Das «Volk», die SA, verstand die Aufforderung Görings nur allzu gut: Eine Welle von Schlägereien und Überfällen überspülte die demokratischen Parteien.[17]

Jeder Tag brachte neue Nachrichten über den Terror der SA: blutige Zusammenstöße und Schießereien zwischen SA-Rollkommandos und Anhängern der Zentrumspartei nach einer Wahlkundgebung im Rheinland. Überfall von SA-Männern auf den Ex-Minister Stegerwald bei einer Zentrumskundgebung in Krefeld, gewaltsame Auseinandersetzungen in Münster, Verwüstung der Redaktion eines Zentrumsblattes in Mülheim durch SA-Männer, Sprengung sozialdemokratischer Kundgebungen in Schlesien, Überfälle auf Politiker der SPD und KPD. Was nutzte es da, daß demokratische Zeitungen wie die *Germania* verlangten, «den unglaublichen Zuständen ein Ende zu bereiten», der Terror ging weiter. Albert Grzesinski schrieb: «In Hindenburg ist Genosse Nölting mit knapper Not dem Totschlag entronnen. Bei mir war es in Langenbielau ähnlich. Einer meiner Begleiter wurde niedergeschlagen. In Breslau ist gestern abend nur durch eine zufällige Verzögerung eingesetzter SA-Formationen namenloses Unglück verhindert worden.»

Dem offenen Terror der SA-Banden folgte der administrative Terror Göringscher Verbote und Durchsuchungsaktionen. Jetzt konnte er sich der Gummiparagraphen der Verordnung vom 4. Februar 1933 bedienen, und er machte weidlich Gebrauch davon. Zweimal durchsuchten Polizisten das Karl-Liebknecht-Haus, die Berliner Zentrale der Kommunistischen Partei, nach «staatsfeindlichen» Materialien, mehrfach wurden der *Vorwärts* und andere sozialdemokratische Zeitungen für einige Tage verboten, Wahlplakate und Propagandamaterialien der Zentrumspartei beschlagnahmt, Kundgebungen der Mittel- und Linksparteien von der Polizei aufgelöst. Die Zeitungsverbote waren zwar meist so fadenscheinig begründet, daß sie vom Reichsgericht (die Verordnung ließ Beschwerden beim höchsten deutschen Gericht zu) sofort wieder aufgehoben wurden, dennoch trafen Görings Verbote zunächst einmal den Wahlgegner.[18]

Hinter diesem Sperrfeuer rückten die braunen Propagandabataillone vor, die nur zwei große Themen kannten: «Kampf dem Bolschewismus» und «Arbeit und Brot für alle». Die nationalsozialistischen Agitatoren, so formuliert Rudolf Vierhaus, sprachen «pausenlos von der unmittelbar bevorstehenden Katastrophe, dem drohenden sozialen Umsturz, der zu befürchtenden Bolschewisierung, um die ‹Machtergreifung› des Nationalsozialismus als Wende von Furcht und Hoffnungslosigkeit zu Zukunftsvertrauen, als Rettung des deutschen Volkes im letzten Moment vor dem Absturz in die Tiefe erscheinen zu lassen».[19]

Auf hunterterlei Wegen wußten die Propagandisten der NSDAP ihre Botschaft an den Wähler heranzubringen. Da gab es Trupps mit besonders geschulten Reichsrednern und Gaurednern, da gab es Spezial-Versammlungen, SA-Aufmärsche, Plakatpropaganda mit Bildplakaten, Schriftplakaten, Broschüren und «Flammenwerfern» (Sondernummern), da ging es um «Symbol-Propaganda» mit Fahnen, Girlanden und Transparenten, da schütteten Flugzeuge Millionen von Flugblättern auf das Land und ratterten ganze Kolonnen von Lautsprecherwagen durch die Provinz.

Die Inszenierung von Versammlungen, noch immer wichtigste Multiplikatoren der Wahlpropaganda, verstand die NSDAP wie keine andere Partei, und auch das neue Agitationsmittel des Rundfunks hatten sich die Nationalsozialisten rasch angeeignet, seit die Reichsregierung dank ihrer Vormachtstellung in der Reichsrundfunkgesellschaft durchgesetzt hatte, daß alle großen Wahlreden der Kabinettsmitglieder vom Rundfunk übertragen werden mußten. Das war die große Chance für Joseph Goebbels; als Reporter seines Führers kündigte er jeweils die Hitler-Rede am Mikrophon an und brachte das Publikum mit aufputschend-dramatisierenden Sprüchen in die gewünschte Stimmung. Nach seiner ersten Ansage war Goebbels begeistert: «Diese Rede wird in ganz Deutschland einen Aufstand der Begeisterung entfachen. Die Nation wird uns fast kampflos zufallen.»

In der Tat versetzte die nationalsozialistische Propaganda Millionen Deutsche in «einen Taumel blinder Glaubensseligkeit», wie Martin Broszat sagt. Schon der Ausbruch der Massenseele am 30. Januar hatte gezeigt, welche beinahe pseudoreligiösen Erwartungen die Menschen an den Namen Hitler knüpften. Dieser Name symbolisierte für viele eine neue, noch unverbrauchte Kraft der deutschen Innenpolitik, signalisierte einen Ausweg aus der Sterilität und Hoffnungslosigkeit eines inhaltslos gewordenen Systems, das einfachste Bedürfnisse der Menschen nicht befriedigen konnte. Eine Fata Morgana, an die Millionen glaubten: die Parteien und Klassen übergreifende «Bewegung», die etwas Neues zu schaffen versprach.[20]

Man muß sich die politischen und sozialen Verhältnisse des Februar 1933 vorstellen: Parteien, die restlos versagt hatten. Eine Wirtschaft, die scheinbar nicht mehr in den Aufschwung fand. Ein alter Reichspräsident, der ratlos von Kanzler zu Kanzler rochierte. Sechs Millionen Arbeitslose, nur 42,1 Prozent aller Arbeiterplätze und 58,9 Prozent aller Angestelltenplätze in der Industrie besetzt. Ein Leben von Millionen zwischen Wärmehalle und Tagesheim, SA-Küche und Arbeitsamt. Stundenlanges Schlangestehen, fast ein ganzes Volk zermürbt, demoralisiert, beinahe schon aller Arbeit entwöhnt.

Und dazu die Furcht, die alles lähmte und alles möglich erscheinen ließ, Furcht, die keine ruhige Überlegung mehr erlaubte. Vierhaus beschreibt sie: «Furcht vor dem Hunger, vor der unaufholbaren Verarmung und – im Mittelstand besonders – vor der ‹Verproletarisierung›, Furcht vor dem Bürgerkrieg und der Revolution, vor einer ungesicherten Zukunft und vor der Erschütterung von Gesetz und Moral unter dem Druck der Not.» Da wuchs das Verlangen vieler, allzu vieler Menschen, sich einem scheinbar außergewöhnlichen Mann anzuvertrauen, notfalls sogar hinzunehmen, was herkömmlicher Moral widersprach.[21]

In dieses Pulverfaß der Ängste, Illusionen und Erregungen flog am Abend des 27. Februar jäh ein Funke. Ein unscheinbarer Holländer hatte ihn gezündet, der in keiner deutschen Rechnung vorkam. Marinus van der Lubbe, 24 Jahre alt, Maurergeselle aus Leiden, ein schwärmerischer Rätekommunist, war ausgezogen, Deutschland vor dem Faschismus zu retten.

Er meinte, die im Wahlkampf entmutigten Sozialisten und Kommunisten benötigten ein Fanal, das sie aufstachelte; es mußte in Berlin brennen, um auch dem letzten Proletarier zu demonstrieren, was auf dem Spiel stand. Er selber fühlte sich dazu aufgerufen, die Fackel zu entzünden. Was aber sollte brennen? Die Zwingburgen des kapitalistischen Systems: Wohlfahrtsämter, Rathäuser, Schlösser. Schließlich stieß er auf ein mächtiges Gebäude am Platz der Republik, das ihm noch lohnenswerter erschien: der Reichstag.[22]

Am 27. Februar, kurz nach 21 Uhr, stieg er über das Geländer an der Westseite des Gebäudes, kletterte an der Außenwand empor und stand bald auf dem Balkon vor dem Reichstagsrestaurant. Er schlug die Scheibe ein und sprang in den dunklen Raum – der Weg zur Brandstiftung war frei. Er warf einen brennenden Kohlenanzünder auf einen Holztisch, mit einem zweiten Kohlenanzünder setzte er den rasch zusammengerafften Vorhang in Brand. Während Türen und Holzverkleidung zu qualmen begannen, entzündete er einen weiteren Vorhang und rannte mit einem dritten Kohlenanzünder zu einer Treppe. Dann entledigte er sich fast aller seiner Kleider und steckte sein Oberhemd in Brand, das er nun als Fackel benutzte, um anderes anzuzünden: ein Tischtuch, das er aus einem Wäscheschrank herausgerissen hatte, einige Handtücher im Waschraum.

Immer heftiger ging sein Atem, immer gehetzter raste er von Raum zu Raum. Schließlich erreichte er den Plenarsaal, entzündete die Portieren des Präsidiums, rieß einen Vorhang von den Stenographenplätzen ab und entzündete ihn an bereits brennenden Vorhängen – und stürzte weiter von Fenstervorhang zu Fenstervorhang, stets mit einer Fackel in der Hand, von Qualm und dem Knistern des Feuers umgeben.

Einen kleinen, noch ganz schwachen Feuerschein sah der Theologiestudent Hans Flöter, der wenige Minuten nach 21 Uhr auf dem Weg in seine Wohnung an der Vorderfront des Reichstagsgebäudes vorbeikam. Flöter lief zu dem diensthabenden Oberwachtmeister Buwert, der am Reichstag gerade seine Runde machte. Kurz darauf war auch der Hausinspektor Alexander Scranowitz zur Stelle, der mit dem Polizeiwachtmeister Poeschel und weiteren Polizisten durch die Gänge des Gebäudes stürmte, bis er den brennenden Plenarsaal vor sich sah.

Wenige Sekunden später durcheilten Poeschel und Scranowitz den Bismarcksaal. Sie hatten noch nicht die Mitte des Saals erreicht, da tauchte plötzlich ein halbnackter Mann auf. Sofort wußten Poeschel und Scranowitz: Das ist der Brandstifter. Poeschel hob die Pistole und schrie aufgeregt: «Hände hoch!» Er packte Lubbe und führte ihn ab, nicht ohne sich vorher die Zeit zu merken: 21.27 Uhr, 27. Februar 1933.[23]

Polizei und Feuerwehr reagierten mit gewohnter Präzision, doch die politische Führung wurde rasch ein Opfer eigener Hysterie und Kopflosigkeit. Anfangs wollten die nationalsozialistischen Führer allerdings die Meldung vom Reichstagsbrand gar nicht glauben. Goebbels hielt die Nachricht für eine «tolle Phantasiemeldung», auch Hitler konnte sich keinen rechten Vers darauf machen. Selbst Göring, der sofort informiert worden war, fuhr noch ganz gelassen zum Reichstag, ohne dem Brand «allzugroßes Gewicht beizumessen», wie sein Pressechef Sommerfeldt noch weiß.

Je länger Göring aber am Tatort herumstapfte und sich wichtigtuerisch von den verschiedenen Polizisten und Feuerwehrmännern Bericht erstatten ließ, desto mehr geriet er «groß in Fahrt» (so Goebbels später). Immer weniger mochte Göring an einen einfachen Brand glauben, er witterte etwas Großes dahinter. Darin wurde er von dem ihn begleitenden Grauert bestärkt, der meinte, hinter dem Brand stecke sicher die «Kommune». Er hatte nämlich eben die Meldung erhalten, daß eine halbe Stunde vor dem Ausbruch des Brands der KPD-Fraktionschef Ernst Torgler als letzter Abgeordneter den Reichstag verlassen habe.

Grauerts Theorie faszinierte Göring, im Nu war auch er überzeugt, daß die Kommunisten den Brand gelegt hätten. Bald reichte ihm auch dies nicht mehr, der Brand mußte etwas zu bedeuten haben. Schon um 22 Uhr rief ein Beauftragter Görings die Abteilung I A im Polizeipräsidium an und verlangte den Kriminalkommissar vom Dienst: «Hören Sie, Heisig! Der Reichstag steht in Flammen! Dahinter steckt wahrscheinlich ein kommunistischer Putsch! Ein holländischer Kommunist ist jedenfalls auf frischer Tat gefaßt worden. Minister Göring hat Großalarm für die gesamte preußische Polizei angeordnet.»

Göring war von seiner Putschidee so berauscht, daß er sich mit jedem anlegte, der Zweifel äußerte. Das erfuhr auch Sommerfeldt, der Auftrag hatte, ein Kommuniqué über diese «Untat der Kommune» aufzusetzen. Als er Göring den Text vorlegte, reagierte der unwirsch: «Das ist Mist! Das ist ein Polizeibericht vom Alex, aber kein politisches Kommuniqué.» Er griff nach einem Farbstift und schrieb die Meldung um. Ihm mißfiel vor allem die (ohnehin schon maßlos übertriebene) Mitteilung, die Polizei habe einen Zentner Teeranzünder sichergestellt. Göring: «*Ein* Zentner Brandmaterial? Zehn, hundert Zentner!» Sommerfeldt protestierte: «Das ist unmöglich. Kein Mensch glaubt Ihnen, daß ein Mann hundert Zentner...» Da wurde Göring grob: «Das war nicht ein Mann. Das waren zehn, zwanzig Männer. Mensch, wollen Sie denn nicht begreifen? Das war die Kommune. Das ist das Signal zum kommunistischen Aufstand!»[24]

Woher aber waren die vielen Brandstifter gekommen, wohin entschwunden? Görings Phantasie richtete sich auf den mannshohen Röhrentunnel, der den Keller des Reichstagsgebäudes mit den Heizungsanlagen des nahegelegenen Reichstagspräsidentenpalais verband. Durch diesen Tunnel, spekulierte Göring, könnten die Brandstifter unbemerkt in den Reichstag gelangt sein. Er hatte einen seiner Leibwächter und drei Polizisten zur Fahndung in den Gang geschickt, doch sie hatten keine Spuren gefunden.

Ob Spuren oder nicht – Göring ließ sich nicht mehr von der fixen Idee abbringen, Deutschland stehe am Vorabend eines kommunistischen Aufstandes. Wild gestikulierend trieb er seine engsten Mitarbeiter zusammen, sofort den Gegenschlag vorzubereiten.

Sein polterndes Ungestüm riß auch Hitler und Goebbels mit, die inzwischen am Tatort erschienen waren. Hitler war äußerst erregt, gleich in der Wandelhalle hinter Portal II, wo sie zusammengetroffen waren, hatte Göring seinen Führer mit den Worten angefallen: «Das ist der Beginn des kommunistischen Aufstandes, sie werden jetzt losschlagen! Es darf keine Minute versäumt werden!» Jeder weitere Zwischenbericht über die Vernehmung Lubbes steigerte die hektische Spannung, und bald wetteiferten Hitler und Göring darin, immer radikalere Maßnahmen zur Abwehr des befürchteten roten Aufstandes zu erfinden. Vor allem Hitler, den sogleich wieder der Alptraum Generalstreik bedrängte, hatte völlig die Nerven verloren. Er wetterte gegen heimtückische Mächte, die seine Wahlen hintertreiben wollten, und verlangte, alle kommunistischen und sozialdemokratischen Funktionäre zu verhaften, ja die Reichstagsabgeordneten der KPD sofort aufzuhängen.[25]

Gespenstisch, wie da die beiden führenden Nationalsozialisten ihrer eigenen antikommunistischen Greuelpropaganda erlagen. Denn daran kann kein Zweifel bestehen: Sie glaubten ernsthaft, daß ein kommunistischer Aufstand unmittelbar bevorstehe. Das Revolutionspathos der KPD, die in offenen Propagandaschriften und in geheimen Instruktionen ständig vom «Massenaufstand» sprach, konnte durchaus die Annahme rechtfertigen, die Partei Moskaus plane einen Gewaltstreich gegen den regierungsfähig gewordenen deutschen Faschismus.

Selbst der Oberregierungsrat Diels, der die wirren Anweisungen Hitlers und Görings auf einem Zettel notierte, mochte einen KP-Putsch nicht ausschließen, und er galt doch immerhin als ein Kommunismus-Experte. Ein paar Stunden vor dem Brand hatte Diels an Daluege geschrieben, es sei «von kommunistischer Seite beabsichtigt, durch Gewaltaktionen bzw. Sabotageakte, die in allernächster Zeit stattfinden sollten, das Lichtnetz und den Verkehr (Eisenbahn usw.) sowie alle anderen lebenswichtigen Großbetriebe stillzulegen». Das war so falsch wie manches, was die Polizei damals über die KPD zu wissen meinte. In Wirklichkeit hatte die KP-Führung (zum Ärger vieler Junggenossen) jeden Gedanken an einen Aufstand aufgegeben und seit längerer Zeit begonnen, die Partei auf die illegale Arbeit in einem Hitler-Deutschland umzustellen.[26]

Dennoch war Göring entschlossen, den großen Schlag gegen die KPD zu führen. Nach dem Palaver im Reichstag fand eine Konferenz im preußischen Innenministerium statt, in der im Beisein Görings und Hitlers beschlossen wurde, sämtliche KP-Abgeordnete des Reichstages, der Länderparlamente und Stadtverordnetenversammlungen und alle Parteifunktionäre der KPD zu verhaften und außerdem alle kommunistischen Zeitungen zu verbieten. Noch in der Nacht schwärmten die Verhaftungskommandos der preußischen Polizei aus, 4000 Namen standen zunächst auf den schwarzen Listen, die schon Jahre zuvor vorbereitet worden waren.

Dem Juristen Grauert aber kamen Bedenken, ob man eine solche Massenaktion einfach ohne jede Legalisierung starten könne. Er schlug vor, vom Reichspräsidenten eine «Notverordnung gegen Brandstiftungen und Terrorakte» zu erwirken, mit der sich jede Verhaftung kommunistischer Funktionäre begründen lasse. Der Deutschnationale ahnte sicherlich nicht, daß seine Anregung fürchterliche Folgen haben würde. Aus ihnen entstand nämlich, was Hans Mommsen einen «entscheidenden Schritt hin zur unbeschränkten Diktatur Hitlers» nennt.[27]

Reichsinnenminister Frick griff Grauerts Vorschlag auf und entwarf mit seinen Beamten eine Notverordnung, die zwar formal nur der «Abwehr kommunistischer staatsgefährdender Gewaltakte» galt, praktisch aber den Ausnahmezustand über Deutschland verhängte. Denn durch Paragraph 1 der Verordnung wurden wesentliche Grundrechte der Verfassung außer Kraft gesetzt, unter ihnen die Freiheit der Person, das Recht auf freie Meinungsäußerung, die Presse-, Vereins- und Versammlungsfreiheit, die Unverletztlichkeit des Brief-, Post- und Fernsprechgeheimnisses, der Schutz von Eigentum und Wohnung. Ebenso gravierend war Paragraph 2, der die Reichsregierung ermächtigte, in die Souveränität der Länder einzugreifen, wenn diese «die zur Wiederherstellung der öffentlichen Sicherheit und Ordnung nötigen Maßnahmen» nicht ergreifen würden.

Diese «Notverordnung des Reichspräsidenten zum Schutz von Volk und Staat» vom 28. Februar 1933, kurz Reichstagsbrand-Verordnung genannt, sollte sich bald als «das Grundgesetz des Dritten Reiches» (Helmut Krausnick) erweisen. Sie bereitete schon die Gleichschaltung der noch nicht unter NS-Kontrolle stehenden Länder vor und signalisierte den Abbau des Rechtsstaats, fehlten doch der Notverordnung zum erstenmal in der Geschichte der Republik wesentliche Rechtsgarantien, so das Prinzip richterlicher Nachprüfung von staatlichen Maßnahmen, das Beschwerderecht, die Fixierung von Tatbeständen, auf die die Verordnung anzuwenden war – ein reiches Feld behördlicher Willkür, das sich hier öffnete.

Doch die meisten Deutschen hatten keinen Blick für die tödliche Gefährdung ihrer Freiheiten, sie waren neben der wirtschaftlichen Not auf die rote Revolutionsgefahr fixiert, die echte Furcht und Panik in Bürgerköpfen auslöste. Der rote Bürgerschreck war kein Ergebnis nationalsozialistischer Propaganda, er wurde jeden Tag durch den Wortradikalismus der KPD und den Straßenterror ihrer Selbstschutzorganisationen aufs neue gefördert. Die Tage der kommunistischen Aufstände in den ersten Jahren der Republik waren noch unvergessen, die Abhängigkeit der stalinistischen Partei von Moskau ein ständiges Ärgernis des deutschen

Bürgers, so sehr auch das Gefahrenpotential der Kommunistischen Partei grotesk überbewertet wurde.

So sahen es viele Bürger nicht ungern, daß die neue Reichsregierung «kurzen Prozeß» mit den Kommunisten machte. Vor allem Görings Polizei schlug hart zu: Bis Mitte März waren 10 000 Kommunisten verhaftet, alle Parteilokale der KPD geschlossen und das Karl-Liebknecht-Haus von der Polizei besetzt. Ernst Thälmann und manche seiner Unterführer wurden abgeführt, aber auch linke Intellektuelle gerieten in Haft, darunter Männer wie Carl von Ossietzky und Otto Lehmann-Rußbüldt, ohne die das geistige Leben der Weimarer Republik undenkbar war.[28]

Die Jagd auf die Kommunisten erweiterte zugleich die Macht von Diels, der in wenigen Wochen zum einflußreichsten Polizeichef Deutschlands avancierte. Er verließ mit seiner Abteilung I A das Polizeipräsidium und zog in eine geräumte Kunstgewerbeschule in der Prinz-Albrecht-Straße 8, die zur Zentrale einer neuen politischen Polizei wurde: dem «Geheimen Staatspolizeiamt». Ein unbekannter Postbeamter, der einen Laufstempel zu entwerfen hatte, erfand für die neue Behörde die Abkürzung «Gestapa». Der Volksmund aber machte daraus das unheilschwangerste Wort, das es für NS-Gegner künftig geben sollte: Gestapo.

Sie erhielt bald außerordentliche Vollmachten zur Bekämpfung des kommunistischen Gegners, wozu auch gehörte, daß die Gestapo vom Paragraphen 14 des Preußischen Polizeiverwaltungsgesetzes befreit wurde, der vorschrieb, die Polizei dürfe ihre Maßnahmen nur «im Rahmen der geltenden Gesetze» treffen – mit anderen Worten: unter Wahrung der Grund- und Menschenrechte. Göring erweiterte inzwischen auch immer mehr den Begriff des kommunistischen Gegners. Am 3. März stellte er in einem Runderlaß fest, die Maßnahmen der Polizei hätten sich «in erster Linie gegen die Kommunisten, dann aber auch gegen diejenigen zu richten, die mit den Kommunisten zusammenarbeiten und deren verbrecherische Ziele, wenn auch nur mittelbar, unterstützen oder fördern». Bald gerieten die Verhaftungsaktionen der Gestapo so umfangreich, daß die Untersuchungsgefängnisse nicht mehr ausreichten, die in «Schutzhaft» genommenen Personen aufzunehmen. Sie wurden in Lagern konzentriert, oft auf freiem Felde. Ein neuer Horrorbegriff entstand: Konzentrationslager.[29]

Die meisten Deutschen aber nahmen den Abmarsch in den Polizeistaat gar nicht wahr, die Verfolgung von Kommunisten regt sie nicht auf. Zum erstenmal, so der britische Historiker Ian Kershaw, machte die NS-Propaganda «die praktische Erfahrung, daß Terror gegen ohnehin diskreditierte Minderheiten Popularitätszuwachs verschaffen kann». Es war bezeichnend, daß selbst Zeitungen von Parteien, die im Wahlkampf scharfe Gegner der NSDAP gewesen waren, der Hatz auf die Kommunisten lebhaften Beifall spendeten. Die Reichtstagsbrand-Notverordnung, so lobte der *Miesbacher Anzeiger*, der der Bayrischen Volkspartei nahestand, «trifft endlich den Herd der deutschen Krankheit, das Geschwür, das das deutsche Blut jahrelang vergiftete und verseuchte, den Bolschewismus, den Todfeind Deutschlands».

Die Berichte bayrischer Landräte und Regierungspräsidenten über die Stimmung der Bevölkerung illustrierten, wie populär die Kommunistenjagd war. Meinungsbericht aus einem Landkreis in Oberbayern: «Wenn Hitler so weiter arbeitet, wie seither, wird er auf die kommende Reichstagswahl das Vertrauen des größten Teiles des Deutschen Volkes erhalten.» (25. Februar) Bericht des Regierungspräsidenten von Schwaben: Die Bevölkerung verlange, «daß gegen die Kommunisten mit aller Schärfe vorgegangen werden müsse» (4. März). Bericht aus Niederbayern und Oberpfalz: Das «scharfe Vorgehen gegen die Unruhestifter» habe die «geängstigte Bevölkerung» befriedigt (5. März).[30]

Hitler mit seiner unübertroffenen Witterung für Massenstimmungen steigerte noch einmal die antikommunistische Propaganda. Schon am 28. Februar hatte er im Kabinett erklärt, der «psychologisch richtige Moment» für die Auseinandersetzung mit dem Kommunismus sei jetzt gekommen. Auch Göring drängte seine Polizei, ihm möglichst rasch Belastungsmaterial zusammenzustellen, mit dem er in Wahlkundgebungen die kommunistische Gefahr beweisen könne. Am 2. März besaß er es endlich – es war armselig genug:

Die Aufstandsabsicht der KPD ließ sich damit kaum belegen. Dennoch fand es Anklang in der Öffentlichkeit.

Der Kanzler hielt dennoch den Gegner nicht für geschlagen. Neue Meldungen schreckten ihn auf, darunter eine des Landeskriminalpolizeiamtes Berlin, wonach die KPD am Wahltag bewaffnete Überfälle auf Polizeistreifen und Verbände der Rechtsparteien vorhabe. Auch die Reichswehrführung fürchtete einen KP-Schlag. Am 3. März erging ein Befehl Blombergs an die Wehrkreise, der vorschrieb, den Urlaub für alle Soldaten vom Abend des Wahltages bis zum Morgen des nächsten Tages zu streichen, jeden Heeresangehörigen in seiner Kaserne oder Wohnung festzuhalten, keine Militärpersonen auf die Straße zu lassen, Telephone ständig besetzt und alle Kommandeure und Standortältesten alarmbereit zu halten.[31]

Doch der Wahltag des 5. März 1933 wurde zu einem ungetrübten Jubelfest des Hitlerismus. Die Reichstagswahl (auch die Landtagswahl in Preußen) war zu einem Plebiszit für Adolf Hitler geworden: Die Faszination des «Volkskanzlers», wie ihn die NS-Propaganda nun nannte, hatte offenkundig bewirkt, die Masse der traditionellen Nichtwähler für die NSDAP zu mobilisieren, was zu einer hohen Wahlbeteiligung (88,8 Prozent) führte, wie sie bis dahin in Deutschland unbekannt gewesen war. 17,2 Millionen Wähler stimmten für die NSDAP, darunter rund drei Millionen, die vorher nicht zur Wahl gegangen waren – ein Indiz schon für damalige Wahlanalytiker, daß «die Werbekraft der Person Hitlers», so Broszat, bei der Gewinnung der neuen Wähler «mehr als die der NSDAP den Ausschlag gegeben» hatte. Hier zeigte sich bereits, was für die künftige Führerdiktatur von entscheidender Bedeutung sein sollte: daß Hitler populärer war als seine Partei.[32]

Diese Popularität Hitlers reichte zwar nicht aus, auch schon die Wähler der Linken und des politischen Katholizismus zu gewinnen. Die Nazis (43,9 Prozent) benötigten Hugenbergs «Kampffront Schwarz-Weiß-Rot» mit deren acht Prozent, um sich im Reichstag die absolute Mehrheit zu sichern. Gleichwohl offenbarte zumindest das Lager des politischen Katholizismus, wie sehr selbst die Front der Demokraten schon für die Hitler-Magie anfällig war; kein Zufall, daß beispielsweise in dem erzkatholischen Niederbayern die NSDAP im Vergleich zur Reichstagswahl vom Juli 1932 fast 23 Prozent hinzugewonnen hatte.

In den katholischen Parteien grassierte zudem ein Führerkult, der nur allzu leicht auf die Person Hitlers übertragen werden konnte. Wie hatte doch der Zentrumsführer Kaas in seinem Neujahrsaufruf gesagt: Ein krankes Volk könne sich nicht gesundwählen, die Heilung könne nur «von der Führerseite» her kommen; die Zentrumspartei werde sich daher «neidlos und dankbar» dem gottgesandten Führer verschreiben, der es verstehe, «der Gefolgschaftsbereitschaft und der Sehnsucht der Massen Erfüllung zu bringen». Kaas: «Wer in Deutschland führt, ist an sich herzlich gleichgültig. Wichtig ist nicht, was er ist, sondern nur, was er kann.»

War es da verwunderlich, daß Wähler der Zentrumspartei, wie Rudolf Morsey es umschreibt, «in Hitler eben jenen ‹gottgesandten Führer› sahen»? Für den *Miesbacher Anzeiger* war bereits wenige Tage nach der Wahl das, «was sich heute in Deutschland abspielt», ein Ringen um die «Neugestaltung der deutschen Seele» und Hitler nichts anderes als der «verdiente Repräsentant der deutschen Wiedergeburt». Ein nationalsozialistischer Kitschautor brachte dieses weitverbreitete Gefühl in dem Titel eines Buches zum Ausdruck: «Der deutsche Hitler-Frühling». Und er reimte gefühlig:

> Nun hat uns die Gottheit den Retter gesandt,
> Die Not hat ein Ende genommen,
> Freude und Jubel durcheilen das Land:
> Der Frühling ist endlich gekommen.[33]

Auf den Frühlingsanfang, den 21. März, hatten denn auch Hitler und sein Chefpropagandist eine Show terminiert, die Deutschlands «Wiedererweckung» und die vermeintliche Vermählung von Preußentum und Nationalsozialismus kulthaft zum Ausdruck bringen sollte. Auch das war wieder, wie schon im Fall des Berliner Fackelzuges am 30. Januar, die Idee von Goebbels gewesen: die Eröffnung des neuen Reichstags in Potsdam, an der Geburtstätte des Preußentums, stattfinden zu lassen und daraus einen Symbolakt der Versöhnung des «alten» mit dem «neuen» Deutschland zu machen.

Der 21. März war dem Regisseur Goebbels eingefallen, weil an diesem Tag einst Bismarcks erster Reichstag zusammengetreten war, und auf die Hohenzollern und ihren größten Kanzler war auch die ganze Feier ausgerichtet: Veteranen der Bismarckschen Einigungkriege wurden herangeschafft, die Kanonen und Fahnen der alten Armee bereitgestellt und der Hauptakt in die Garnisonskirche verlegt, über dem Sarkophag Friedrichs des Großen. Und alle wurden zu dem Fest der nationalen Versöhnung eingeladen: Abgeordnete, SA-Führer, Stahlhelmer, Reichswehrsoldaten, Unternehmer, Beamte, ehemalige Prinzen und Generäle des untergegangenen Kaiserreiches – nur Sozialdemokraten und Kommunisten waren ausgeschlossen, vor allem letztere, die, wie Frick höhnte, durch «nützlichere Arbeit» in den Strafanstalten am Erscheinen verhindert seien.

Dann kamen sie, pünktlich um 12 Uhr, zur Photoszene auf den Stufen der Garnisonskirche unter Glockengeläute und Böllersalut: Hindenburg, in die alte Feldmarschallsuniform gezwängt, und Hitler im schwarzen Cut. Der Kanzler ging auf den Präsidenten zu, reichte ihm die Hand und machte dabei eine tiefe Verbeugung. Daraufhin schritten sie beide in die Kirche, von dröhnender Orgelmusik empfangen. Vor dem leeren Stuhl des Kaisers hielt Hindenburg einen Augenblick inne, hob den Marschallstab und verbeugte sich knapp. Schließlich nahm er Platz, auch Hitler setzte sich.[34]

Hindenburg hielt eine kurze Rede, in der er vom «alten Geist dieser Ruhmesstätte» sprach und alle Deutschen aufrief, «zum Segen eines in sich geeinten, freien, stolzen Deutschlands» zusammenzuarbeiten. Jetzt kam die Stunde des Rhetors Hitler. «Wir erheben uns vor Ihnen, Herr Generalfeldmarschall», begann er. «Dreimal kämpften Sie auf dem Felde der Ehre für das Dasein und die Zukunft unseres Volkes. Sie erlebten einst des Reiches Werden, sahen vor sich noch des großen Kanzlers Werk, den wunderbaren Aufstieg unseres Volkes, und haben uns endlich geführt in die große Zeit, die das Schicksal uns selbst erleben und durchkämpfen ließ. Heute, Herr Generalfeldmarschall, läßt die Vorsehung Sie Schirmherr sein über die Neuerhebung unseres Volkes. Dies, Ihr wundersames Leben, ist für uns alle ein Symbol der unzerstörbaren Lebenskraft der deutschen Nation. So dankt Ihnen des deutschen Volkes Jugend und wir alle mit, die wir Ihre Zustimmung am Werk der deutschen Erhebung als Segen empfinden.»[35]

Hindenburg blickte auf und sah Hitler auf sich zukommen. Goebbels beschreibt die Szene: «Ich sitze nahe bei Hindenburg und sehe, wie ihm die Tränen in die Augen steigen. Alle erheben sich von ihren Plätzen und bringen dem greisen Feldmarschall, der dem jungen Kanzler seine Hand reicht, jubelnde Huldigungen dar. Ein geschichtlicher Augenblick . . . Draußen donnern die Kanonen. Nun klingen die Trompeten auf, der Reichspräsident steht auf erhöhter Estrade, den Feldmarschallstab in der Hand, und grüßt Reichswehr, SA, SS und Stahlhelm, die an ihm vorbeimarschieren.»[36]

Der «Tag von Potsdam» – kein anderes Ereignis zu Beginn des Dritten Reiches hat so wie dieses die Illusion gefördert, eine junge, dynamisch-gläubige Mannschaft sei aufgebrochen, Deutschland in das Paradies einer klassen- und parteienüberwindenden Volksgemeinschaft zu führen. Kein anderer Propagandagag hat die Masse der Deutschen derartig von der Wirklichkeit auf den Straßen Deutschlands abgelenkt, die das Gegenteil nationaler Versöhnung dokumentierte: Rachsucht der Sieger und Verfemung der Unterlegenen, roher, gewaltsamer Triumph des einen Volksteils über den anderen, eine schauerliche Travestie der «Volksgemeinschaft».

Doch die Öffentlichkeit nahm von der Wirklichkeit keine Notiz, sie ergab sich lieber der «mit den Klischees der Vergangenheit ausstaffierten Traumwelt» (Broszat), die ihr der nun zum Reichspropagandaminister avancierte Goebbels in Potsdam vorgeführt hatte. Den Millionen von biederen Deutschen, die sich bei der Wahl von 1932 nur schweren Herzens zwischen Hindenburg und Hitler hatten entscheiden können, bedeutete der vielphotographierte Händedruck zwischen Präsident und Kanzler mehr als der Ärger über das Rowdytum der SA oder die Haßausbrüche gegen das Judentum. «Wie eine Sturmwelle ist gestern die nationale Begeisterung über Deutschland dahingefegt», ereiferte sich die *Berliner Börsenzeitung* am 22. März, und ein katholisches Blatt sah das deutsche Volk schon «von dem Alpdruck befreit, der viele Jahre auf ihm lastete».[37]

Die nationalistische Aufbruchstimmung nutzte Hitler dazu, seine plebiszitär bestätigte Vormachtstellung durch einen letzten legalistischen Akt zu perfektionieren. Am 23. März trat der Reichstag in der Berliner Krolloper zusammen, um ein «Gesetz zur Behebung der Not von Volk und Reich» zu beraten, das die Reichsregierung auf die Dauer von vier Jahren ermächtigte, ohne Befragung des Reichstags, aus eigener Machtvollkommenheit, Gesetze zu beschließen, die sie für notwendig halten würde. Dieses Ermächtigungsgesetz überantwortete die dem Reichstag vorbehaltene Gesetzgebung der Reichsregierung und übertrug dem Reichskanzler das bisher dem Reichspräsidenten zustehende Recht, die Gesetze auszufertigen.

Das bedeutete praktisch die Ausschaltung der Verfassung, das Ende der Weimarer Republik, auch eine partielle Entmachtung Hindenburgs, von dessen Notverordnungen Hitler dann nicht mehr abhängig war. Dabei war im Grunde das Ermächtigungsgesetz gar nicht nötig, denn die Reichstagsbrand-Verordnung hatte dies alles schon staatsstreichartig vorweggenommen. Doch Hitler, im jahrelangen Kampf gegen Republik und Verfassung auf scheinlegalistische Taktik fixiert, bestand darauf, sein Ermächtigungsgesetz zu bekommen. Mit allen Mitteln drängte er die Parteien des Reichstags, der Gesetzesvorlage zuzustimmen.

Schon die zur Absperrung der Krolloper aufmarschierten SS-Einheiten, noch mehr aber die auf den Gängen im Haus postierten SA-Männer machten den kurz vor 14 Uhr eintreffenden Abgeordneten unverblümt deutlich, was sie von ihnen erwarteten. Mit normalem parlamentarischem Geschäftsgang hatte dies nichts mehr zu tun: Die SA-Männer begrüßten die Abgeordeten mit Sprechchören («Wir fordern das Ermächtigungsgesetz – sonst gibt's Zunder!»), hinter dem Reichstagspräsidium hing eine Hakenkreuzfahne, die Abgeordeten der NSDAP waren in ihren Parteiuniformen erschienen. Auch Hitler trug zum erstenmal wieder das Braunhemd – zu seiner ersten Rede im Reichstag.[38]

Gleichwohl hielt er eine überaus maßvolle Ansprache, nach dem Urteil Morseys «mit so vielen versöhnlichen, nationalen und christlichen Akzenten durchsetzt, wie sie die Zentrumsabgeordneten keineswegs erwartet hatten». Auch die *Germania* lobte am nächsten Tag: «Der Eindruck war allgemein: Die Rede Hitlers hatte Format!» Der Kanzler sah einigen Anlaß zur Milde, denn ohne die Zentrumspartei hatte das Ermächtigungsgesetz keine Chance; der Reichsregierung fehlte die notwendige Zweidrittelmehrheit. Bei der SPD-Fraktion, für deren mutige Opposition der Redner Hitler nur höhnische Verachtung hatte, würde er die fehlenden Stimmen nicht bekommen, blieb also nur das Zentrum.

Kaas hatte schon einige Tage zuvor seine Bereitschaft zur Zustimmung signalisiert, sofern Hitler einige Bedingungen der Zentrumspartei erfülle. Am 20. März war eine Zentrumskommission mit Hitler und Frick zusammengekommen und hatte ihre Bedingungen genannt: Respektierung der bestehenden Länderkonkordate, Sicherung des christlichen Einflusses in Schule und Erziehung, Wahrung der Rechte des Reichspräsidenten, Beibehaltung des Systems unabsetzbarer Richter, vor allem aber Pflege und Ausbau der Beziehungen zum Vatikan.[39]

Glaubten die Zentrumsführer ernsthaft, daß Hitler, falls er die Bedingungen überhaupt akzeptierte, sie einhalten würde? Brüning und der von seiner anfänglichen Hitler-Verzauberung geheilte Bolz beschworen Kaas, sich nicht auf den Handel mit den Nazis einzulassen. Sie fanden es beschämend und erniedrigend, Hitler nun auch noch dabei zu helfen, den letzten Dolchstoß gegen ihren Staat, ihre Demokratie zu führen. Doch Kaas, der Apostel der «nationalen Sammlung», war entschlosssen, mit Hitler zu paktieren. Die Moral außer acht gelassen, hörten sich seine Argumente durchaus plausibel an: Das Ermächtigungsgesetz ändere nichts an der faktisch längst vollzogenen Ein-Mann-Herrschaft Hitlers, Teile des Zentrums in der Provinz seien kaum noch daran zu hindern, ins Nazilager abzurutschen, eine Vereinbarung mit Hitler die letzte Chance, wenigstens einige essentielle Forderungen der Partei durchzusetzen.

Brüning und seine Freunde hielten das für eine Illusion, doch die Mehrheit der Fraktion stellte sich hinter Kaas. So übersandte Kaas am Abend des 22. März Hitler die schon vorher mit ihm besprochenen Forderungen der Zentrumspartei, bedenkenlos vom Reichskanzler akzeptiert. Fast wörtlich kamen sie in Hitlers Reichstagsrede vor, er hatte nahezu alles übernommen. Da fehlte auch nicht die Bemerkung, die Reichregierung lege «den größten Wert» darauf, die freundschaftlichen Beziehungen zum Heiligen Stuhl «weiter zu pflegen und auszugestalten» – für die zuhörenden Zentrumsabgeordneten eine deutliche Anspielung auf das von ihnen heiß ersehnte Reichskonkordat, das Hitlers Regierung tatsächlich ein paar Monate später mit dem Vatikan aushandelte.

Kaas war zufrieden, doch noch immer drängte ihn Brüning, sich gegen Hitlers Diktaturgesetz zu stellen. In einer dreistündigen Sitzungspause prallten im Fraktionszimmer der Zentrumspartei die Meinungen noch einmal heftig aufeinander. Es war nur eine kleine Minderheit, die gegen den Kaas-Kurs opponierte, doch zu ihr gehörte die Prominenz der Partei: Brüning, Wirth, Joos, Stegerwald, Bolz, Helene Weber. Daraufhin ließ Kaas eine Probeabstimmung veranstalten; von den anwesenden 72 Abgeordneten stimmten zehn für eine Ablehnung des Gesetzes. Das entschied den Fall auf Zentrumsmanier: Ja- und Neinsager beschlossen, einheitlich für das Ermächtigungsgesetz zu stimmen.[40]

Nach der Pause erklärte Kaas im Plenum, die Zentrumspartei werde «in dieser Stunde, wo alle kleinen und engen Erwägungen schweigen müssen», dem Gesetz zustimmen. In wenigen Minuten waren die drei Lesungen der Gesetzesvorlage vorbei, dann folgte die Abstimmung: 441 Abgeordnete gaben ihr Jawort, 94 stimmten dagegen. Kaum hatte Göring das Ergebnis bekannt gegeben, da sprangen die nationalsozialistischen Abgeordneten von ihren Plätzen auf und stürmten brüllend zur Regierungsbank, wo sie das Horst-Wessel-Lied anstimmten. Der *Völkische Beobachter* jubelte danach: «Ein historischer Tag. Das parlamentarische System kapituliert vor dem neuen Deutschland. Das große Unternehmen nimmt seinen Anfang! Der Tag des Dritten Reiches ist gekommen!»[41]

Der Triumph im Reichstag spülte nun auch die letzten Dämme gegen Hitlers Alleinherrschaft hinweg. Über Deutschlands Städte und Dörfer ergoß sich ein Strom von politischem Fanatismus und Proselytentum, der alles unter sich begrub, was dem neuen Regime noch widerstanden hatte. Es begann, was die NS-Propagandisten gern die «nationale Revolution» nannten: der Prozeß der teils erzwungenen, teils freiwilligen Gleichschaltung, in dem sich nationaler Erweckungseifer und simpler Anpassungsdrang, die sozialen Ressentiments zukurzgekommener Nazis und die Beutegier der neuen Machthaber miteinander verbanden.

Es war ein Erdrutsch, der die gewohnte politische Welt der Deutschen durcheinander brachte. In Gang gesetzt hatte sich diese Bewegung noch am Tag des nationalsozialistischen Wahltriumphs; ihre ersten Opfer waren jene meist von bürgerlichen Parteien gestellten Länderregierungen, die sich bis dahin dem Sog des Hitlerismus entzogen hatten. Hamburg, Bremen, Lübeck, Schaumburg-Lippe, Hessen, Baden, Württemberg, Sachsen, Bayern – ihre Regierungen wachten fast ängstlich darüber, sich bei der Jagd auf Kommunisten keine Blößen zu geben, die Hitler und Frick benutzen könnten, mit Hilfe der Reichstagsbrand-Verordnung ein Land gleichzuschalten.

Die meisten Länderregierungen hatten jedoch eine Schwäche: Sie verfügten über keine parlamentarische Mehrheit. Und das machten sich die Nationalsozialisten zunutze, wobei – wie in Görings Preußen – staatliche Repressionsmittel und Propagandatechniken der Partei zusammenwirkten. In Hamburg schlugen sie noch am 5. März los: Nach dem Ausscheiden der Sozialdemokraten aus dem Senat verlangte die Hamburger NSDAP, einen Parteigenossen mit der Leitung der Polizei zu betrauen. Als sich der Senat weigerte, rotteten sich nationalsozialistische Polizeibeamte zusammen und hißten auf Gebäuden der Hamburger Polizei die Hakenkreuzflagge. Statt die Fahnen sofort entfernen zu lassen, reagierte der Senat ratlos, was die Nazis nur ermunterte, ihn noch mehr unter Druck zu setzen. Der stellvertretende Gauleiter Henningsen polterte: «Machen Sie Schluß, jetzt sind wir an der Reihe!» Da griff Frick ein und ernannte einen SA-Führer zum kommissarischen Polizeibeauftragten des Reiches mit der Begründung, der Senat könne die öffentliche Sicherheit nicht mehr gewährleisten. Drei Tage später trat der Senat zurück, Hamburg war gleichgeschaltet.[42]

Das war das Muster, nach dem nun alle weiteren Gleichschaltungsoperationen abliefen: Forderung nach einer Besetzung des höchsten Polizeipostens durch einen Nationalsozialisten, daraufhin putschähnliche Massenkundgebungen der Partei, Hissen der Hakenkreuzflagge auf öffentlichen Gebäuden, unterstützende Intervention von Frick. So geriet ein Land nach dem anderen in die Gleichschaltungsmaschinerie der NSDAP: Am 6. März fielen Bremen und Lübeck, am 7. März zwangen SA- und SS-Einheiten die hessische Regierung zum Rücktritt, am 8. März rissen hohe NS-Funktionäre als Reichskommissare in Baden, Württemberg und Sachsen die Macht an sich, am nächsten Tag war Bayern an der Reihe.

Dort saß nun freilich ein couragierter Ministerpräsident, der sich auch nicht durch die Drohung mit einem SA-Aufstand bewegen ließ, das Land den Nazis auszuliefern; der BVP-Mann Heinrich Held lehnte es ab, den NS-Reichsleiter Franz Ritter von Epp zum Generalstaatskommissar zu ernennen. Frick mußte erst wieder intervenieren, um Epps Ernennung wenigstens zum Reichskommissar durchzusetzen. Doch Held gab nicht auf. Er regierte noch tagelang weiter, bis ihm Frick für jedes Ministerium einen Kommissar vorsetzte und damit Held die Fortsetzung normaler Regierungsarbeit unmöglich machte. Held und seine Minister traten zurück.[43]

Der bayrische Umsturz aber spülte zwei brennend ehrgeizige Alt-Parteigenossen nach oben, die von Hitlers Machtübernahme bis dahin noch kaum profitiert hatten. Beide wurden zu Zentralfiguren der Gleichschaltungsbewegung, jeder auf seine Art: der Münchner Polizeipräsident Heinrich Himmler, Chef des wachsenden Puritanerordens der SS, durch eine kalt-bürokratische Unterwanderungstechnik, die ihn in kurzer Zeit in den Besitz der wichtigsten Polizeifunktionen Deutschlands brachte, und der Staatskommissar Ernst Röhm, der Stabschef der SA, durch die unverhüllte Mobilisierung aller Besitz- und Racheinstinkte seines in langen Kampfjahren mühevoll disziplinierten Braunhemdenheeres.

Das machte die SA zum Motor der Gleichschaltung in allen Bereichen der Gesellschaft, denn Röhms 700 000 SA-Männer mochten sich nicht mit der Eroberung einiger Posten in den Länderverwaltungen begnügen. Sie wollten die ganze Macht haben, die Macht im Staatsapparat, in der Wirtschaft, ja sogar in der Armee. Diffuse Vorstellungen von einer neuen Gesellschaftsordnung trieben sie an, manche glaubten an einen SA-Sozialismus, der die bürgerliche Ordnung ablösen und einer echten Revolution den Weg bereiten müsse. Dahinter stand nicht zuletzt die explosive Unzufriedenheit vieler Arbeitsloser, die in die SA eingetreten waren und ungeduldig auf die versprochenen Posten warteten.[44]

Preußen erschien ihnen eine lockende Beute, hatten doch dort eben, am 12. März, Gemeindewahlen stattgefunden, die noch dringend der «Korrektur» bedurften. In den Städten über 20 000 Einwohner hatte die Partei 43,4 Prozent aller Stimmen gewonnen, in den Städten darunter 39,3 Prozent. Es gab jedoch Städte, in denen die NSDAP schlecht abgeschnitten hatte. In Pommern kontrollierte sie zwar 52,3 Prozent aller Sitze, in Hohenzollern aber nur 24,2 Prozent; in der Rheinprovinz, in Westfalen und Oberschlesien war die NSDAP gegen das Zentrum nicht aufgekommen.

Parteifunktionäre taten sich mit SA-Führern zusammen, um die unerwünschten Wahlergebnisse «gleichzuschalten». Jetzt wiederholte sich in Städten und kleineren Gemeinden, was sich schon in den Ländern vollzogen hatte. SA-Männer stürmten die Rathäuser und hißten dort die Hakenkreuzflagge, während Kreisleiter oder Ortsgruppenführer sogenannte Massenkundgebungen veranstalteten, um anschließend die Macht in der Gemeinde zu übernehmen, wobei meist der höchste Parteifunktionär des Ortes den Posten des Bürgermeisters und der höchste SA- oder SS-Führer jenen des Polizeichefs übernahm. Das nannten die Besetzer «nationale Revolution».

«Die Spielarten des Terrors», so der Kommunalhistoriker Horst Matzerath, «waren vielfältig: Drohungen und Einschüchterungen, Verdächtigungen und Verleumdungen, häufig bis in die private Sphäre hinein, Pressekampagnen, körperliche Mißhandlungen, Demütigungen und ‹Schutzhaft› brachten in vielen Orten die leitenden Persönlichkeiten dazu, sich beurlauben oder pensionieren zu lassen». Die SA ernannte eigenmächtig Kommissare, die die örtliche Verwaltung übernahmen, und konstruierten Korruptionsvorwürfe gegen Oberbürgermeister oder hohe Magistratsbeamte, die natürlich wieder von Beauftragten der gleichen SA untersucht wurden. «Reinigung», «Erneuerung», «Aufräumungsarbeiten» – die SA war höchst produktiv im Erfinden von Stichworten, unter denen sie die Kommunalverwaltung mit ihren eigenen Leuten und deren Helfern besetzte.[45]

Allzu viele Gemeindevertreter paßten sich dem SA-Terror an oder fügten sich resigniert, zumal sie bei den staatlichen Aufsichtsbehörden keine Unterstützung und Hilfe fanden. Preußens Bürgermeister und Oberbürgermeister, einst von Gustav Stresemann die «Könige der Gegenwart» genannt, wurden eine leichte Beute der SA: Von den im März 1933 amtierenden Oberbürgermeistern der Städte über 200 000 Einwohner waren Ende des Jahres noch 14,3 Prozent im Amt.

Preußen war nahe daran, ein SA-Staat zu werden. Selbst Göring, inzwischen vom Landtag zum preußischen Ministerpräsidenten gewählt, traute sich nicht, gegen den Gleichschaltungsterror der SA aufzumucken, beherrschten doch Röhms Männer wichtige Positionen in Preußen: Die Polizeipräsidenten fast aller preußischen Großstädte waren SA-Führer, ein eigenes Feldjägerkorps der SA maßte sich polizeiliche Funktionen an, SA-Kommissare standen Teilen der Verwaltung vor, Sonderbeauftragte des Stabschefs der SA kontrolllierten Behörden, Medien und Bürgerversammlungen.[46]

SA-Männer organisierten auch die ersten Diffamierungsaktionen gegen Juden, schlugen die Schaufenster «jüdischer» Warenhäuser ein und boykottierten jüdische Läden. SA-Männer waren es, die in Gerichtssäle eindrangen, angeblich jüdische Staatsanwälte und Verteidiger verhafteten und in Verstecke verschleppten, und SA-Männer waren dabei, als fanatische NS-Studenten im Mai auf dem Opernplatz in Berlin «unter dem Jubel der Menge» (so der auch schon gleichgeschaltete *General-Anzeiger für Bonn und Umgebung*) 20 000 «undeutsche» Bücher verbrannten – Beginn rassistischer Hysterie und kultureller Barbarei in Deutschland.[47]

Endlos auch die Kette «antikapitalistischer» Aktivitäten der SA, wie etwa der Aufmarsch einer SA-Einheit vor der Frankfurter Börse, die den Rücktritt des gesamten Börsenvorstandes verlangte, oder der SA-Boykott gegen Zweigstellen der «marxistischen» Konsumgenossenschaften, denen jegliche Zufuhr von Lebensmitteln abgeschnitten wurde. Berühmt war auch die Geschichte von dem SA-Mann, der plötzlich forderte, in den Vorstand der Dresdner Bank aufgenommen zu werden, andernfalls werde er seinen SA-Sturm alarmieren. Und auch hier der organisierte Rassenwahn: Überfälle auf jüdische Unternehmen wie die Firma Wohl-Wert in Dessau, Eindringen in Banken, um die Konten jüdischer Geschäfte einzusehen.

Am ärgsten aber blieb den verschreckten Bürgern die Brutalität in Erinnerung, mit denen SA-Schläger politische Gegner mißhandelten. Fangtrupps der SA-Gruppe Berlin-Brandenburg trieben sogenannte Staatsfeinde vor sich her, schleppten sie in Schuppen, Bunker und Keller, genannt «wilde» Konzentrationslager, und folterten die Gefangenen auf bestialische Art. Allein in Berlin unterhielt die SA 50 solcher Lager. In der General-Pape-Straße, in der Kantstraße, in der Hedemannstraße – überall lagen Bunker, in denen SA-Männer auf ihre Häftlinge eindroschen. Die Opfer wurden, berichtete Diels später, «tagelang stehend in enge Schränke gesperrt, um ihnen ‹Geständnissse› zu erpressen. Die ‹Vernehmungen› hatten mit Prügeln begonnen und geendet; dabei hatte ein Dutzend Kerle in Abständen von

Stunden mit Eisenstäben, Gummiknüppeln und Peitschen auf die Opfer eingedroschen.»[48]

Terror allein erklärt freilich nicht die Gleichschaltung eines ganzen Volkes. Dazu gehörte mehr: freiwillige Unterordnung, Glaube an den «Retter» Hitler, Resignation oder einfacher Opportunismus. Kein Mensch zwang die Reichswehrführung, den nationalsozialistischen Hoheitsadler mit dem Hakenkreuz einzuführen und sich von jüdischen Offizieren zu trennen, keine Parteistelle hatte den Reichsverband der Deutschen Industrie geheißen, von seinen «nichtarischen» Vorstandsmitgliedern Abschied zu nehmen. Die Selbstgleichschaltung funktionierte reibungsloser als die erzwungene: In Vereinen und Interessenverbänden übernahmen Nationalsozialisten die Vorstände, organisierten sich nach dem Führerprinzip oder begnügten sich damit, daß die «gesäuberten» Vorstände Loyalitätserklärungen abgaben (was nicht auschloß, daß diese gleichgeschalteten Interessenverbände bald gegenüber dem Regime einen ebenso munteren Lobbyismus betrieben wie in der Republik).

Auch die Parteien und Gewerkschaften versuchten, sich mit der Diktatur zu arrangieren. Der Allgemeine Deutsche Gewerkschafts-Bund trennte sich von der SPD und gab eine Loyalitätserklärung ab, auch das Reichsbanner versuchte, sich durch Masseneintritt in den Stahlhelm am Leben zu erhalten (ihr ehemaliger Generalsekretär Gebhardt war allerdings schon ins NS-Lager übergetreten). Selbst die in Deutschland gebliebene SPD-Führung wollte sich den neuen Herren anpassen und fand nichts dabei, bei Streitigkeiten mit Berliner Junggenossen die Einschaltung des Staatsanwalts anzudrohen. Bei den Mittel- und Rechtsparteien hingegen wuchs die Tendenz, sich gleich ganz der NSDAP anzuschließen.

So fiel es Hitler nicht schwer, die alten Parteien nach und nach zu beseitigen. Tausende von Sozialdemokraten mußten ihre Treue zu Partei und Gewerkschaft mit Verfolgung und Demütigungen in Konzentrationslagern bezahlen, manche mit ihrem Leben. Bei den bürgerlichen Parteien machte es Hitler milder: Den deutschnationalen Abgeordneten ermöglichte er die Aufnahme in die Fraktionen und

Vorstände der NSDAP in allen parlamentarischen Gremien, auch Abgeordnete der Zentrumspartei konnten Hospitanten der NS-Fraktionen werden (Brüning wollte er sogar in den Staatsdienst nehmen). Am 14. Juli 1933 war Adolf Hitlers Machtergreifung perfekt: Ein Gesetz proklamierte die NSDAP zur einzigen rechtmässigen Partei Deutschlands.[49]

Das «Gesetz gegen die Neubildung von Parteien» wurde später irrtümlich als Beginn der totalen Herrschaft der NSDAP in Deutschland gedeutet. Eine totale Herrschaft der Partei hat es nie gegeben, die Bedingungen der Hitler-Diktatur erlaubte sie gar nicht. Hitler dachte nicht daran, seine Macht mit den Unterführern der NSDAP zu teilen, und die Partei selber war kaum fähig, dauerhaft Macht auszuüben: Sie war nur als Wahlorganisation strukturiert, ihr fehlte der bürokratisch-zentralistische Apparat – die ersten Ansätze dazu, die Straßer geschaffen hatte, waren von Hitler wieder zerstört worden.

So konnte Hitler leicht verhindern, was vorher jedem Parteigenossen selbstverständlich erschienen war: die Übernahme des Staates durch die Partei. Die NSDAP wurde einzige Partei des Staates, ohne je die totale Macht zu erlangen. Die Partei durfte ihre in den Gemeinden errungene Machtstellung im wesentlichen behalten, die Parteigenossen konnten auch in wichtige Staatsstellungen einrücken, aber der Partei blieb die Staatsführung verschlossen. Hitler funktionierte die NSDAP um: zu einem Transmissionsriemen der Führergewalt, zum politisch-ideologischen Mobilmacher des Volkes.

Partei und Staat durften sich niemals vereinigen, wenn Hitler auch wiederholt ihre «Verschmelzung» ankündigte. Es wurde sogar ein «Gesetz zur Sicherung der Einheit von Partei und Staat» erlassen, doch er billigte der Partei nur eine propagandistische Aufgabe zu; die NSDAP, hieß es da, sei «Trägerin des deutschen Staatsgedankens». Hitler wußte zu verhindern, daß diese Trägerin einen allzu intimen Einblick in seine Werkstatt und seine Pläne erhielt. Er hintertrieb bezeichnenderweise die Übersiedlung der Reichsleitung der Partei von München nach Berlin; nur ein winziger

«Verbindungsstab der NSDAP» hielt in der Reichskanzlei Kontakt zum Chef.

Hitler wachte auch darüber, daß in der Partei keine Gegenmacht entstand. Führende Parteigenossen wollten einen Seniorensenat bilden – Hitler lehnte ihn ab. Reichs- und Gauleiter der NSDAP wollten sich zu regelmäßigen Tagungen treffen – Hitler verhinderte es. Alt-Parteigenosssen planten eine eigene Organisation – Hitler verbot sie. Wo immer die Partei versuchte, sich neben Hitler als eine eigenständige Macht zu etablieren, entzog er ihr den Boden.

Eine Ironie der Geschichte wollte, daß die NSDAP das gleiche Schicksal erlitt, das sie den Parteien des Weimarer «Systems» zugedacht hatte. Die NSDAP hatte nie Partei sein wollen, sondern eine «Bewegung», die alle Parteien überflüssig machte. Jetzt aber, unter den geänderten Bedingungen des Dritten Reiches, wurde sie selber Partei und bekam rasch zu spüren, wie unpopulär eine Partei werden kann, die Verantwortung ausübt. Schon im Winter 1933/34, als nach anfänglicher Beruhigung und Besserung die Arbeitslosigkeit erneut anstieg, geriet die Partei in den Sog der Unpopularität, von dem sie sich nicht mehr befreien konnte.

Eine Schere öffnete sich, die auch Demokratien nicht unbekannt ist: Die regierende Partei verlor immer mehr an Ansehen, während das Prestige ihres Kanzlers zusehends größer wurde. Hitler, an keine Normen der Moral und Politik gebunden, hielt wachsenden Abstand zu seiner Partei und verband sich mit den alten Eliten in Armee, Wirtschaft und Verwaltung, was deren Führer verlockte, Hitler ganz von der Partei zu trennen und ihn zu sich herüberzuziehen. Desto bereitwilliger waren die alten Mächte, diesem Hitler zu dienen und dabei auch «Auswüchse des Regimes» hinzunehmen, ja mitzutragen, die sich bald als die eigentliche Sache Hitlers erwiesen. Man starrte nur auf den Erfolgsmenschen Hitler, ohne zu erkennen, wohin die Reise ging.

Kein Wunder, daß ein so autoritätsgläubiges Volk wie das deutsche Hitlers Verhalten gegenüber seiner Partei als Unabhängigkeitsstreben eines um sein überparteiliches Profil bemühten Staatsmannes mißdeutete. Vor allem der übersteigerte Ordnungssinn der konservativ-autoritären Eliten konnte sich den Kanzler des Deutschen Reiches nicht anders vorstellen als einen Politiker, der in jedem Augenblick zur Wahrung der Staatsautorität entschlossen sei. Es sei «weitverbreitete Anschauung» gewesen, schrieb der Generalfeldmarschall Erich von Manstein, daß «Hitler von den Missetaten seiner Leute nichts wisse und sie sicher nicht billigen würde, falls er sie erführe». Aus solchen Wunschvorstellungen entstand die unsterbliche Formel, die später einen bitter-ironischen Nachgeschmack hinterließ, damals aber von vielen Deutschen inbrünstig geglaubt wurde: «Wenn das der Führer wüßte!»[50]

Dieser Wunderglaube blieb nicht ohne Nahrung. Hitler stoppte den anfangs von ihm selber forcierten Versuch der Partei, die Evangelische Kirche in eine NS-Kirche umzudrehen, er unterband die Bespitzelung der Reichswehr durch Organe der Partei, er liquidierte alle sozialistischen Experimente hitziger Parteigenossen. Den stärksten Beifall trug ihm freilich ein, daß er sich von der SA, die Hitlers konservative Partner herausforderte, immer deutlicher distanzierte: Hitler verbot jeden Eingriff der SA in die Wirtschaft und ließ Göring die Macht der SA in Preußen zurückschneiden, was jedoch die Begehrlichkeit des Röhm-Kreises noch mehr anfachte.

Je mehr sich aber Hitler von der NSDAP emanzipierte, desto sichtbarer geriet er in die Rolle einer über Partei und Klassen stehenden Integrationsfigur, die über alle Enttäuschungen und Kompetenzkämpfe des Regimes hinwegtäuschte. Der Hitlerkult der Massen wurde zum eigentlichen Ferment des Dritten Reiches – mit fatalen Folgen: Er erzeugte nicht nur ein ungeheuerliches Trugbild des Führers, dem Millionen Deutsche erlagen, er machte auch Hitler zu seinem Opfer und zerstörte in ihm das geringe Maß an Ratio und Realitätssinn, das er noch gehabt haben mochte.

Schon im Sommer 1934 fühlte sich Hitler seiner Deutschen so sicher, daß er ihnen die erste blutige Abrechnung mit Gegnern und Rivalen zumutete. Er ließ die anpassungsunfähige Führungselite der SA wegen angeblichen Hochverrats («Röhm-Putsch») erschießen und dabei auch gleich die Männer liquidieren, die Mitwisser seines so wenig heldenhaften Aufstiegs zur Macht gewesen waren. Schleicher wurde in seinem Haus erschossen, auch Bredow mußte sterben, Gregor Straßer endete unter Revolverkugeln in einer Gestapozelle. Hitler aber triumphierte vor dem Reichstag: «In dieser Stunde war ich ... des deutschen Volkes oberster Gerichtsherr.»

Entsetzen über die Mordtaten, Empörung über Hitlers Skrupellosigkeit? Keineswegs. Die Beseitigung der braunen Rowdies löste nur Genugtuung aus, meldeten doch bayrische Gendarmerieposten und Arbeitsämter in ihren Stimmungsberichten, die Niederschlagung des Röhm-Putsches habe «das Vertrauen zum Führer» gefestigt und die Überzeugung bestätigt, «daß der Führer jederzeit ohne Rücksicht auf Rang und Stand der Schuldigen bereit ist, das zu tun, was zum Wohle des Volkes nötig ist» (Arbeitsamt Ingolstadt, 9. August 1934).[51]

Die Verneblung des Gewissens hatte begonnen, ein Weg war beschritten, der die Deutschen auf die Schlachtfelder des Zweiten Weltkriegs und vor die Gaskammern von Auschwitz führen sollte. Noch verschleierten allerdings Hitlerkult und Regime-Erfolge die Fahrt in die deutsche Katastrophe, doch die Seher des 19. Jahrhunderts hatten schon ähnliches vorausgeahnt. «Und wenn ihr es einst krachen hört, wie es noch niemals in der Weltgeschichte gekracht hat», schrieb Heinrich Heine, «so wißt: der deutsche Donner hat endlich sein Ziel erreicht. Es wird ein Stück aufgeführt werden in Deutschland, wogegen die französische Revolution nur wie eine harmlose Idylle erscheinen möchte.»

Anmerkungen

Kapitel 1

1 Kölnische Zeitung, Abendausgabe, 30.1.1933; Völkischer Beobachter, Berlin, Norddeutsche Ausgabe, 29./30.1.1933
2 Anpassung oder Widerstand? Aus den Akten des Parteivorstands der deutschen Sozialdemokratie 1932/33, hrsg. von Hagen Schulze, Bonn 1975, S. 71, 131, 98
3 Carl Severing, Mein Lebensweg, Bd. 2, Köln 1950, S. 378
4 Sitzung des Parteivorstands am 30.1.1933, in: Anpassung oder Widerstand? a.a.O., S. 132
5 ebenda, S. 134 f.
6 Friedrich Stampfer, Erfahrungen und Erkenntnisse, Köln 1957, S. 260
7 Erich Matthias, Die Sozialdemokratische Partei Deutschlands, in: Das Ende der Parteien, hrsg. von Erich Matthias und Rudolf Morsey, Düsseldorf 1960, S. 159. – Kapp-Putsch: Nach dem rechtsradikalen Generallandschaftsdirektor Wolfgang Kapp genanntes Staatsstreichunternehmen vom März 1920
8 Karl Rohe, Das Reichsbanner Schwarz Rot Gold, Düsseldorf 1966, S. 457
9 Vorwärts, Morgenausgabe, 31.1.1933
10 Wilhelm Hoegner, Flucht vor Hitler, München 1977, S. 56; Vorwärts, Morgenausgabe, 31.1.1933
11 Hoegner, a.a.O., S. 56 f.
12 Harry Graf Kessler, Tagebücher 1918-1937, Frankfurt a.M. 1961, S. 704
13 Wir erlebten das Ende der Weimarer Republik, hrsg. von Rolf Italiaander, Düsseldorf 1982, S. 140
14 ebenda, S. 34
15 Matthias, a.a.O., S. 136
16 ebenda, S. 122 f.; Rohe, a.a.O., S. 374
17 Matthias, a.a.O., S. 126
18 ebenda, S. 124 f.
19 Rohe, a.a.O., S. 371
20 Matthias, a.a.O., S. 124.; Rohe, a.a.O., S. 370
21 Rohe, a.a.O., S. 375 f. und 368 f.
22 Matthias, a.a.O., S. 152

23 Sitzung des Parteiausschusses am 31.1.1933, in: Anpassung oder Widerstand? a.a.O., S. 153, 149; Matthias, a.a.O., S. 152
24 Hoegner, a.a.O., S. 55
25 Sitzung des Parteivorstands am 30.1.1933, in: Anpassung oder Widerstand? a.a.O., S. 135
26 Rohe, a.a.O., S. 459
27 Matthias, a.a.O., S. 160-62
28 Rundschreiben des SPD-Ortsvereins Laatzen (bei Hannover) vom 18.2.1933, abgedruckt in: Das Ende der Parteien, a.a.O., S. 233 f.
29 Matthias, a.a.O., S. 153
30 ebenda, S. 166
31 William L. Shirer, Aufstieg und Fall des Dritten Reiches, Köln 1961, S. 196
32 Matthias, a.a.O., S. 168-171
33 ebenda, S. 184
34 Aufzeichnung von Erich Schmidt, Aufzeichnung von Werner Blumenberg, abgedruckt in: Das Ende der Parteien, a.a.O., S. 249, 271

Kapitel 2

1 Gottfried Treviranus, Das Ende von Weimar, Düsseldorf 1968, S. 117
2 ebenda
3 Heinrich Brüning, Memoiren, Stuttgart 1970, S. 155
4 Treviranus, a.a.O., S. 117 f.
5 Thilo Vogelsang, Reichswehr, Staat und NSDAP, Stuttgart 1962, S. 66; Hagen Schulze, Weimar, Düsseldorf 1982, S. 321
6 Rudolf Morsey, Die Deutsche Zentrumspartei, in: Das Ende der Parteien, hrsg. von Erich Matthias und Rudolf Morsey, Düsseldorf 1960, S. 292
7 Schulze, Weimar, a.a.O., S. 321; Harold Nicolson, Tagebücher und Briefe, Bd. 1, Frankfurt a. M. 1969, S. 12
8 Klaus-Jürgen Müller, Das Heer und Hitler, Stuttgart 1969, S. 20. Dort auch das Zitat von Golo Mann.
9 Knut Borchardt, Wirtschaftliche Ursachen des Scheiterns der Weimarer Republik, in: Weimar. Selbstpreisgabe einer Demokratie, hrsg. von Karl Dietrich Erdmann und Hagen Schulze, Düsseldorf 1980, S. 223; Hans-Erich Volkmann, Die NS-Wirtschaft in Vorbereitung des Krieges, in: Ursachen und Voraussetzungen der deutschen Kriegspolitik, Stuttgart 1979, S. 178
10 David Schoenbaum, Die braune Revolution, Köln 1968, S. 39 – 43
11 Thomas Childers, National Socialism and the New Middle Class, in: Die Nationalsozialisten, hrsg. von Reinhard Mann, Stuttgart 1980, S. 21 f.

12 Werner Conze, Die politischen Entscheidungen in Deutschland 1929-1933, in: Die Staats- und Wirtschaftskrise des Deutschen Reiches 1929/33, hrsg. von Werner Conze und Hans Raupach, Stuttgart 1967, S. 188 f.
13 Schulze, Weimar, a.a.O., S. 75
14 Brüning, a.a.O., S. 161
15 Weimar. Selbstpreisgabe einer Demokratie, a.a.O., S. 139
16 ebenda; Conze, Entscheidungen, a.a.O., S. 189
17 Treviranus, a.a.O., S. 106
18 Weimar. Selbstpreisgabe einer Demokratie, a.a.O., S. 142
19 Hans Mommsen, Die Sozialdemokratie in der Defensive, in: Sozialdemokratie zwischen Klassenbewegung und Volkspartei, hrsg. von Hans Mommsen, Frankfurt a. M. 1974, S. 117, 123
20 Schulze, Weimar, a.a.O., S. 67, 321
21 Kurt Sontheimer, Antidemokratisches Denken in der Weimarer Republik, (Taschenbuchausgabe) München 1978, S. 215
22 Karl Rohe, Das Reichsbanner Schwarz Rot Gold, Düsseldorf 1960, S. 118, 386
23 Morsey, Zentrumspartei, a.a.O., S. 292
24 Wir erlebten das Ende der Weimarer Republik, hrsg. von Rolf Italiaander, Düsseldorf 1982, S. 71 f.
25 Ian Kershaw, Der Hitler-Mythos, Stuttgart 1980, S. 28; Hagen Schulze, Otto Braun oder Preußens demokratische Sendung, Frankfurt a. M. 1977, S. 640
26 Hannsjoachim W. Koch, Geschichte der Hitlerjugend, Percha 1975, S. 56; Mommsen, Die Sozialdemokratie in der Defensive, a.a.O., S. 125
27 Schulze, Weimar, a.a.O., S. 343
28 Richard Bessel, Militarismus im innenpolitischen Leben, in: Militär und Militarismus in der Weimarer Republik, hrsg. von Klaus-Jürgen Müller und Eckardt Opitz, Düsseldorf 1978, S. 216; Mommsen, Die Sozialdemokratie in der Defensive, a.a.O., S. 122 f.; Rohe, a.a.O., S. 314 ff., 333 f.
29 Eve Rosenhaft, Gewalt in der Politik, in: Militär und Militarismus in der Weimarer Republik, a.a.O., S. 238
30 Bessel, a.a.O., S. 220
31 Rohe, a.a.O., S. 115
32 Vgl. die hervorragende Biographie von Hagen Schulze, Otto Braun oder Preußens demokratische Sendung, a.a.O.
33 ebenda, S. 539-542
34 Harry Graf Kessler, Tagebücher 1918-1937, Frankfurt a. M. 1961, S. 189. Schulze, Otto Braun, a.a.O., S. 548
35 Nicolson, a.a.O., S. 12; Schulze, Weimar, a.a.O., S. 105
36 Mommsen, Die Sozialdemokratie in der Defensive, a.a.O., S. 110; Werner Conze, Die Krise des Parteienstaates in Deutschland

1929/30, in: Von Weimar zu Hitler 1930-1933, hrsg. von Gotthard Jasper, Köln 1968, S. 38
37 Schulze, Weimar, a.a.O., S. 306
38 Jost Dülffer, Weimar, Hitler und die Marine, Düsseldorf 1973, S. 96
39 ebenda, S. 90 f.; Wolfgang Wacker, Der Bau des Panzerschiffes ‹A› und der Reichstag, Tübingen 1959, S. 13
40 ebenda, S. 121
41 Dülffer, a.a.O., S. 110, 84
42 Klaus-Jürgen Müller, a.a.O., S. 15
43 Schulze, Otto Braun, a.a.O., S. 548
44 Dülffer, a.a.O., S. 111
45 Morsey, Zentrumspartei, a.a.O., S. 290
46 Borchardt, a.a.O., S. 225
47 Conze, Entscheidungen, a.a.O., S. 188, 185
48 Schulze, Weimar, a.a.O., S. 313
49 Conze, Die Krise, a.a.o., S. 44, 38
50 Conze, Entscheidungen, a.a.O., S. 187
51 Werner Meyer-Larsen, Der Schwarze Freitag, SPIEGEL-Serie 43-45/1979
52 Kessler, a.a.O., S. 597
53 SPIEGEL 43/1979, S. 169
54 Schulze, Weimar, a.a.O., S. 315; Helmut Marcon, Arbeitsbeschaffungspolitik der Regierungen Papen und Schleicher, Frankfurt a. M. 1974, S. 142
55 SPIEGEL 44/1979, S. 123
56 Conze, Entscheidungen, a.a.O., S. 191; Conze, Die Krise, a.a.O., S. 44
57 Conze, Entscheidungen, a.a.O., S. 192
58 Francis L. Carsten, Reichswehr und Politik, Köln 1964, S. 340, S. 326
59 Lutz Graf Schwerin von Krosigk, Memoiren, Stuttgart 1977, S. 152; John Wheeler-Bennett, Die Nemesis der Macht, Düsseldorf 1954, S. 202
60 Hans Rudolf Berndorff, General zwischen Ost und West, Hamburg 1951, S. 83
61 ebenda, S. 14
62 Klaus-Jürgen Müller, Das Heer und Hitler, a.a.O., S. 19
63 Michael Geyer, Heeresrüstung und das Problem des Militarismus in der Weimarer Republik, in: Militär und Militarismus in der Weimarer Republik, a.a.O., S. 29-35
64 Wilhelm Deist, Die Aufrüstung der Wehrmacht, in: Ursachen und Voraussetzungen der deutschen Kriegspolitik, S. 378
65 Andreas Hillgruber, Unter dem Schatten von Versailles, in: Weimar. Preisgabe einer Demokratie, a.a.O., S. 55

66 Geyer, a.a.O., S. 47; Deist, a.a.O., S. 380
67 Carsten, a.a.O., S. 326-328
68 Deist, a.a.O., S. 385
69 Carsten, a.a.O., S. 330-334
70 ebenda, S. 336
71 ebenda, S. 612
72 Geyer, a.a.O., S. 49, 35
73 Schulze, Otto Braun, a.a.O., S. 613; Carsten, a.a.O., S. 338-340
74 Carsten, a.a.O., S. 364
75 Treviranus, a.a.O., S. 285
76 Heidrun Holzbach, Das «System Hugenberg», Stuttgart 1981, S. 132
77 Brüning, a.a.O., S. 145; Treviranus, a.a.O., S. 115
78 Brüning, a.a.O., S. 388
79 ebenda, S. 148
80 Treviranus, a.a.O., S. 115; Carsten, a.a.O., S. 339
81 Brüning, a.a.O., S. 153 f.; Vogelsang, Reichswehr, Staat und NSDAP, a.a.O., S.71
82 Conze, Entscheidungen, a.a.O., S. 198; Vogelsang, Reichswehr, Staat und NSDAP, a.a.O., S. 66
83 Vortragsnotiz des Gen. Maj. von Schleicher, in: Vogelsang, Reichswehr, Staat und NSDAP, a.a.O., S. 414; Carsten, a.a.O., S. 339 ff.
84 Conze, Entscheidungen, a.a.O., S. 206
85 Conze, Die Krise, a.a.O., S. 43; Conze, Entscheidungen, a.a.O., S. 207
86 Brüning, a.a.O., S. 157
87 Schulze, Weimar, a.a.O., S. 319

Kapitel 3

1 Heinrich Brüning, Memoiren, Stuttgart 1970, S. 149
2 J. Benoist-Méchin, Geschichte der deutschen Militärmacht, Bd. 1, Oldenburg 1965, S. 17
3 Rudolf Olden, Hindenburg, Hof/Saale 1948, S. 211 ff.
4 Brüning, a.a.O., S. 149 f.
5 Gottfried Treviranus, Das Ende von Weimar, Düsseldorf 1968, S. 153
6 Brüning, a.a.O., S. 687
7 ebenda, S. 378, 453, 512, 520 f.
8 Karl Rohe, Das Reichsbanner Schwarz Rot Gold, Düsseldorf 1966, S. 424
9 Hagen Schulze, Otto Braun oder Preußens demokratische Sendung, Frankfurt a. M. 1977, S. 629

10 ebenda
11 Brüning, a.a.O., S. 162
12 Vgl. den Aufsatz von Hans Raupach, Der interregionale Wohlfahrtsausgleich als Problem der Politik des Deutschen Reiches, in: Die Staats- und Wirtschaftskrise des Deutschen Reichs 1929/33, hrsg. von Werner Conze und Hans Raupach, Stuttgart 1967, S. 20
13 ebenda, S. 21, 23
14 Dieter Gessner, Agrardepression und Präsidialregierungen in Deutschland 1930-1933, Düsseldorf 1977, S. 104, 115
15 ebenda, S. 115, 112
16 ebenda, S. 116 f.
17 Werner Conze, Die politischen Entscheidungen in Deutschland 1929-1933, in: Die Staats- und Wirtschaftskrise des Deutschen Reichs, a.a.O., S. 213
18 Brüning, a.a.O., S. 166 f.
19 Schulze, Otto Braun, a.a.O., S. 634
20 Conze, Entscheidungen, a.a.O., S. 213
21 ebenda, S. 214 f.
22 Schulze, Otto Braun, a.a.O., S. 614
23 ebenda, S. 631
24 ebenda, S. 632
25 Brüning, a.a.O., S. 178
26 Schulze, Otto Braun, a.a.O., S. 633
27 Conze, Entscheidungen, a.a.O., S. 216
28 ebenda
29 Hagen Schulze, Weimar, Berlin 1982, S. 324
30 Brüning, a.a.O., S. 183
31 ebenda, S. 452
32 ebenda, S. 274
33 Francis L. Carsten, Reichswehr und Politik, Köln 1964, S. 363
34 ebenda, S. 364
35 Deutschland in der Weltwirtschaftskrise in Augenzeugenberichten, hrsg. von Wilhelm Treue, München 1976, S. 25
36 SPIEGEL 44/1979, S. 125
37 ebenda
38 ebenda, S. 127
39 Deutschland in der Weltwirtschaftskrise, a.a.O., S. 139 f.
40 ebenda, S. 140 f.
41 ebenda, S. 143 f., 172
42 ebenda, S. 81, 108
43 Rudolf Vierhaus, Auswirkungen der Krise um 1930 in Deutschland, in: Die Staats- und Wirschaftskrise des Deutschen Reichs, a.a.O., S. 165
44 ebenda, S. 166
45 Schulze, Weimar, a.a.O., S. 326

46 Heinz Höhne, Canaris, München 1978, S. 131
47 Martin Broszat, Soziale Motivation und Führer-Bindung des Nationalsozialismus, in: Vierteljahreshefte für Zeitgeschichte, 18/1970, S. 393
48 Detlef Mühlberger, The Sociology of the NSDAP, in: Journal of Contemporary History, 15/1980, S. 498
49 ebenda, S. 504
50 Heinrich August Winkler, Mittelstandsbewegung oder Volkspartei, in: Faschismus als soziale Bewegung, hrsg. von Wolfgang Schieder, Hamburg 1976, S. 102
51 Albrecht Tyrell, Vom Trommler zum Führer, München 1975, S. 21, 183
52 ebenda, S. 21
53 ebenda, S. 196; Joachim C. Fest, Hitler, Frankfurt a. M. 1973, S. 171
54 Michael H. Kater, Sozialer Wandel in der NSDAP, in: Faschismus als soziale Bewegung, a.a.O., S. 26
55 Jürgen Genuneit, Methodische Probleme der quantitativen Analyse früher NSDAP-Mitgliederlisten, in: Die Nationalsozialisten, hrsg. von Reinhard Mann, Stuttgart 1980, S. 59
56 Tyrell, a.a.O., S. 40
57 ebenda, S. 32 f.
58 ebenda, S. 272
59 ebenda, S. 117
60 Werner Maser, Der Sturm auf die Republik, Stuttgart 1973, S. 269
61 ebenda, S. 270 f.; Tyrell, a.a.O., S. 134
62 Maser, Der Sturm auf die Republik, a.a.O., S. 277, 281
63 Tyrell, a.a.O., S. 157
64 Maser, Der Sturm auf die Republik, a.a.O., S. 445; Tyrell, a.a.O., S. 275
65 Tyrell, a.a.O., S. 162
66 Vgl. die Monographie von Werner Maser, Adolf Hitler. Mein Kampf, Esslingen 1974
67 ebenda, S. 29
68 ebenda, S. 240; vgl. auch Werner Maser, Hitlers Briefe und Notizen, Düsseldorf 1973
69 Udo Kissenkoetter, Gregor Straßer und die NSDAP, Stuttgart 1978, S. 19 f.; Wolfgang Horn, Führerideologie und Parteiorganisation in der NSDAP, Düsseldorf 1972, S. 226
70 Horn, a.a.O., S. 222, 251
71 Kissenkoetter, a.a.O., S. 24 f.; Reinhard Kühnl, Die nationalsozialistische Linke 1925-1930, Meisenheim 1966, S. 180
72 Kissenkoetter, a.a.O., S. 20 f., 28 f.
73 Horn, a.a.O., S. 235 f.
74 ebenda, S. 242 f.; Kissenkoetter, a.a.O., S. 30 f.

75 Hannsjoachim W. Koch, Geschichte der Hitlerjugend, Percha 1975, S. 99, 108
76 Horst Gies, NSDAP und Landwirtschaftliche Organisationen, in: Vierteljahreshefte für Zeitgeschichte, 15/1967, S. 342
77 Vortrag von Regierungsrat Kuntze, Über die Entwicklung der NSDAP seit Anfang 1929 (April 1930), S. 186, Bundesarchiv R 134/58
78 Wolfgang Sauer, Die Mobilmachung der Gewalt, in: Bracher/Sauer/Schulz, Die nationalsozialistische Machtergreifung, Köln 1960, S. 843
79 ebenda, S. 840
80 Horn, a.a.O., S. 289 ff.
81 Richard Bessel, Militarismus im innenpolitischen Leben der Weimarer Republik, in: Militär und Militarismus in der Weimarer Republik, hrsg. von Klaus-Jürgen Müller und Eckardt Opitz, Düsseldorf 1978, S. 216 f.
82 Vortrag Kuntze (siehe Anmerkung 77), S. 148
83 ebenda, S. 149
84 ebenda, S. 150
85 Der Nationalsozialismus und die Schule, Denkschrift des Reichsinnenministeriums vom 2.3.1931. Bundesarchiv R 134/90, S. 192
86 ebenda, S. 204; Vortrag Kuntze (siehe Anmerkung 77), S. 63
87 Vortrag Kuntze (siehe Anmerkung 77), S. 204
88 Nachrichtenstelle des Reichsinnenministeriums 1929, S. 28. Bundesarchiv R 134/90; Aufstellung des Reichsinnenministeriums über Straßenterror in Deutschland, Herbst 1930, S. 45 ff. Bundesarchiv R 134/91
89 Koch, a.a.O., S. 132
90 Vortrag Kuntze (siehe Anmerkung 77), S. 145
91 Henry Ashby Turner jr., Faschismus und Kapitalismus in Deutschland, Göttingen 1972, S. 34 ff.
92 ebenda, S. 70
93 Kühnl, a.a.O., S. 189
94 Kühnl, a.a.O., S. 220 f.
95 Fest, a.a.O., S. 368
96 Karl Dietrich Bracher, Die deutsche Diktatur, Köln 1969, S. 159
97 Kissenkoetter, a.a.O., S. 41; Kühnl, a.a.O., S. 225
98 Fest, a.a.O., S. 391 f.
99 Kühnl, a.a.O., S. 245 f.; Kissenkoetter, a.a.O., S. 42
100 Kissenkoetter, a.a.O., S. 45 f., 43
101 ebenda, S. 47
102 Brüning, a.a.O., S. 186
103 Alfred Milatz, Das Ende der Parteien im Spiegel der Wahlen 1930-1933, in: Das Ende der Parteien, hrsg. von Erich Matthias und Rudolf Morsey, Düsseldorf 1960, S. 754

104 Harry Graf Kessler, Tagebücher 1918-1937, Frankfurt a. M. 1961, S. 640
105 Brüning, a.a.O., S. 186
106 Ernst Feder, Heute sprach ich mit . . ., Stuttgart 1971, S. 266 ff. Carsten, a.a.O., S. 342
107 Nicholas Reynolds, Beck, München 1976, S. 32
108 Kurt Sontheimer, Antidemokratisches Denken in der Weimarer Republik, (Taschenbuchausgabe) München 1978, S. 298
109 ebenda, S. 300
110 Feder, a.a.O., S. 270; Carsten, a.a.O., S. 369
111 Schulze, Weimar, a.a.O., S. 349
112 Brüning, a.a.O., S. 191, 195
113 Heinz Höhne, Der Orden unter dem Totenkopf, Gütersloh 1967, S. 65 f.
114 Schulze, Otto Braun, a.a.O., S. 641, 638; Rudolf Morsey, Die Deutsche Zentrumspartei, in: Das Ende der Parteien, a.a.O., S. 298
115 Schulze, Otto Braun, a.a.O., S. 639 f.
116 Gessner, a.a.O., S. 126
117 Schulze, Otto Braun, a.a.O., S. 640; Hans-Erich Volkmann, Die NS-Wirtschaft in Vorbereitung des Krieges, in: Ursachen und Voraussetzungen der deutschen Kriegspolitik, a.a.O., S. 179
118 Helmut Marcon, Arbeitsbeschaffungspolitik der Regierungen Papen und Schleicher, Frankfurt a. M. 1974, S. 89
119 Schulze, Weimar, a.a.O., S. 352 f; Marcon, a.a.O., S. 89
120 Volkmann, a.a.O., S. 178 f.
121 Robert A. Gates, Von der Sozialpolitik zur Wirtschaftspolitik? in: Industrielles System und politische Entwicklung in der Weimarer Republik, hrsg. von H. Mommsen/D. Petzina/B. Weisbrod, Düsseldorf 1974, S. 217
122 SPIEGEL 44/1979, S. 129
123 Marcon, a.a.O., S. 92
124 Hermann Graml, Europa zwischen den Kriegen, in: Deutsche Geschichte seit dem ersten Weltkrieg, Bd. 1, Stuttgart 1971, S. 392
125 Treviranus, a.a.O., S. 131
126 SPIEGEL 45/1979, S. 114-116; Graml, a.a.O., S. 394 ff
127 SPIEGEL 45/1979, S. 120
128 Graml, a.a.O., S. 391, 399
129 Fest, a.a.O., S. 419; Graml, a.a.O., S. 393
130 Carsten, a.a.O., S. 367 f.; Treviranus, a.a.O., S. 324
131 Carsten, a.a.O., S. 370
132 Rundschreiben des Reichswehrministeriums März 1930. Bundesarchiv R 134/90
133 Carsten, a.a.O., S. 370
134 Michael Geyer, Heeresrüstung und das Problem des Militarismus

in der Weimarer Republik, in: Militär und Militarismus in der Weimarer Republik, a.a.O., S. 82 f.
135 Carsten, a.a.O., S. 370
136 ebenda, S. 371-375
137 Brüning, a.a.O., S. 419, 422 f.
138 Carsten, a.a.O., S. 375; Rohe, a.a.O., S. 419 f.
139 Rohe, a.a.O., S. 420; Thilo Vogelsang, Reichswehr, Staat und NSDAP, Stuttgart 1962, S. 163, 172
140 ebenda, S. 177 f; Carsten, a.a.O., S. 386 f.
141 Treviranus, a.a.O., S. 310, 299; Brüning, a.a.O., S. 533
142 Joseph Goebbels, Vom Kaiserhof zur Reichskanzlei, München 1942, S. 87; Kissenkoetter, a.a.O., S. 133
143 Goebbels, a.a.O., S. 89, 93; Schulze, Weimar, a.a.O., S. 369
144 Vogelsang, Reichswehr, Staat u. NSDAP, a.a.O., S. 191, 194; Gessner, a.a.O., S. 146 f.
145 Brüning, a.a.O., S. 593, 599, 602

Kapitel 4

1 Hagen Schulze, Weimar, Berlin 1982, S. 372; William L. Shirer, Aufstieg und Fall des Dritten Reiches, Köln 1961, S. 159
2 Gottfried Treviranus, Das Ende von Weimar, Düsseldorf 1968, S. 334
3 SPIEGEL 19/1969, S. 106
4 Niel M. Johnson, George Sylvester, Viereck, Urbana 1972, S. 36 ff.; siehe die Biographie von Jürgen A. Bach, Franz von Papen in der Weimarer Republik, Düsseldorf 1977, S. 255, 262, 269
5 Bach, a.a.O., S. 11 ff.
6 ebenda, S. 90 f.
7 Kurt Sontheimer, Antidemokratisches Denken in der Weimarer Republik (Taschenbuchausgabe), München 1978, S. 202
8 Klemens von Klemperer, Germany's New Conservatism, Princeton 1957, S. 122
9 Bach, a.a.O., S. 183 f.
10 ebenda, S. 187 ff.
11 Hans Rudolf Berndorff, General zwischen Ost und West, Hamburg 1951, S. 180
12 Rudolf Morsey, Die Deutsche Zentrumspartei, in: Das Ende der Parteien, hrsg. von Erich Matthias und Rudolf Morsey, Düsseldorf 1960, S. 298
13 Wilhelm Deist, Die Aufrüstung der Wehrmacht, in: Ursachen und Voraussetzungen der deutschen Kriegspolitik, Stuttgart 1979, S. 394
14 Francis L. Carsten, Reichswehr und Politik, Köln 1964, S. 440

15 Wolfgang Horn, Führerideologie und Parteiorganisation in der NSDAP, Düsseldorf 1972, S. 350, 357
16 Treviranus, a.a.O., S. 345
17 Udo Kissenkoetter, Gregor Straßer und die NSDAP, Stuttgart 1978, S. 129; Volker Hentschel, Weimars letzte Monate, 2. Aufl., Düsseldorf 1979, S. 150
18 Kissenkoetter, a.a.O., S. 135
19 Erich Matthias, Die Sozialdemokratische Partei Deutschlands, in: Das Ende der Parteien, a.a.O., S. 129
20 Carsten, a.a.O., S. 376
21 Rudolf Morsey, Beamtenschaft und Verwaltung zwischen Republik und «Neuem Staat», in: Weimar. Selbstpreisgabe einer Demokratie, hrsg. von Karl Dietrich Erdmann und Hagen Schulze, Düsseldorf 1980, S. 164; Hagen Schulze, Otto Braun oder Preußens demokratische Sendung, Frankfurt a. M. 1977, S. 1092
22 Schulze, Otto Braun, a.a.O., S. 729; Hentschel, a.a.O., S. 129
23 Karl Rohe, Das Reichsbanner Schwarz Rot Gold, Düsseldorf 1966, S. 364
24 ebenda, S. 379, 388
25 ebenda, S. 365
26 Sontheimer, a.a.O., S. 300
27 Schulze, Otto Braun, a.a.O., S. 726
28 Morsey, Zentrumspartei, a.a.O., S. 305
29 Werner Conze, Zum Sturz Brünings (Dokumentation), in: Vierteljahreshefte für Zeitgeschichte 1/1953, S. 284
30 Thilo Vogelsang, Neue Dokumente zur Geschichte der Reichswehr 1930-1933, in: Vierteljahreshefte für Zeitgeschichte 2/1954, S. 424
31 Morsey, Zentrumspartei, a.a.O., S. 306; Thilo Vogelsang, Reichswehr, Staat und NSDAP, Stuttgart 1962, S. 457
32 Vogelsang, Reichswehr, Staat und NSDAP, a.a.O., S. 458
33 Franz von Papen, Der Wahrheit eine Gasse, München 1952, S. 182
34 ebenda, S. 184
35 Morsey, Zentrumspartei, a.a.O., S. 307 f.
36 Schulze, Weimar, a.a.O., S. 373 f.
37 Karl Dietrich Bracher, Die Auflösung der Weimarer Republik, Villingen 1955, S. 545 f.; Helmut Marcon, Arbeitsbeschaffungspolitik der Regierung Papen und Schleicher, Frankfurt a.M. 1974, S. 128; Vogelsang, Reichswehr, Staat und NSDAP, a.a.O., S. 211
38 Harry Graf Kessler, Tagebücher 1918-1937, Frankfurt a.M. 1961, S. 670; Morsey, Zentrumspartei, a.a.O., S. 309
39 Morsey, Zentrumspartei, a.a.O., S. 310
40 Joseph Goebbels, Vom Kaiserhof zur Reichskanzlei, München 1942, S. 121 f.; Horn, a.a.O., S. 355
41 Goebbels, a.a.O., S. 111
42 ebenda

43 Schulze, Weimar, a.a.O., S. 376
44 Theo Pirker, Zum Verhalten der Organisationen der deutschen Arbeiterbewegung in der Endphase der Weimarer Republik, in: Weimar. Selbstpreisgabe einer Demokratie, a.a.O., S. 326; Rudolf Vierhaus, Auswirkungen der Krise um 1930 in Deutschland, in: Die Staats- und Wirtschaftskrise des Deutschen Reichs 1929/33, hrsg. von Werner Conze und Hans Raupach, Stuttgart 1967, S. 161
45 Eve Rosenhaft, Gewalt in der Politik, in: Militär und Militarismus in der Weimarer Republik, hrsg. von Klaus-Jürgen Müller und Ekkardt Opitz, Düsseldorf 1978, S. 250
46 ebenda, S. 253; Rohe, a.a.O., S. 406, 114
47 Vogelsang, Reichswehr, Staat und NSDAP, a.a.O., S. 737
48 Schulze, Otto Braun, a.a.O., S. 737, 710 f., 730-733
49 ebenda, S. 733 f., 740
50 Ernst Feder, Heute sprach ich mit ..., Stuttgart 1971, S. 311; Schulze, Otto Braun, a.a.O., S. 740
51 Schulze, Otto Braun, a.a.O., S. 741; Vogelsang, Reichswehr, Staat und NSDAP, a.a.O., S. 239 f.
52 Schulze, Otto Braun, a.a.O., S. 742; Vogelsang, Reichswehr, Staat und NSDAP, a.a.O., S. 243 f.
53 Schulze, Otto Braun, a.a.O., S. 742
54 Lothar Danner, Ordnungspolizei Hamburg, Hamburg 1958, S. 233 ff.
55 Hamburger Tageblatt, 18.7.1932; Heinrich Breloer/Horst Königstein, Blutgeld, Köln 1982, S.29
56 Danner, a.a.O., S. 235; Schulze, Otto Braun, a.a.O., S. 743
57 ebenda, S. 234
58 Vogelsang, Reichswehr, Staat und NSDAP, a.a.O., S. 244
59 Schulze, Otto Braun, a.a.O., S. 743
60 ebenda und Matthias, a.a.O., S. 134 f.
61 Schulze, Otto Braun, a.a.O., S. 744; Matthias, a.a.O., S. 134 f.
62 Rohe, a.a.O., S.426 f; Matthias, a.a.O., S. 137
63 Schulze, Otto Braun, a.a.O., S. 756; Matthias, a.a.O., S. 141; Rohe, a.a.O., S. 430
64 Karl Dietrich Bracher, Die Auflösung der Weimarer Republik, a.a.O., S. 525
65 Joachim C. Fest, Hitler, Frankfurt a.M. 1973, S. 463
66 Kissenkoetter, a.a.O., S. 140
67 Fest, a.a.O., S. 481; Kissenkoetter, a.a.O., S. 65, 77
68 Kissenkoetter, a.a.O., S. 142
69 Heidrun Holzbach, Das «System Hugenberg», Stuttgart 1981, S. 218
70 Vogelsang, Reichswehr, Staat und NSDAP, a.a.O., S. 56
71 Kissenkoetter, a.a.O., S. 142
72 Vogelsang, Neue Dokumente, a.a.O., S. 91 f.

73 ebenda, S. 92
74 ebenda, S. 93 f; Paul Kluke, Der Fall Potempa, in: Vierteljahreshefte für Zeitgeschichte, 3/1957, S. 279 ff.
75 Vogelsang, Reichswehr, Staat und NSDAP, a.a.O., S. 263
76 ebenda
77 Schulze, Weimar, a.a.O., S. 383
78 Vogelsang, Reichswehr, Staat und NSDAP, a.a.O., S. 264 f.; Fest, a.a.O., S. 475
79 Morsey, Zentrumspartei, a.a.O., S. 316, 318
80 ebenda, S. 319 ff.
81 Thilo Vogelsang, Zur Politik Schleichers gegenüber der NSDAP 1932 (Dokumentation), in: Vierteljahreshefte für Zeitgeschichte 4/1958, S. 95
82 Hentschel, a.a.O., S. 62
83 ebenda, S. 63; Kissenkoetter, a.a.O., S. 149
84 Heinrich Muth, Schleicher und die Gewerkschaften 1932, in: Vierteljahreshefte für Zeitgeschichte 2/1981, S. 205 f.
85 Horn, a.a.O., S. 360 f.
86 Kissenkoetter, a.a.O., S. 148, 155 f.
87 Schulze, Weimar, a.a.O., S. 385
88 Hentschel, a.a.O., S. 66
89 Kluke, a.a.O., S. 283
90 Schulze, Weimar, a.a.O., S. 392 f., 388
91 Morsey, Zentrumspartei, a.a.O., S. 331 f.; Thilo Vogelsang, Zur Politik Schleichers, a.a.O., S. 114
92 ebenda, S. 195
93 Kissenkoetter, a.a.O., S. 166 f.
94 ebenda, S. 167, 169
95 Vogelsang, Zur Politik Schleichers, a.a.O., S. 106; Vogelsang, Reichswehr, Staat und NSDAP, a.a.O., S. 333; Carsten, a.a.O., S. 433, 436
96 Papen, a.a.O., S. 250
97 Treviranus, a.a.O., S. 114; Carsten, a.a.O., S. 440
98 Kissenkoetter, a.a.O., S. 171, 203
99 Hentschel, a.a.O., S. 76

Kapitel 5

1 Wolfgang Horn, Führerideologie und Parteiorganisation in der NSDAP, Düsseldorf 1972, S. 421; Nancy Mitford, Friedrich der Große, München 1973, S. 237 f., 248 f.
2 Joseph Goebbels, Vom Kaiserhof zur Reichskanzlei, München 1942, S. 229
3 Gottfried Treviranus, Das Ende von Weimar, Düsseldorf 1968, S. 346

4 Volker Hentschel, Weimars letzte Monate, Düsseldorf 1979, S. 88
5 Hagen Schulze, Weimar, Berlin 1982, S. 391; Horn, a.a.O., S. 385
6 Horn, a.a.O., S. 412, 416
7 Erich Matthias, Die Sozialdemokratische Partei Deutschlands, in: Das Ende der Parteien, hrsg. von Erich Matthias und Rudolf Morsey, Düsseldorf 1960, S. 145; Schulze, Weimar, a.a.O., S. 393
8 Helmut Marcon, Arbeitsbeschaffungspolitik der Regierungen Papen und Schleicher, Frankfurt a. M. 1974, S. 248 f., 357 f.
9 ebenda S. 356
10 Henry Ashby Turner jr., Faschismus und Kapitalismus in Deutschland, Göttingen 1972, S. 26; Marcon, a.a.O., S. 278, 228
11 Dirk Stegmann, Zum Verhältnis von Großindustrie und Nationalsozialismus 1930-1933, in: Archiv für Sozialgeschichte 13/1973, S. 468; Thilo Vogelsang, Reichswehr, Staat und NSDAP, Stuttgart 1962, S. 336
12 Francis L. Carsten, Reichswehr und Politik, Köln 1964, S. 438
13 Vogelsang, Reichswehr, Staat und NSDAP, a.a.O., S. 231; Marcon, a.a.O., S. 246
14 Klaus-Jürgen Müller, Das Heer und Hitler, Stuttgart 1969, S. 22
15 Marcon, a.a.O., S. 231, 235, 245
16 Karl Rohe, Das Reichsbanner Schwarz Rot Gold, Düsseldorf 1966, S. 445 f.; Schulze, Weimar, a.a.O., S. 392
17 Robert A. Gates, Von der Sozialpolitik zur Wirtschaftspolitik? in: Industrielles System und politische Entwicklung in der Weimarer Republik, hrsg. von H. Mommsen/D. Petzina/B. Weisbrod, Düsseldorf 1974, S. 218; Michael Schneider, Konjunkturpolitische Vorstellungen der Gewerkschaften in den letzten Jahren der Weimarer Republik, in: Industrielles System, a.a.O., S. 234 f.; Udo Kissenkoetter, Gregor Straßer und die NSDAP, Stuttgart 1978, S. 84
18 Marcon, a.a.O., S. 256, 230
19 Rohe, a.a.O., S. 445; Carsten, a.a.O., S. 440
20 Hentschel, a.a.O., S. 152 ff.; Treviranus, a.a.O., S. 344
21 Schulze, Weimar, a.a.O., S. 399; Marcon, a.a.O., S. 234; Hagen Schulze, Otto Braun oder Preußens demokratische Sendung, Frankfurt a. M. 1977, S. 771
22 Rohe, a.a.O., S. 453, 439
23 ebenda, S. 450 f., 454
24 Schulze, Otto Braun, a.a.O., S. 772; Rohe, a.a.O., S. 450; Marcon, a.a.O., S. 232
25 Schulze, Otto Braun, a.a.O., S. 774
26 Karl Dietrich Bracher, Die Auflösung der Weimarer Republik, Villingen 1955, S. 684
27 Hans-Erich Volkmann, Die NS-Wirtschaft in Vorbereitung des Krieges, in: Ursachen und Voraussetzungen der deutschen Kriegspolitik, Stuttgart 1979, S. 182

28 Marcon, a.a.O., S. 268 ff., 274
29 Vogelsang, Reichswehr, Staat und NSDAP, a.a.O., S. 351; Bracher, Die Auflösung der Weimarer Republik, a.a.O., S. 689; Wir erlebten das Ende der Weimarer Republik, hrsg. von Rolf Italiaander, Düsseldorf 1982, S. 125
30 Henry Ashby Turner jr., Großunternehmertum und Nationalsozialismus 1930-33, in: Historische Zeitschrift 1/1975, S. 25, 31-34
31 ebenda, S. 24-26, 36
32 Kissenkoetter, a.a.O., S. 185 f.
33 John Toland, Adolf Hitler, Bergisch Gladbach 1977, S. 384; Hentschel, a.a.O., S. 85
34 Vogelsang, Reichswehr, Staat und NSDAP, a.a.O., S. 352; Franz von Papen, Der Wahrheit eine Gasse, München 1952, S. 254, 259; Hentschel, a.a.O., S. 136
35 Toland, a.a.O., S. 384
36 James und Suzanne Pool, Hitlers Wegbereiter zur Macht, Bern 1979, S. 400; Papen, a.a.O., S. 255
37 Vogelsang, Reichswehr, Staat und NSDAP, a.a.O., S. 353; Hentschel, a.a.O., S. 137; Goebbels, a.a.O., S. 236
38 Bracher, Die Auflösung der Weimarer Republik, a.a.O., S. 691; Joachim C. Fest, Hitler, Frankfurt a. M. 1973, S. 497
39 Hentschel, a.a.O., S. 115 ff., 135 ff.
40 Treviranus, a.a.O., S. 355, 414
41 Vogelsang, Reichswehr, Staat und NSDAP, a.a.O., S. 354 f.; Heinrich Brüning, Memoiren, Stuttgart 1970, S. 639
42 Hentschel, a.a.O., S. 91
43 Frankfurter Allgemeine Zeitung, 26.3.1958; Wolfgang Michalka, Ribbentrop und die deutsche Weltpolitik 1933-1940, München 1980, S. 30 ff.
44 ebenda; Schulze, Weimar, a.a.O., S. 402; Goebbels, a.a.O., S. 242
45 Vogelsang, Reichswehr, Staat und NSDAP, a.a.O., S. 359, 363 f.
46 Hentschel, a.a.O., S. 92; Michalka, a.a.O., S. 36; Papen, a.a.O., S. 265
47 Vogelsang, Reichswehr, Staat und NSDAP, a.a.O., S. 370 f.; Hentschel, a.a.O., S. 92
48 Rudolf Morsey, Die Deutsche Zentrumspartei, in: Das Ende der Parteien, a.a.O., S. 336; Marcon, a.a.O., S. 366
49 Vogelsang, Reichswehr, Staat und NSDAP, a.a.O., S. 374, 379 f.; Carl Vincent Krogmann, Es ging um Deutschlands Zukunft 1932-1939, Leoni 1976, S. 32 f.
50 Vogelsang, Reichswehr, Staat und NSDAP, a.a.O., S. 384 f., 387
51 ebenda, S. 384, 388 f.
52 ebenda, S. 393 f.; Toland, a.a.O., S. 391
53 Vogelsang, Reichswehr, Staat und NSDAP, a.a.O., S. 395 f.
54 ebenda, S. 396 f.; Papen, a.a.O., S. 275

55 Vogelsang, Reichswehr, Staat und NSDAP, a.a.O., S. 397, 395; Krogmann, a.a.O., S. 36
56 Toland, a.a.O., S. 392; Papen, a.a.O., S. 275; Fest, a.a.O., S. 505
57 Vogelsang, Reichswehr, Staat und NSDAP, a.a.O., S. 399 f.; Toland, a.a.O., S. 395
58 Fest, a.a.O., S. 506
59 ebenda, S. 507; Goebbels, a.a.O., S. 252
60 Krogmann, a.a.O., S. 37; Goebbels, a.a.O., S. 252
61 Toland, a.a.O., S. 393 f.; Ernst Nolte, Der Nationalsozialismus, Frankfurt a. M. 1973, S. 77
62 Nolte, a.a.O., S. 76; Toland, a.a.O., S. 394; Wir erlebten das Ende der Weimarer Republik, a.a.O., S. 181
63 Carsten, a.a.O., S. 449; Fest, a.a.O., S. 507; Melita Maschmann, Fazit. Mein Weg in der Hitler-Jugend, München 1979, S. 8
64 Toland, a.a.O., S. 394; Papen, a.a.O., S. 297

Kapitel 6

1 Nevin E. Gun, Eva Braun – Hitler, Velbert 1968, S. 80 f.
2 Das Deutsche Reich von 1918 bis heute, hrsg. von Cuno Horkenbach, Berlin 1935, S. 36 f.; Joseph Goebbels, Vom Kaiserhof zur Reichskanzlei, München 1942, S. 260; Klaus-Jürgen Müller, Das Heer und Hitler, Stuttgart 1969, S. 41
3 Klaus-Jürgen Müller, Armee, Politik und Gesellschaft in Deutschland 1933-1945, Paderborn 1979, S. 31
4 Martin Broszat, Der Staat Hitlers, in: Deutsche Geschichte seit dem Ersten Weltkrieg, Bd. I, Stuttgart 1971, S. 557
5 ebenda; Rudolf Morsey, Die Deutsche Zentrumspartei, in: Das Ende der Parteien, hrsg. von Erich Matthias und Rudolf Morsey, Düsseldorf 1960, S. 340 ff.
6 Gottfried Treviranus, Das Ende von Weimar, Düsseldorf 1968, S. 360
7 John Wheeler-Bennett, Die Nemesis der Macht, Düsseldorf 1954, S. 313; Wolfgang Sauer, Die Mobilmachung der Gewalt, in: Bracher/Sauer/Schulz, Die nationalsozialistische Machtergreifung, Köln 1960, S. 719
8 Müller, Heer und Hitler, a.a.O., S. 37; Thilo Vogelsang, Neue Dokumente zur Geschichte der Reichswehr 1930-1933, in: Vierteljahreshefte für Zeitgeschichte 2/1954, S. 434 f.
9 Müller, Armee, Politik und Gesellschaft, a.a.O., S. 34
10 ebenda, S. 32; Müller, Heer und Hitler, a.a.O., S. 51; Francis L. Carsten, Reichswehr und Politik, Köln 1964, S. 449
11 Goebbels, a.a.O., S. 256
12 Erich Matthias, Die Sozialdemokratische Partei Deutschlands, in:

Das Ende der Parteien, a.a.O., S. 159; Karl Dietrich Bracher, Stufen der Machtergreifung, in: Bracher/Sauer/Schulz, Die nationalsozialistische Machtergreifung, a.a.O., S. 55

13 Hagen Schulze, Otto Braun oder Preußens demokratische Sendung, Frankfurt a. M. 1977, S. 780
14 Broszat, Der Staat Hitlers, a.a.O., S. 560; Heinz Höhne, Der Orden unter dem Totenkopf, Gütersloh 1967, S. 82
15 Broszat, Der Staat Hitlers, a.a.O., S. 561; Henry Ashby Turner jr., Faschismus und Kapitalismus in Deutschland, Göttingen 1972, S. 101 f.
16 Bracher, Stufen der Machtergreifung, a.a.O., S. 69 f., 71
17 Broszat, Der Staat Hitlers, a.a.O., S. 561 f.; Shlomo Aronson, Heydrich und die Anfänge des SD und die Gestapo 1931-1935, Berlin 1967, S. 107
18 Morsey, Zentrumspartei, a.a.O., S. 349 f; Matthias, a.a.O., S. 234; Broszat, Der Staat Hitlers, a.a.O., S. 562
19 Rudolf Vierhaus, Auswirkungen der Krise um 1930 in Deutschland, in: Die Staats- und Wirtschaftskrise des Deutschen Reiches, hrsg. von Werner Conze und Hans Raupach, Stuttgart 1967, S. 156
20 Horst Matzerath, Nationalsozialismus und kommunale Selbstverwaltung, Stuttgart 1970, S. 63; Goebbels, a.a.O., S. 260; Broszat, Der Staat Hitlers, a.a.O., S. 565
21 Vierhaus, a.a.O., S. 162, 157
22 Fritz Tobias, Der Reichstagsbrand, Rastatt 1962, S. 30 f.
23 ebenda, S. 63 ff., 14 ff.
24 Martin H. Sommerfeldt, Ich war dabei, Darmstadt 1949, S. 25 ff.; Hans Mommsen, Der Reichstagsbrand und seine politischen Folgen, in: Von Weimar zu Hitler 1930-1933, hrsg. von Gotthard Jasper, Köln 1968, S. 448
25 Mommsen, Der Reichstagsbrand, a.a.O., S. 448 ff.
26 ebenda, S. 450; Schreiben von Diels an Daluege, 28.2.1933. Archiv Tobias
27 Mommsen, Der Reichstagsbrand, a.a.O., S. 452
28 ebenda, S. 460; Broszat, Der Staat Hitlers, a.a.O., S. 568
29 Höhne, Der Orden unter dem Totenkopf, a.a.O., S. 82 f.; Martin Broszat, Nationalsozialistische Konzentrationslager 1933-1945, in: Martin Broszat/Hans-Adolf Jacobsen/Helmut Krausnick, Anatomie des SS-Staates, Bd. 2, Olten 1965, S. 15
30 Ian Kershaw, Der Hitler-Mythos, Stuttgart 1980, S. 49 f.
31 Mommsen, Der Reichtagsbrand, a.a.O., S. 455-457, 463-466
32 Broszat, Der Staat Hitlers, a.a.O., S. 571
33 Morsey, Zentrumspartei, a.a.O., S. 334 f.; Kershaw, a.a.O., S. 51 f.
34 Joachim C. Fest, Hitler, Frankfurt a. M. 1973, S. 555 f.
35 Das Deutsche Reich von 1918 bis heute, a.a.O., S. 125 f.

36 Goebbels, a.a.O., S. 285
37 Broszat, Der Staat Hitlers, a.a.O., S. 576; Fest, a.a.O., S. 557; Kershaw, a.a.O., S. 52
38 Fest, a.a.O., S. 558 f.
39 Morsey, Zentrumspartei, a.a.O., S. 364, 358 ff.
40 ebenda, S. 363 ff.
41 ebenda, S. 366; Fest, a.a.O., S. 562 f.
42 Broszat, Der Staat Hitlers, a.a.O., S. 592; Dokumente zur Gleichschaltung des Landes Hamburg 1933, hrsg. von Henning Timpke, Frankfurt a. M. 1964, S. 41
43 Broszat, Der Staat Hitlers, a.a.O., S. 592 f., 595
44 Mathilde Jamin, Zur Rolle der SA im nationalsozialistischen Herrschaftssystem, in: Der «Führerstaat». Mythos und Realität, hrsg. von Gerhard Hirschfeld und Lothar Kettenacker, Stuttgart 1981, S. 332
45 Matzerath, a.a.O., S. 64 ff., 69
46 ebenda, S. 79; Jamin, a.a.O., S. 339
47 Lucy S. Dawidowicz, Der Krieg gegen die Juden 1933-1945, München 1979, S. 60; Joseph Wulf, Literatur und Dichtung im Dritten Reich, Gütersloh 1963, S. 60, 45
48 Jamin, a.a.O., S. 335 ff.; Höhne, Der Orden unter dem Totenkopf, a.a.O., S. 83 f.
49 Broszat, Der Staat Hitlers, a.a.O., S. 586
50 Müller, Das Heer und Hitler, a.a.O., S. 41
51 Kershaw, a.a.O., S. 78

Personenregister

Abegg, Waldemar 190f.
Abegg, Wilhelm 185ff.
Amann, Max 113
Alvensleben, Werner von 255f.
Aufhäuser, Siegfried 9

Baade, Fritz 140, 229
Badt, Hermann 194
Bebel, August 19
Bechstein, Carl 256
Beck, Ludwig 132
Becker, Carl Heinrich 122
Berthelot, Philippe 144
Bingel, Rudolf 239
Bismarck, Otto von 20, 29, 36, 134, 267, 295
Blomberg, Werner von 70f., 254, 257f., 261, 272, 275f., 293
Blüher, Hans 238
Blumenberg, Werner 222
Bohnhaus, Fritz 248
Bolz, Eugen 31, 205, 298f.
Bouhler, Philipp 113
Bracht, Franz 192
Braun, Eva 268
Braun, Magnus Freiherr von 177, 211
Braun, Otto 9, 18, 23, 25, 47, 51f., 54, 57, 71ff., 76, 88, 90ff., 134, 136f., 147, 173f., 184f., 188, 192, 194, 217, 227, 234, 236
Brecht, Arnold 194
Bredow, Ferdinand von 68, 97, 168, 199f., 214, 218, 226, 231, 236, 274, 309
Breitscheid, Rudolf 7f., 11, 18, 20, 60, 64, 91, 95, 232, 234
Brückner, Helmuth 121
Brüning, Heinrich 27ff., 40, 46, 53, 75ff., 78ff., 85ff., 90, 92ff., 131ff., 139ff., 151ff., 163ff., 173ff., 178f., 187, 205, 223, 252, 298f., 306
Brunstäd, Friedrich 12
Buchwitz, Otto 194
Bullitt, William 241
Bürckel, Josef 240
Bussche-Ippenburg, Erich von dem 68, 70f., 255

Cordemann, Hermann 168, 228f.
Curtius, Julius 142f.

Dalucge, Kurt 149, 282, 289
Dawes, Charles 61
Decker, Georg 59
Diels, Rudolf 186f., 191, 279, 289, 291, 304
Dietrich, Hermann 92, 143
Dincklage, Paul 120
Drexler, Anton 105f., 108ff.
Duesterberg, Theodor 258
Duisberg, Carl 101

Ebert, Friedrich 19, 41, 66f., 74
Eggebrecht, Axel 133
Eggerstedt, Otto 191
Eggert, Wilhelm 227
Elbrechter, Helmut 115, 168, 246
Elisabeth, Kaiserin von Rußland 219
Eltz-Rübenach, Paul Freiherr von 261
Epp, Franz Ritter von 301
Eschenburg, Theodor 238
Esser, Hermann 110
Eßer, Thomas 205

Feder, Ernst 134
Fickler, Erich 245
Flick, Friedrich 245
Flöter, Hans 286
Frank, Walter 219
Frauendorfer, Max 197
Frick, Wilhelm 129, 201, 252, 261, 290, 295, 298, 300f.
Friedrich der Große 219, 295
Funk, Walther 280
Furtwängler, Josef 228, 230

Gayl, Wilhelm Freiherr von 177, 180, 187, 206, 213, 227
Gebhardt, Albert 228f., 234, 305
Gereke, Günther 229f., 236f., 258, 261
Gerstenmaier, Eugen 12
Goebbels, Joseph 11, 114ff., 130, 156, 167, 179f., 199, 221, 244, 249, 256f., 262f., 268, 275f., 284, 286ff., 294ff.

Gollong, Heinz 123
Göring, Hermann 23, 108, 148f., 169, 198ff., 205, 210f., 214, 252ff., 256, 258, 261f., 276ff., 286ff., 291f., 299f., 302, 308
Grass, Fritz 204
Graßmann, Peter 17f.
Grauert, Ludwig 279ff., 287, 289f.
Groener, Wilhelm 54ff., 65, 67, 70f., 73f., 77, 97, 114, 132, 147f., 151ff., 170, 225, 252
Gruber, Kurt 117f.
Grzesinski, Albert 13, 20, 184, 192f., 282
Güntel, Marie 220
Günther, Albrecht Erich 162
Gürtner, Franz 177, 188, 200, 211

Haase, Ludolf 116
Hammerstein-Equord, Kurt von 8, 68, 71, 97, 150, 155, 173f., 255ff., 272ff.
Hanfstaengl, Ernst 263
Hanussen, Erik Jan 241f.
Hasse, Otto 68
Haubach, Theodor 46
Hecker, Ewald 239
Heine, Heinrich 309
Held, Heinrich 301
Helldorf, Wolf-Heinrich Graf von 256, 279
Henningsen, Harry 301
Hertz, Paul 23, 209
Heß, Rudolf 110, 221, 243
Heydrich, Reinhard 222
Heye, Wilhelm 68f., 71
Hilferding, Rudolf 7ff., 54, 57, 63f., 78, 81, 140
Himmler, Heinrich 117, 222, 243, 248, 302
Hindenburg, Oskar von 76, 84, 87, 94, 97f., 164, 250f., 253, 257f.
Hindenburg, Paul von 7ff., 12, 27ff., 44, 51, 53, 56, 67, 70, 74, 76, 79f., 83ff., 89ff., 93f., 96ff., 136f., 143, 146, 148, 151ff., 161, 164, 176f., 188, 200ff., 210f., 213, 215f., 220, 225, 227, 232, 235f., 239, 241f., 246f., 252ff., 257ff., 267ff., 272, 275f., 278, 284, 295f.
Hirtsiefer, Heinrich 184f., 188, 191f.

Hitler, Adolf 7ff., 10ff., 18ff., 22ff., 30, 46f., 61, 69, 103, 106ff., 119, 121, 124ff., 145, 147ff., 163, 165, 167ff., 177, 179f., 180, 183, 195ff., 209f., 212ff., 217, 219ff., 225f., 230ff., 237ff., 267ff., 280f., 284, 286, 288f., 299ff., 305ff.
Hoegner, Wilhelm 11f.
Höltermann, Karl 15ff., 18f., 24, 172, 183, 193, 209, 228, 234
Hoover, Herbert 144
Hörauf, Franz von 168, 231f.
Horcher, Otto 66
Hörsing, Otto 172
Hugenberg, Alfred 10f., 13, 18, 20, 29f., 45, 74f., 90, 126, 128, 147, 163, 197, 237, 241, 246, 250, 253f., 257f., 261, 269ff., 276

Imbusch, Heinrich 209

Jahn, Hans 16
Jensen, Toni 52, 57
Joos, Joseph 299
Jung, Edgar J. 162f., 204
Jünger, Ernst 50

Kaas, Ludwig 45f., 58, 86, 175f., 271, 294, 298f.
Kallenbach, Hans 112
Karpenstein, Wilhelm 240
Kasper, Wilhelm 186
Kästner, Erich 101
Kaufmann, Karl 115
Keil, Wilhelm 169
Kelsen, Hans 46
Kenstler, Georg A. 118
Keppler, Wilhelm 25, 238ff., 242f., 245, 248, 258
Kerrl, Hans 204f.
Kessler, Harry Graf 52, 62, 132, 179, 181
Killinger, Manfred von 121, 228, 230
Kirdorf, Emil 125
Klasen, Karl 265
Klepper, Otto 90, 188, 192
Koch, Erich 240
Koch-Weser, Erich 41, 58, 179
Krebs, Albert 135
Kreuger, Ivar 63
Krogmann, Carl Vincent 262

Krupp von Bohlen und Halbach,
  Gustav 245, 281
Külz, Wilhelm 79
Künstler, Franz 55
Kuntzen, Adolf 257

Lammers, Hans Heinrich 267
Landgraf, Diener bei Ribbentrop
  248
Leber, Julius 23, 60, 87
Lehmann-Rußbüldt, Otto 291
Leipart, Theodor 20, 193, 208f., 227,
  232, 235
Lenin, Wladimir Iljitsch 196
Lenz, Karl 240
Lersner, Kurt Freiherr von 238
Levi, Paul 36
Liebmann, Curt 273f.
Litke, Carl 9
Lohmann, Walter 55
Lohse, Hinrich 240
Löwenfeld, Wilfried von 56
Löwenstein, Hubertus Prinz zu 13,
  122
Lubbe, Marinus van der 285f., 288
Lübbert, Dr. E. 228
Ludendorff, Erich 67, 111
Ludin, Hanns 132, 170
Luther, Hans 140
Lutze, Viktor 120

MacMahon, Patrice Maurice Marquis
  de 44
Mann, Thomas 47
Manstein, Erich von 308
Marx, Wilhelm 67, 70, 161
Maschmann, Melita 265
Maurenbrecher, Max 109
Maurice, Emil 112
Meier, Stefan (Baden) 81
Meißner, Otto 27f., 76, 80, 84, 87,
  97, 164, 188, 203, 251f. 256f., 259
Meißner, Wilhelm 233f.
Mierendorff, Carlo 104
Moldenhauer, Paul 78, 91f.
Mücke, Hellmuth von 22f., 127f.
Müller, Ernst (Meiningen) 32
Müller, Hermann 28, 40, 47, 52ff.,
  57f., 61ff., 65, 71ff., 76f., 79, 81,
  85, 89, 95, 142, 235
Mussolini, Benito 47

Napoleon I. 263
Neurath, Konstantin Freiherr von
  177, 211, 215, 258f., 261
Nicolson, Harold 32
Nölting, Erich 282

Opel, Irmgard von 7
Ossietzky, Carl von 291
Ott, Eugen 216, 277

Paetel, Karl O. 121, 124
Papen, Franz von 8, 11, 38, 67, 87,
  136, 159ff., 163ff., 174ff., 183ff.,
  188f., 191ff., 198, 201f., 204ff.,
  210f., 213, 215ff., 220f., 223f., 228,
  237ff., 240ff., 250, 252ff., 261f.,
  264, 269ff., 278
Pfeffer von Salomon, Franz 115f.,
  118ff., 135, 148
Pilsudski, Josef 274
Planck, Erwin 246
Poeschel, Helmut 286
Pukaß, Edwin 191
Pünder, Hermann 132, 179

Ranke, Leopold von 29
Rathenau, Walther 34, 105
Rauch, Johann Baptist 205
Rentelen, Adrian von 118
Reichenau, Walther von 175, 255,
  274f.
Reusch, Paul 134, 244f.
Ribbentrop, Joachim von 248, 250,
  252ff.
Röhm, Ernst 108, 118, 136, 148ff.,
  153, 169, 183, 262, 302f., 308f.
Rosenfeld, Kurt 60
Rosterg, August 237
Rundstedt, Gerd von 192
Rüstow, Alexander 36

Salm-Horstmar, Otto Fürst von
  225
Salomon, Ernst von 106
Schacht, Hjalmar 62ff., 147, 280f.
Schäffer, Hans 208
Schäffer, Hugo 211, 227
Scheringer, Richard 132, 170
Schickedanz, Arno 196
Schiele, Martin 88, 90f.
Schlange-Schöningen, Hans 157

Schleicher, Kurt von 8, 65ff., 70f., 73ff., 79ff., 86f., 97ff., 132, 134, 136, 148, 150ff., 156, 159, 164ff., 173ff., 180, 183ff., 189, 191, 194f., 197, 199f., 202ff., 206ff., 213ff., 220f., 223ff., 230ff., 234ff., 241, 243f., 246f., 249ff., 254ff., 261, 269, 272, 276, 309
Schmitt, Carl 162
Schneidhuber, August 120
Schober, Johannes 142
Scholz, Ernst 80
Schreck, Julius 258
Schreiber, Georg 179
Schröder, Kurt Freiherr von 238ff., 243f., 246
Schubert, Carl von 27
Schubert, Renata von 27
Schulz, Paul 168
Schuschnigg, Kurt von 231
Schwarz, Franz Xaver 113
Schwarzschild, Leopold 102
Schwerin von Krosigk, Lutz Graf 177, 211, 215, 258f., 261
Scranowitz, Alexander 286
Seeckt, Hans von 67f., 70, 226
Seldte, Franz 152, 258
Severing, Carl 17, 23, 54, 61, 72, 79, 88, 147, 154, 185, 188, 191ff.
Sollmann, Wilhelm 23, 40
Solmitz, Fritz 21
Sommerfeldt, Martin 279, 286f.
Sonnenschein, Carl 86
Spengler, Oswald 197
Springorum, Fritz 242, 245
Stähr, Wilhelm 18
Stalin, Josef 196
Stampfer, Friedrich 9f., 10, 17, 23, 64, 89, 194
Stauffenberg, Claus Schenk Graf von 264
Stegerwald, Adam 86, 282, 299
Stennes, Walther 120, 135, 149
Stolper, Gustav 31, 36, 212
Straßer, Gregor 115ff., 120, 124, 126, 130f., 135, 168f., 195ff., 199ff., 205, 208ff., 213ff., 217, 221, 227, 229f., 240, 249, 261, 306, 309
Straßer, Otto 117f., 124, 126, 129ff.
Stresemann, Gustav 40f., 53, 58f., 62, 76, 142

Stülpnagel, Edwin von 226
Stülpnagel, Joachim von 68, 70f.
Syrup, Friedrich 227

Tarnow, Fritz 140, 229, 232
Teusch, Christiane 28
Thälmann, Ernst 183, 291
Thyssen, Fritz 126, 245
Torgler, Ernst 287
Treviranus, Gottfried 27ff., 74f., 77, 91, 97, 132, 134f.
Tucholsky, Kurt 172

Uhse, Bodo 118
Ulbricht, Walter 17

Vogel, Hans 7ff., 11, 18
Vögler, Albert 100, 238, 245

Waentig, Heinrich 170
Wagner, Siegfried 147
Wagner, Winifred 241
Warmbold, Hermann 177, 211
Weber, Helene 28, 299
Wecke, Walter 256, 279
Wels, Otto 8, 18, 20, 23f., 51f., 88, 185, 189, 191f., 232, 234, 236
Wendt, Hans Friedrich 132, 170
Westarp, Kuno Friedrich Graf von 80, 174
Wilhelm, Kronprinz des Deutschen Reiches 168
Wilhelm I., Deutscher Kaiser 29
Wilhelm II., Deutscher Kaiser 20, 36, 45, 56
Willisen, Friedrich Wilhelm von 75, 77
Wirth, Joseph 28f., 38, 58, 60, 93, 96, 299
Wissell, Rudolf 64, 81
Wolff, Otto 66
Wolff, Theodor 47, 82
Woytinski, Wladimir 140, 229

Young, Owen D. 31

Zechlin, Walter 155
Zehrer, Hans 162, 246
Zengen, von 214
Zitzewitz, Friedrich Karl von 159
Zucker, Hermann 185

Literaturhinweise

Anpassung oder Widerstand? Aus den Akten des Parteivorstands der deutschen Sozialdemokratie 1932/33, hrsg. und bearbeitet von Hagen Schulze, in: Archiv für Sozialgeschichte, Beiheft 4, Bonn-Bad Godesberg 1975

Bach, Jürgen A.: Franz von Papen in der Weimarer Republik, Düsseldorf 1977

Bracher, Karl Dietrich: Die Auflösung der Weimarer Republik. Eine Studie zum Problem des Machtverfalls in der Demokratie, 3. Aufl., Villingen 1955

Bracher, Karl Dietrich / Sauer, Wolfgang / Schulz, Gerhard: Die nationalsozialistische Machtergreifung. Studien zur Errichtung des totalitären Herrschaftssystems in Deutschland 1933/34, Köln 1960

Brüning, Heinrich: Memoiren 1918-1934, Stuttgart 1970

Carsten, Francis L.: Reichswehr und Politik 1918-1933, Köln 1964

Deutschland in der Weltwirtschaftskrise in Augenzeugenberichten, hrsg. von Wilhelm Treue, (Taschenbuchausgabe) München 1976

Das Ende der Parteien 1933, hrsg. von Erich Matthias und Rudolf Morsey, Düsseldorf 1960

Faschismus als soziale Bewegung. Deutschland und Italien im Vergleich, hrsg. von Wolfgang Schieder, Hamburg 1976

Feder, Ernst: Heute sprach ich mit . . . Tagebücher eines Berliner Publizisten 1926-1932, Stuttgart 1971

Fest, Joachim C.: Hitler. Eine Biographie, Frankfurt a. M. 1973

Gessner, Dieter: Agrardepression und Präsidialregierungen in Deutschland 1930 bis 1933. Probleme des Agrarprotektionismus am Ende der Weimarer Republik, Düsseldorf 1977

Hentschel, Volker: Weimars letzte Monate. Hitler und der Untergang der Republik, Düsseldorf 1979, 2. Aufl.

Hoegner, Wilhelm: Flucht vor Hitler. Erinnerungen an die Kapitulation der ersten deutschen Republik 1933, München 1977

Horn, Wolfgang, Führerideologie und Parteiorganisation in der NSDAP 1919-1933, Düsseldorf 1972

Industrielles System und politische Entwicklung in der Weimarer Republik, hrsg. von Hans Mommsen/Dietmar Petzina/Bernd Weisbrod, Düsseldorf 1974

Kessler, Harry Graf: Tagebücher 1918-1937, hrsg. von Wolfgang Pfeiffer-Belli, Frankfurt a. M. 1961

Kissenkoetter, Udo: Gregor Straßer und die NSDAP, Stuttgart 1978

Koch, Hannsjoachim W.: Geschichte der Hitlerjugend. Ihre Ursprünge und ihre Entwicklung 1922-1945, Percha am Starnberger See 1975

Kühnl, Reinhard: Die nationalsozialistische Linke 1925-1930, Meisenheim 1966

Marcon, Helmut: Arbeitsbeschaffungspolitik der Regierungen Papen und Schleicher, Frankfurt a. M. 1974

Maser, Werner: Der Sturm auf die Republik. Frühgeschichte der NSDAP, Stuttgart 1973

Militär und Militarismus in der Weimarer Republik, hrsg. von Klaus-Jürgen Müller und Eckardt Opitz, Düsseldorf 1978

Müller, Klaus-Jürgen: Das Heer und Hitler, Stuttgart 1969

Nicolson, Harold: Tagebücher und Briefe. Erster Band 1930-1941, Frankfurt a. M. 1969

Rohe, Karl: Das Reichsbanner Schwarz Rot Gold. Ein Beitrag zur Geschichte und Struktur der politischen Kampfverbände zur Zeit der Weimarer Republik, Düsseldorf 1966

Schulze, Hagen: Otto Braun oder Preußens demokratische Sendung. Eine Biographie, Frankfurt a. M. 1977

Schulze, Hagen: Weimar. Deutschland 1917-1933, Berlin 1982

Schwerin von Krosigk, Lutz Graf: Memoiren, Stuttgart 1977

Sontheimer, Kurt: Antidemokratisches Denken in der Weimarer Republik. Die politischen Ideen des deutschen Nationalismus zwischen 1918 und 1933, (Taschenbuchausgabe) München 1978

Die Staats- und Wirtschaftskrise des Deutschen Reichs 1929/33, hrsg. von Werner Conze und Hans Raupach, Stuttgart 1967

Toland, John: Adolf Hitler, Bergisch Gladbach 1977

Treviranus, Gottfried Reinhold: Das Ende von Weimar. Heinrich Brüning und seine Zeit, Düsseldorf 1968

Turner jr., Henry Ashby: Faschismus und Kapitalismus in Deutschland. Studien zum Verhältnis zwischen Nationalsozialismus und Wirtschaft, Göttingen 1972

Tyrell, Albrecht: Vom ‹Trommler› zum ‹Führer›. Der Wandel von Hitlers Selbstverständnis zwischen 1919 und 1924 und die Entwicklung der NSDAP, München 1975

Vogelsang, Thilo: Reichswehr, Staat und NSDAP. Beiträge zur deutschen Geschichte 1930-1932, Stuttgart 1962

Von Weimar zu Hitler. 1930-1933, hrsg. von Gotthard Jasper, Köln 1968

Weimar. Selbstpreisgabe einer Demokratie, hrsg. von Karl Dietrich Erdmann und Hagen Schulze, Düsseldorf 1980

Wir erlebten das Ende der Weimarer Republik. Zeitgenossen berichten, hrsg. von Rolf Italiaander, Düsseldorf 1982

SPIEGEL-BUCH

Bereits erschienen:

Der Minister und der Terrorist
Gespräche zwischen Gerhart
Baum und Horst Mahler

Überlebensgroß Herr Strauß
Ein Spiegelbild – Heraus-
gegeben von Rudolf Augstein

Ariane Barth/Tiziano Terzani
Holocaust in Kambodscha

Hans Werner Kilz (Hg.)
Gesamtschule
Modell oder Reformruine?

Renate Merklein
Griff in die eigene Tasche
Hintergeht der Bonner
Sozialstaat seine Bürger?

Werner Meyer-Larsen (Hg.)
Auto-Großmacht Japan

Marion Schreiber (Hg.)
Die schöne Geburt
Protest gegen die Technik
im Kreißsaal

Wolfgang Limmer
**Rainer Werner Fassbinder,
Filmemacher**
(erweit. Neuaufl. Sept. 1982)

Fritjof Meyer
**China – Aufstieg und Fall
der Viererbande**

Hans Halter (Hg.)
Vorsicht Arzt!
Krise der modernen Medizin

Adam Zagajewski
Polen
Staat im Schatten der
Sowjetunion

Paul Lersch (Hg.)
Die verkannte Gefahr
Rechtsradikalismus in der
Bundesrepublik

Hans-Dieter Degler (Hg.)
Vergewaltigt
Frauen berichten

Michael Haller (Hg.)
Aussteigen oder rebellieren
Jugendliche gegen Staat
und Gesellschaft

Wilhelm Bittorf (Hg.)
Nachrüstung
Der Atomkrieg rückt näher

Timothy Garton Ash
**Und willst du nicht
mein Bruder sein...**
Die DDR heute

Werner Harenberg
Schachweltmeister

Jürgen Leinemann
Die Angst der Deutschen
Beobachtungen zur
Bewußtseinslage der Nation

Rolf Lamprecht
Kampf ums Kind
Wie Richter und Gutachter
das Sorgerecht anwenden

SPIEGEL-BUCH

SPIEGEL-BUCH

Jochen Bölsche (Hg.)
Natur ohne Schutz
Neue Öko-Strategien
gegen die Umweltzersstörung

Edward M. Kennedy/
Mark O. Hatfield
**Stoppt die
Atomrüstung**

Walter Gloede/
Hans-Joachim Nesslinger (Hg.)
Fußballweltmeisterschaft

Jörg R. Mettke (Hg.)
Die Grünen
Regierungspartner von morgen?

Joachim Schöps (Hg.)
Auswandern
Ein deutscher Traum

Klaus Bölling
**Die letzten 30 Tage
des Kanzlers Helmut Schmidt**
Ein Tagebuch

Peter Glotz/Wolfgang Malanowski
Student heute
Angepaßt? Ausgestiegen?

Klaus Umbach (Hg.)
Richard Wagner
Ein deutsches Ärgernis

Renate Merklein
Die Deutschen werden ärmer
Staatsverschuldung – Geld-
entwertung – Markteinbußen –
Arbeitsplatzverluste

Horst Herrmann
Papst Wojtyla
Der Heilige Narr

SPIEGEL-BUCH